音声DL & 赤シート 付き

スコアに直結!

IELTS
徹底対策
単語集3900

ケビン・ダン
Kevin Dunn
【著】

ナツメ社

　　IELTSの全セクションでより高いバンドスコアを取りたい。特に
スピーキングとライティング！　そのために語彙の幅を広げ、正確さ
を増したい。IELTS受験者なら皆さん、そう思われるでしょう。こ
の本はそのような方々を支援することを目的としています。伝えたい
ことをより明瞭・的確に表現し、試験官を感心させることで、より高
いスコアにつながるような語彙がまとめられています。

　　IELTSの全セクションで好成績を収めるには、2種類の語彙に関す
る幅広い知識が必要です。一つは「passive word（受容語彙）」と呼
ばれ、リーディングとリスニングで「認識・理解できる」ものです。
もう一つは「active word（能動語彙）」と呼ばれ、スピーキングと
ライティングで実際に「使える」ものです。

　　皆さんが学校で習ってきた語彙は、例えば入試に合格することが目
的で、認識や理解ができればよいというpassive wordが主体だった
のではないでしょうか。しかしIELTSを受験する皆さんは、伝えた
いことを明確に、効果的に表現するために「使える」語彙の学習に力
を入れるべきです。

　　そのためには、単語をより深いレベルまで学習する必要があります
から、今までよりも幾分大変になるでしょう。例えば、単語を使うの
に適切な文脈（どういった場面でその単語が使われるのか）、コロケー
ション（単語と単語の相性のよい組み合わせ）、使用頻度（ネイティ
ブスピーカーはその単語を実際によく使うのか、使わないのか）など
について知る必要があります。

　　IELTSの受験対策として、語彙増強は不可欠な要素です。しかし
ながら、逆にそればかりに過度に集中しないように注意することも重

要です。残念ながら、他の優先事項を疎かにしてしまう受験者が多い
のです。例えばトピックに関する知識、流暢さ、文法の正確さ、論理
的に意見を展開する能力などです。日本人IELTS受験者のほとんど
は、全セクションで7.0を獲得するのにおおむね十分な語彙力を持っ
て高校を卒業していると、私は考えています。問題は、スピーキング
とライティングにおいてその語彙を適切に使えるか、なのです。単語
の意味を理解するだけなら、その単語を実際の場面で適切に使うこと
と比べればはるかに簡単です。正しい文脈、コロケーション、語形な
どを考える必要がないからです。

　この本に収録されている語彙を深いレベルまで学習することで、特
にライティングやスピーキングの「アウトプット」セクションにおい
て、自分の考えをより明確に、もどかしい思いをせずに伝え、幅広い
語彙を正確に使いこなすのに役立ち、試験官を感心させることができ
るでしょう。

　IELTS対策の語彙学習には、おおむね、こうした姿勢で臨むべき
なのです。「難しい単語を使ってみせたい」というよりは、伝えたい
ことをより明確に、より豊かに表現するための手段と考えてくださ
い。

　もちろん、語彙力増強によって理解度も増しますから、リーディン
グとリスニングセクションの成績も向上するはずです。ぜひ楽しみな
がら英単語学習に励んでください。皆さんのIELTSでのご健闘をお
祈りいたします。

　生まれたばかりの愛娘Hinokaにこの本を捧げる。

Kevin Dunn

本書の特長と使い方・効果的な学習法

本書には、IELTS受験に必要な語彙をバンドスコア別に分類し、さらに「active word」と「passive word」の2種類に分けて収録しています。

- Level 1：バンドスコア6.0を目指す方に必要な語彙
- Level 2：バンドスコア7.0を目指す方に必要な語彙
- Level 3：バンドスコア8.0～9.0を目指す方に必要な語彙

本書には4,000語近くの語彙を収録しています。目標スコアに到達する上で必要かつ十分な語彙を網羅しています。収録されている単語の選択基準について、active wordはNAWL* (New Academic Word List)に基づいています。ただし、非常に簡単で一般的な単語、機能語（alsoやwithなど）、非常によく似た単語（happyとgladなど）は省略しました。私は日本人に英語やIELTSを教えることに15年以上の経験がありますので、ほとんどの日本人が知っている単語、知らないけれども知っているべき単語について熟知しています。ほとんどの日本人が既に知っている単語は省きましたので、本書では知っている単語を数多く読み飛ばさなければならない、ということはないはずです。

本書の基本的な構成は次のとおりです。

QRコードを読み取ると、見出し語と例文を聞くことができます。音声はIELTSでよく使われるイギリスの発音で収録されています。

目盛りは、いくつ単語を学習したかの目安になります。

学習した日を記録しましょう。

単語と赤シートで隠せる語義、類義語や対義語を掲載しています。つづりが同じでも品詞や語義が違うものは別の枠で紹介し、ふさわしい例文を掲載しています。

例文は訳を見ながら作文できるよう赤シートで隠せるようになっています。コロケーションも合わせて紹介しています。

❖ 基本的な学習法

　単純に表紙から裏表紙まで順に読んで学習してもけっこうですが、より選択的に学習するほうが効率的でしょう。自分自身の現在の語彙力を考えて、不足している部分に集中しましょう。

　重要なことは、ただ単に単語と日本語の意味を覚えるといった学生時代にやっていたおなじみの方法に陥らないことです。そうではなく、類義語・反義語、例文を参考にした文脈、一般的なコロケーションと一緒に覚えましょう。スピーキングとライティングにおいては、英単語の意味を日本語で知っているだけで十分、ということはめったにないのです。

❖ IELTS受験のための語彙力増強

● リスニング・リーディング用の語彙力増強方法

　知っている単語が多ければ多いほどいいのは明らかですので、単語を覚えて記憶に留めることを習慣にしましょう。英語を読んだり聞いたりする際（特にIELTSの問題の場合）には、この本とノートを手元に置いておき、新しい単語、役に立ちそうな単語、知ってはいたけれどもあまり使えていなかった単語を書き留めていってください。

● スピーキング・ライティング用の語彙力増強方法

　リスニング・リーディング用の語彙力増強と、スピーキング・ライティング用の語彙力増強の大きな違いは、後者においては単語の意味を知っているだけでは通常、不十分だということです。IELTSのスピーキングやライティングで高いスコアを獲得するためには、あなたが伝えたいことを明確に表現するために、適切な言葉を使えることを示す必要があります。もし、ある単語をその正確な用法を知らずに使ってしまったら、試験官はそれに気づいてスコアを低くするでしょうし、あなたが言いたいことを理解できず、混乱してしまうかもしれません。これは、スコアには全くよくない状況です。

❖ 最も効果的な単語学習方法

❶ 意味を取る

　まず、単語の主な意味と、その単語のさまざまな語形（名詞、動詞、形容詞など）

を覚えます。その際、必ず英英辞典を使うようにします。英和辞典を使うという昔の習慣に戻らないでください。通常はインターネット上の辞書で十分です。多くの専門家が世界最高の権威と見なしているオックスフォードの辞書がお勧めです。
(https://www.oxfordlearnersdictionaries.com/)

❷ 使用頻度を確認する

　単語の意味がわかったら、次に使用頻度を調べましょう。グーグル検索をすると、ヒット件数が表示されます。大まかな目安として、1000万件以上ヒットする単語のみを覚えるとよいでしょう。

　また、その単語の使用頻度はネイティブスピーカーの間で年々上昇しているのか、それとも時とともに減少してあまり使われなくなってきているのかもチェックすることができます。グーグル検索で表示される単語解説の下に、"Translations, word origin and more definitions"というタブがあるので、そこをクリックしてみてください。グーグルで単語を検索する際、検索ボックスの右下に「設定」ボタンがあります。設定→言語→English→保存→OK の順でクリックすると、このような検索が可能になります。

❸ 使用方法を確認する

　次に、グーグルの検索バーの下に表示されている「ニュース」をクリックすると、その単語が使われる文脈がすぐにわかります。ビジネス、政治、スポーツ、エンターテイメントなどです。さらに、主なコロケーションにも注目してください。例えば"motivate"であれば、"your team"、"you"、"your employees"などと一緒に使われることが多いということに気づくでしょう。これをさらに進めて、「just-the-word」などのサイトで、最もよく使われるコロケーションを調べて、書き留めることで、より深く学習するとさらに効果的です。

● **メモの例**

単語	意味	文脈	頻度	最も一般的な コロケーション
illegal	contrary to or forbidden by law, especially criminal law.	Law, crime	Very common (692,000,000 Google hits)	Illegal action, illegal drug, illegal trade etc.
migrant	a person who moves from one place to another, especially in order to find work or better living conditions.	Immigration, social problems, demographics	Very common (194,000,000 Google hits)	Migrant worker, migrant labor
interrupt	stop the continuous progress of (an activity or process).	Social interactions, relationships, communication	Very common (192,000,000)	Interrupt conversation, constantly interrupt

❖ 考えずに自然に単語が出てくるようにするためには

　知っていても使ったことがない単語を使って、毎日必ず5個から10個の文を作りましょう。自分にとってなじみのある内容で、オリジナルの文でなければいけません。作り終えたら、声に出して読みましょう。その際、自然に使えるようにしたい単語をより大きな声で発音して強調してください。これを習慣化して続けましょう。

*Browne, C., Culligan, B., and Phillip, J. is licensed under a Creative Commons Attribution-ShareAlike 4.0 International License.

■音声のダウンロードについて

　本書は各ページのQRコードから音声ファイルを聞くことができます。読み取りづらい場合は、拡大などして読み込んでください。また、次のURLにアクセスし、一括してダウンロードしていただくことも可能です。

https://www.natsume.co.jp/books/13106

　zip形式で圧縮されているので展開してご利用ください。音声ファイルはmp3ファイルです。パソコンやスマートフォン、mp3対応の音楽プレーヤーにて再生してください。ファイル名はページ数と同じです。例えば18ページの音声は018.mp3というファイルに収録されています。

目次	スコアに直結！ IELTS 徹底対策 単語集3900

IELTS とは

about IELTS

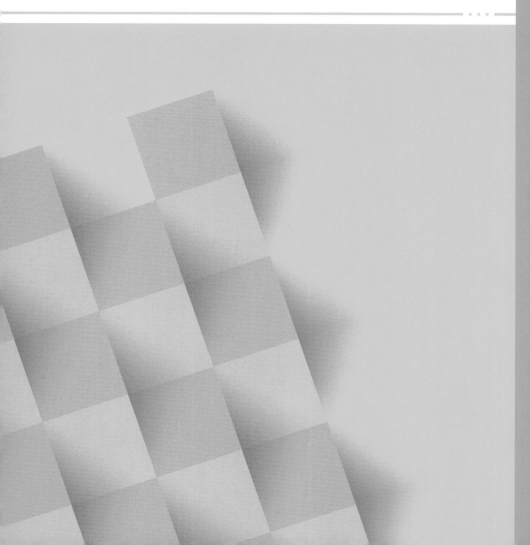

☑ IELTS（アイエルツ）の概要

IELTS（アイエルツInternational English Language Testing System）は世界で実施されている海外留学、海外研修等に必要な英語力を示すための国際的な英語運用能力試験です。対象者の年齢、学歴、職業などは問われませんが、16歳以上が望ましいとされています。リスニング、リーディング、ライティング、スピーキングの4セクションからなるテストで、総合的な英語能力を測定します。試験は筆記試験（リスニング、リーディング、ライティング）と、1対1の面接試験（スピーキング）によって行われます。

総合的な能力をはかるため、さまざまな国と地域のトピック、アクセントを取り入れているのが特徴です。また、つづりについてはイギリス式つづり、アメリカ式つづりの両方が認められています。

世界では、140の国と地域にある10,000を超える教育機関・国際機関等がIELTSを採用しています。また、イギリス、オーストラリア、カナダなどへの海外移住申請にも使われ、全世界で年間350万人が受験しています。

日本では、大学をはじめとする200以上の団体で総合的な英語能力測定のためにIELTSを採用していて、2014年には31,000人以上が受験しています。日本における実施運営は、公益財団法人日本英語検定協会と、イギリスの公的な国際文化交流機関であるブリティッシュ・カウンシルが共同で行っています。

● 世界での採用状況

イギリス オーストラリア カナダ ニュージーランド	ほぼすべての高等教育機関で認定
アメリカ	アイビー・リーグを含む約3,000の高等教育機関・プログラムで認定
EU	約2,000の教育機関で認定
日本	文部科学省がグローバルな人材育成を推進するため、財政支援すると指定した大学のうち、約20校で一部入試要件として採用

☑ IELTS の内容

IELTSは2種類あります。ひとつはアカデミック・モジュール、もうひとつはジェネラル・トレーニング・モジュールです。

①アカデミック・モジュール

海外留学のためのテスト。受験生の英語力が、英語で授業を行う大学や大学院に入学できるレベルに達しているかどうかが評価されます。

②ジェネラル・トレーニング・モジュール

海外研修、オーストラリア、カナダ、ニュージーランドへの移住を考える人のためのテストです。

この2つのタイプのテストでは、リスニングとスピーキングは共通の問題が出題されますが、リーディングとライティングは出題内容が異なります。どちらを受験すればよいかは、事前に大学等出願先に問い合わせるようにしましょう。

イギリス留学の際は、学校によってよりセキュリティの高い IELTS for UK Visas and Immigration（UKVI）を受験するよう求められることもあります。このテストもアカデミック・モジュールとジェネラル・トレーニング・モジュールに分かれていて、内容は IELTS テストと同じです。ただ、受験者はそれぞれ別の部屋に分けられ、受験中の様子はテストを通して録画されます。

本書は、①アカデミック・モジュールの出題内容にそって解説しています。

☑ 試験の構成

試験は、リスニング、リーディング、ライティング、スピーキングの4セクションで構成されています。IELTSの成績証明書を得るためには、すべてのセクションを受験しなければなりません。

リスニング、リーディング、ライティングはいずれも筆記試験で、同日に行われます。各セクションの間に、休憩時間は設けられていません。そして、スピーキングは筆記試験の前後6日以内に行われることが決められています。

東京では筆記試験とスピーキングを同日に行う日程と、スピーキングを前倒しに行う日程とがあります。大阪では筆記試験とスピーキングを同日に行う日程と、スピーキングを筆記試験の翌日に行う日程とがあります。それ以外の会場では、通常の場合、筆記試験と同日に実施されます。

次に、４セクションの概要を紹介します。

リスニング （筆記）	時　間	30分プラス答えを書き込む時間10分
	出　題	40問 選択問題、組み合わせ問題、計画・地図・図表の分類、用紙・メモ・表・フローチャートの穴埋め、要約・文章完成、記述式問題
	内　容	４セクションからなる ・日常生活における２人の人物による会話 ・日常生活におけるモノローグ ・教育現場における最大４人の人物による会話 ・学術的なテーマに関するモノローグ
	配　点	40点満点の正解数を1.0〜9.0のバンドスコアに換算
リーディング （筆記）	時　間	60分
	出　題	40問 選択問題、成語問題、組み合わせ問題、見出し・主題の選択、文章・要約・メモ・表・フローチャート・図表の穴埋め、記述式問題
	内　容	３セクションからなる。文章は全体で2,150〜2,750語 書籍、専門誌、雑誌、新聞などからの抜粋で、学術的なトピックについて一般読者向けに書かれたもの（専門用語には簡単な語釈がつく）
	配　点	40点満点の正解数を1.0〜9.0のバンドスコアに換算
ライティング （筆記）	時　間	60分
	出　題	２問
	内　容	Task1では、グラフや表、図形を分析し、自分の言葉で説明する。または、物事の過程や手順を説明する。長さは、最低150語 Task2では、ある見解や議論、問題について論述する。長さは、最低250語
	配　点	「回答の適切さ」「一貫性」「語彙力」「文法力」の４つの評価基準で採点され、1.0〜9.0のバンドスコアに換算
スピーキング （面接）	時　間	15分
	出　題	３問
	内　容	Part1では、自己紹介と日常生活に関する質問がなされる（4〜5分） Part2では、試験官から渡されるトピックとポイントが書かれたブックレットに基づき、スピーチをする（3〜4分） Part3では、試験官からPart2のトピックについて掘り下げた質問がなされ、ディスカッションする（4〜5分）
	配　点	「流ちょうさと一貫性」「語彙力」「文法力」「発音」の４つの評価基準で採点され、1.0〜9.0のバンドスコアに換算

☑ 採点方法とバンドスコア

　採点は、合否ではなく1.0から9.0まで、0.5刻みのバンドスコアで行われます。後日届く成績証明書には、各セクションの英語力がバンドスコアで示されるほか、総合評価もオーバーオールバンドスコアで示されます。

　一般的には、大学の入学基準としてオーバーオールバンドスコアで6.0～7.0が設定されています。大学によって各セクションの最低得点を定めているところもあります。

● スコアとレベル

バンドスコア	英語力
9 Expert user エキスパートユーザー	十分に英語を駆使する能力を有している。 適切、正確かつ流ちょうで、完全な理解力もある。
8 Very good user 非常に優秀なユーザー	時折、非体系的な不正確さや不適切さがみられるものの、十分に英語を駆使する能力を有している。 慣れない状況においては、誤解が生ずることもありえる。込み入った議論に、うまく対応できる。
7 Good user 優秀なユーザー	時折、不正確さや不適切さがみられ、また状況によっては誤解が生ずる可能性もあるが、英語を駆使する能力を有している。複雑な言語も概して上手く扱っており、詳細な論理を理解している。
6 Competent user 有能なユーザー	不正確さ、不適切さ、および誤解がいくらかみられるものの、概して効果的に英語を駆使する能力を有している。 特に、慣れた状況においては、かなり複雑な言語を使いこなすことができる。
5 Modest user 中程度のユーザー	部分的に英語を駆使する能力を有しており、大概の状況において全体的な意味をつかむことができる。 ただし、多くの間違いを犯すことも予想される。自身の分野においては、基本的なコミュニケーションを行うことができる。
4 Limited user 限定的ユーザー	慣れた状況においてのみ、基本的能力を発揮できる。 理解力、表現力の問題が頻繁にみられる。複雑な言語は使用できない。
3 Extremely Limited user 非常に限定的なユーザー	非常に慣れた状況において、一般的な意味のみを伝え、理解することができる。コミュニケーションが頻繁に途絶える。

| 2
Intermittent user
一次的なユーザー | 確実なコミュニケーションを行うことは不可能。慣れた状況下で、その場の必要性に対処するため、極めて基本的な情報を単語の羅列や短い定型句を用いて伝えることしかできない。
英語による会話、および文章を理解するのに非常に苦労する。 |
| 1
Non user
非ユーザー | いくつかの単語を羅列して用いることしかできず、基本的に英語を使用する能力を有していない。 |

☑ 申し込み

● 締め切り

申し込みは、筆記試験日の19日前の月曜日12時に締め切られます。木曜日実施の試験においては、筆記試験日の19日前の土曜日12時に締め切られます。また、締切日前でも、会場の定員に達した場合、申し込みが締め切られることがあります。

● 試験会場

全国のさまざまな都市で開催されています。試験地は変更になるため、公式ホームページで確認してください。

● 試験日程

全国のさまざまな会場でそれぞれ月最大4回実施されています。

● 受験料

25,380円（税込み）※2020年6月現在

● 申し込み方法

申し込みはすべてインターネット上で行います。

● インターネットアドレス

https://www.eiken.or.jp/ielts/apply/

● インターネットによる申し込みの流れ

IELTS の試験申し込みページにアクセスし、流れに沿って手続きします。IELTS ID を取得していない人は、個人データを入力し、ID を取得しておきます。

ログインする 受験情報と受験者情報を入力する （試験会場、受験するモジュール、試験日程を選択する）

 支払い方法を選択する（クレジットカードの一括払い、コンビニ支払い、ゆうちょ ATM のいずれか）

 支払いが確認できたら、受験登録が完了する（メールが届く） パスポートのカラーコピー、受験確認書のダウンロードをして当日に備える

● 最新情報

受験情報は更新されることがあります。最新の情報は、インターネットの公式ホームページなどで確認してください。

日本英語検定協会の IELTS ホームページ

http://www.eiken.or.jp/ielts/

ブリティッシュ・カウンシル（日本）の IELTS ホームページ

http://www.britishcouncil.jp/exam/ielts

IELTS 公式ホームページ

http://www.ielts.org/

☑ 試験当日の流れ

● 必須の持ち物

①受験申込時に使用した、筆記試験日まで有効期限内のパスポートの原本（カバーや
　シールをはずした状態）と顔写真ページの見開きカラーコピー

②黒鉛筆（キャップ不可）と消しゴム（カバー不可）
　鉛筆削りが試験会場に用意されています。

※上記以外はラベル等をはがした透明なボトルに入った水のみ（炭酸水は不可）、持ち込み可能です。
※受験票は廃止されています。
※シャープペンシル、腕時計は使用できません。

● 当日のタイムテーブル（スピーキングを同時に行う場合）

試験当日の流れは、およそ次のとおりです。

▶8：00	集合開始　※本人審査と持ち物検査を受けます
▶9：00～9：15	試験についての説明
▶9：20～10：20	ライティング（60分）
▶10：30～11：30	リーディング（60分）
▶11：40～12：20	リスニング（40分）
▶12：30～13：00	休憩
▶各自指定された時間	スピーキング　※開始時間の20分前には会場に到着してください。

※筆記試験のあいだ、退室することはできません。

● テストを受ける環境

たとえば東京の試験会場では、最大500人もの受験者と一緒にテストを受けます。
すべての指示が、日本語ではなく英語でなされます。

重要単語

Common and useful IELTS vocabulary

Level 1 | 必修 Active Words

0001
may
助 〜かもしれない
類 can
反 must

In the future, it **may** be possible to colonise other planets to extend the survival of the human race.
将来、他の惑星に移住して、人類を生きながらえさせることが可能かもしれない。

0002
should
助 〜すべきだ
類 have to
反 may

Should companies be forced to pay a minimum wage?
会社に最低賃金の支払いを強制すべきであろうか？

0003
should
助 たぶん〜だ

He is leaving home now. He **should** get to the school in 5 minutes.
今から家を出るので、5分で学校に着くだろう。

0004
most
形 ほとんどの
類 almost all
反 few, little

Most people in the world want only to be healthy and happy.
世界のほとんどの人は、ただ健康で幸せになりたいだけだ。

0005
those
代 〜する者
類 people

Those who do not support a government's decisions are not obligated to follow them.
政府の決定を支持しない者は、それらに従うことを義務づけられない。

0006
same
形 同じ
類 identical
反 different, unlike

Subjects at school should be the **same** for everyone — teaching should not be different based on faith or culture.
学校の教科は、誰にとっても同じでなければならない。指導が信仰や文化によって異なってはならない。

0007
need
名 需要、必要物
類 demand, requirement

A human's basic **needs** are considered to be food, water and housing.
人間の基本的必要物は食物、水、住宅だと考えられている。

0015

0   500   1000   1500   2000   2500   3000   3500   4000   GOAL

Level 1

必修 Active words

0008

part

名 部分、一部分
類 piece
反 total

It is not always necessary for parents to remain a **part** of their children's life in adulthood.
親は必ずしも成人した子どもの人生の一部分であり続ける必要はない。

0009

since

前 以来
類 from

The internet has existed **since** 1983.
インターネットは1983年以来存在している。
● since Christmas (クリスマス以来)
● since last year (昨年以来)

0010

number

名 数
類 figure, statistic

The **number** of parents reading to their children continues to drop year by year.
子どもに本を読む親の数は年々減少を続けている。

0011

little

形 ほとんどない
類 small
反 big

Little funding in foreign language departments means that some companies will struggle on the global stage.
外国語学部への財政援助がほとんどないことは、一部の企業はグローバルな舞台で苦戦することを意味する。
● little evidence (証拠がほとんどない)
● little information (情報がほとんどない)

0012

local

形 地域の
類 provincial

As the government struggles with austerity, many say that money should be focused on **local** projects, rather than those abroad.
政府は緊縮財政に苦しんでいるため、資金は国外ではなく地域のプロジェクトに集中させるべきだという者が多い。
● local circumstances (地域の状況)　● local community (地域社会)

0013

great

形 大きな
類 big, considerable
反 small

The **great** reach of advertising means that a small group of products dominate the market, allowing little room for competition.
広告の到達範囲が大きいということは、わずかな商品グループが市場を支配し、競争の余地がほとんどないことを意味する。
● great impact (大きな影響)　● great potential (大きな潜在能力)

0014

system

名 制度、組織（網）
類 order, whole

The railway **system** is the backbone of many countries and so requires significant investment.
鉄道組織（網）は多くの国の根幹であり、多大な投資を必要とする。

0015

small

形 少ない
類 little, tiny
反 big, great

Only a **small** number of people are able to become rich and famous.
ごく少数の人しかお金持ちで有名になれない。
● a small fraction (ほんの一部)　● a small minority (ごく少数)
● a small proportion (少しの割合)
● small quantities (少量)

19

0016	There were huge advances in aviation technology **during** the Second World War.
during	第二次世界大戦中に、航空技術の大きな進歩があった。
前 〜中に	
類 throughout, through	

0017	Many young people are now using the internet for many of their **social** interactions, which could be unhealthy.
social	現在、多くの若者が社会的交流の多くにインターネットを使用しているが、これは不健康かもしれない。
形 社会的な	● social activity（社会活動）
類 public, friendly	● social interaction（社会的交流）
反 anti-social	

0018	Blood sports using animals are seen as barbaric and outdated in modern **society**.
society	動物を使った流血を伴うスポーツは、現代社会では野蛮で時代遅れだとみなされている。
名 社会	
類 community	

0019	**Group** projects are assigned in university to help students develop their teamwork skills.
group	大学では、学生がチームワークスキルを伸ばすのを助けることを目的にグループプロジェクトが課される。
名 集団	
類 class, association	
反 individual	

0020	It is important to be a good citizen first and a good family member **second**.
second	まず善良な市民になり、第2に善良な家族の一員になることが重要である。
副 （重要性の点で）第2に	
類 next	
反 first	

0021	Firstly, the meeting will cover the recent company changes. **Secondly**, we will look at the annual sales.
secondly	最初にこの会議では最近の会社の変化を取り上げ、第2に年間売上を見ていきます。
副 （列挙して）第2に	
類 in the second place	
反 firstly	

0022	What is the **point** of being alive if one can't indulge in treats occasionally?
point	もし、たまのご馳走を楽しむことができないなら、生きている意味がどこにある？
名 意味、価値、要点	
類 value, meaning	

0023	The **point** of prison is to rehabilitate and punish.
point	刑務所の目的は社会復帰と処罰である。
名 目的	
類 aim, objective, reason	

0024

late

副 遅く
反 early

An enforced curfew is healthy for teenagers, as staying out **late** can lead to criminal behaviour.
遅くまで外出するのは犯罪行為を引き起こしうるので、強制外出禁止令は10代には健全だ。

0025

later

副 後で、後に
類 next
反 before

Some people simply act and do not think of the consequences until **later**.
中には短絡的に行動し、後になるまで結果を考えない者もいる。

0026

importance

名 重要性
類 significance
反 insignificance

The **importance** of oral hygiene cannot be downplayed, as people have suffered damage to their brains due to issues with their teeth.
歯に問題があると脳に損傷を受けるため、口腔衛生の重要性を軽視することはできない。

0027

important

形 重要な
類 significant
反 unimportant

It is **important** that all types of plastic are recycled, rather than being thrown away, as they do not degrade.
プラスチックはどんな種類でも劣化しないので、捨てるのではなく再利用することが重要である。

0028

high

形 高い
類 tall, great
反 low

The **high** incidence of heroin addiction in some cities can be blamed on poverty and lack of job opportunities.
一部の都市でヘロイン中毒の発生率が高いのは、貧困と雇用機会がないことに起因する可能性がある。
● a high concentration（高い集中）
● high expectations（高い期待）

0029

often

副 多くの場合
類 frequently
反 rarely

Clothes are **often** made in sweatshops where workers have very few rights.
多くの場合、衣類は悪条件の工場で製造され、労働者にはほとんど権利がない。

0030

fact

名 事実
類 reality, evidence
反 fiction

It's sometimes hard to separate **fact** from fiction.
事実と虚構を区別するのは難しいことがある。
● accept the fact that～（～という事実を受け入れる）
● face the fact（事実を直視する）

0031

factor

名 要因
類 cause
反 result

Childhood trauma is a huge **factor** in later criminal behaviour.
子どもの頃のトラウマは、その後の犯罪行為の大きな要因である。

21

0032	
further 形 さらなる 類 additional, farther 反 less	**Further** testing is often required for medications before public release, due to the risk of adverse side effects. 医薬品は副作用のリスクがあるため、一般向けリリースの前にさらなる試験が要求されることが多い。 ● further explanation (さらなる説明) ● further evidence (さらなる証拠)
0033	
area 名 分野 類 domain, sector	The key **area** that needs to be addressed by governments today is poverty. 今日、政府が取り組む必要のある重要分野は貧困である。
0034	
perhaps 副 〜かもしれない 類 maybe 反 improbably, unlikely	**Perhaps** if we all took the time to be nice to each other, the world would be a better place. 私たち全員が互いに親切になるための時間を取ったなら、世界はもっとよい場所になるかもしれない。
0035	
form 名 方法、形態 類 method, way	It's clear that our **form** of dealing with criminals is failing. 私たちの犯罪者への対処方法がうまくいっていないことは明白だ。
0036	
general 形 全般的な、一般的な 類 common 反 specific	The **general** idea of democracy is that we, the people, choose our leaders. 自分たちで自分たちの指導者を選ぶというのが民主主義の一般概念である。 ● general overview (全体的な概要) ● general consensus (全体的な合意)
0037	
generally 副 一般的に 類 commonly, broadly 反 rarely	**Generally**, wages don't increase with inflation. 一般的に、インフレに伴って賃金が上昇することはない。 ● generally accepted (一般的に受け入れられた) ● generally agreed (一般的に承諾された) ● generally assumed (一般的に想定された) ● generally considered (一般的に考えられた)
0038	
though 接 〜にもかかわらず 類 however, nevertheless	People are often against higher taxes, **though** they like the idea of supporting nationalised industries. 国営産業を支援する考えを好むにもかかわらず、高い税金に反対する者は多い。
0039	
possible 形 可能な、可能性のある 類 capable, attainable 反 impossible	It is perfectly **possible** for a woman to have a successful career and be a mother. 女性がキャリアを成功させ、母親になることは完全に可能である。 ● possible explanation (ありうる説明) ● possible outcome (起こりうる結果)

0040

power

名 力、権力
類 clout

People with a lot of **power** must always be held responsible for their actions.
多大な権力を持つ人々は、常に自分の行動に責任を持たなければならない。

0041

powerful

形 力がある
類 strong
反 weak

People with traumatic issues may only feel **powerful** when they are harming others.
心に傷を抱える人々は、他者を傷つけている時にしか力があると感じられないかもしれない。

0042

service

名 応対
類 aid, help

Are quicker **services** and shorter waiting times making people lazier?
迅速な応対と短い待ち時間は、人を怠惰にしているだろうか？
● service sector（サービス部門）

0043

market

名 市場
類 marketplace

The **market** for luxury goods has shrunk with the recession.
景気後退で高級品市場が縮小している。

0044

support

名 支援、扶養
類 aid, support
反 damage

Some young people have to provide **support** to their elderly parents while looking after their own children.
若者の中には、自分の子どもの世話をするかたわら、高齢の両親を扶養しなければならない者もいる。

0045

control

名 掌握
類 authority, command

In some cases, the military takes **control** of countries when the government has fallen apart.
政府が崩壊した時、場合によっては軍隊が国を掌握する。

0046

major

形 大きな、主要な
類 important, main
反 insignificant

The discovery of genetic traits that lead to cancer is a **major** breakthrough in developing a treatment method.
がんに至る遺伝的形質の発見は、治療法の開発における大きな解明である。
● a major advantage（大きな利点）
● a major decision（大きな決断）

0047

majority

名 大多数
類 most
反 minority

The **majority** of workers would prefer a raise in their wages, but they may feel too scared to ask their superiors.
労働者の大多数が賃金の引上げを好むが、彼らの上司を恐れるあまりそれを求めることができないのかもしれない。

23

0048	Lack of exercise is leading to a huge global health **problem**, particularly in developed countries. 運動不足は、世界的に大きな健康問題を引き起こしているが、これは特に先進国において顕著である。 ● a problem area（問題地域）
problem 名 問題 類 difficulty, trouble	

0049	Some people feel animal testing is necessary, while **others** believe it's cruel. 動物試験は必要だと感じる人もいれば、それは残酷だと考える人もいる。
others 名 他者 類 rest	

0050	With recent events in the United States, certain minority groups do not feel protected by the **police**. 最近のアメリカの出来事で、特定の少数民族は警察から保護されていると感じていない。
police 名 警察 反 civilian	

0051	Some teachers will have students **report** other students' bad behaviour. 生徒に、他の生徒の悪い振る舞いを報告させる教師もいる。
report 動 報告する 類 describe, detail	

0052	Teachers have to produce **reports** to outline their students' academic progress. 教師は、生徒たちの学業の進捗を概説する報告書を作成しなければならない。
report 名 報告書 類 account, story	

0053	A child's early **interest** in music can be nurtured into a full-blown talent. 子どもが幼い頃から音楽に興味を持っているなら、それを育むことで才能を開花させることができる。
interest 名 関心、興味 類 attraction, curiosity 反 disinterest	

0054	It is **interesting** that children can only learn to speak during a certain period of their lives. 子どもが生涯のうち、特定の期間にしか話すことを学ぶことができないのは興味深い。
interesting 形 興味深い 類 appealing, entertaining, fascinating 反 boring	

0055	We must **act** now if we want to avoid complete deforestation. 完全な森林破壊を回避したいなら、今こそ行動しなければならない。
act 動 行動する 類 behave, conduct 反 halt	

0063

0 500 1000 1500 2000 2500 3000 3500 4000 GOAL

0056

action

名 行動
類 activity, movement

People can take **action** by contacting local MPs and press organisations.
地元の国会議員や報道機関に連絡を取ることで行動を起こすことができる。

0057

active

形 行動的な
類 mobile, energetic
反 inactive

To keep healthy, people should be as **active** as possible.
健康を保つには、できるだけ行動的でいる必要がある。
● an active involvement (行動的な関与)
● active participant (行動的な参加者)
● active participation (行動的な参加)
● an active role (行動的な役割)

0058

activity

名 活動、活躍、活気
類 action, movement

There has been a lot of **activity** in the Japanese tourism industry in recent years, especially since the easing of restrictions on Chinese tourist visas.
特に中国の観光ビザの制限が緩和されて以来、近年、日本の観光業は活気がある。

0059

probably

副 おそらく
類 presumably, likely

It is **probably** not a good idea for people to learn how to drive before they are 18.
おそらく、18歳になる前に運転を習うのはよい考えではない。

0060

available

形 利用可能な
類 accessible, applicable
反 unavailable

Free birth control is being made **available** to try and tackle teen pregnancy rates.
10代の妊娠率に取り組むため、避妊が無料で利用できるようにされつつある。
● available information (利用可能な情報)
● available evidence (利用可能な証拠)

0061

research

名 研究
類 study, investigation

Austerity has led to cuts in important scientific **research**.
緊縮財政によって重要な科学研究の削減が生じている。
● academic research (学術的な研究)

0062

following

形 次の
類 coming, ensuing, subsequent
反 preceding

The law was drafted in 2010 and introduced the **following** year.
この法律は2010年に起草され、その次の年に施行された。

0063

level

名 水準
類 rank, position

The constant need to increase **level** and strength in many video games helps contribute to video game addiction.
多くのビデオゲームで常にレベルや強度を上げる必要があると、ビデオゲーム中毒の一因となる。

0064	
show	Prospective employees must **show** their skills, as merely describing them isn't sufficient.
動 示す	採用予定者はそのスキルを示すべきであり、単に説明するだけでは不十分である。
類 demonstrate	● show evidence (証拠を示す)
反 hide	● show a tendency (傾向を示す)

0065	
question	For some, it is an essential freedom for a citizen to be able to **question** authority.
動 疑問を呈する	当局に疑問を呈することができるのが市民の本質的な自由だとする者もいる。
類 inquire, query	
反 answer	

0066	
question	There is no such thing as a stupid **question**.
名 質問	くだらない質問など存在しない。
類 inquiry, query	
反 statement	

0067	
clear	Legal jargon must be made **clear** for the layperson to understand.
形 明確な	法律用語は、素人が理解できるように明確にする必要がある。
類 obvious, explicit	● a clear boundary (明確な境界線)
反 unclear	● clear evidence (明確な証拠)
	● clear distinction (明確な区別)

0068	
clearly	Reducing poverty is **clearly** one of the main objectives of any government.
副 明らかに	貧困削減は、明らかにあらゆる政府の主要な目標の一つである。
類 plainly, distinctly	● clearly support (明らかに支持する)
反 dubiously	● clearly understand (明らかに理解する)

0069	
main	The **main** commandment of many religions is that of peace, so why war occurs in religious areas is often debated.
形 主な	多くの宗教で主な戒律は平和であるのに、なぜ宗教的な地域で戦争が起こるのかがしばしば議論される。
類 principal, predominant	● main focus (主な焦点)
反 minor	● main argument (主な主張)

0070	
period	It has been a tumultuous **period** for unions, as the government has cracked down on them.
名 期間	政府が組合を厳しく取り締まっているため、組合にとっては激動期である。
類 date, time, age	
反 forever	

0071	
include	In discussions related to controversial medical procedures, it is vital to **include** practitioners from many medical fields.
動 含める	論争の的になっている医療処置に関する議論では、多くの医療分野の従事者を含めることが重要である。
類 contain, involve	
反 exclude	

0072
including
形 など
類 containing
反 excluding

The reasons behind poverty are numerous, **including** lack of jobs, low salaries and drug and alcohol issues.
貧困の背景には、雇用の不足、低い給与、薬物、アルコール問題など数多くの理由がある。

0073
several
形 いくつかの
類 some, various
反 none

Companies use **several** methods to sell products, some of which may be unethical.
企業は製品を販売するのにいくつかの手法を用いるが、それらの中には非倫理的なものもありうる。

0074
itself
代 それ自身、自己

Despite the growth of technology, a machine cannot repair **itself**, meaning there is still a need for human workers.
技術の発達にもかかわらず、機械は自己修理できない。これは、依然として人間の労働者が必要あることを意味する。

0075
themselves
代 自分自身、彼ら自身、それら自身

Some people have to help **themselves** before others can help them through charitable causes.
中には、他者がチャリティを通じて彼らを助ける前に、自分自身を助ける必要がある人々がいる。

0076
upon
前 ～に基づいて、～の上に
類 on

Our laws are based **upon** years of evolution and shouldn't be questioned.
我が国の法律は何年にもわたる展開に基づいており、疑問の余地はない。

0077
effect
名 影響
類 result

The **effects** of homelessness have a knock-on consequence to all of society.
ホームレスの影響は、社会全体に波及する結果となる。

0078
likely
形 可能性が高い
類 probable
反 unlikely

It is very **likely** that the average human's life expectancy will increase over the next century.
人間の平均寿命は今後100年にわたって長くなる可能性が非常に高い。
● likely impact（可能性が高い影響）
● likely oucome（可能性が高い結果）

0079
real
形 現実の
類 genuine, actual
反 fake

Teenagers need to spend more time in the **real** world and less on the internet.
10代の若者は、インターネットの時間を減らし、現実の世界でより多くの時間を費やす必要がある。
● a real issue（現実問題）

0080	
reality 名 実際、現実 類 existence, actuality 反 fantasy	In **reality**, bullying can cause long-lasting harm to a child's well-being. 実際には、いじめは子どもの幸福に長期的な害をもたらす可能性がある。

0081	
read 動 読む	With parents being so busy, many do not have the time to **read** to their children. 多くの親が忙しく、自分の子どもに本を読んであげる時間がない。

0082	
process 名 過程、工程 類 procedure, method	The **process** of producing a product for market release has many steps. 市場リリース用の製品の生産工程には多くのステップがある。

0083	
particular 形 特定の、特有の 類 exact, specific 反 general	This **particular** study was criticised for having too small a test sample. この特定の研究は、試験サンプルが少なすぎることで批判された。 ● a particular area（特定の地域） ● a particular meaning（特定の意味） ● a particular aspect（特定の側面）

0084	
present 形 現在の 類 current, now 反 past	At the **present** time, people are more interested in financial gain than community spirit. 現在、人々は共同体意識よりも金銭的な利益の方に関心がある。 ● the present context（現在の状況）

0085	
present 動 提出する 類 demonstrate, offer	To **present** a new idea to a company is a nerve-wracking experience. 新しいアイディアを会社に提出するのは、緊張感がある経験である。 ● present an argument（主張を述べる） ● present evidence（証拠を示す） ● present a challenge（課題になる）

0086	
present 名 プレゼント 類 gift	Children shouldn't receive too many **presents** on special occasions as it spoils them. 子どもを甘やかしてしまうため、彼らは特別な機会にあまりにも多くのプレゼントをもらうべきではない。

0087	
study 名 研究、学習 類 research	Is the **study** of art still valuable in modern society? 現代社会において、芸術の研究にはまだ価値があるだろうか？ ● academic study（学術的研究）

0095

0　　500　　1000　　1500　　2000　　2500　　3000　　3500　　4000 — GOAL

0088

special

形 特別な
類 unique
反 normal

All children are **special** in their own way.
すべての子どもにそれぞれ特別な個性がある。
● special circumstances（特別な環境）
● special emphasis（特別な重要視）

0089

specialise

動 専門にする
反 broaden

After completing their first degree, a lawyer in training then chooses which field of law to **specialise** in.
研修中の弁護士は、最初の学位を修了すると法律のどの分野を専門にするかを選択する。

0090

pay

動 支払う
類 purchase
反 keep, hold

With house prices constantly increasing, people are having to save more and more to **pay** a deposit.
住宅価格が常に上昇しているため、手付金を支払うためにますます節約しなければならなくなっている。

0091

payment

名 支払い
類 award
反 debt

Cheques as a form of **payment** are becoming outdated.
支払方法としての小切手は時代遅れになりつつある。

0092

order

名 秩序
類 structure
反 disorder

A fanatical desire to maintain **order** is one common quality of dictators.
秩序を維持したいという熱望は、独裁者に共通の資質である。

0093

certain

形 確かな
類 sure, definite
反 unclear

It is not clear why some people become overweight, but it is **certain** that it involves a lot of eating.
なぜ一部の人々が太り過ぎになるのかは明らかではないが、過食が関係するのは確かである。
● certain evidence（動かしがたい証拠）
● a certain remedy（確実な治療法）

0094

light

形 軽い
類 slight, thin
反 heavy

Suitcases that are built to be **light** and easy to carry mean that planes are becoming increasingly unable to fit everyone's suitcases in the overhead storage.
軽くて運びやすく作られたスーツケースは、全員のスーツケースが飛行機の頭上の収納部分にますます収まらなくなってきていることを意味する。

0095

play

動 遊ぶ
類 do, perform

Playing is natural for children and is necessary to help them develop healthily.
遊びは子どもにとって自然なことであり、子どもの健康的な発達を助けるのに必要である。
● play a role in ～（～において役割を果たす）

0096 **sort** 動 整理する 類 arrange, organise 反 disorganise	It is very relaxing to **sort** things around the house. 家まわりを整理するととてもリラックスできる。
0097 **sort** 名 種類 類 type, kind	What **sort** of person doesn't care about global issues? 世界的な問題を気にかけないとはどんな種類の人なのか？
0098 **experience** 動 経験する 類 taste, try	Many young people **experience** their first freedom when they learn to drive. 運転を学ぶ時に最初の自由を経験する若者は多い。 ● experience difficulties（困難を経験する） ● experience problems（問題を経験する）
0099 **believe** 動 信じる 類 think, consider	Many people **believe** that violent crime is getting worse, despite statistics saying otherwise. 統計は別のことを示しているにもかかわらず、多くの人が暴力犯罪は悪化していると信じている。
0100 **matter** 名 問題 類 issue, topic	What people look for in a partner is a **matter** of personal preference. 人々がパートナーに求めるものは個人の好みの問題である。
0101 **remember** 動 記憶する 類 recall 反 forget	As people get older, they struggle to **remember** things as clearly, and this is made even worse with diseases such as Alzheimer's. 年を取るにつれて、物事をはっきりと記憶するのに苦労する。また、これはアルツハイマーなどの病気でさらに悪化する。
0102 **individual** 名 個人　形 個人の 類 person 反 group	It's not always the best idea for an **individual** to raise a child; it takes a whole community. 個人が子どもを育てるのは常に最善の考えとはいえない。それには共同体全体が必要である。 ● individual responsibility（個人の責任） ● individual case（個人の場合）
0103 **programme** 名 プログラム 類 agenda, list	Welfare **programmes** are necessary to help those less fortunate, as some people cannot avoid poverty. 貧困を回避できない人々もいるため、恵まれない人々を援助するための福祉プログラムが必要である。

0111

0   500   1000   1500   2000   2500   3000   3500   4000   GOAL

0104
rate
動 評価する
類 judge, estimate

There are many websites where people can **rate** restaurants.
レストランを評価するためのウェブサイトがたくさんある。

0105
rate
名 率
類 ratio, amount
反 whole

The **rate** of lung cancer cases has decreased gradually with the falling sales of cigarettes.
タバコの販売の減少とともに、肺がんの発生率は徐々に下がっている。

0106
ratio
名 割合
類 percentage, proportion

The **ratio** of male to female students in university has tilted towards the female side, so more boys should be encouraged to attend university.
大学の女子に対する男子の割合は女子側に傾いているため、もっと多くの男子が大学に通うよう奨励すべきである。

0107
short
形 背が低い
類 small
反 tall

A study shows that more women want taller men than men want **shorter** women.
男性が自分より背の低い女性を望むよりも、女性が自分より背の高い男性を望んでいるとある研究が示している。
● a short duration (短時間)
● a short period (短期間)

0108
basically
副 基本的に
類 primarily, essentially
反 completely, entirely

Many of the problems in the world today are **basically** caused by overpopulation.
今日の世界の問題の多くは、基本的に人口過剰が原因である。

0109
section
動 部門
類 division, area

The human resources **section** of the company has been extremely biased and inefficient.
その会社の人事部門は偏見が強く、非効率的である。

0110
price
名 価格
類 cost

The **price** of food increases every year, particularly healthy food.
食品、特に健康食品の価格は年々上昇している。

0111
similar
形 類似の
類 akin, alike
反 dissimilar

Radicals of different religions are often very **similar**, no matter how different the religions are.
異なる宗教の過激派は、宗教がどれだけ違っていても、非常に類似していることが多い。
● a similar approach (類似の取り組み)
● a similar effect (類似の効果)

0112	One of the most common **reasons** for teen suicide is bullying at school and online.
reason	
名 理由	10代の自殺の最も一般的な理由の一つは、学校やネットでのいじめである。
類 logic, sense	
反 emotion	

0113	With the increase in divorce rates, there are more older **single** people than ever before.
single	
形 独身の、単一の	離婚率の増加により、これまで以上に年齢の高い独身者が増えている。
類 individual, sole	● a single individual（独身の人）
反 group	● a single issue（単一の問題）

0114	Arranged marriages are a **common** practice in some countries.
common	
形 一般的な、共通の	見合い結婚は、一部の国で一般的な慣行である。
類 normal, ordinary	● common ancestor（共通の先祖）
反 uncommon	● common characteristic（共通の特徴）
	● common feature（共通の特性）

0115	To maintain good family relationships, it is important to **communicate** regularly.
communicate	
動 コミュニケーションを取る	良好な家族関係を維持するには定期的にコミュニケーションを取ることが重要である。
類 liaise, be in contact	● communicate effectively（効果的にコミュニケーションを取る）

0116	Despite its decline in popularity, television is still an important means of **communication** of information to the public.
communication	
名 伝達	人気の低下にもかかわらず、テレビは依然として大衆への重要な情報伝達手段である。
類 imparting, conveying	

0117	**Community** relationships are deteriorating in modern times, as people become more isolated.
community	
名 共同体	人々が孤立を深めるにつれて、現代では共同体の人間関係が悪化している。
類 society	
反 individual	

0118	A **true** athlete follows the rules, and never tries to bend or break them.
true	
形 真の	真のアスリートはルールに従い、それらを曲げたり破ろうとはしない。
類 real, valid	
反 false	

0119	Some tourists have the money to stay in a higher **class** of hotel, but most look for the cheapest accommodation.
class	
名 級	高級なホテルに滞在するお金のある観光客もいるが、大半は最も安い宿泊施設を探す。
類 degree, grade, rank	

0120
necessary
形 必要な
類 essential, basic
反 unnecessary, needless

Testing on animals is no longer **necessary** and can be considered cruel and excessive, particularly for cosmetic products.
もはや動物試験は必要とされておらず、特に化粧品に関しては残酷で過剰だと考えられる。
● necessary information（必要な情報）

0121
value
名 価値
類 cost, worth

Every person has the same **value**, regardless of their status or education.
地位や教育に関係なく、すべての人に同じ価値がある。

0122
especially
副 特に
類 mainly, particularly
反 generally

Parents of young children often become depressed, and this is **especially** true of single parents.
幼い子どもの親はしばしばうつ状態になるが、ひとり親の場合には特にこれが当てはまる。

0123
total
名 合計
類 whole
反 portion

A decision must be made when the **total** for or against is far higher than 50%, possibly closer to 70%.
賛成または反対の合計が50%をはるかに超え、70%近いという場合は、決定を下さなければならない。

0124
private
形 個人の、民間の
類 personal, individual
反 public

What a person does in their own home is their **private** business.
人が自宅ですることは個人的なことである。
● private investment（民間の投資）
● the private sector（民間の部門）
● the private sphere（個人の領域）

0125
finally
副 ついに
類 ultimately, eventually

We are **finally** in a time period where people can live to be 100 years old.
ついに人間が100歳まで生きられる時代となった。

0126
return
動 返品する
類 give back
反 take

Some customers will purchase a product and **return** it even when the product has no faults.
製品を購入し、製品に欠陥がない時でも返品する顧客もいる。

0127
financial
形 財政的な、金融の
類 monetary, fiscal

It is rude to ask people about their **financial** situation.
人に財政状態を尋ねるのは失礼だ。
● financial assistance/support（財政的な支援）
● a financial institution（金融機関）
● a financial problem（財政的な問題）

0128 **president** 名 大統領	The **president** of a country should not be above the law. 一国の大統領は法の上の存在であってはならない。
0129 **issue** 名 問題 類 point, matter, affair	Women's rights are becoming a hotly-debated **issue** in patriarchal societies. 女性の権利は、男性社会の中で盛んに議論される問題となりつつある。
0130 **foreign** 形 異質な、海外の、外交の 類 outsider 反 local	Some people have a natural fear of things they consider **foreign** or different. 毛色の違う異質なものだと思うものに自然に恐れを抱く人もいる。 ● foreign investment (海外への投資) ● foreign policy (外交政策)
0131 **rest** 動 休む 類 relax, repose 反 be active	Mothers are recommended to **rest** at the same time their babies do. 母親は、赤ちゃんが休んでいる間に同時に休むことが推奨される。
0132 **rest** 名 休息 類 relaxation 反 activity	Regular **rest** is important for good health, especially for those who work constantly. 定期的な休息は、特に絶えず働く人々の健康のために重要である。
0133 **situation** 名 状況 類 circumstances, status	The **situation** in some countries has led to increased immigration, which some view as negative. 一部の国の状況により移民は増加しており、これには否定的な見方もある。
0134 **soon** 副 すぐに 反 later	Space travel will **soon** be a reality. 宇宙旅行はすぐに現実になるだろう。
0135 **recent** 形 最近の 類 current 反 old	**Recent** advances in cosmetic procedures mean that people can completely transform the way they look. 最近の美容整形の進歩は、人々が自分の見た目を完全に変えることができることを意味する。 ● a recent study (最近の研究) ● a recent survey (最近の調査)

0143

0   500   1000   1500   2000   2500   3000   3500   4000 — GOAL

0136
recently
副 最近
類 currently
反 before

Recently, many young people have started to turn to peers and people outside of their family for advice, which is more beneficial to them.
最近、多くの若者が仲間や家族以外の者に助言を求めるようになったが、これは彼らにとってより有益である。

0137
force
名 武力
類 strength, effort
反 passivity

The police **force** was accused of using excessive **force** during the student protests.
警察は学生の抗議行動中に過度の武力を行使したことで非難された。

0138
production
名 生産
類 construction

Fruit and vegetable **production** has to take place abroad in the winter months, leading to high import prices.
冬季の果物と野菜の生産は外国で行わなければならないため、輸入価格が高くなる。

0139
various
形 さまざまな
類 miscellaneous, differing
反 single

Should animals be employed for the **various** needs of society such as food and clothing? Or could this be considered cruelty?
食料や衣服など、社会のさまざまなニーズに動物を使用すべきか？あるいは、それは残酷とみなされるのか？
● various aspects（さまざまな側面）

0140
project
名 研究課題
類 undertaking, work

Projects at university are unnecessary, as students' ability can be solely tested by exams.
学生の能力は試験でのみテストできるため、大学における研究課題は不要である。

0141
poor
形 貧しい
類 needy
反 rich

Is it a person's own fault when they are **poor**, or is it out of their control?
貧しいのは個人のせいなのか、あるいはそれは個人では制御不能なのか？

0142
plan
動 計画を立てる
類 arrange, draft

It is critical to **plan** holidays carefully to make sure that nothing goes wrong.
何も問題が起きないように、慎重に休暇の計画を立てることが重要である。

0143
plan
名 計画
類 scheme, arrangement

Companies must have a carefully laid-out **plan** for any project, lest they overspend.
企業は、費用を使い過ぎないよう、どんなプロジェクトも慎重に計画を立てる必要がある。

35

0144 **despite** 前 〜にもかかわらず 類 in spite of	**Despite** being aware of the risks, heroin consumption has continued to increase in poverty-stricken towns. リスクが認識されているにもかかわらず、貧困に苦しむ町でヘロインの消費が増え続けている。
0145 **lead** 動 先頭に立つ、導く 類 guide, influence 反 follow	If you want to **lead** well, put your team first. うまく人を導くためには、チームを第一に考えなさい。 ● lead to the conclusion that S V (S は V であるという結論に達する)
0146 **sound** 動 発する 類 say 反 be silent	Everyone has a right to **sound** their opinions. 誰でも自分の意見を発する権利を持っている。
0147 **sound** 名 物音 類 noise 反 silence	In the early morning there is nothing to hear except the **sound** of birds singing. 早朝には鳥のさえずりの音以外何も聞こえない。
0148 **series** 名 一連 類 order, succession 反 individual, disorder	It only takes a small **series** of events to create huge results. 大きな結果を生み出すのに要するのは、小さな一連の事象のみである。
0149 **pleasant** 形 感じのよい 類 friendly, amiable, polite 反 unpleasant	In their hectic lives, people often forget to even be **pleasant** to each other on the street. 多忙な生活の中では、通りで互いに感じよくすることも忘れがちである。
0150 **please** 動 喜ばせる 類 gratify, satisfy 反 annoy	It can be challenging to say no sometimes, and many people have an instinct to constantly **please**. 時にノーと言うことは難しいことであり、多くの人が常に人を喜ばせる本能を持っている。
0151 **natural** 形 当然の、自然の 類 normal, common 反 unnatural	It is only **natural** that the average person would want to buy a house instead of renting it — they want to own the place where they live. 平均的な人が貸家ではなく持ち家を望むのは当然のことである。彼らは自分たちが住む場所を所有したいのである。 ● a natural disaster（自然災害）　● natural history（自然の歴史）

0159

0   500   1000   1500   2000   2500   3000   3500   4000 ┤GOAL

0152
simple
形 単純な
類 understandable, easy
反 difficult

Legal contracts must be **simple** for everyone to understand.
法律上の契約は、誰でも理解できるよう単純でなければならない。

0153
share
動 共有する
類 divide
反 occupy, monopolize

People **share** far too much personal information online.
人々はあまりに多くの個人情報をオンラインで共有している。
● share information（情報を共有する）

0154
material
名 材料、素材
類 matter

Certain **materials**, such as plastic, are hazardous to the environment as they can take hundreds of years to decompose.
プラスチックのようなある種の材料は、分解に数百年を要する可能性があるため、環境に悪影響を及ぼす。

0155
movement
名 運動
類 motion, activity

Some political **movements** endorsed violence as a means of achieving equality.
政治運動の中には、平等を達成する手段として暴力を支持するものもあった。

0156
success
名 成功
類 achievement
反 failure

Some people say that we can only measure **success** by the amount of money a person makes.
成功は稼いだ金額でしか測定できないと言う人もいる。
● academic success（学業の成功）

0157
successful
形 成功している
類 favourable, profitable
反 unsuccessful

Why is it that some people are **successful** in life even when they fail at school?
学校で失敗しても、人生で成功している人がいるのはなぜなのか？
● successful implementation（成功裡に終わった履行）

0158
population
名 人口
類 inhabitants, people

With a growing **population**, providing food for everyone will soon become a problem.
人口の増加に伴い、すべての人に食料を提供することがまもなく問題となるだろう。

0159
modern
形 現代の
類 current, contemporary
反 traditional

The **modern** family in many countries is led by a single parent.
多くの国で、現代の家族はひとり親が率いている。
● modern culture（現代の文化）　● modern technology（現代の技術）
● modern society（現代社会）　● a modern method（現代の方法）

0160 **theory** 名 説、理論 類 hypothesis, belief 反 fact	So called 'Flatearthers' believe in the **theory** that the Earth is flat. いわゆる「地球平面論者」は、地球は平面だという説を信じている。
0161 **press** 名 出版物 類 media	The print **press** is struggling to survive as people read the news on their mobile devices or computers. 人々が携帯端末やコンピュータでニュースを読むので、印刷の出版物は生き残りに苦労している。
0162 **legal** 形 法律の、適法の 類 allowable, lawful 反 illegal	**Legal** jargon can sometimes make it difficult for the layperson to understand contracts or legal documents. 法律用語は、素人が契約や法律文書を理解するのを困難にすることがある。 ● legal action（訴訟） ● a egal system（法制度）
0163 **legalise** 動 合法化する 類 validate	Should the country **legalise** marijuana? Or is that the gateway to allowing all drugs? 国はマリファナを合法化すべきか？　それとも、それはすべての薬物を容認する入口となってしまうのか？
0164 **environment** 名 環境 類 surroundings	Taking responsibility for the **environment** should be written into business law. 環境に対する責任を取ることを企業法に記載すべきである。
0165 **growth** 名 伸び 類 development, progress 反 decline	The **growth** in demand for flights due to increased tourism, is contributing heavily to air pollution. 観光の増加による航空便の需要の伸びが、大気汚染の大きな原因となっている。
0166 **design** 名 設計 類 plan, outline	Poor **design** often leads to disaster in countries where buildings are built too fast and with many shortcuts. 建物があまりにも手っ取り早く建設される国では、貧弱な設計が災害の原因となることがよくある。
0167 **related** 形 関係した 類 connected, associated 反 unrelated	Childhood trauma is **related** to criminal activity, and early prevention can help the latter from developing. 幼少期のトラウマは犯罪行為に関係しており、早期予防は後者の発生を防ぐのに役立つ。 ● a related issue（関係した問題） ● a related topic（関係した題）

0175

0 500 1000 1500 2000 2500 3000 3500 4000 GOAL

0168
relation
名 関係
類 connection, relationship

They don't believe there is a **relation** between spanking and violent tendencies as an adult.
彼らは尻叩きと大人になってからの暴力的な傾向の間に関係があることを信じない。

0169
relationship
名 関係
類 connection
反 disassociation

It was originally considered that there might be a **relationship** between mobile phones and the development of brain tumours.
もともと、携帯電話と脳腫瘍の発症には関係があるかもしれないと考えられていた。

0170
standard
形 普通の、通常の
類 regular, approved
反 atypical

Showing up on time is **standard** in many cultures.
多くの文化で時間通りに現れるのが普通である。
● a standard approach（通常の取り組み方）

0171
size
名 大きさ
類 amount, extent

A lot of people underestimate the sheer **size** of the global warming problem.
多くの人が、地球温暖化問題の実際の大きさを過小評価している。

0172
space
名 場所、余地
類 room, scope

As there is no **space** for further home development, people should not be allowed to have too many children.
さらなる住宅開発のための余地はないため、あまり多くの子どもを持つことは許されるべきではない。

0173
property
名 財産
類 wealth, possessions, estate

How much **property** a person owns should be limited to two houses.
人が所有する財産は、2軒の家に限定すべきだ。

0174
term
名 任期
類 time, period
反 permanent

The president's **term** is almost over.
大統領の任期はほぼ終わりだ。
● school term（学期）

0175
serious
形 深刻な
類 grave, severe
反 insignificant

Mental illnesses can be just as **serious** as physical ones.
精神疾患は身体疾患と同じくらい深刻な場合がある。
● serious condition（深刻な条件）

0176	
behaviour	Children's **behaviour** can be influenced by what they watch on television and therefore parents should monitor what their children watch.
名 行動	子どもたちの行動は、彼らがテレビで見ているものに影響される可能性があるため、両親は子どもたちが何を見ているか監視すべきである。
類 act, conduct, performance	
反 cessation, inactivity	

0177	
previous	The **previous** president left the country in a mess.
形 前の	前大統領は、国内を混乱させたままにした。
類 former, prior	● a previous discussion（前の議論）
反 following	● a previous generation（前の世代）
	● previous knowledge（前の知識）
	● previous experience（前の経験）

0178	
wide	The range of degrees students can now study for is very **wide**, and some believe this devalues education.
形 幅広い	学生が現在学習できる学位の範囲は非常に幅広く、このことが教育の価値をおとしめることになると考える人もいる。
類 broad, extensive	● wide range（広範囲）
反 narrow	● wide variation（広い多様性）

0179	
choice	A woman should have the **choice** in what she does with her body.
名 選択	女性には、自分の身体とどうかかわるかについて選択の余地があるべきだ。
類 decision, selection	
反 mandate	

0180	
choose	In a society where there are only two political parties to **choose** from, do we truly have democracy?
動 選択する	選択できる政党が2つしかない社会に、本当に民主主義があるだろうか？
類 select, pick	

0181	
significant	The amount of money spent on the military is incredibly **significant**.
形 著しい、重要な	軍隊に費やされる金額は非常に多額である。
類 important, critical	● a significant amount（著しい量）
反 insignificant	● a significant change（著しい変化）
	● a significant increase（著しい上昇）

0182	
income	**Income** disparity has increased in many countries over the last couple of decades.
名 所得	過去20〜30年間で多くの国の所得格差が拡大している。
類 wage, salary	
反 expenses	

0183	
pressure	The **pressure** parents put on their children to succeed academically can lead to depression and even suicide.
名 圧力	子どもが学業で成功するよう親がかける圧力は、うつ状態や自殺にさえつながる可能性がある。
類 burden, tension	
反 ease	

0191

0   500   1000   1500   2000   2500   3000   3500   4000   GOAL

0184
risk
名 危険、賭け
類 danger, hazard
反 certainty

Young boys are most at **risk** of suicide, and so should be the priority in mental health care.
少年は自殺の危険が最も高いため、精神医療で優先されるべきである。
● risk assessment （リスク査定）

0185
technology
名 技術
類 electronics, science

Is **technology** replacing regular human interaction? And what are the consequences of this?
技術は通常の人間の交流に取って代わるものか？　その結果は何か？

0186
happy
形 幸せな
類 delighted, cheerful
反 sad

Children can be **happy** with simple toys; they do not necessarily need expensive possessions.
子どもは単純なおもちゃで幸せになれる。必ずしも高価な持ち物は必要としないのだ。

0187
consider
動 よく考える
類 think about
反 disregard

Government should **consider** whether to implement noise control laws.
政府は、騒音防止法を実施するかどうかを検討する必要がある。
● consider the impact （影響を検討する）
● consider a possibility （可能性を検討する）

0188
consideration
名 考慮、検討
類 thought, deliberation
反 ignorance

Any change in the law requires careful **consideration**.
いかなる法律の変更も、慎重な検討を要する。

0189
defence
名 防御
類 protection, guarding
反 offence

A good diet helps build the body's natural **defences**.
よい食事は、身体の本来の防御力をつけるのを助ける。

0190
loss
名 喪失
類 deficit
反 gain, profit

The **loss** of natural habitats has devastated many animal populations.
自然生息地の喪失によって、多くの動物個体群が壊滅した。

0191
allow
動 許す、認める
類 permit, let
反 forbid

The government should **allow** people of the same gender to marry.
政府は、同性同士の結婚を認めるべきだ。
● allow access （アクセスを認める）

0192	
military 名 軍隊 類 army, armed, forces 反 civilian	The strength of a country's **military** could well decide their global influence. 国の軍隊の強さは、世界的な影響力を十分に決定づける可能性があるだろう。 ● military action (軍事行動) ● military force (軍事力) ● military power (軍体力) ● military service (兵役)
0193	
original 形 本来の、原文の 類 earliest, authentic	**Original** films are always better than remakes and sequels. 原作の映画はリメイクや続編よりも常に優れている。 ● the original intent (本来の目的) ● the original meaning (原義) ● the original source (原典) ● the original version (原版) ● the original work (原作)
0194	
originally 副 元々、本来 類 initially 反 finally	**Originally**, people had to travel on foot or by horse to get anywhere. 元々、人間はどこへ出かけるのにも徒歩や馬で移動しなければならなかった。 ● be originally developed (元々発達した) ● be originally intended (本来意図された)
0195	
difference 名 違い 類 dissimilarity, contrast 反 similarity	Exercise can make a big **difference** to your state of health. 運動は健康状態に大きな違いをもたらす。 ● clear difference (明らかな違い)
0196	
specific 形 特定の 類 particular, distinguishing 反 general	Maybe there is no **specific** cause for autism. 恐らく、自閉症に特定の原因はない。 ● a specific area (特定の地域) ● a specific example (具体例) ● a specific case (特定の場合) ● a specific purpose (特定の目的)
0197	
potential 名 潜在能力 形 潜在的な 類 promising 反 helpless	All children have the **potential** to be someone great. すべての子どもたちが、素晴らしいものになれる潜在能力を持っている。 ● potential benefits (潜在的な利点) ● a potential risk (潜在的なリスク)
0198	
profession 名 職業 類 job, career	We should not judge people by their **profession**, but whether they work hard in what they do. 私たちは人を職業で判断するのではなく、自分の仕事に熱心に取り組んでいるかどうかで判断すべきである。
0199	
professional 形 プロの 類 skilled, trained 反 amateur	Do **professional** athletes gain their success solely through training or through natural ability? プロのアスリートは、トレーニングだけで成功を勝ち取るのか、それとも天賦の才能なのか? ● professional experience (プロの経験) ● professional development (専門家としての成長)

0207

0　　　500　　　1000　　　1500　　　2000　　　2500　　　3000　　　3500　　　4000 GOAL

0200
male
形 オスの
類 masculine
反 female

Some **male** animals, unlike humans, are far smaller than their female counterparts.
オスの動物の中には、人間と違ってメスの動物よりはるかに小さいものもある。
● male dominance（オスの優勢）

0201
demand
動 要求する
類 order, expect
反 disclaim, give, please

One shouldn't always **demand** the highest standards of behaviour from our children.
常に最高の行動基準を自分の子どもたちに要求すべきではない。

0202
season
名 季節
類 period

It is common for people to feel sadder in colder, darker **seasons**.
寒くて暗い季節に悲しみを感じるのは一般的だ。

0203
independent
形 自立した
類 liberated, free
反 dependent

More and more women are living **independent** lives without a partner or spouse.
パートナーや配偶者がいなくても自立した生活を送っている女性はますます増えている。
● an independent state（独立国家）
● an independent variable（独立変数）

0204
benefit
名 利益、補助金
類 profit, advantage
反 hindrance, loss

Some jobs provide **benefits** such as a great pension plan and money for an employee's partner should the employee pass away.
仕事の中には、優れた年金制度や、従業員の死亡時にパートナーに金銭による手当が支給されるものもある。

0205
shop
動 買い物する
類 purchase, buy
反 sell

It can become an addiction to **shop** too much, especially when someone does it to deal with sadness.
特に悲しみに対処するために買い物することに走る時は、過度の買い物中毒になりうる。

0206
popular
形 人気がある
類 well-known, beloved
反 unpopular

Teenagers, and even adults, may have a constant desire to be **popular** that makes them do things they shouldn't.
10代の若者、そして大人でも、人気者になりたいという絶え間ない欲望のために、してはならないことをしてしまうことがある。
● popular culture（人気がある文化）
● popular media（人気があるメディア）

0207
science
名 科学

Science is not a belief system; it is based on evidence.
科学は信仰体系ではない。それは証拠に基づいている。
● science professor（科学の教授）

0208
expect
動 期待する
類 want, wish

Many **expect** that if they simply work hard and get good grades, they will get rich.
単に一生懸命働き、よい成績を取れば裕福になると期待する人は多い。

0209
rise
名 増加
類 increase, improvement
反 drop

Youth crime is on the **rise** and is generally due to a lack of discipline at home.
若者の犯罪は、概して家庭でのしつけが不足しているため増加傾向にある。

0210
influence
動 影響する
類 affect, alter

Politicians can be easily **influenced** by powerful companies.
政治家は有力企業に影響されやすい。

0211
ready
形 準備ができている
類 prepared
反 unprepared

Teenagers, particularly teenage girls, need to be taught not to engage in any behaviour with their partners that they do not feel **ready** for.
10代の若者、特に少女には、パートナーと準備ができていないと感じる行動を取らないよう指導する必要がある。
● ready access（すぐに利用できる状態）

0212
opportunity
名 機会
類 chance
反 Glass ceiling

People should be grateful for any employment **opportunity**, regardless of the working conditions.
労働条件に関係なく、あらゆる労働機会に感謝すべきだ。

0213
lack
名 欠如
類 absence, deficiency
反 abundance

The **lack** of resources for abused women means many stay with their abusive partners.
虐待された女性にとっての金銭的資源の欠如は、虐待的なパートナーのもとに留まる者が多いことを意味する。

0214
respond
動 応答する
類 answer, reply
反 ask

Ambulances must **respond** to calls within a certain time frame to hit government objectives.
政府の目標を達成するには、救急車は一定の時間枠内に呼び出しに応答しなければならない。
● respond appropriately（正しく応答する）

0215
response
名 応答
類 answer, reaction, reply
反 question

Funding in ambulance services should be the first priority, as a fast **response** to emergencies is the biggest life-saver in the healthcare industry.
緊急事態への迅速な応答は医療業界では最大の人命救助であるので、救急車サービスへの財源支出はその第一歩となるべきである。

0216
region
名 地域
類 area, domain
反 nation

Some **regions** have demanded independence from the countries they are located in, particularly where cultural and language differences exist.
いくつかの地域は、それが位置する、特に文化や言語の違いが存在する国からの独立を要求している。

0217
traditional
形 伝統的な
類 usual, established
反 modern

Will technological advancements lead to the loss of **traditional** culture and behaviour?
技術の進歩は、伝統文化や作法の喪失につながるだろうか？
- a traditional approach（伝統的な手段）
- a traditional method（伝統的な方法）

0218
site
名 用地
類 ground, location

Due to the housing crisis, should housing be built on natural **sites** that are normally preserved?
住宅危機のために、通常保全されている自然の用地に住宅を建設すべきなのか？

0219
accept
動 受け入れる
類 receive, agree to
反 refuse

If teenagers **accept** that smoking is a bad habit, they are likely to not start.
10代の若者が喫煙が悪い習慣であることを受け入れると、喫煙を始めない可能性が高い。
- accept responsibility（責任を受け入れる）

0220
physical
形 物理的な、身体的な
類 material
反 immaterial, mental

We need to wait until we receive the **physical** results before we start guessing what they are.
どんな結果かの推測を始める前に、物理的な結果を受け取るまで待つ必要がある。
- physical appearance（身体的外見）
- physical contact（身体的接触）

0221
primary
形 主要な、最初の
類 basic, main
反 advanced

The **primary** objectives of the police force are to protect and serve.
警察の主要な目的は、保護と奉仕である。
- primary care（初期治療）
- a primary concern(主要な関心事)
- a primary focus（主要な焦点）
- a primary function（主要な機能）

0222
responsible
形 原因である
類 accountable, In charge
反 irresponsible

Smoking and second-hand smoke are **responsible** for the majority of lung cancer cases.
喫煙と間接喫煙は、肺がん事例の大部分の原因である。

0223
piece
名 一片
類 bit, portion
反 whole

People may feel more connected to their community if they were able to own a **piece** of local land they could look after.
人々が地元の土地を一区画所有して手入れができるなら、地域社会のつながりをもっと感じられるかもしれない。

0224 **medical** 形 医学の 類 healing, medicinal	**Medical** research is often a more lucrative field than medical practice. 医学研究は医療行為より収益に結び付きやすい分野である。 ● medical assistance (医学の支援) ● medical treatment (医学的治療)
0225 **medicine** 名 医学 類 cure, medication	Some people are distrustful of modern **medicine** and are turning back to traditional remedies. 現代医学に不信感を持ち、伝統的な治療法に回帰する人もいる。
0226 **separate** 動 分離する 類 remove, disconnect 反 join	The church and government must always be **separated**. 教会と政府は常に分離されなければならない。 ● separate fact from fiction (事実と虚構を見分ける) ● separate into two groups (2つのグループに分かれる)
0227 **ability** 名 能力 類 capacity, capability 反 inability	Very successful people often have exceptional **abilities**. 非常に成功している人は非凡な能力を持っていることが多い。 ● academic ability (学業的能力) ● athletic ability (運動能力) ● innate ability (天賦の才)
0228 **method** 名 方法 類 means, procedure	Is capital punishment the best **method** for deterring crime? 死刑は犯罪抑止の最善の方法か? ● devise a method (方法を考案する) ● employ a method (方法を用いる) ● try a new method (新しい方法を試す)
0229 **remain** 動 留まる 類 stay 反 move	All of my relatives **remain** in the city where they were born and raised. 私の親族は皆、自分が生まれ育った市に残っている。 ● remain unchanged (変わらないまま) ● remain unclear (不透明なまま)
0230 **suggest** 動 提案する、示唆する 類 advise, propose 反 deny	It is not fair to **suggest** that some pay a high percentage of their income in tax to support others. 他人を支援するために一部の人が所得の多くを税金として支払うよう提案することは公平ではない。
0231 **variety** 名 いろいろの、多様性 類 assortment, diversity, mixture 反 similarity	Employees from a **variety** of backgrounds naturally make a better team. いろいろのバックグラウンドを持つ従業員の方が、当然ながらよいチームを作る。

0239

0   500   1000   1500   2000   2500   3000   3500   4000 —GOAL

Level 1   必修 Active words

0232
sector
名 部門
類 area, subdivision

The healthcare **sector** should be privatised for efficiency and to allow higher investment.
保健医療部門は、効率性とより高い投資を可能にするために民営化すべきである。

0233
alternative
名 代案　形 代わりの
類 other, different
反 same

Civil partnerships are an **alternative** to traditional church weddings.
市民パートナーシップ（同性の2人の関係）は、伝統的な教会の結婚式に代わるものである。
● an alternative approach（代わりの手段）
● an alternative solution（代わりの解決策）

0234
safety
名 安全
類 security
反 danger

Schools should teach classes on internet **safety**.
学校はインターネットの安全について教えるべきだ。

0235
completely
副 完全に
類 totally, entirely
反 partly

I think dangerous sports should be banned because if something goes wrong and someone has an accident it can **completely** ruin their lives.
何かがうまくいかずに事故が起きた場合、人生を完全に台無しにする恐れがあるため、危険なスポーツは禁止すべきだと思う。

0236
culture
名 文化
類 society, civilization

It's important to discuss if a different **culture's** values may be above the law.
異なる文化における価値観が法律より上にあるかを議論することは重要である。

0237
obvious
形 明白な
類 apparent, distinct
反 ambiguous

It is **obvious** that all human beings, regardless of culture, just want to be happy and healthy.
文化を問わず、すべての人間がただ幸福と健康を望んでいるのは明白だ。
● an obvious example（明白な例）
● an obvious reason（明白な理由）

0238
positive
名 利点　形 肯定的な
類 affirmativeness
反 negativeness

The biggest **positive** of mobile phones is that parents can always know where their children are.
携帯電話の最大の利点は、親が常に子どもの居場所を知ることができることだ。
● a positive attitude（前向きな態度）
● a positive effect（好ましい影響）

0239
damage
名 損害
類 injury, hurt, loss
反 benefit

The **damage** done to the economy is almost irreversible.
経済にもたらされた損害はほぼ回復不可能である。

0240
condition
名条件
類 term, prerequisite

When choosing a job, it's important to look carefully at the **conditions** of employment such as pay, holidays and sick leave.
仕事を選ぶ際は、給料、休日、病欠などの労働条件を慎重に見ることが重要だ。

0241
condition
名状態
類 state, shape

When buying something used it's important to check whether it is in good **condition** or not.
中古品を買う時は、状態がよいかどうかを確認することが重要だ。

0242
sign
名標識、看板、印
類 symbol

Even after spending years on the road, some drivers still fail to understand certain uncommon **signs**.
何年もの運転歴があっても、依然としてある種の珍しい標識を理解できないドライバーもいる。

0243
organisation
名組織
類 institution

Organisations have the right to force potential employees to undergo drug testing.
組織には、採用内定者に強制的に薬物検査を実施する権限がある。

0244
normally
副通常は
類 usually
反 seldom

In first world countries, students **normally** follow compulsory education up to the age of 18.
先進国では、学生は通常18歳までの義務教育に従う。

0245
progress
名進歩
類 advance
反 recession

We should consider if **progress** will go too far and if we will lose our natural humanity.
進歩が行き過ぎていないか、私たちの本来の人間性が失われていないかを考慮すべきだ。

0246
create
動策定する、作り出す
類 build, conceive
反 break, destroy

It's vital to **create** a plan to tackle pollution in the next ten years.
次の10年で汚染問題に取り組む計画を策定することが不可欠だ。
● create opportunities（機会を生み出す）
● create problems（問題を引き起こす）

0247
created
形作られた
類 produced, generated
反 demolished

The great myths and legends were not **created** by individuals the way stories are today.
偉大な神話や伝説は、今日物語がそうであるように個人によって作られたのではない。

0255

0 500 1000 1500 2000 2500 3000 3500 4000 GOAL

0248
nuclear
形 原子力の

Nuclear energy has become controversial in recent times, despite providers claiming it is safe.
最近、供給側は安全だと主張しているにもかかわらず、原子力エネルギーは議論の的になっている。

0249
queen
名 女王

The position of **queen** is often ceremonial, with the **Queen** not actually being involved in politics.
女王は、実際は政治には関与しない女王として儀式的な地位にあることが多い。

0250
protection
名 保護
類 care, conservation
反 danger, destruction

If **protection** is not put in place for endangered species, especially those impacted by hunting, they may soon be lost.
絶滅危惧種、特に狩猟に影響されやすい種の保護が制定されなければ、それらはすぐに失われる恐れがある。

0251
media
名 媒体
類 news, publishing

Print **media**, such as newspapers and magazines, are fast decreasing with the growth of the internet.
新聞や雑誌といった印刷媒体は、インターネットの成長とともに急速に減少している。
● media coverage（マスコミの報道）

0252
pretty
形 かわいい　副 かなり
類 beautiful, attractive
反 ugly

It is important for girls to value themselves for more than just being **pretty**.
少女たちは、単にかわいいという以上のことで自分自身を評価することが重要だ。

0253
race
名 レース
類 competition

With better detection methods, it is easier to pick up drug use among athletes in **races**.
より優れた検出方法を使用すれば、レースにおいて、アスリートの薬物使用の発見が容易になる。

0254
relevant
形 関連する、適切な
類 related, appropriate
反 irrelevant

People's specific feelings are not always **relevant** to the debate; we must use logic.
特定の感情は必ずしも議論に関連するわけではない。論理を使わなければならない。
● relevant information（関連する情報）
● a relevant issue（関連する問題）

0255
apply
動 適用する、応募する
類 appeal. demand
反 deny

When looking for a new job it is important to **apply** for as many positions as possible.
新しい仕事を探す時は、できるだけ多くの職に応募することが重要だ。
● apply equally（平等に適用する）
● apply a method（方法を適用する）

0256	
explain	Every teacher has to **explain** the school rules to the children.
動 説明する	すべての教師は、子どもたちに校則を説明しなければならない。
類 describe, interpret	

0257	
plus	Eating unhealthily is very bad for the body. **Plus**, it also has negative effects on the mind.
形 その上	不健康な食事はとても身体に悪い上、心にも悪影響を及ぼす。
類 added, extra	
反 minus	

0258	
reference	An employer should always provide a positive **reference**, regardless of the employee's previous behaviour.
名 推薦状	雇用主は、従業員の過去の行動を問わず、常に肯定的な推薦状を提供すべきである。
類 recommendation	

0259	
marriage	The concept of **marriage** has changed frequently throughout history, and many countries now allow same-sex marriage.
名 結婚	結婚の概念は歴史を通じて頻繁に変化しており、今や多くの国で同性婚が許可されている。
類 matrimony	
反 divorce	

0260	
regular	Most people are happy with just a **regular** job, modest home and a family.
形 定まった、通常の	ほとんどの人は、定職やささやかな家、家族があるだけで幸福である。
類 normal, ordinary	
反 irregular	

0261	
sleep	It is better to **sleep** early and wake up early too.
動 寝る	早く寝て早く起きた方がよい。
類 rest	
反 wake up	

0262	
sleep	A good amount of **sleep** is critical for mental health.
名 睡眠	十分な量の睡眠は精神衛生にとって不可欠である。
類 rest	
反 wake	

0263	
pass	For some parents, it is not enough to **pass** an exam; the child must achieve the best grade possible.
動 合格する	一部の親にとっては子どもが試験に合格するだけでは不十分であり、可能な限り最高の成績を達成しなければならない。
反 fail	

0271
0　500　1000　1500　2000　2500　3000　3500　4000　GOAL

0264
opinion
名 意見
類 belief, view
反 fact

Everyone has the right to their **opinion**, but others also have the right to criticise them for their **opinion**.
誰もが自分の意見に対する権利を持っているが、他人がその意見を批判する権利もある。

0265
finance
動 資金提供する
類 fund, pay for

It's important to help young entrepreneurs **finance** their dream projects.
若い起業家の夢のプロジェクトに資金を提供して彼らを助けることが重要である。

0266
spend
動 （お金を）使う
類 buy
反 save

Some people only feel happy when they **spend** money.
お金を使う時しか幸せを感じられない人もいる。

0267
spending
名 費用、支出
類 expense, cost, buying
反 saving

Military **spending** is far too high.
軍事費が高すぎる。
● excessive spending（過度の支出）

0268
image
名 印象
類 representation, form

Teenagers are very conscious of their **image** amongst their peers.
10代の若者は、仲間内での自分の印象を非常に意識している。

0269
imaginary
形 架空の
類 fictitious, unreal
反 real

It is normal for children to have **imaginary** friends when they are very young, especially if they are lonely.
子どもが非常に幼く、特に孤独であれば、彼らが架空の友達を持つことは普通のことである。

0270
impact
名 影響
類 effect, influence

The **impact** of global warming is yet to be fully understood.
地球温暖化の影響はまだ完全には理解されていない。

0271
receive
動 受け取る
類 accept, collect
反 give

To **receive** a thank you is the only reaction needed to a good deed.
感謝を受け取ることが、善行に対して唯一必要な反応である。
● receive feedback（フィードバックを受ける）
● receive information（情報を受ける）
● receive treatment（治療を受ける）

0272	
quarter 名 4分の1 類 one-fourth	A politician once said that half of young people should go to university, but I believe it should be more like a **quarter**, as I feel that university standards are too low. かつてある政治家が、若者の半数は大学に進学すべきだと言ったが、私は大学の水準があまりにも低すぎると感じるので、4分の1にすべきだと思う。
0273	
debate 名 議論 類 argument, discussion	The current **debate** relates to whether the drinking age should be raised to 25. 現在の議論は、飲酒開始年齢を25歳に引き上げるべきかに関するものである。
0274	
check 動 検査する 類 ascertain, analyse 反 ignore	It is important for everyone to **check** individual parts of their body for signs of cancer, especially as they get older, before it is potentially too late. 特に高齢になると、手遅れになる前に、がんの兆候がないか身体の個々の部位を検査することが重要だ。
0275	
network 名 人脈、連絡網 類 connections, grid	Many young people today are lacking a supportive **network**, which makes them feel lonely. 今日の若者の多くは、支援的な人脈を欠いており、それが彼らに孤独を感じさせている。
0276	
reduce 動 減らす 類 decrease, lower 反 increase	Is it the role of the individual or the government to **reduce** the population's intake of sugary and fatty food? 糖分や脂肪分の多い食物の摂取を減らすことは個人の役割か政府の役割か? ● reduce emissions (排出物を減らす) ● reduce stress (ストレスを減らす)
0277	
reduction 名 削減 類 decrease, lowering 反 increase	A **reduction** in crime can only be achieved through alternative methods to prison. 犯罪の減少は、刑務所に代わる方法を通じてしか達成できない。
0278	
confidence 名 自信 類 assurance, courage 反 doubt	Many female workers do not have the **confidence** to ask their managers for a pay rise. マネージャーに昇給を求める自信のない女性労働者が多い。 ● gain confidence (自信を得る) ● lose confidence (自信を失う)
0279	
safe 形 安全な 類 secure 反 unsafe	Babies feel the most **safe** in the arms of a parent. 赤ん坊は親の腕の中で最も安全に感じる。 ● safe to touch (触れてもよい) ● play it safe (大事をとる)

0287

0　　500　　1000　　1500　　2000　　2500　　3000　　3500　　4000　GOAL

0280
ordinary
形 普通の
類 normal, regular
反 uncommon, unusual, irregular

An **ordinary** person is a boring person.
普通の人間とは退屈な人間だ。
● ordinary life（普通の生活）

0281
require
動 必要だ
類 need, want

Everyone **requires** food and shelter to at least be healthy.
誰もが少なくとも健康でいるには、食物と住める場所が必要である。
● require consideration（配慮が必要だ）
● require knowledge（知識が必要だ）
● require resources（資源が必要だ）

0282
requirement
名 必要なもの、要件
類 necessity, need
反 non-necessity

Should it be a **requirement** for children to be vaccinated to attend school?
子どもが予防接種を受けることを通学の要件にすべきか？

0283
solution
名 解決策
類 answer, explanation
反 issue

The **solution** to unhealthy eating is to allow celebrities to advertise healthy products only.
不健康な食事に対する解決策は、有名人に健康的な製品のみを宣伝させることである。

0284
challenge
動 異議を唱える、疑う、挑む
類 dispute, question
反 accept, agree

The new president's leadership was **challenged** after only three weeks in office.
新大統領の指導力は、就任後わずか三週間で疑われることとなった。

0285
technical
形 技術的な
類 mechanical, high-tech
反 untechnical

Technical knowledge is a required skill in the modern world, and those without it will be left behind.
技術的な知識は現代の世界で必要なスキルであり、それを持たない者は取り残されるだろう。
● technical skills（技術的なスキル）
● technical support（技術的な支援）

0286
correct
形 正しい
類 right, accurate
反 incorrect

Make sure you have been given the **correct** information; otherwise you may get lost.
正しい情報が提供されていることを確認してください。そうしないと、道に迷う可能性があります。
● a correct interpretation（正しい解釈）

0287
achieve
動 達成する
類 accomplish, attain
反 fail

It takes not only hard work to **achieve** one's goals, but also luck and the right connections.
自分の目標を達成するには、努力だけでなく運と適切な人脈が必要だ。
● achieve an objective（目的を達成する）
● achieve an outcome（成果を得る）

0288	Internal company issues are dealt with by the Human Resources department.
internal 形 内部の 類 inner 反 external	社内の問題は、人事部で対処する。

0289	Possibly due to genetic reasons, more people than ever have poor **sight** and need to wear glasses.
sight 名 視力 類 vision	おそらく遺伝的理由のために、これまで以上に多くの人の視力が弱くなり、眼鏡をかける必要がある。

0290	Do we donate too much money for **relief** to other countries?
relief 名 救済 類 aid 反 damage	他の国を救済するためにあまりにも多額の寄付をしているだろうか?

0291	Schools **increasingly** have been using coursework rather than exams to evaluate students.
increasingly 副 ますます 類 more, progressively 反 decreasingly	学校では、生徒を評価するために試験ではなく授業がますます使われている。 ● increasingly important (ますます重要) ● increasingly popular (ますます人気)

0292	Many supermarkets plan to **introduce** automatic checkouts, to cut down the costs of employing staff.
introduce 動 導入する 類 present, announce 反 conceal	多くのスーパーマーケットが、自動精算を導入して人件費を削減することを計画している。 ● introduce legislation (法を導入する)

0293	The **introduction** of advanced robotics has affected the job market for many manual workers.
introduction 名 導入 類 adoption 反 abolition	高度なロボットの導入は多くの肉体労働者の労働市場に影響を及ぼしている。

0294	There are ever fewer **religious** people in the world.
religious 形 信心深い 類 devout, pious 反 irreligious	世界には信心深い人がますます少なくなっている。 ● a religious belief (宗教的信念) ● religious identity (宗教的自我同一性) ● religious practice (宗教的慣行) ● religious freedom (宗教の自由)

0295	The public must **pick** a new leader.
pick 動 選ぶ 類 choose, select 反 reject	大衆は新しい指導者を選ばなければならない。

0303

0　　500　　1000　　1500　　2000　　2500　　3000　　3500　　4000　GOAL

0296

aim

名 目的
類 goal, purpose

The **aims** of a company must be outlined first, before any action takes place.
行動を起こす前に企業の目的を概説しなければならない。

0297

formal

形 正式な
類 academic, strict
反 informal

In many cultures, children are expected to refer to their parents and grandparents in **formal** terms, and never by their first names.
多くの文化で、子どもは両親や祖父母を名前ではなく正式な名称で呼ぶことが期待されている。
● formal structure (正式な構造)

0298

prison

名 刑務所
類 jail

Are people in **prison** given too many privileges?
刑務所にいる人々はあまりにも多くの特権を与えられているか？

0299

prisoner

名 受刑者

Should a **prisoner** be allowed to use the internet or watch television?
受刑者がインターネットを使用したりテレビを観ることを許可すべきか？

0300

quiet

形 物静かな
類 muted, peaceful
反 loud

Children should be taught to stay **quiet**, so they don't become disruptive later in life.
子どもには、後年、破壊的にならないよう、おとなしくしているよう教えるべきである。

0301

quite

副 全く
類 fairly, completely

It is **quite** normal for women to feel conflicted about having children and needing to work at the same time.
女性が子どもを持ち、同時に働く必要があることに葛藤を感じるのはごく普通のことだ。

0302

concept

名 概念
類 idea, approach

The **concept** of purely robot 'workers' is worrying for the future human workforce.
純粋なロボット「労働者」の概念は、将来の人間の労働力を懸念したものである。

0303

search

名 探索、追求
類 exploration, inquiry

The **search** for alien life is more important than exploring the oceans.
宇宙人を探索することは、海洋探索より重要である。

0304	Lack of patience has become a **feature** of modern humans.
feature	忍耐に欠けることは現代人の特徴となった。
名 特徴	● common feature（共通の特徴）
類 component, trait	

0305	Crowdfunding platforms allow people to **raise** money for worthy causes.
raise	クラウドファンディングプラットフォームでは、崇高な目的のために資金を募ることができる。
動 上げる、挙げる、募る	● raise awareness（認知を上げる）
類 increase, hike	● raise an issue（問題を挙げる）
反 drop	

0306	Employees should get a **raise** when they have worked in the same place for years.
raise	同じ場所で何年も働いている従業員には昇給があるべきだ。
名 昇給	
類 increase, boost	
反 salary reduction	

0307	Long-term investment is the only way to **improve** the education system and thus produce more intelligent workers in the future.
improve	長期投資は教育制度を改善し、将来的により知的な労働者を生み出すための唯一の方法である。
動 改善する	
類 advance, better	
反 diminish	

0308	**Improvements** in healthcare mean that more and more people are surviving usually fatal illnesses such as cancer.
improvement	保健医療の改善とは、ますます多くの人々が、がんなどの致命的な疾病を生き延びることを意味する。
名 改善	
類 advancement, enhancement	
反 diminishment	

0309	**Immediate** action is required in cases of famine; food must be made readily available to help the victims.
immediate	飢餓が起こったら即時の行動が必要である。犠牲者を助けるための食物がすぐに利用できなければならない。
形 即時の、隣接した	● immediate environment（身近な環境）
類 instantaneous, prompt	
反 eventually	

0310	Some say video games are not **suitable** for the developing minds of children.
suitable	ビデオゲームは、子どもの発達しつつある心に適さないという者もいる。
形 適した	
類 appropriate, acceptable	
反 unsuitable	

0311	The current **attitude** towards immigration is overwhelmingly negative in many nations.
attitude	現在、移民に対して圧倒的に否定的な態度を取っている国が多い。
名 態度	
類 approach, position	

0319

| 0 | 500 | 1000 | 1500 | 2000 | 2500 | 3000 | 3500 | 4000 GOAL |

0312
silence
名 静寂
類 quiet
反 noise

Students work best in absolute **silence**.
学生は完全な静寂の中で最もよく勉強する。

0313
silent
形 静かな
類 quiet
反 noisy

It is better to be **silent** and thoughtful than to say stupid things.
ばかなことを言うよりも、静かで思慮深い方がいい。

0314
goal
名 目標
類 aim, objective
反 beginning

The primary **goal** of many charity organisations is to help endangered animals and ensure they don't become extinct.
多くの慈善団体の主要な目標は、絶滅の危機に瀕した動物を助け、絶滅しないようにすることである。

0315
sufficient
形 十分な
類 enough, adequate
反 insufficient

The current minimum wage is not **sufficient** to provide one with a decent life.
現在の最低賃金は、きちんとした生活を送るのには十分でない。
● sufficient details（十分な詳細）
● sufficient information（十分な情報）
● sufficient resources（十分な材料）

0316
scientific
形 科学的な
反 unscientific

In the matter of medicine, it is necessary to conduct **scientific** trials to ensure the treatments work.
医学においては、治療を確実に機能させるための科学的試験を実施する必要がある。
● the scientific community（科学界）
● a scientific method（科学的な方法）

0317
remove
動 撤去する、解雇する
類 clear away, take out
反 add

All materials relating to religion or other sensitive subjects should be **removed** from schools.
宗教や他の扱いにくい問題に関する資料は、学校から撤去すべきだ。
● be removed from〜（地位や仕事）から解任される

0318
focus
名 重点
類 focal point, spotlight

The government's **focus** should be on funding community services, not cutting taxes.
政府は減税ではなく地域社会サービスに重点を置くべきだ。

0319
conflict
名 衝突
類 fight, battle
反 agreement

Conflict naturally occurs between competitive individuals when placed on a project together.
プロジェクトに一緒に配置されると、競合する個人の間で自然に衝突が発生する。
● conflict resolution（衝突解決）

57

0320 **slow** 形 のみこみが遅い 類 lazy 反 fast	Some people are a little **slow** and need more help to succeed. のみこみが遅いので、成功するまでにより多くの助けを必要とする人々もいる。 ● slow process（ゆるやかな過程）
0321 **respect** 動 敬う 類 obey, heed 反 disrespect	It is important for children to always **respect** their parents. 子どもが常に親を敬うことは重要だ。
0322 **respect** 名 敬意 類 admiration, appreciation 反 disrespect	It is considered that the younger generations have less **respect** for elderly people than previous generations. 若い世代は、前の世代より年上の人への敬意が低いと考えられている。
0323 **package** 名 荷物 類 parcel	If a **package** is damaged in transit, the recipient should ask for compensation. 輸送中に荷物が破損した場合、受取人は補償を求めるべきである。
0324 **frequent** 形 頻繁な 類 constant, continual 反 infrequent	It is critical that businesses receive **frequent** information about updates in legislation so that they can change accordingly. 企業が頻繁な法律の更新情報を受けることは、それに応じて変化できるようにする上で必要不可欠である。
0325 **frequently** 副 頻繁に 類 usually, often 反 infrequently	Spain is one of the most **frequently** visited countries in Europe, mainly due to its agreeable climate. スペインは、その快適な気候が主な理由で、ヨーロッパで最も頻繁に訪れられている国の一つである。 ● be frequently found（頻繁にみられる） ● be frequently used（頻繁に使われる）
0326 **perfect** 形 完璧な 類 flawless, impeccable 反 imperfect	The **perfect** human being does not exist, which is good, as our flaws make us interesting. 完璧な人間は存在しないが、欠点が私たちを面白くするのだから、それはよいことだ。
0327 **secret** 名 秘密	Children should be encouraged to not keep **secrets**; they should be able to tell their parents everything. 子どもたちは、秘密を持つことのないように促されるべきであり、両親に何でも話せるようにすべきだ。

0328
ideal
形 理想的な
類 model, perfect
反 imperfect

In my opinion, the **ideal** family is the nuclear family — a male and female parent with their children.
私の意見では、理想的な家族は、男性と女性の親と子どもがいる核家族である。

0329
discuss
動 議論する
類 talk over, debate
反 ignore

When there is a disagreement, people should stop arguing and **discuss** it reasonably.
意見の不一致がある時は、言い争いをやめて理性的に議論すべきだ。
● discuss a topic （あるトピックに関して議論する）
● discuss an issue （問題を議論する）

0330
react
動 反応する
類 respond

Some people say that art is only art when it causes people to **react** — whether that reaction is positive or negative.
芸術は、肯定的にせよ否定的にせよ、人が反応して初めて芸術であると言う者もいる。

0331
reaction
名 反応
類 response
反 request

The **reaction** to climate change in the scientific community has overwhelmingly fallen on the side of action being required.
気候変動に対する科学界の反応は、必要とされる行動の面で圧倒的に低下した。

0332
closely
副 密接に
類 intimately

The government needs to work **closely** with local and regional communities to reduce crime.
政府は、犯罪削減に向けて、地方や地域と密接に協力する必要がある。
● closely associated （密接に関連した）
● closely linked （密接に結びついた）

0333
option
名 選択肢
類 choice

For many women across the globe, divorce is not an **option**.
世界中の多くの女性にとって、離婚は選択肢ではない。

0334
document
名 文書
類 paper, record

A university diploma is an important **document** and should be kept securely.
大学の卒業証書は重要な文書であり、安全に保管する必要がある。

0335
link
名 関連
類 connection, association
反 whole

The government is still searching for a **link** between benefit increases and unemployment.
政府は依然として、給付の増額と失業の間の関連を探っている。

0336 **pleasure** 名 喜び 類 joy, happiness 反 sadness	Some medicines make it difficult for people to feel deep emotions or even **pleasure**. 薬の中には、人間が深い感情や喜びでさえ感じることが難しくなるものがある。
0337 **literature** 名 文学	19th-century Russian **literature** continues to be widely studied and analysed by academics. １９世紀のロシア文学は学者によって広く研究、分析され続けている。
0338 **birth** 名 出現、始まり、誕生 類 start, arrival 反 end	2007 saw the **birth** of the smartphone revolution. ２００７年に、スマートフォン革命の始まりが起こった。
0339 **invest** 動 投資する 類 contribute money	Corporations must **invest** in the wellbeing of their workers to prevent high turnover rates and dissatisfaction. 企業は、高い離職率と不満を防ぐため、福利厚生に投資しなければばらない。
0340 **investigate** 動 調査する 類 consider, examine	The government should **investigate** the cause of the companies' corruption. 政府は企業の腐敗の原因を調査すべきだ。
0341 **investigation** 名 捜査 類 analysis, examination	Circumstantial evidence is not enough to convict, so a criminal **investigation** must be undertaken to discover forensic evidence. 状況証拠では有罪判決には不十分なため、法医学的証拠を発見するためには、どれだけ費用がかかろうと犯罪捜査を行わなければならない。
0342 **protect** 動 保護する 類 assure, care for 反 endanger	We must **protect** the National Health Service if we want good, free healthcare for future generations. 将来の世代のために優れた無償の保健医療を求めるなら、国民保健サービスを保護しなければならない。
0343 **encourage** 動 励ます、促す 類 advocate, assist 反 discourage	Parents should always **encourage** their children in sports, even when they do not win. スポーツにおいて、両親はたとえ子どもが勝てなくても、常に彼らを励ますべきである。 ● encourage the development of ～（～の成長を促す）

0351

0 500 1000 1500 2000 2500 3000 3500 4000 GOAL

0344
tradition
名 伝統
類 established practice
反 new trend

The Christmas **tradition** is for a family to be together.
家族が一緒にいることがクリスマスの伝統である。
● well-known tradition（よく知られた伝統）

0345
shut
動 閉まる
類 close
反 open

Traditionally, shops would **shut** on Sunday in the UK, but nowadays this is only really true in small regional villages.
伝統的に、イギリスでは日曜日に店が閉まるが、今日では、それは小さな地方の村にしか当てはまらない。

0346
vital
形 不可欠な、決定的な
類 critical, imperative, integral
反 unimportant

A balanced diet and regular exercise are **vital** to maintaining good overall health.
バランスのとれた食事と定期的な運動は、全体的な健康を維持するために不可欠だ。
● be of vital importance（決定的な重要性を持つ）
● a vital part（不可欠な部分）　● a vital role（不可欠な役割）

0347
maximum
形 最高の
類 highest
反 minimum

Some state that there should be a **maximum** age to drive as well as a minimum age, due to the deterioration of the reflexes.
反射神経が悪化するため、運転できる最低年齢だけではなく、最高年齢も必要だと一部で言われている。
● a maximum duration（最高期間）

0348
partner
名 パートナー
類 ally, associate
反 enemy

All decisions are better made with a **partner**, as people can rarely overcome their own prejudices.
自分の偏見に打ち勝てることはほとんどないので、決定はすべてパートナーとした方がよい。

0349
minimum
形 最低の
類 least, lowest
反 maximum

The **minimum** age to purchase alcohol in the United Kingdom is 18 years old.
イギリスでは、アルコールを購入できる最低年齢は18歳である。
● a minimum requirement（最低要件）
● a minimum wage（最低賃金）

0350
identify
動 名乗る、特定する
類 recognise, classify
反 misidentify

Scientists studied the virus and quickly **identified** elderly people as the most at risk.
科学者たちはウイルスを調査し、最もリスクの高い高齢者をすばやく特定した。
● identify a problem（問題を特定する）　● identify a way（方法を確認する）
● identify an area（場所を特定する）　● identify an issue（問題を特定する）

0351
affect
動 影響する
類 influence, alter
反 hold

Lunar movements naturally **affect** the tides.
月の動きは潮の干満に自然と影響する。
● affect the outcome（結果に影響する）
● severely affect（深く影響する）
● adversely affect（悪影響を与える）
● directly affect（直接影響する）

0352 **limit** 名 限度 類 extent, cap 反 freedom	There is a **limit** to how many chances a criminal can be given. 犯罪者に何度機会が与えられるかには限界がある。
0353 **institution** 名 施設 類 organisation, establishment	The confining of patients to **institutions** for minor mental illnesses is now looked down on in many developed countries. 現在、軽度の精神疾患のための施設に患者を監禁することは、多くの先進国で蔑視されている。 ● an academic institution（教育施設）
0354 **plenty** 名 豊富 類 much, abundance 反 lack	There is **plenty** of food in the world; it is just not shared equally. 世界には、平等に共有されていないだけで、豊富に食物がある。
0355 **principal** 形 主な 類 dominant, key 反 minor	Unemployment is one of the **principal** reasons behind depression. 失業は、うつ状態の陰にある主な理由の一つである。 ● a principal source（主な源）
0356 **typical** 形 典型的な 類 usual, conventional 反 atypical	**Typical** gender roles are likely to disappear in the future, as men and women are more able to express themselves in unconventional ways. 男性や女性が慣習に囚われない方法で自分を表現できるようになるため、将来的には典型的な性別的役割が消滅する可能性が高い。 ● a typical example（典型的な例）
0357 **negative** 形 悪い、否定的な 類 bad, contradictory 反 positive	Human activity has had a **negative** effect on local wildlife populations. 人間の活動が、地域の野生動物の個体数に悪い影響を及ぼしている。 ● negative attitude（マイナスの態度） ● negative consequences（マイナスの結果）
0358 **intention** 名 意図 類 goal, aim	A government should make clear what its **intentions** are in its manifesto. 政府は、公約の中で政府の意図するものは何かを明確にするべきである。
0359 **decline** 名 低下 類 decreasing 反 increasing	The **decline** in birth rates makes people wonder how countries will cope with an ageing population. 出生率の低下によって、人々が思っているのは国が高齢化にどう対処していくのかという問題である。

0367

| 0 | 500 | 1000 | 1500 | 2000 | 2500 | 3000 | 3500 | 4000 GOAL |

0360

unlike

形 ～とは異なる
類 different, dissimilar
反 like

This new level of virtual reality is **unlike** anything created before.
この新しいレベルのバーチャル・リアリティは、今まで作られたものとは異なる。

0361

rare

形 まれな
類 uncommon
反 common

It is becoming increasingly **rare** that people exercise sufficiently to stay healthy.
健康を維持するために十分に運動することはますますまれになっている。

0362

objective

名 目的
類 aim, goal

It should be remembered that the main **objective** of a company is to make money, no matter what it takes to do it.
企業の主な目的は、そのために何が必要であってもお金を稼ぐことだということを覚えておくべきだ。
- objective criteria (客観的基準)
- objective reatlity (客観的現実)

0363

secure

形 安全な
類 safe
反 unsafe

The internet is generally not **secure** and individual users are responsible for protecting themselves.
インターネットは一般的に安全ではなく、個々のユーザーが自分自身を保護する責任がある。

0364

severe

形 厳しい
類 strict, stern
反 amenable, kind

The only way for children to grow up correctly is for them to suffer **severe** punishments for their mistakes while they are young.
子どもが正しく成長するための唯一の方法は、彼らが若いうちに、間違いに対して厳しい罰を受けさせることである。

0365

strongly

副 強く
類 powerfully
反 weakly

Some activists **strongly** believe that zoos should be closed as they are cruel to animals.
中には、動物園は動物にとって残酷なので閉鎖すべきだと強く信じている活動家もいる。
- strongly agree (強く同意する)
- strongly related (強くかかわる)

0366

obtain

動 取得する
類 get, acquire
反 lose

If the company were to **obtain** the rights to those films, they would dominate the media market.
仮にその企業がそれらの映画の権利を取得するなら、彼らはメディア市場を支配するであろう。
- obtain data (データを取得する) ● obtain results (結果を取得する)
- obtain information (情報を取得する)

0367

represent

動 代表する
類 symbolize, mean
反 refuse

We seek to **represent** companies that are environmentally-friendly and have ethnical backgrounds.
環境に優しく倫理的な背景を持つ企業を代表する存在となることを目指している。

0368	The creation of **permanent** makeup has led some to question our cultural priorities and values.
permanent 形 永久的な 類 constant, lasting 反 temporary	永久的なメイクアップの出現によって私たちの文化的な優先順位や価値観に疑問を感じる人がいる。

0369	Most hospitals do not allow 24-hour visitation for **sick** patients.
sick 形 病気の 類 ill 反 healthy	ほとんどの病院では、病気の患者を常時見舞うことは許されない。

0370	It is very common for people in developed countries to **purchase** more food than they need. How can this be prevented?
purchase 動 購入する 類 buy 反 sell	先進国では必要以上に食品を購入することが非常に一般的だが、これをどのように防ぐことができるだろうか？

0371	Marilyn Monroe said, 'It is **virtually** impossible for me to spring out of bed in the morning.'
virtually 副 事実上 類 essentially, practically	マリリン・モンローは「朝、ベッドから飛び起きるのは私には事実上不可能」と言った。

0372	Some people argue that **religion** is the root of all evil.
religion 名 宗教 類 faith 反 atheism	宗教は諸悪の根源だと言う人もいる。

0373	With cuts in social services, there has been a **massive** increase in youth crime.
massive 形 大幅な 類 huge, gigantic 反 small	社会福祉部門の削減により、若者の犯罪が大幅に増加している。

0374	There are many different **aspects** that make a safe, healthy community.
aspect 名 側面 類 visible feature 反 whole	安全で健全な地域社会を形成する多くのさまざまな側面がある。

0375	Japan is often **described** as being technologically advanced but, in some areas, technological progress is comparatively slow.
describe 動 評する、説明する 類 characterize, define	日本は技術的に進歩していると評されることが多いが、中には技術の進歩が比較的遅い分野もある。 ● describe a method（方法を説明する）

| | 0 | 500 | 1000 | 1500 | 2000 | 2500 | 3000 | 3500 | 4000 GOAL |

0376
reply
動 返信する
類 answer
反 question

Businesspeople should always **reply** quickly to messages, to stay professional.
ビジネスパーソンは常にメッセージに迅速に返信し、プロに徹するべきである。

0377
vision
名 ビジョン
類 mental image, concept
反 existence

The **vision** of a green future with no waste at all is not possible in my view.
私の考えでは、ごみの全くない、環境に優しい未来のビジョンなど不可能だ。

0378
vehicle
名 車両
類 automobile

The local government has the right to tow away **vehicles** which are parked illegally, with or without the owner's permission.
地方政府は、所有者の許可の有無を問わず、違法駐車された車両を牽引撤去する権利がある。

0379
involve
動 関与させる
類 draw in, include
反 exclude

Nowadays, people are rarely **involved** with their job for more than 5 years before moving to a new company.
最近では、転職する前に5年以上自分の仕事に関与する人はまれである。

0380
pollution
名 汚染
類 contamination

Pollution is a humongous global issue that is not going away anytime soon.
汚染はすぐには消えることのない、途方もなく大きな世界的問題である。

0381
efficient
形 効率的な
類 adept, effective
反 inefficient

Efficient workers will only stay **efficient** if they are rewarded for their work.
効率的な労働者は、労働に対して報酬を与えられた場合にのみ効率を維持するだろう。

0382
voluntary
形 任意の
類 willing
反 involuntary

Many students undertake **voluntary** work placements overseas to improve their CVs.
多くの学生が、履歴書に残すために任意の海外インターシップを行う。

0383
valuable
形 価値が高い
類 costly, priceless
反 worthless

Some believe that educated people are the most **valuable** members of society.
教養のある人々が最も価値の高い社会の構成員だと考える人もいる。
● valuable information（価値のある情報）
● valuable resources（価値のある資源）

0384	
overseas 形 海外の 類 abroad 反 local	**Overseas** exchange programmes have allowed many students to develop their linguistic abilities, as well as become more open-minded. 海外交流プログラムによって、多くの学生たちが語学力を向上させ、さらに視野を広げた。
0385	
temporary 形 短期の 類 brief, limited 反 permanent	**Temporary** contracts are often abused and should not be offered unless an employee specifically asks for them. 短期契約は悪用されることが多く、従業員が特にそれを求めない限り提供すべきではない。
0386	
reflect 動 振り返る 類 consider, contemplate	It is important to regularly **reflect** on our behaviour and how it affects others, in order to become better citizens. よりよい市民となるために、私たちの行動やそれが他者にどのように影響するかを定期的に振り返ることが重要だ。
0387	
initially 副 当初 類 originally	**Initially** the president supported the idea, but later chose an entirely different approach. 当初、大統領はこの考えを支持していたが、のちには全く異なるアプローチを選択した。
0388	
smell 動 匂いを嗅ぐ 類 sniff	Sniffer dogs can **smell** the difference between identical twins. 探知犬は一卵性双生児を嗅ぎ分けることができる。
0389	
smell 名 臭い 類 odour	Poor waste collection services have led to cities having a constant bad **smell** on their streets. ごみ収集サービスが不十分で、街の路上で常に悪臭がすることになっている。
0390	
foundation 名 基盤 類 base, groundwork 反 exterior	Democracy is considered by many to be the very **foundation** of modern society. 民主主義を現代社会の基盤そのものだと考える者は多い。
0391	
prefer 動 好む 類 favour	Many people would **prefer** a high salary but would often not be able to cope with the workload associated with it. 多くの人々が高給を好むが、それに伴う仕事の量に対処できないことが多いだろう。

0399

| 0 | 500 | 1000 | 1500 | 2000 | 2500 | 3000 | 3500 | 4000 | GOAL |

0392

extreme

形 極端な
類 great, intense
反 dull

Corporal punishment for children should not be used even in the most '**extreme**' situations.
子どもへの体罰は、最も「極端な」状況でさえも使用すべきではない。

0393

acceptable

形 許容できる
類 satisfactory, adequate
反 unacceptable

Pollution in some cities has reached four times the **acceptable** level.
一部の都市の汚染は許容レベルの4倍に達した。

0394

recognise

動 認める、認識する
類 admit, identify
反 forget

The state must **recognise** the rights of every individual, regardless of their race or religion.
国は、人種や宗教を問わず、すべての個人の権利を認めなければならない。

0395

sensitive

形 敏感な
類 delicate
反 insensitive

There is a common idea that modern generations are more **sensitive** than previous generations.
現代の世代は過去の世代より敏感であるという一般的な考えがある。

0396

rapid

形 急激な
類 quick, accelerated
反 slow

The **rapid** increase in prescription medicine abuse in some countries is more pressing than illegal drug use.
一部の国における処方薬乱用の急激な増加は、違法な薬物使用よりも差し迫っている。
● rapid expansion（急激な拡大）

0397

surprising

形 驚きの
類 astonishing, shocking
反 unsurprising

It is **surprising** how many people continue to support hunting, especially those raised in rural environments.
これだけ多くの、特に田園環境で育った人々が狩猟を支持しているのは驚きである。

0398

attend

動 参加する
類 show up, visit
反 be absent

More people are becoming politically apathetic and fewer of them are **attending** protest rallies.
抗議集会への参加者が減り、ますます政治的に無関心になっている。
● attend a conference（会議に参加する）

0399

adequate

形 十分な
類 enough, competent
反 inadequate

If the school cannot reach at least an **adequate** performance, it will be shut down.
学校が少なくとも十分な成果に到達できない場合は閉鎖される。

0400	
consent 動 同意する 類 agree, allow 反 disagree	In order for a hotel to be established in a natural area, the local people need to **consent** to the plan. 自然地域にホテルを設立するためには、地元の人々がその計画に同意する必要がある。
0401	
consent 名 同意 類 agreement, concurrence 反 dissent	No changes can be made without the **consent** of all business partners. すべてのビジネスパートナーの同意がなければ変更を行うことはできない。
0402	
remarkable 形 注目に値する 類 outstanding, noteworthy 反 unremarkable	The evolution of technology over the past half century has been **remarkable**. 過去半世紀の技術の進化は注目に値する。
0403	
intelligence 名 知性 類 intellect 反 stupidity	Whether **intelligence** is a product of nature or nurture is a frequently debated topic. 知性が自然の産物なのか、教育の賜物なのかは頻繁に議論されるトピックである。
0404	
survive 動 生き残る 類 continue to live 反 die	Will colonisation in space be the only way for humans to **survive** in the future? 宇宙での植民地形成が、人間が将来生き残るための唯一の道なのだろうか？
0405	
rent 動 賃貸する 類 lease 反 buy	With increasing house prices, young people are more likely to **rent** than to buy. 住宅価格の上昇に伴い、若者は購入より賃貸する可能性の方が高い。
0406	
minority 名 少数派 類 the few 反 majority	Some ethnic **minority** groups are considered to have fewer opportunities to advance in employment. 一部の民族的少数派は、雇用の向上における機会が少ないと考えられている。 ● a minority group（少数グループ）
0407	
medium 名 手段 類 means, mode	The internet has become perhaps the most important **medium** of communication for today's young people. インターネットは、恐らく今日の若者にとって最も重要なコミュニケーション手段となっているだろう。

0408	
sad 形 悲しい 類 depressed 反 happy	Feeling **sad** sometimes is normal, but it shouldn't be a persistent feeling. 時折悲しみを感じるのは普通のことだが、長引かせてはいけない。

0409	
consequence 名 影響 類 result, outcome 反 cause	One of the **consequences** of failing university is that it can be very difficult to find a high paying job. 大学に落ちたことによる影響の一つは、給料のよい仕事を見つけるのが非常に難しくなる可能性があることだ。

0410	
consequence 名 重要さ 類 importance, significance 反 unimportance	I think the past is of no **consequence** and we should focus on the future. 過去は重要ではなく、未来に焦点を当てるべきだと思う。

0411	
classic 形 代表的な、古典的な 類 typical 反 unusual	One of the **classic** reasons given for being overweight is no exercise, but research suggests exercise is not as important as was once believed. 太り過ぎの代表的な理由の一つは運動不足だが、研究では運動はかつて考えられていたほど重要ではないことが示唆されている。 ● a classic example（代表的な例）　● a classic study（代表的な研究）

0412	
replace 動 取って代わる 類 change 反 keep	Is it possible that digital media will completely **replace** print media in the future? 将来、デジタル媒体が印刷媒体に完全に取って代わることは可能か？

0413	
category 名 部類 類 class, division	Cars today fall into four broad **categories**: SUVs, crossovers, hatchbacks and sedans. 今日の自動車は、SUV、クロスオーバー、ハッチバック、セダンの4つの広いカテゴリーに分類される。

0414	
discover 動 発見する 類 find, uncover 反 hide	If we **discover** oil in a country, that country could either become rich overnight or have their resources plundered. もしある国で石油が発見されたら、その国は一夜にして富裕になるか、資源を略奪されるかのどちらかだろう。

0415	
statistic 名 統計値 類 number, figure	Proper education to prevent youth crime will stop an individual youth from becoming a **statistic**. 若者の犯罪を防止するための適切な教育が、個々の若者が統計値（の一部）となるのを食い止めるだろう。

0416
statistics
名 統計
類 data

Statistics show that the lack of employee motivation is one of the biggest reasons that productivity is low.
統計によると、従業員の意欲の欠如は生産性が低い最大の理由の一つである。

0417
prize
名 賞
類 reward

Games that offer monetary **prizes** should not be played by children.
賞金を提供するゲームで子どもが遊ぶべきではない。

0418
promote
動 促進する
類 advance, encourage, advocate
反 block

Large fast food corporations often use celebrities to **promote** their products.
大規模なファストフード企業は、よく製品の売り込みを促進することに有名人を起用する。
- promote equality（平等性を促進する）
- promote the development of ~（～の発展を促進する）

0419
recall
動 思い出す
類 remember
反 forget

Doing brain-training activities can help a person to better **recall** memories.
脳のトレーニングをすると、記憶を思い出すのに役立つ。

0420
signal
名 サイン
類 indication

Toxic air is a **signal** that we need to control factory and vehicle emissions.
有害な空気は、工場や車両の排出を制御する必要があるサインである。

0421
smooth
形 円滑な
類 effortless
反 rough

Technology has made the process of finding work very **smooth**.
テクノロジーによって、職探しのプロセスは非常に円滑になった。

0422
repeat
動 繰り返す
類 duplicate
反 stop

Children who fail their exams should have to **repeat** them until they pass.
試験に失敗した子どもは、合格するまで繰り返さなければならない。

0423
register
名 登録簿
類 list, record

A **register** for criminals that is publicly available is crucial for public safety.
公的に利用できる犯罪者の登録簿は、公共の安全にとって重要である。

0431

| 0 | 500 | 1000 | 1500 | 2000 | 2500 | 3000 | 3500 | 4000 GOAL |

0424

restrict

動 制限する
類 confine, curb
反 free

Women's rights are often **restricted** in patriarchal countries.
家父長制の国々では、女性の権利がしばしば制限される。

0425

restricted

形 限定した
類 limited
反 unbounded

Where space is **restricted**, small shrubs and grass can be used to beautify an area.
スペースが限られているところでは、小さな低木や芝生を使って区域を美しくすることができる。

0426

guess

動 推測する
類 predict, infer
反 know

People cannot **guess** in science; they must find evidence.
科学で推測することはできない。証拠を見つけなければならない。
● educated guess（経験から来る推測）

0427

consistent

形 一貫した
類 regular, constant
反 irregular

Parents should be **consistent** when disciplining their children because, if they don't, the children may become confused.
両親による子どものしつけは一貫しているべきである。そうでなければ、子どもは混乱してしまう恐れがある。
● consistent results（一貫した結果）

0428

complicated

形 複雑な
類 complex, difficult
反 simple

Life is **complicated**, and people should be forgiven for their mistakes.
人生は複雑であり、人間の間違いは許されるべきである。

0429

depth

名 深さ
類 extent
反 height

Students often do not have good **depth** of knowledge in any subject; they only learn recent, shallow information.
学生はどの科目でも深い知識を十分に持っていないことが多く、最近の浅い情報しか学習していない。

0430

spare

形 余分の
類 extra, reserve

In the future, maybe people won't carry **spare** change at all, just credit or debit cards.
将来的には、人々は余分な小銭を一切持たず、クレジットカードかデビットカードしか持たなくなるかもしれない。

0431

princess

名 王女

The **princess** of Monaco was born in Zimbabwe.
モナコの王女はジンバブエで生まれた。

0432	A public opinion poll shows that more than 80 **percent** of Japanese agree with capital punishment.
percent 名 パーセント 類 percentage	世論調査によると、日本人の80パーセント以上が死刑制度に賛成している。

0433	A large **percentage** of teenage girls in the Western world suffer from body issues and low self-esteem.
percentage 名 割合 類 portion	身体の問題や自尊心の低さに苦しむ西側諸国の10代の少女の割合は高い。

0434	Businesses are increasingly utilising **personality** tests in the hiring process, with mixed results.
personality 名 性格 類 character, trait	採用プロセスで性格検査を活用している企業が増えているが、結果はまちまちである。

0435	For **leisure**, people should read or do other activities that improve the self.
leisure 名 余暇 類 recreation 反 labour	余暇には、読書や自分自身を改善する他の活動をすべきだ。

0436	To **summarise**, dangerous contact sports should be banned.
summarise 動 要約する 類 outline, encapsulate 反 expand	要約すると、危険なコンタクトスポーツは禁止すべきである。

0437	In **summary**, the government must invest more money in education, or the country will continue to fall down the educational league tables.
summary 名 要約	要約すると、政府は教育により多くの資金を投資しなければならない。さもなければ、国は教育ランキングの順位を下げ続けるだろう。

0438	There are **approximately** 68,000 contrarians in Japan today, and this number is among the highest in the world.
approximately 副 約 類 roughly, about 反 specifically	日本には約68,000名の逆張り投資家(コントラリアン)がおり、世界でも最も多い部類に属する。

0439	The **frequency** of medical check-ups is important in maintaining health.
frequency 名 頻度 類 number 反 infrequency	健康診断の頻度は健康を維持するために重要である。

0　　500　　1000　　1500　　2000　　2500　　3000　　3500　　4000　　GOAL

Level 1 必修 Active words

0440
inevitable

形 避けられない
類 certain, imminent
反 avoidable

Many consider it **inevitable** that a huge number of jobs will be automated in the future, meaning higher unemployment.
将来的に大量の仕事が自動化され、失業率が高くなることは避けられないと多くの人が考えている。

0441
rely

動 頼る、信頼する
類 have confidence in
反 be independent from

With divorce being so common now, partners often can't **rely** on each other like they used to.
現在、離婚は非常に一般的なため、かつてのようにパートナー同士がお互いをに頼れないことが多くなっている。
● rely heavily on ～（～による部分が大きい）

0442
reserve

動 保全する
類 save
反 give away

It is important to **reserve** pieces of green land for future generations.
将来の世代のために、緑地を保全することは重要だ。

0443
marry

動 結婚する
類 wed
反 divorce

In my opinion, it is far better for couples to live together before they **marry**.
私の意見では、夫婦は結婚する前に一緒に生活した方がはるかによい。

0444
assess

動 評価する
類 evaluate, appraise
反 dismiss

How can an employer effectively **assess** an interviewee's skills to make sure they are valid?
雇用主はどのように面接対象者のスキルを効果的に評価し、それらが有効であることを確認すればよいか？
● assess the impact（影響を評価する）

0445
penalty

名 罰
類 punishment
反 reward

In some countries, the **penalty** for stealing is removal of the hands.
一部の国では、窃盗に対する罰は両手を切ることだ。

0446
reveal

動 明らかにする
類 disclose, tell
反 hide

Information about tax havens and who is using them will be **revealed** by the media.
租税回避地およびそれらを使用している者に関する情報は、メディアが明らかにするだろう。

0447
appreciate

動 感謝する
類 value, respect
反 abhor

Some young people do not **appreciate** what their parents did for them, and do things against their wishes.
若者の中には、両親が自分にしてくれたことに感謝せず、彼らの望みに反した行いをする者もいる。

0448 ☐☐☐ **resource** 名 財源 類 supply	Without **resources**, the youth club cannot stay open. 財源がなければ、青少年クラブを運営し続けることはできない。
0449 ☐☐☐ **confirm** 動 確認する 類 affirm, verify 反 deny	When making orders, companies must **confirm** that what they are ordering is exactly what they want before shipping so they don't get the wrong product. 発注の際、企業は発注する商品がまさに欲しいものであることを発送前に確認し、間違った製品を受け取ることのないようにしなければならない。
0450 ☐☐☐ **desperate** 形 自暴自棄の 類 despondent, forlorn 反 happy	Middle children can sometimes be **desperate** for their parents' attention and will act out accordingly. （3人兄弟の）中間の子は、両親の注目を求めて自暴自棄になり、それ相応に行動することがある。
0451 ☐☐☐ **psychology** 名 心理学 類 study of the mind	**Psychology** plays a large role in marketing, and controls over what is allowed should be tightened as a result. 心理学はマーケティングにおいて大きな役割を果たしており、結果として許可されるものへの管理を厳格にする必要がある。
0452 ☐☐☐ **ultimate** 形 究極の 類 last, final 反 first	The **ultimate** aim of space exploration is to find alien life, even if this leads us into conflict with another creature. 宇宙探査の究極の目的は、たとえ他の生物との対立が生じても、地球外生命体を発見することである。 ● ultimate goal（究極の目的）
0453 ☐☐☐ **schedule** 名 予定計画 類 agenda, timetable 反 disorganisation	Is a rigid work **schedule** the best option, or should workers have the freedom to choose their hours? 厳格な労働予定計画は最善の選択肢か、労働者が労働時間を選ぶ自由を持つべきか？
0454 ☐☐☐ **illegal** 形 違法な 類 criminal, banned 反 legal	Some people believe that drug use is high because it's **illegal**, and that fewer people would use drugs if they were legal. 薬物の使用が多いのはそれが違法だからであり、合法であれば薬物を使用する人は減るだろうと考える者もいる。
0455 ☐☐☐ **compare** 動 比較する 類 contrast	If we **compare** technology such as smart phones with the technology from just 20 years ago we can see how dramatically progress has occurred. スマートフォンなどの技術をわずか20年前の技術と比較すると、どれだけ劇的に進歩したかがわかる。

0463

0　500　1000　1500　2000　2500　3000　3500　4000 ─ GOAL

0456
persuade
動 説得する
類 prompt, encourage
反 dissuade

It is very easy to **persuade** children to do things; for that reason, advertisements should not be aimed at children.
物事をするよう子どもを説得するのは非常に容易だ。そのため、子どもを対象にした広告をしてはならない。

0457
flexible
形 柔軟な
類 malleable, soft
反 rigid

Businesses need to be **flexible** in this changing environment, where many transactions now take place online.
現在、多くの取引がオンラインで行われているこの変化する環境において、企業活動は柔軟である必要がある。
● a flexible approach（柔軟な方法）

0458
reverse
動 元に戻す
類 turn back

It may not be possible to **reverse** the damage done to the ozone layer.
オゾン層に生じた損傷を元に戻すことは不可能かもしれない。

0459
rational
形 合理的な
類 realistic, analytical
反 irrational

Is it not **rational** to expect the climate change problem to solve itself.
気候変動問題が自然に片付くと期待するのは合理的ではない。

0460
slip
動 低下する
類 fall, drop
反 remain

The number of students taking a language in high school has begun to **slip**.
高校で語学を選択する学生の数は低下し始めている。

0461
slip
名 過ち、間違い
類 mistake, failure

People in rehabilitation often have little **slips** in their drug and alcohol use.
リハビリ中の人は、薬物やアルコール類の使用でちょっとした過ちを犯すことがよくある。

0462
pupil
名 生徒
類 student
反 teacher

In modern schools, **pupils** often have a lack of discipline, which causes teachers very many difficulties.
現代の学校では、生徒に規律が欠けていることが多く、これが教員に非常に多くの困難をもたらしている。

0463
rescue
動 救う
類 save
反 abandon

It is possible to **rescue** people from drug addiction, but it must be done professionally.
薬物中毒から人々を救うことは可能だが、専門的に行う必要がある。

0464	
rescue	**Rescue** teams have an easier time finding people thanks to GPS devices.
名 救助	GPS機器のおかげで、救助チームは人を見つけるのが容易になった。
類 aid	

0465	
logic	Many people nowadays are academically intelligent but lack basic **logic**.
名 論理	今日、学術的には知性的でも基本的な論理が欠如している者が多い。
類 knowledge, rationale	
反 unreasonableness	

0466	
logical	It is **logical** to conclude that, with current population growth rates, the housing crisis will only continue to worsen.
形 論理的な	現在の人口増加率では、住宅危機は悪化し続けるだけだという結論が論理的である。
類 probable, rational	● a logical approach（論理的な手段）
反 illogical	● a logical argument（論理的な主張）

0467	
occupation	Certain **occupations** that are poorly paid actually require the most work.
名 職業	ある種の低賃金の職業は、実際には最も多くの労働を必要としている。
類 work, job	

0468	
mutual	Both nations destroyed their weapons in a **mutual** peace agreement.
形 相互の	両国は相互平和協定で武器を廃棄した。
類 shared, common	● mutual recognition（相互の認識）
反 disassociated	● mutual trust（相互の信頼）
	● mutual understanding（相互の理解）

0469	
reliable	In a world of fleeting relationships, it can be difficult to maintain a **reliable** friendship.
形 信頼できる	つかの間の関係の世界では、信頼できる友情を維持するのは難しい。
類 trustworthy, decent	● reliable information（信頼できる情報）
反 unreliable	

0470	
pregnant	Women should be investigated by social services if they drink while they are **pregnant**.
形 妊娠した	妊娠中に女性が飲酒している場合は、社会福祉部門の調査を受けるべきである。
類 carrying a child	

0471	
identical	The number of **identical** twins being born is increasing as IVF is more frequently used.
形 全く同じの、一卵性の	IVF（体外受精）がより頻繁に使用されるにつれて、一卵性双生児の出生数が増えている。
類 same, equivalent	

0479

0 　500　1000　1500　2000　2500　3000　3500　4000 GOAL

0472
resident
名 住民
類 inhabitant

It was a beautiful village with just 100 **residents**.
それは住民がちょうど100人の美しい村だった。

0473
instant
形 即席の
類 immediate
反 future

Instant coffee is far worse than fresh coffee.
即席のコーヒーは新鮮なコーヒーよりはるかに劣悪だ。

0474
traditionally
副 伝統的に
類 habitually, commonly
反 currently

Some older generations in Japan believe women should not be allowed in **traditionally** male-dominated fields, as they may be a distraction.
日本の旧世代の中には、女性は気を散らすため、伝統的に男性優位の分野では容認されないと考える者もいる。

0475
strict
形 厳格な
類 authoritarian
反 easy-going

Strict regimes in some countries mean that citizens are unable to express themselves freely.
一部の国の厳格な体制は、市民が自由に自己表現できないことを意味している。

0476
panic
名 突然の恐怖
類 hysteria
反 calm

The media overreports cases of diseases like swine flu so often that it can cause widespread **panic** for little to no reason.
メディアは豚インフルエンザのような疾病の事例を頻繁に報道しすぎるため、ほとんど何の理由もなく突然の恐怖が拡散される原因となる恐れがある。

0477
recover
動 取り返す
類 regain

Spending money to **recover** valuables lost in war is unnecessary and pointless.
戦争で失った貴重品を取り返すためにお金を使うことは不要かつ無意味である。

0478
monthly
副 毎月の
類 every month

Most workplaces pay **monthly** in the UK, although it was traditionally weekly.
イギリスでは大半の職場が月払いだが、伝統的には週払いだった。

0479
excess
名 余り
類 glut, surplus

There is an **excess** of cars in the world; we do not need to own so many vehicles.
世界には車が余っているので、それほど多くの車両を所有する必要はない。

0480 **reward** 動 報酬を与える 類 give a prize to 反 punish	A teacher should **reward** the best students to encourage the worst ones. 教師は、最高の生徒に報酬を与えて最悪の生徒を励ますべきだ。
0481 **reward** 名 報酬 類 award, prize	Children work better when they receive regular **rewards** for good work. 子どもたちは、よい成績に対して通常報酬を受けるともっとよく勉強する。
0482 **pursue** 動 追求する、達成しようとする 類 attempt, seek 反 lead	The transport company is **pursuing** a contract with the local council. 運送会社が、地方議会との契約獲得を追求している。
0483 **solve** 動 解決する 類 answer, resolve 反 complicate	It is impossible to **solve** pollution issues by throwing money at them; people first need to change their attitudes. 資金を投入するだけでは公害問題は解決できない。まず人々が態度を変えることが必要だ。
0484 **mature** 形 成熟した 類 adult, grown-up 反 immature	The age that a person is considered **mature** varies across cultures, often being tied to the age of marriage and childbearing. 人が成熟したとみなされる年齢は文化によって異なり、結婚や出産の年齢と結びついていることが多い。
0485 **correctly** 副 正しく 類 accurately, right 反 wrongly	If you want to pass the examination, you need to answer all the questions **correctly**. 試験に合格したければ、すべての質問に正しく答える必要がある。
0486 **sink** 動 沈む 反 climb, fall	Ships **sink** when they have an unskilled captain. 船長が熟練していないと船は沈む。 ● sink down (沈む、弱まる、収まる)
0487 **random** 形 無作為の 類 chance, accidental 反 methodical	The company chooses Employee of the Month at **random**, because they want to give everyone a chance. その会社では、全員にチャンスを与えたいため、今月の従業員を無作為に選んでいる。 ● a random error (無作為の不具合) ● a random sample (無作為標本)

0488
decent
形 社会通念上きちんとした
類 respectable, appropriate
反 indecent

The concept of what is **decent** or proper varies widely between countries, cultures and religions.
何が社会通念上きちんとしているかまたは適切かの概念は、国、文化、宗教の間で大きく異なる。

0489
influential
形 影響を及ぼす
類 effective, powerful
反 inconspicuous

Many experts consider social media to be massively **influential** on the behaviour and beliefs of young people.
ソーシャルメディアが若者の行動や信念に大きな影響を及ぼすと多くの専門家が考えている。

0490
lifetime
名 生涯
類 life
反 moment

Will it be possible to clone humans in our **lifetimes**?
我々の生涯でクローン人間は実現可能だろうか？

0491
skill
動 技術
類 ability, accomplishment
反 inability

Soft **skills** such as good communication and teamwork are undervalued but can help a company in many ways.
優れたコミュニケーションやチームワークといったソフト技術は過小評価されているが、多くの点で企業を助ける可能性がある。
● academic skills（学術的な技術）

0492
skilled
形 熟練した
類 adept, proficient
反 unskilled

A **skilled** worker can be hard to find in certain fields.
一定の分野では熟練した労働者を見つけるのが難しい場合がある。
● skilled professional（熟練したプロフェッショナル）

0493
planet
名 惑星
類 world

Earth is the only **planet** in this solar system that can sustain life.
地球はこの太陽系で生命を維持できる唯一の惑星である。

0494
plant
名 植物
類 flower

Every year, millions of **plants** die, and species are constantly going extinct.
毎年何百万本もの植物が死滅し、種は絶え間なく絶滅している。

0495
intensive
形 集中的な
類 demanding, accelerated
反 relaxed

Some students attend **intensive** summer courses to try to learn faster.
学生の中には夏期集中コースに参加してより早く学習しようとする者もいる。

0496 **symbol** 名 象徴 類 character, letter	The **symbol** or logo of a company is often its biggest selling point and should be their biggest marketing consideration. 企業の象徴またはロゴはその企業の最大のセールスポイントのことが多く、彼らの最大のマーケティング上の検討事項であるべきだ。
0497 **casual** 形 形式ばらない 類 easygoing, laid-back 反 formal	With time, work attire has become far more **casual**. 時代とともに、仕事での服装ははるかに形式ばらないものになった。 ● Casual relationship（形式ばらない関係）
0498 **relax** 動 くつろぐ 類 calm, be at ease	Is it preferable to **relax** by doing nothing or by doing something productive? 何もしないでくつろぐか、何か生産的なことをしてくつろぐか、どちらが望ましいか？
0499 **expand** 動 拡大する 類 grow, widen 反 close	When certain groups **expand**, they often encroach on the land of others. 特定の集団が拡大すると、彼らは他の集団の土地に侵入することがよくある。 ● expand rapidly（急速に拡大する）
0500 **remind** 動 思い出させる 類 note 反 forget	It is important to **remind** parents that they are loved and respected. 愛され、尊敬されていることを親に思い出させることは重要である。
0501 **participate** 動 参加する 類 join in, go into	More people must **participate** in voting if the country is to remain democratic. 国の民主性を保っていくなら、もっと多くの人々が投票に参加しなければならない。
0502 **combine** 動 結びつける 類 merge, integrate 反 divide	A lack of time **combined** with tiredness has resulted in fewer people cooking at home these days. 時間不足と疲れが相まって、最近は家庭で料理する人が少なくなってきている。 ● combined effect（相乗効果）
0503 **encounter** 動 直面する 類 face, confront	Most people **encounter** violence in the home, when they least expect it. 大半の人は、彼らが最も予期しない時に家の中で暴力に直面する。 ● encounter difficulties（困難に直面する） ● encounter problems（問題に直面する）

Date & Check ／ □ ／ □ ／ □

0511

0   500   1000   1500   2000   2500   3000   3500   4000   GOAL

Level 1 必修 Active words

0504

compulsory

形 義務付けられた
類 mandatory
反 optional

In some countries, military service is **compulsory**.
いくつかの国では、兵役が義務付けられている。
- compulsory education（義務教育）
- compulsory subjects（必修科目）

0505

regret

動 悔やむ
類 bemoan

Although it is normal to **regret** past actions, one should not dwell on them.
過去の行動を悔やむのは普通のことだが、それらにこだわるべきではない。

0506

regret

名 後悔
類 anguish

Too much drinking of alcohol can lead to a morning of **regret**.
アルコールの飲みすぎは翌朝の後悔につながる可能性がある。
- have no regrets about ～（～に関して後悔はない）
- much to my regret（とても残念なことに）

0507

neutral

形 中立な
類 impartial
反 biased

The idea of remaining **neutral** in war situations is appealing but can backfire.
戦況において中立を保つという考え方は魅力的ではあるが、裏目に出る可能性もある。

0508

indirect

形 間接的な
類 unintended, ambiguous
反 direct

It can be easy to affect someone's self-esteem through **indirect** comments about their appearance.
外見に関する間接的なコメントで人の自尊心に影響を及ぼすことは容易だ。

0509

reject

動 拒絶する
類 rebuff, deny
反 accept

Many teens **reject** the idea of spending quality time with their parents.
多くの10代の若者たちは、両親と充実した時間を過ごすという考えを拒絶する。

0510

shelter

名 収容施設
類 protection, habitat

There is not enough **shelter** available for the growing homeless population.
ホームレス人口の増加に対応できる十分な収容施設がない。

0511

motivation

名 動機
類 ambition, inspiration
反 deterrent

A primary **motivation** for expats moving abroad is the search for sunnier climates.
外国に移住する人の主な動機は、より晴天の多い気候を求めることである。

81

0512	People should not **shout** or raise their voices to get their point across — things are better achieved calmly.
shout	言いたいことを伝えるために叫んだり、声を張り上げたりすべきではない。事は落ち着いた方が達成しやすい。
動 叫ぶ	
類 yell	
反 whisper	

0513	It is **offensive** to swear in public.
offensive	人前で悪態をつくのは無礼である。
形 無礼な	
類 rude	
反 inoffensive	

0514	We must encourage children to be **enthusiastic** about school.
enthusiastic	子どもたちが学校に熱心に取り組むよう奨励しなければならない。
形 熱心な	
類 excited, fervent	
反 unenthusiastic	

0515	At the edges of the continents, the ocean floor **slopes** down to the deep part of the ocean.
slope	大陸の端では、海底が海の深い部分に向かって傾斜していく。
動 傾く	
類 slant, tilt	
反 straighten, flat	

0516	There are 433 **slopes** in Tokyo, 173 of which are located in Bunkyo ward.
slope	東京には433の坂があり、そのうち173は文京区に位置している。
名 坂、勾配	
類 slant, tilt	
反 flat	

0517	The world is huge and **immense**, but the internet is making it smaller every day.
immense	世界は巨大で広大だが、インターネットは日々それを小さくしつつある。
形 広大な	
類 enormous, extensive	
反 small	

0518	The governor suggests **constructing** a new library with a creche to help parents continue their education.
construct	知事は、両親が自分たちの教育を継続できるよう、託児所付きの図書館を新しく建設することを提案した。
動 建設する	
類 build	
反 destroy	

0519	Paper newspapers will eventually **disappear** from daily use.
disappear	紙の新聞は、最終的には日常から消滅するだろう。
動 消滅する	
類 vanish	
反 appear	

0527

0   500   1000   1500   2000   2500   3000   3500   4000   GOAL

0520
minimal
形 最小限の
類 littlest, slightest
反 maximum

Many companies only put a **minimal** effort into recycling and correct waste disposal.
再利用や適切な廃棄物処理に最小限の労力しかかけていない企業が多い。

0521
predict
動 予測する
類 guess, forecast

Analysists **predict** inflation will rise dramatically next year.
アナリストは、来年インフレが劇的に上昇すると予測している。

0522
solar
形 太陽光の
類 sun

Solar power is one of the most efficient energy alternatives to fossil fuels.
太陽光発電は、化石燃料に代わる最も効率的なエネルギーの一つである。
● solar energy（太陽光エネルギー）
● solar power（太陽光発電）

0523
prejudice
名 偏見
類 bias, animosity
反 impartiality

Do we learn **prejudice** or are we born with it?
私たちは偏見を学ぶのか、それとも偏見とともに生まれてくるのだろうか？

0524
rage
名 激怒
類 fury

'Road **rage**' is an occurrence where people get very angry on the roads.
「ドライバー激怒症」は道路で人々が激怒する現象だ。

0525
pretend
動 ふりをする
類 assume

'Catfishing' is when a person **pretends** to be someone else online, which they may do for a variety of reasons.
「ナマズ釣り」とはオンラインで他の誰かになりすます時のことで、さまざまな種類の理由がある。

0526
optimism
名 楽観主義
反 pessimism

Optimism is probably the most preferred characteristic a person can have.
楽観主義は、おそらく人間が持つことのできる最も好まれる特質だ。

0527
optimistic
形 楽観的な
類 positive
反 pessimistic

A person who is **optimistic** will always have friends.
楽観的な人には常に友達がいる。

0528
competent
形 能力ある
類 adequate, capable
反 incompetent

Some CEOs, despite their high salaries, are barely **competent** and make terrible business decisions.
CEOの中には、高い給与にもかかわらず、ほとんど能力がなく、ひどい経営判断をする者もいる。

0529
eliminate
動 排除する
類 remove
反 add

A mandatory curfew could help **eliminate** youth crime.
強制的な夜間外出禁止令は、若者の犯罪を排除するのに役立つだろう。

0530
retire
動 引退する
反 begin

With increasing poverty, some people may never be able to **retire**.
貧困が増加すると、引退できない人もいるかもしれない。

0531
privacy
名 私的自由
類 confidentiality
反 publicly

Teenagers are entitled to their **privacy**.
10代の若者は私的自由の権利がある。
● personal privacy (個人的なプライバシー)

0532
scream
名 叫び声
類 shout
反 whisper

If you hear a **scream** outside or from a neighbour, you should always call the police first.
外か隣人から叫び声が聞こえたら、まず最初に警察に電話する必要がある。

0533
adapt
動 適応する
類 acclimate, comply
反 refuse

Some feel it is vital that immigrants **adapt** to their new culture and abandon beliefs that clash with it.
移民は新しい文化に適応し、それと衝突する信念を捨てることが重要だと感じる人々もいる。

0534
versus
前 ～に対する
類 against

What are the advantages **versus** the disadvantages of using technology as the primary means of communication?
第一のコミュニケーション手段にテクノロジーを使用するメリットとそれにに対するデメリットは何か?

0535
unsuccessful
形 失敗する
類 failing
反 successful

A person may be **unsuccessful** due to circumstances beyond their control.
人は制御できない状況によって失敗することもある。

0543

0   500   1000   1500   2000   2500   3000   3500   4000 GOAL

0536
quit
動 辞める
類 leave

A company that treats their employees badly should expect them to **quit**.
従業員をひどく扱う会社は、彼らが辞めてしまうことを予期すべきだ。

0537
recreation
名 気晴らし
類 leisure, activity
反 work

Recreation is an important element of any healthy lifestyle.
気晴らしは、健康的なライフスタイルの重要な要素である。

0538
viewpoint
名 見解
類 aspect, perspective

Everyone's **viewpoint** must be heard, regardless of how controversial or uneducated it is.
どれほど物議をかもすものでも、あるいはどれほど無教養なものでも、全員の見解に耳を傾けなければならない。

0539
locate
動 配置する、探し出す
類 find
反 lose

The military has yet to **locate** any nuclear weapons in the country, but many people are sure they exist.
まだ軍隊は国内に核兵器を配置していないものの、多くの人がその存在を確信している。

0540
indicator
名 指標
類 sign, signal

Rotten teeth are an **indicator** of an eating disorder.
歯の腐食は摂食障害の指標である。
● performance indicator（業績指標）

0541
relieve
動 救済する
類 help, assist, aid

It is our obligation as a wealthy nation to help **relieve** other nations that are struggling financially.
財政的に苦しむ他の国の救済を援助することは、富裕国としての私たちの義務だ。

0542
connect
動 結びつける
類 associate, link
反 dissociate

To charge a person with a crime, there must be evidence to **connect** the suspect with the crime.
起訴するには、容疑者と犯罪を結びつける証拠があるべきだ。
● closely connected（近接に結び付いた）
● directly connected（直接結びついた）

0543
connect
動 つながる
類 relate
反 disconnect

Some people become so shy that they find it impossible to **connect** with anyone else.
あまりにも内気で、他者とつながることができない者もいる。

0544	It is fine to **disagree** with a partner occasionally, but constant arguments are unhealthy.
disagree	時にはパートナーと意見が一致しなくてもよいが、常に言い争うのは不健康である。
動 一致しない	
類 differ, dissent	
反 agree	

0545	In the US, some convicted criminals are given multiple **consecutive** life sentences.
consecutive	アメリカでは、有罪判決を受けた一部の犯罪者に複数の連続終身刑が下される。
形 連続的な	
類 ensuing, successive	
反 discontinuous	

0546	Doctors can **insert** metallic prosthetics to improve injuries and fractures.
insert	医師は金属製の補綴具を挿入して怪我や骨折を改善できる。
動 挿入する	
類 put, enter	
反 remove	

0547	Some people are more emotional and are less able to **confront** others who are causing problems for them.
confront	問題の原因となっている他人に、感情的で、対峙する能力が低い人もいる。
動 対峙する	
類 challenge, oppose	
反 avoid	

0548	Power sources such as wind and water have **unlimited** possibilities, as they will never run out.
unlimited	風力や水力などの電源は尽きることがないため、無限の可能性がある。
形 無限の	
類 absolute, endless	● unlimited access（無制限の利用権限）
反 limited	

0549	The media often prints sensationalist headlines on the basis of misleading or **incomplete** information.
incomplete	メディアはしばしば、誤解を招いたり不完全な情報に基づいてセンセーショナルな見出しを活字にしている。
形 不完全な	
類 unfinished, insufficient	
反 complete	

0550	People nowadays are far more **selfish** and narrow-minded due to consumer culture.
selfish	今日、人々は消費者文化のせいではるかに利己的で心が狭い。
形 利己的な	
類 egotistical	
反 selfless	

0551	We must take **drastic** measures to alleviate poverty.
drastic	貧困緩和のための抜本的な対策を講じなければならない。
形 抜本的な	
類 severe, extreme	
反 calm	

0   500   1000 1500 2000 2500 3000 3500 4000 →GOAL

0552
globe
名 世界
類 earth, world

With the population continuing to increase around the **globe**, the question of allocating resources is becoming more significant.
世界中で人口が増加し続けているため、資源の割り当ての問題はますます重要になりつつある。

0553
uncommon
形 珍しい
類 rare, abnormal
反 common

It is **uncommon** nowadays for young people under 25 to be able to buy their own house.
25歳未満の若者が自分の家を買うことができるのは今どき珍しい。

0554
inspect
動 視察する
類 examine, check
反 overlook

Education ministers frequently **inspect** schools and other institutions to ensure objectives are being met.
教育大臣は頻繁に学校や他の機関を視察し、目的を達成しているかを確認している。

0555
inconsistent
形 矛盾する、一貫性のない
類 contradictory, conflicting
反 consistent

Teenage behaviour is often very **inconsistent**.
10代の若者の行動はしばしば非常に矛盾している。
● inconsistent quality（ばらつきのある品質）

0556
donor
名 寄付者
類 benefactor

Every **donor** who gives to a political party should have their name made public.
政党への寄付者は、すべて氏名を公表すべきである。

0557
inefficient
形 非効率的な
類 ineffective, disorganized
反 efficient

The police force is **inefficient** without proper funding.
警察は適切な財源がなければ非効率的である。

0558
frantic
形 慌ただしい
類 distressed, agitated
反 collected

Life in the big city is **frantic** and tiring.
大都市での生活は慌ただしくて疲れる。

0559
insignificant
形 取るに足らない
反 significant, important

Local problems are **insignificant** in comparison to international problems.
地域の問題は国際問題と比較すると取るに足らない。

0560 **gamble** 動 賭ける、冒険をする 類 bet, venture	We cannot **gamble** or take risks on children's education; we must give them funding. 子どもの教育に関して冒険したり、リスクを取ったりすることはできない。彼らに資金を提供しなければならない。
0561 **faulty** 形 不良の 類 defective, deficient 反 perfect	More tests are necessary to avoid **faulty** products entering the market. 不良品が市場に入るのを回避するには、さらにテストが必要だ。
0562 **indefinite** 形 不明確な 類 ambiguous, vague 反 definite	What will happen to humans in the future is **indefinite**; no one really knows. 将来人間に何が起こるかは不明確で、実際誰にもわからない。
0563 **indefinitely** 副 無期限に 類 continually, endlessly 反 finitely	It is getting rarer and rarer to find a job in which a person can work **indefinitely**. 無期限に働くことができる仕事を見つけるのはますますまれになっている。
0564 **runway** 名 滑走路	Airports with numerous **runways** are extremely bad for the environment. 多くの滑走路を持つ空港は、環境に非常に悪い影響を及ぼす。
0565 **interrupt** 動 遮る 類 halt 反 allow	Men often **interrupt** women when they are speaking at work. 男性は、職場で話していると女性の話を遮ることが多い。
0566 **pest** 名 害獣 類 blight	Foxes are a **pest** and are often hunted for that reason. 狐は害獣のため、しばしば狩猟の対象となる。
0567 **evolve** 動 進化する 類 develop, progress 反 devolve	Some say that people's opinions have **evolved** in regard to same-sex relationships, and now they are more liberal. 同性間の関係に関する人々の意見は進化してきたと言われており、現在はより寛大であると言われている。

0575

0 — 500 — 1000 — 1500 — 2000 — 2500 — 3000 — 3500 — 4000 —GOAL

Level 1　必修 Active words

0568

sincere

形 誠実な
類 honest
反 insincere

Children should be taught to always be **sincere**.
子どもにはいつも誠実であるよう教えるべきだ。

0569

rebuild

動 再建する
類 reconstruct
反 demolish

War is devastating, and the cost countries have to pay to **rebuild** themselves afterwards can bankrupt them.
戦争は破壊的であり、国家は後でその再建をするために支払わなければならない費用によって破産しうる。

0570

speculate

動 推測する
類 estimate, guess
反 know

We can only **speculate** about how far technology will go over the next few decades.
今後数十年間で技術がどの程度進むかは推測することしかできない。

0571

retrieve

動 回収する、取り戻す
類 fetch, collect

It is illegal to dig up and **retrieve** Roman gold without telling the authorities.
当局に告知せずローマの金を掘り起こしたり回収したりすることは違法である。

0572

divert

動 流用する
類 alter, redirect

Some politicians **divert** cash through well-organised schemes to steal huge amounts of money.
一部の政治家は、巨額の金を盗むために、高度に組織された仕組みを通じて現金を流用している。

0573

terminate

動 解雇する
類 stop, finish
反 continue

A company cannot **terminate** an employee's contract without offering financial support until the employee finds other work.
会社は、従業員が他の仕事を見つけるまでの財政的な支援を提供せずに従業員を解雇することはできない。

0574

gigantic

形 甚大な
類 huge, colossal
反 tiny

The number of people who have experimented with drugs at some point in their life is **gigantic**.
人生のある時点で薬物を経験した人の数は甚大である。

0575

investigator

名 捜査官

An **investigator** always has to look at the bigger picture, not just individual clues.
捜査官は、個々の手掛かりだけでなく、常により大きな全体像も見る必要がある。

89

0576 **incompetent** 形 無能な 類 unskilled 反 competent	Some world leaders are totally **incompetent**. 世界の指導者の中には完全に無能な者もいる。 ● hopelessly incompetent（どうしようもなく無能） ● incompetent as a manager（管理者としては無能）
0577 **disrupt** 動 混乱させる 類 disturb, disorganize 反 appease	Some feel that it is their life purpose to **disrupt** things, to shake things up and make an impact on the world. 物事を混乱させ、揺さぶりをかけ、世界に影響を与えることが彼らの人生の目的だと感じている者もいる。
0578 **explode** 動 爆発する 類 erupt, burst 反 implode	Sales of the new iPhone will inevitably **explode** when the price is discounted next week. 来週価格が割引になると、新しいiPhoneは爆発的に売れるだろう。
0579 **revise** 動 訂正する 類 correct, edit	The education of English in Japan was **revised** in 2010 to develop greater listening skills. 日本の英語教育は2010年にリスニングスキルをより向上させるため改訂された。
0580 **instruct** 動 指導する 類 teach, guide	It is vital to **instruct** employees of health and safety regulations before work starts, regardless of how much time it takes. どれだけ時間がかかっても、業務を開始する前に従業員に健康と安全に関する規則を指導することは重要である。
0581 **dishonest** 形 不誠実な 類 untruthful, deceptive 反 honest	Politicians are so frequently **dishonest** that it is considered by some as simply part of the job. 政治家はあまりにも不誠実なことが多いため、中にはそれが単なる仕事の一部だと考える者もいる。
0582 **immigrant** 名 移民 反 native	What is the difference between an **immigrant** and an ex-pat? 移民と国外在住者の違いは何か？
0583 **insecure** 形 不安な 類 anxious, uncertain 反 secure	The majority of women feel **insecure** about their physical appearance. 女性の大多数が自分の身体的な外観に不安に感じている。

0591

0   500   1000   1500   2000   2500   3000   3500   4000   GOAL

0584

distrust

動 信用しない
類 disbelieve
反 trust

Some small-town people naturally **distrust** outsiders.
小さな町の中には、当然部外者を信用しない者もいる。
● distrust my own eyes (自分の目を疑う)
● distrust one's motive for 〜ing (〜が〜する動機を疑う)

0585

license

名 免許
類 authorisation, certificate

Some jobs require the acquisition of a **license**.
免許の所持が求められる仕事がある。

0586

inactive

形 不活発な
類 lazy, idle
反 active

Too many children nowadays are **inactive** and don't get enough exercise.
あまりにも多くの子どもが不活発で、十分に運動していない。

0587

offend

動 無作法になる
類 displease, insult

In some cultures, people are so scared to **offend** that they will say yes to everything.
中には、人々は無作法になるのを恐れるあまり、すべてにイエスと言ってしまう文化もある。

0588

inconvenient

形 不都合な
類 troublesome
反 convenient

Sometimes, the truth can be quite **inconvenient**.
真実は時に実に不都合なことがある。
● a bit inconvenient for me (ちょっと都合が悪い)
● if it's inconvenient for you (もしご都合がよろしくなければ)

0589

migrant

名 移民
類 emigrant
反 native

Migrants often work very hard but for very little money.
移民はほんのわずかなお金のために必死で働いていることが多い。
● a migrant worker (移住労働者)

0590

infrequent

形 まれな
類 rare, occasional
反 frequent

Church attendance in the UK is now **infrequent**.
イギリスでは、今では教会への参列はまれである。
● relatively infrequent (比較的まれ)
● a not-infrequent occurrence (まれではない出来事)

0591

discard

動 捨てる
類 abandon, ditch
反 keep

People are often too quick to **discard** friendships over petty slights.
性急になるあまり、ほんのわずかな軽蔑で友情を捨ててしまう人は多い。

0592	
excel	Parents in some countries demand that their children **excel** academically.
動 優れる	一部の国の両親は、彼らの子どもが学問的に優れていることを要
類 surpass	求する。
反 fail	

0593	
donate	It is my belief that everyone should be registered to automatically **donate** their organs unless they ask not to.
動 寄付する	臓器提供を望まない場合を除いて、すべての人は自動的に臓器を
類 give, contribute	寄付するよう登録すべきだというのが私の信念である。
反 take	

0594	
collaborate	Different governmental agencies must be able to **collaborate** efficiently so that public funds are used correctly.
動 協力する	公的資金が適正に使用されるよう、異なる政府機関が効率的に協
類 cooperate	力できなければならない。

0595	
injure	The basic principle of vegetarianism tells us not to **injure** any living creature.
動 傷つける	菜食主義の基本原則は、私たちにいかなる生き物も傷つけないよう
類 harm, hurt	にと教えている。

0596	
disappoint	Parents should understand that they won't **disappoint** their children if they don't buy them the most expensive gifts; the children will understand.
動 失望させる	両親は、子どもたちに最も高価な贈り物を買わなくても彼らを失望
類 dismay, frustrate	させることはないことを理解すべきである。子どもたちは理解する
反 aid	だろう。

0597	
mediocre	Many people in powerful positions actually have quite **mediocre** skills.
形 平凡な	強力な地位にあっても、実際にはかなり平凡なスキルの人が多い。
類 average, middling	
反 excellent	

0598	
recycle	It should be illegal for a person not to **recycle**.
動 再利用する	再利用しないことを違法にすべきである。
類 reuse, reprocess	● recycle waste（廃棄物を再利用する）

0599	
disapprove	Parents can **disapprove** of their child's behaviour without personally insulting them.
動 賛成しない	両親は子どもを人格的に侮辱することなく子どもの行動に不賛成を
類 condemn, decry	唱えることができる。
反 approve	

0607

|0|500|1000|1500|2000|2500|3000|3500|4000 GOAL|

Level 1　必修 Active words

0600
fluctuation
名 変動
類 vacillation
反 steady

Some **fluctuations** in a person's mood are perfectly normal.
人の気分が変わるのは全く正常なことだ。
● the fluctuation in interest rates（金利の変動）
● seasonal fluctuations（季節変動）

0601
intolerant
形 不寛容な
類 prejudiced, biased
反 tolerant

Some local people can be **intolerant** to foreigners.
地元の人々の中には、外国人に不寛容な者もいる。
● intolerant of criticism（批判を受け入れない）
● intolerant toward people with different opinions
（意見の異なる人に対して不寛容）

0602
collide
動 衝突する
類 crash

Beliefs can **collide** in multi-religious societies and may lead to conflict.
信条は他宗教社会では衝突する可能性があり、紛争にいたる恐れがある。

0603
fluctuate
動 変動する
類 oscillate, vary
反 remain

The politician's popularity **fluctuated** during his term, as he introduced both popular and controversial legislation.
その政治家は人気の高い法律と物議を醸す法律の両方を導入したため、任期中に人気が変動した。

0604
bushed
形 非常に疲れて

By the time most Japanese workers finish work, they are totally **bushed** and even fall asleep on the train.
多くの日本人は仕事を終える頃には疲れきっていて、電車の中で居眠りさえしてしまう。

0605
indistinct
形 不明瞭な
類 unclear, obscure
反 distinct

The meaning of the text is **indistinct** and can be interpreted in many ways.
書類の意味が不明瞭で、何通りにも解釈できる。

0606
disconnect
動 切断する
類 detach, disengage
反 connect

It is healthy to occasionally **disconnect** from the modern world and spend some time in nature.
時には現代世界から離れて、自然の中で時間を過ごすことは健康的だ。

0607
plummet
名 激減
類 drop, decrease
反 rise

If there were to be a **plummet** in people using laptops and mobile phones, maybe we would communicate better with each other.
ノートパソコンや携帯電話の利用者が激減したら、きっとお互いにもっとよいコミュニケーションが取れるだろう。

0608	
reunite 動 再会する 類 reconvene, reconcile 反 separate	The internet has allowed more family members who have drifted apart to **reunite** again. インターネットによって、疎遠になった家族が再会することが可能になった。
0609	
forecast 名 予測 類 calculation, estimate	Some of the most well-paid people are those who can produce an accurate business **forecast**. 最も高給の人々の中には、正確なビジネス予測を提示できる者がいる。
0610	
immigrate 動 （外国から）移住する 類 migrate, settle 反 emigrate	If we don't want people to **immigrate** to our country, we must help them improve the situation in their own. 自分の国に人々が移住することを望まないのなら、彼らの本国の状況を改善するのを手助けしなければならない。

熟語と句動詞

0611	
against the clock 時間に追われて	My homework was due on Monday, so I was racing **against the clock** to finish it. 宿題は月曜が提出日だったので、私はそれを終わらせようと時間と戦いながらやった。
0612	
according to 〜によると	**According to** recent research, the number of people smoking is declining dramatically. 最近の調査によると、喫煙者の数は劇的に減少している。
0613	
hard feelings 悪感情	I sometimes argue with my mother but there are usually no **hard feelings**. 私は時々母と口論になるが、だいたいは悪感情を持つことはない。
0614	
hit the hay 寝る	Younger people these days stay up late playing TV games and don't **hit the hay** until the early morning hours. 最近の若者はゲームをやって夜更かしして、早朝まで寝つかない。
0615	
in the nick of time 時間にちょうど間に合って	I arrived **in the nick of time** before the meeting started. ミーティングの開始にちょうどうまく間に合って到着した。
0616	
on cloud nine とても嬉しい	After passing the test, I was **on cloud nine**. その試験に合格して、私は有頂天だった。
0617	
sick to death とてもうんざりして、いらいらして	A lot of people are **sick to death** of constantly working and not having enough free time. 多くの人がずっと働き続けで自由時間が十分ないことに本当にうんざりしている。

94

0628

0 500 1000 1500 2000 2500 3000 3500 4000 GOAL

0618 **give it one's best shot** ベストを尽くす	He **gave it** his **best shot** but couldn't win the tournament. 彼はベストを尽くしたが、その大会で優勝することはできなかった。
0619 **be up in arms about something** 非常に怒っている、反抗的である	I think the Japanese public are often too passive and we should **be** more **up in arms about** the corruption in our political system. 思うに、一般的な日本人は、しばしば受け身すぎる。我々は政治体制の腐敗に対してもっと怒るべきだ。
0620 **(come) rain or shine** 何があっても	The students were so upset about cuts to funding that they declared they would protest on that weekend, **rain or shine**. 生徒たちは財政支援削減に憤慨して、何があってもその週末抗議すると宣言した。
0621 **be all ears** 注意深くある、完璧に注意を払う	Motivational speaking for young people can only have an effect if the listener **is all ears**, and not distracted by their mobile phones. 若者にやる気を起こさせる話は、聞き手が携帯で気が散ったりせず完全に注意を払っている場合にのみ功を奏する。
0622 **have/get mixed feelings about something** 何かに複雑な感情を持つ	Many people **have mixed feelings about** euthanasia because it is practically suicide. 安楽死は実際には自殺であるため、多くの人は安楽死について複雑な感情を抱いている。
0623 **be in deep water** 深刻な問題を抱えている	Many British and American adults **are in deep water** with their finances, relying on credit cards and loans to survive. 多くのイギリスやアメリカの成人は深刻な財政問題を抱えていて、クレジットカードやローンに頼って生きている。
0624 **have next to nothing** 何も持っていない	Austerity measures **have** meant that many families who were already struggling now have to live on **next to nothing**. 緊縮経済措置は、すでに家計の苦しい多くの世帯が、ほんのわずかな糧で生活しなければならないことを意味している。
0625 **put yourself in somebody's shoes** 人の立場になってみる	Good service staff **put** themselves **in the shoes** of their customers. 優れたサービススタッフは顧客の立場に立つ。
0626 **at all costs** どんな犠牲を払っても	In the face of more oppressive legal measures, activists have declared that human rights must be protected **at all costs**. より抑圧的な法的措置に直面して、活動家たちは何としても人権を守らなければならないと宣言した。
0627 **explore all avenues** すべての解決策を考慮する	Marriage counselling is used for couples to **explore all avenues** before considering the finality of divorce. 結婚カウンセリングは夫婦が最終手段として離婚を考える前に、すべての解決策の可能性を模索するために利用されている。
0628 **get on the ball** 非常に警戒している	Older people in particular must **get on the ball** when it comes to scam phone calls. 特に高齢者は、詐欺の電話に十分に警戒しなければならない。

0629 **throw in the towel** 諦める	More people are **throwing in the towel** about owning their own home due to the high costs. 費用が高いため、自分の家を所有することについて諦める人が増えている。
0630 **be down to earth** 現実的である、地に足のついている	A boss who **is** too **down to earth** may be considered a weak leader and not sufficiently authoritative. 現実的すぎるボスは弱いリーダーで、十分な権威がないとみなされる。
0631 **be full of beans** エネルギーが満ちている	Most children **are** naturally **full of beans**. ほとんどの子どもたちはエネルギーに満ちている。
0632 **get/give a head start** 最初から有利である	Some believe that children born to wealthier families have **been given** an unfair **head start** in life. 裕福な家庭に生まれた子どもたちは、不公平なことに人生で有利なスタートを切ったと考える人もいる。
0633 **food for thought** 考えるべきこと	**Food for thought** – should people living in large houses with empty rooms be forced to rent out their rooms to the needy? 考えるべきこと－部屋が空いている大きな家に住んでいる人は困っている人に部屋を貸すように強制されるべきだろうか？
0634 **the gut reaction** 本能的な反応	**The gut reaction** to the capture of a dangerous criminal, particularly a violent one, is to sentence them to the death penalty. 危険な犯罪者、特に暴力的な犯罪者を捕らえた時の本能的な反応は、彼らを死刑に処することだ。
0635 **slip someone's memory/mind** 忘れる	The small things to help the environment, like not leaving the tap running when brushing your teeth, often **slip** people's **minds**. 歯磨きをする間、水道を出しっ放しにしないといった、環境を守る小さな行動を人はよく忘れる。
0636 **be miles away** （考え事をして）うわの空である	Teens can sometimes **be miles away** during their classes, which makes teaching them difficult. 十代の若者は授業中にぼんやりしていることがあり、それが彼らを教えるのを難しくしている。
0637 **have a mind like a sieve** 忘れっぽい	It's possible that an individual might **have a mind like a sieve** due to aging. 個人は加齢によって忘れっぽくなるかもしれない可能性がある。
0638 **ring a bell** 心当たりがある、ぴんと来る	You may not remember someone's name but their face may **ring a bell**. あなたは誰かの名前を覚えていないかもしれないが、彼らの顔には心当たりがあるかもしれない。
0639 **off the top of someone's head** あまり考えずに、即座に	Many can't even name all of the continents **off the top of their head**. Is this due to a failing education system? 多くの人は、大陸の名前をよく考えずにすべて言うこともできない。これは教育制度が機能していないということだろうか？

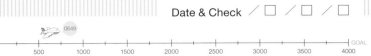

0649

| 0 | 500 | 1000 | 1500 | 2000 | 2500 | 3000 | 3500 | 4000 GOAL |

Level 1 　必修 Active words

0640

trip/walk down memory lane
過去の思い出をたどる

The retro architecture often takes visitors on a **trip down memory lane** to the 'swinging sixties', which is why many do not want to update it.
レトロな建築物は訪れる者に「活気あふれる60年代」を思い出させる。おそらくそのせいで多くは改築したくないのだろう。

0641

on the tip of someone's tongue
喉まで出かかっていて（思い出せない、思いとどまって）

I couldn't quite remember the name of my previous employer during the job interview — it was **on the tip of** my **tongue**.
就職の面接の間中、以前の雇用主の名前が喉まで出かかって思い出せなかった。

0642

rack your brain
一生懸命考える

Without forensic evidence, detectives often have to **rack** their **brains** piecing together the circumstantial evidence.
法医学的証拠がない場合、刑事はしばしば状況証拠を総合して一生懸命考えないといけない。

0643

as different as chalk and cheese
全く異なっている

Men and women are often considered to be **as different as chalk and cheese**.
男性と女性は、全く異なると見なされることがよくある。

0644

not someone's cup of tea
自分には合わない

Although high fashion is **not** everyone's **cup of tea**, designers consider it more as an art form than as an example of practical clothing.
ハイファッションはすべての人の趣味ではないが、デザイナーはそれを実用的な洋服の一例というよりもアートだとみなしている。

0645

storm in a teapot
些細なことで大騒ぎすること

Some suggest that the current tensions between South Korea and Japan are simply a **storm in a teapot**.
韓国と日本の間の現在の緊張は、単に些細なことで大騒ぎしているのだと示唆する人もいる。

0646

apples and oranges
全く異なった

The issues of gun control and mental health are like **apples and oranges**; some of the shooters are mentally healthy.
銃規制とメンタルヘルスは全く別問題だ。銃の使用者には精神的に安定している者もいる。

0647

upset the apple cart
規律を乱す、計画を台無しにする

Upsetting the apple cart is punished more severely in cultures that value uniformity.
特に統一性を重要視する文化では、規律を乱す者はより厳しく処罰される場合がある。

0648

a bad/rotten apple
周囲に悪い影響を及ぼす人

Teachers frequently refer to their badly behaved students as the **rotten apples** in their classes.
教師たちは、クラスの問題児たちについて頻繁に言いつのっている。

0649

eat humble pie
過ちを認め謝る

Teamwork can only go smoothly if members are willing to **eat humble pie** when necessary, acknowledging their own mistakes.
チームワークは、必要な場合にそのメンバーが進んで自分自身の過ちを認めて謝る場合にのみ、スムーズに機能する。

0650	
get a piece of the pie 利益の一部を得る	With the growing popularity of virtual reality devices, many high-tech companies are creating their own versions to **get a piece of the pie**. バーチャルリアリティ機器の人気の高まりに伴い、多くのハイテク企業が利益の一部を得るために独自の型を作成している。
0651	
as easy as pie とても簡単な	Job-hopping is falsely believed to be **as easy as pie**, but the shrinking job market says otherwise. 転職を繰り返すことはとても簡単だと誤って信じられているが、縮小する雇用市場がそうではないことを示している。
0652	
pie in the sky 絵空事、絵に描いたもち	The politician's promise of rapid economic growth is considered by many as just **pie in the sky**. 急速な経済成長という政治家の約束は、多くの人がむなしい約束だと見なしている。
0653	
spill the beans 秘密を暴露する	If a whistleblower hadn't **spilled the beans** about the government's secret weapons project, no one would've known. 告発者が政府の秘密の武器計画を暴露しなければ、誰も知らなかっただろう。
0654	
in a nutshell 要するに	**In a nutshell**, psychologists have been unable to determine if nature or nurture produces gifted individuals. 要するに、心理学者たちは天才を生み出すのは生まれなのか育ちなのかを決定することができていない。
0655	
walk on eggshells （ある状況や人物に対して）慎重になる	Some managers terrify their staff so much that they feel they have to **walk on eggshells** when they are around them. 一部の管理者は、彼らがいるときに慎重にならざるを得ないと感じさせるほどにスタッフに恐怖に抱かせる。
0656	
have/put all one's eggs in one basket 一つのことにすべてをかける	A person is more likely to get a job if they go to many interviews over a week, rather than **putting all** their **eggs in one basket** and focusing on a single interview. 一つの面接に集中して全力を注ぐより、一週間で多くの面接に行った方が仕事を得やすい。
0657	
egg someone on 誰かをそそのかす	Many cases of bullying escalate because the bully was **egged on** by their friends or classmates. いじめの多くのケースは、いじめっ子が友人たちやクラスメートたちによってそそのかされて拡大する。
0658	
butter somebody up 誰かをおだてる	Some bosses reward the employees who best **butter** them **up**, rather than those who are the most productive. 一部の上司は、最も生産的な従業員ではなく、最もおべっかをつかった従業員に報酬を与える。
0659	
a piece of cake とても簡単なこと	Advertisers encourage the notion that losing weight is **a piece of cake**, but for many it really isn't. 広告主は、減量はとても簡単なことだという考え方を助長しているが、多くの人にとってはそうではない。
0660	
icing on the cake さらなる特典、喜び	Winning the World Cup was great for Japan, but the **icing on the cake** was the parade down Ginza Dori. ワールドカップでの優勝は日本にとって素晴らしいことだったが、さらなる喜びは銀座通りのパレードだった。

0671

0   500   1000   1500   2000   2500   3000   3500   4000 GOAL

Level 1 必修 Active words

0661 sell like hot cakes
とてもよく売れる
Apple products always **sell like hot cakes** on release, regardless of price.
アップル製品は価格にかかわらず発売と同時によく売れる。

0662 hear on the grapevine
噂で聞く
I **heard on the grapevine** that the president is going to resign soon.
大統領が間もなく辞任すると噂で聞いた。

0663 hit the nail on the head
核心をつく
It was very wise of the company to hire outside advice; the advisor's report really **hit the nail on the head** in terms of what was going wrong.
その会社が外部顧問を雇ったのはとても賢い選択だった。その顧問は何がうまくいっていなかったのかの核心をついた。

0664 in the heat of the moment
カッとなっている時に
Words said **in the heat of the moment** can ruin relationships.
カッとなっている時に言われた言葉は関係を台無しにすることがある。

0665 get/jump on the bandwagon
時流に乗る、人気を後追いする
Even though habitual drug use is dangerous, the need to fit in can lead some people to **jump on the bandwagon**.
習慣的なドラッグの使用は危険だが、他人に合わせようとして、人は追随することがある。

0666 keep something at bay
何かを寄せ付けない
The use of antibiotics must be reduced if we want to **keep** virus mutation **at bay**.
ウイルスの突然変異の防止を促したいなら、抗生物質の使用を減らさなければならない。

0667 kill two birds with one stone
一石二鳥である
By stopping plastic production completely as well as selling new recyclable material, we would be **killing two birds with one stone**.
プラスチックの製造を完全にやめ、リサイクル可能な素材を売ることは一石二鳥だろう。

0668 the last straw
（悪いことへ向かう）最後のわずかな事／行動
Although the previous riots had made people angry, it was one small shop break-in that became **the last straw**.
前の暴動は人々を怒らせたが、怒りが頂点に達した些細な出来事は一つの小さな店への押し入りだった。

0669 let the cat out of the bag
秘密を漏らす
The government official admitted his wrongdoing before the news media could **let the cat out of the bag**.
政府関係者は、報道機関が秘密を漏らす前に自分の不正を認めた。

0670 not playing with a full deck
（精神的に）まともではない
The company president had been making some reckless decisions causing staff to think he **wasn't playing with a full deck**.
社長は、スタッフが彼はまともではないと思うようになる無謀な決定をしてきた。

0671 far cry from
とても異なって
Modern mobile technology is a **far cry from** 30 years ago when cell phones were the size of a brick.
現代のモバイル技術は、携帯電話がレンガのサイズだった30年前とはとても異なっている。

99

0672 **give the benefit of the doubt** 疑しきは罰せず	The accused people should always be **given the benefit of the doubt** in the lead up to a trial; that way the jury will be fairer. 被告人に対しては裁判に至るまでに必ず、疑わしきは罰せずであるべきだ。それは陪審員がより公平に裁くためだ。
0673 **pull the wool over someone's eyes** 誰かを誤解させる	Advertisers often **pull the wool over** the public's **eyes** by citing misleading studies performed on incredibly small sample groups. 広告主はよく、非常に小さなサンプル集団に行われた研究を引用するなどして、一般大衆に誤解を与えることがある。
0674 **breath of fresh air** 新風を吹き込む人[もの]	The new young leader was a **breath of fresh air** for the local citizens. 若く新しいリーダーは、地元市民にとって新風を吹き込む存在であった。
0675 **see eye to eye** 意見が一致する	There are many reasons why parents and teenagers do not always **see eye to eye**. 親と10代の子どもの意見が必ずしも一致しないことには多くの理由がある。
0676 **take with a grain of salt** 多少疑って受け取る	Most stories reported in the tabloid media must be **taken with a grain of salt**. タブロイド紙で報道されている話のほとんどは、疑いを持って見なければならない。
0677 **a taste of someone's own medicine** しっぺ返し	Surprise retaliation attacks gave the army **a taste of** their **own medicine**, as they had originally attacked unprovoked. その軍は予期しない報復でしっぺ返しを食らった。彼らがもともと先制攻撃を仕掛けたからだ。
0678 **the whole nine yards** すべて、最大限	Marriage is a partnership and each partner must be willing to go **the whole nine yards** for the other. 結婚とはパートナーシップであり、各パートナーがもう一人のために進んで全力を尽くさないといけない。
0679 **wouldn't be caught dead** 絶対に嫌だ	Many teenagers nowadays **wouldn't be caught dead** spending their social time with their parents. 最近の10代の若者の多くは親との交流の時間を過ごすことを絶対に嫌がる。
0680 **at the drop of a hat** 瞬時に	Some believe that the sanctity of marriage has been slowly eroded over the years and claim that couples are often eager to divorce **at the drop of a hat**. 結婚の神聖さは長年の間にゆっくりと崩れると信じ、夫婦はよく突然離婚したがるものだと主張する人もいる。
0681 **up-market** 高級市場の	While some shops are lowering prices, others believe selling to a more **up-market** crowd is the real way to make money. 価格を下げる店もあれば、よりハイクラスの顧客に売ることが真に利益を上げる方法だと信じている店もある。
0682 **in high spirits** うれしい、陽気な	With the election of the new radical president, citizens are **in high spirits**, as they feel changes will finally be made. 急進的な新大統領の当選で、国民は、ようやく変化が起こると感じて喜びに満ちている。

0693

0   500   1000   1500   2000   2500   3000   3500   4000   GOAL

0683 **keep one's chin up** （よくない状況でも）前向きでいる	My father always taught me to **keep** my **chin up** in every situation if I want to win. 私の父はいつも私に、勝ちたいならどんな状況でも元気を出せと教えた。
0684 **read one's mind** 誰かの考えを言い当てる	It's impossible to **read** someone's **mind**, so it's important to ask people how they are feeling and show that you care. 誰かの気持ちを読むことは不可能だ。だからどう感じているかを聞いて、気にかけていることを示すことが重要だ。
0685 **get the ball rolling** 軌道に乗せる、始める	The new government incentives should **get the ball rolling** on lowering smoking rates. 新政府のインセンティブは喫煙率を下げる取り組みを軌道に乗せるはずだ。
0686 **for ages** 長い間	A two-parent household has been the norm **for ages** and is still considered the preferred family setup. 父母の揃っている家庭は長い間、社会の標準的規範であり、今でも望ましい家族設定であると考えられている。
0687 **fill in for someone** 代理を務める	Unpaid intern's **filling in for** employees who are normally well-paid is an unfair work practice. 通常きちんと賃金が支払われている従業員の代わりに、一時的に見習いが無給で働くことは不当な仕事の慣習である。
0688 **keep one's fingers crossed** 幸運を祈る	It's not feasible to simply **keep** our **fingers crossed** and hope the planet will fix itself. ただ幸運を祈って地球が自然治癒することを望むことはできない。
0689 **have a chin-wag** おしゃべり[うわさ話]をする	In some communities, everyone's private business is shared when the neighbours get together to **have a chin-wag**. ある地域社会では、近所の人たちが集まって気軽なおしゃべりをする時に、全員の私生活が共有される。
0690 **the wee hours** 深夜過ぎ、早朝	Teenagers having nothing to do in **the wee hours** of the morning and hanging around in the local park is considered intimidating by older local residents. 深夜過ぎに何もすることがなくて、近所の公園にたむろしているティーンエイジャーは、年配の地元民には威嚇的に思われる。
0691 **be all in the same boat** 同じ状況下にある	Communities can be brought closer together when every member feels they **are all in the same boat**, even when the situation is negative, for example unemployment. 地域社会は、例えば失業のようなよくない状況でも、みんなが同じ状況にいると感じる時、絆が深まることがある。
0692 **beat around the bush** 遠回しである	One of the biggest complaints people have about politicians is that they always **beat around the bush** instead of directly answering the question. 政治家に関して人が抱く最大の不満の一つは、政治家はいつも直接質問に答えるのではなく遠回しに言うということだ。
0693 **an early bird** 早起きな人	It's natural that some people are **early birds** while others are night owls; everyone has their own rhythm. 朝型の人もいれば夜型の人もいるのは当然だ。みんな自分のリズムを持っている。

0694	
keep someone's nose to the grindstone 休む間もなく働く、学ぶ	In today's fast-paced world where work is everything, people have to **keep** their **noses to the grindstone** with little time for socialising or fun. 仕事がすべての今日のテンポの速い社会では、ほとんど社交や遊びの時間がなく休む間もなく働かなければならない。
0695	
know something inside out 熟知する	It is better to promote from within the company, so that whoever becomes a manager **knows** the company **inside out**. 部長になるのが誰であれ、会社を熟知することができるように社内から昇進する方がいい。
0696	
now and then 時々	People may start by recreationally taking drugs every **now and then**, but later become addicted. 人々は時々娯楽的に麻薬を使うことから始めるが、その後中毒になる。
0697	
bump into はちあわせる、偶然出会う	Small village life often means that people regularly **bump into** people they know. 小さな村での生活は、多くの場合、知っている人々に定期的に出くわすことを意味する。
0698	
work flat out 休まず働き続ける	Students in some cultures are encouraged to **work flat out**, meaning they don't have the time to relax and end up suffering mentally. ある文化圏の学生は勉強し続けることを奨励されているが、これにより、彼らはくつろぐ時間がなく、精神的な病気になってしまう。
0699	
the in thing 今、流行していること	Children must be taught not to follow things simply because they are **the in thing**, but to instead be more independent. 子どもたちは、それらが流行しているという理由だけで物事に従うのではなく、むしろもっと自立するように教えられなければならない。
0700	
make a fuss over かわいがる、ちやほやする	Parents often **make a fuss over** their children, but this can spoil them. 親はしばしば子どもをかわいがるが、これは彼らを甘やかしてだめにする可能性がある。
0701	
run of the mill 普通の、ありふれた	The city does not need another **run of the mill** shopping centre or nightclub; it needs something unique. 市は、ありふれたショッピングセンターやナイトクラブをもう必要とはしていない。独自の何かが必要だ。
0702	
far-fetched 信じがたい、こじつけの	While some are extremely devoted to their religious beliefs, others find the concept of a god **far-fetched**. 宗教的信念に非常に専念している人もいれば、神の概念を信じがたいと感じる人もいる。
0703	
get a kick out of (something) （何かを）おもしろいと思う	Have video games caused young people to increasingly **get a kick out of** violence? ビデオゲームのせいで若者がますます暴力で興奮するようになっているのだろうか？
0704	
bent out of shape 怒って	Parents should learn not to get **bent out of shape** over the little things. 親は小さなことで怒ったりしないことを学ぶべきだ。

Level 1 必修 Active words

0705 give/lend somebody a hand 手助けする
If more people were to **give** their neighbours **a hand** when they need it, we would live in more trustworthy communities.
隣人が困っている時に助ける人がもっといれば、もっと信頼できる地域社会に住むことができるのに。

0706 hit the books 一生懸命勉強する
After the summer holidays, it's time for students to **hit the books**.
夏休みの後は、生徒たちが学業に打ち込む時間だ。

0707 go the extra mile さらに努力する
Students have to **go the extra mile** to get into the best universities.
生徒たちは最高の大学に入学するためにさらに努力する必要がある。

0708 soulmate 一生を一緒に過ごすように運命づけられた人
Some cultures outright reject the concept of a **soulmate**, believing that a person can learn to love anyone who shares their interests.
ある文化では、ソウルメイトの概念を完全に拒絶する。同じ興味を共有する人なら誰でも愛せるようになれると信じているからだ。

0709 be broke 無一文である
Living paycheque to paycheque means many individuals feel constantly **broke**.
毎月の給料を使いきる暮らしをしていると、多くの人はいつも無一文であるような気分になる。

0710 a crash course 短期集中講座
Students should be offered **a crash course** in finances and cooking so they are prepared for when they leave home.
学生は一人暮らしする時に備えて財政と料理の短期集中講義を与えられるべきだ。

0711 up-to-the-minuite ごく最近の、最新の
24-hour media means that we constantly receive **up-to-the-minuite** news, even when it's still developing.
24時間放送は、出来事が進行中でも常に最新のニュースを受け取れるということを意味する。

0712 on the go 活動している、忙しく働いて
Long commutes have led to breakfast often being eaten **on the go**, something that some nutritionists believe is unhealthy.
長い通勤通学時間のせいで朝食を移動中に食べることがよくある。それが不健康と思う栄養士もいる。

0713 over the moon とてもうれしい
Previously, students were **over the moon** to receive an A, but now they must receive an A+.
昔はAの成績をもらえたら生徒は有頂天になったものだが、今ではA+を取らなければならなくなった。

0714 once in a blue moon 非常にまれに
Due to strapped finances, many Americans only visit the dentist **once in a blue moon**.
金欠状態で、多くのアメリカ人は本当にまれにしか歯医者に行けない。

0715 a drop in the ocean 大海の一滴、焼け石に水
The average household using less water is **a drop in the ocean** when compared to how much corporations waste.
平均的な世帯が水の使用を減らしても、企業がどれほど無駄使いしているかと比べると、些細なものだ。

103

0716	
actions speak louder than words 行動は言葉よりも雄弁だ	In terms of charitable causes, **actions speak louder than words**. Many claim they want to help others, but never do anything. 慈善運動に関しては行動は言葉よりも重要だ。他人を助けたいと言うが、何もしない人が多い。
0717	
go back to the drawing board 最初からやり直す	If the whole building project fails, the planners will have to **go back to the drawing board**. 建築プロジェクト全体が失敗した場合、計画者は最初からやり直す必要がある。
0718	
the real McCoy 本物	Sushi can be eaten anywhere in the world, but you must go to Japan for **the real McCoy**. 寿司は世界中どこでも食べることができるが、本物を食べるには日本に行かなければならない。
0719	
down in the dumps 意気消沈して	Feeling **down in the dumps** is not the same as suffering from clinical depression; the former is quite normal. 意気消沈することは、臨床的なうつ病とは違う。前者はとても普通なことだ。
0720	
find one's feet 新しい状況に慣れる	It can be very difficult for new immigrants to **find** their **feet** in their new culture. 新しい移民が新しい文化の中で状況に慣れるのは非常に困難だ。
0721	
set in one's ways 自分のやり方に固執する	Elderly people are often **set in** their **ways** and unwilling to change. 高齢者は多くの場合、自分のやり方に固執して変わりたくない。
0722	
a hot potato やっかいな問題	The issue of rising national debt has become **a** political **hot potato**. 国債の増加の問題は、政治上のやっかいな問題になりつつある。
0723	
miss the boat （自分のせいで）好機を逃す	Career women may **miss the boat** if they wait too long to decide whether or not to have children. キャリアを積む女性たちは、あまりにも長く待つと、子どもを持つ好機を逃すことがある。
0724	
cost an arm and a leg 高くつく	Some feel trapped when their wages remain low and even the basic essentials seem to **cost an arm and a leg**. 賃金が低いままで、生活必需品でさえ、とても高く感じられ八方ふさがりと感じる人もいる。
0725	
stuck/caught between a rock and a hard place 苦しい選択を迫られて	Teens may feel that they are **caught between a rock and a hard place** when it comes to pleasing their parents. 10代の若者たちは、両親を喜ばせることに関しては苦しい選択を迫られていると感じるかもしれない。
0726	
every cloud has a silver lining 悪いことにはよい側面がある	Without believing that **every cloud has a silver lining**, individuals may struggle to fight through tough times. ネガティブなことにはすべて何かポジティブな側面があると信じられないと、ずっと厳しい時の中でもがくことになるかもしれない。
0727	
get up on the wrong side of the bed 朝から機嫌が悪い	Some bad moods may simply be a case of **getting up on the wrong side of the bed**. 不機嫌の一部は、単に朝から機嫌が悪いだけかもしれない。

0737

0 　500　1000　1500　2000　2500　3000　3500　4000　━GOAL

0728	
keep an eye on someone ある人を注意深く見守る	Parents should **keep an eye on** their children for signs of radicalisation; a good idea is to monitor their children's internet use. 親は子どもたちが過激になる兆候に注意して見守るべきである。いいアイディアの一つは、子どものインターネットの使用を監視することだ。

0729	
a blessing in disguise 結局は身のためになる不幸	The collapse of the corporation may have been **a blessing in disguise**. その企業の崩壊は本当はいいことだったのかもしれない。

0730	
bend over backwards （人を満足させるために）全力を尽くす	Employees should not feel obligated to **bend over backwards** for their company. 従業員たちは会社のために全力を尽くす義務を感じるべきではない。

0731	
sit on the fence はっきりしないでいる	Many voters **sit on the fence** about who they are going to vote for until the election day. 多くの有権者は、選挙当日まで誰に投票するのかについてはっきりしないでいる。

0732	
over-the-top 過剰な	Youngsters may display an **over-the-top** fashion sense as they crave attention. 若者は、注目を集めようとすると過剰なファッション感覚を示すことがある。

0733	
rule of thumb 経験的な方法、おおざっぱな方法	As a general **rule of thumb**, young children should not spend more than one hour a day watching television. 一般的な経験則として、幼児はテレビを見るのに1日1時間以上費やすべきではない。

0734	
feel under the weather 具合が悪い、気分が沈む	Workers being forced to go to work even when they **feel under the weather** leads to low productivity and the spread of illness . 気分が悪い時でも仕事に行くように労働者に強いることは、生産性の低下や病気の蔓延を招く。

0735	
water under the bridge 過ぎたこと	The two nations' previous conflict is now **water under the bridge**, as the need to share resources has become paramount. その二カ国の以前の対立は、資源共有が最優先事項となったため、今や過去の問題だ。

0736	
you are what you eat 体は食べた物でできている	Local schools are trying to teach children that **you are what you eat** by giving a visual demonstration of how fat clogs the arteries. 地元の学校では、脂肪が動脈を詰まらせる画像を見せることで、食べ物で健康状態が決まることを子どもに教えようとしている。

0737	
judge a book by its cover 見かけで判断する	I think it's important to avoid forming opinions of a person's character by looking at their appearance as you can't **judge a book by its cover**. 見かけでは判断できないので、人の外見の特徴で意見をまとめないようにすることが重要だと思う。

0738 **flog a dead horse** 無駄骨を折る	They say that business takes determination, but sometimes, you have to know when you are **flogging a dead horse**. 彼らはビジネスには決心が必要であると言うが、時にはあなたは無駄骨を折っていることを知るべきである。
0739 **play devil's advocate** わざと異論を唱える	To **play devil's advocate**, maybe forcing people to retire when they are 55 would improve youth unemployment. あえて異論を唱えると、55歳の時に人々に退職を強いることが若者の失業を改善するだろう。
0740 **take into account** 〜を考慮する	Expenses must be **taken into account** when working out how much profit a company is earning. どれだけの利益を会社が生み出しているかを計算するには、支出を考慮しなければならない。
0741 **account for** 〜を説明する	Increased pollution may **account for** climate change. 汚染の増大は気候変動の原因となることがある。
0742 **adhere to** 〜に従う	You must **adhere to** the terms of the contract. 契約条件に従う必要がある。
0743 **allude to** 〜を間接的に言及する	A traditional Japanese seventeen-syllable poem, haiku always **alludes to** nature and the seasons. 日本の伝統的な17音の詩である俳句は常に自然や季節に間接的に言及する。
0744 **based on** 〜に基づく	Employers should select new employees **based on** their skills and experience, and not on their gender. 雇用主は、性別ではなくスキルと経験に基づいて新しい従業員を選考すべきである。
0745 **bring on** 悪いこと、特に病気を引き起こす	His heart condition was **brought on** by his poor diet. 彼の心臓の異常は彼の貧しい食生活によってもたらされた。
0746 **bring up** 〜について話し始める	She **brought** the matter **up** very late so they didn't have time to discuss it properly. 彼女が問題について話し始めたのが遅すぎたので、彼らはそれを適切に議論する時間がなかった。
0747 **come about** （特に偶然に）起こる	Increased unemployment has **come about** through automated production. 失業率の増加は、自動生産によって起こった。
0748 **cut back on** 削減する	They are **cutting back on** expenses. 彼らは費用を削減している。
0749 **do without** 〜なしで済ませる	We can **do without** help from you. 我々はあなたがたの助けなしで済ませることができる。
0750 **embark on** （通常、困難または時間がかかるものに）乗り出す	After graduating from university, she **embarked on** a career in banking. 大学卒業後、彼女は銀行員としてのキャリアを築き始めた。
0751 **follow through** （完了するまで）続ける	Research needs to be well-designed, conducted and **followed through** to the end. 研究は、適切に設計、実施、完遂される必要がある。

0764

0 500 1000 1500 2000 2500 3000 3500 4000 GOAL

Level 1 必修 Active words

0752 frown upon
〜にまゆをひそめる、を好まない

Failure to attend classes is **frowned upon**.
授業を欠席することは好まれない。

0753 get across
〜を理解させる

The teacher managed to **get across** how important it was to attend lectures.
教師は講義に出席することがいかに重要かを理解させた。

0754 get around/round
〜を避ける、のがれる

In some countries, influential politicians can **get around** the law by paying off the police and judges.
一部の国々では、有力政治家は警察や判事を買収することで法をのがれることができる。

0755 get at
〜をほのめかす

Although the manager talked to the employee about his commute to work, the point he was trying to **get at** was the employee's punctuality.
経営者がその従業員に通勤について話したが、彼がほのめかそうとしていたのは時間を厳守せよということだった。

0756 get back to
（話題などに）戻る

Let's **get back to** discussing how this happened.
これがどのようにして起きたかを再び議論し始めよう。

0757 look forward to
〜を楽しみにする（幸せを感じるために）

The class was so much fun that it created an environment in which the kids **looked forward to** going to school.
授業がとても楽しかったので、子どもたちが学校へ行くのを楽しみにする環境を作った。

0758 look into
調べる（事実を発見しようとする）

After several customers complained about late deliveries, the company decided to **look into** the matter.
複数の顧客が配達遅延について苦情を申し立てた後、その会社はその問題を調べることを決定した。

0759 make of
理解する

What do you **make of** the teacher's decision to shorten this course?
このコースを短縮するという先生の決定についてどう思うか?

0760 map out
詳細に計画する

If we want to get our degrees this year, we have to **map out** every step of the way.
今年、学位を取得したいならその道筋のすべてを詳細に計画しなければならない。

0761 meet up
落ち合う、会う

Let's **meet up** and discuss how we are going to go about this project.
落ち合って、このプロジェクトをどのように進めるかを話し合おう。

0762 narrow down
（可能性の数を減らすため）絞り込む

The detectives **narrowed down** the list of suspects to just two.
探偵は容疑者のリストを2人に絞り込んだ。

0763 put forward
提唱する（議論できるようにアイディアや意見を提案する）

The scientists have **put forward** many alternatives to deal with the issue.
科学者たちは、この問題に対処するために多くの代替案を提唱した。

0764 put off
延期する（特にやりたくないときに何かを遅らせる）

He **put off** his career and started travelling around the world.
彼はキャリアを延期し、世界中を旅し始めた。

0765 ▢▢▢ **resort to** 〜に頼る（問題解決のため不快なことをする）	We must **resort to** legal action if they don't offer compensation. 補償を提供しない場合は、法的措置に頼る必要がある。
0766 ▢▢▢ **rule out** 除外する（何かを可能性として考えるのをやめる）	The CEO said that yearly bonuses can be **ruled out** in light of the financial crisis. CEOは、毎年のボーナスは金融危機を考慮して除外し得ると述べた。
0767 ▢▢▢ **run something by someone** 人に（意見を求めて）〜の話をする	I have a few ideas for tomorrow's meeting. Can I **run** them **by** you? 明日の会議のアイディアがいくつかある。あなたにそれらを話してみてもいいかな？
0768 ▢▢▢ **be talked out of** 人に〜しないように説得される	Japan **was talked out of** signing the agreement by the United States. 日本はアメリカに合意しないよう説得された。
0769 ▢▢▢ **think over** 慎重に検討する	Early action plans give students time to **think over** which college they would like to attend. 早期行動計画は、学生がどの大学に行くか慎重に検討する時間を与えてくれる。
0770 ▢▢▢ **turn out** 結局〜だとわかる	After the talk, it **turned out** she had never wanted to be a doctor. 話の後、彼女が医師になりたくなかったことがわかった。
0771 ▢▢▢ **verge on** 間際である（特定の状態になる）	Both species are **verging on** extinction. どちらの種も絶滅の間際にある。
0772 ▢▢▢ **be worn out** （人、表情）が憔悴する	Many workers **are worn out** by the end of the week because of the long hours. 長時間労働のため、多くの労働者は週の終わりまでには憔悴している。
0773 ▢▢▢ **clam up** （恥じたり緊張したりして）黙り込む	I **clammed up** when I was asked about my previous job in the interview. インタビューで私の以前の仕事について尋ねられた時、私は黙り込んだ。
0774 ▢▢▢ **bring up** 言及する	It can be difficult to **bring up** the subject of the war during trade negotiations. 貿易交渉中に戦争の話題に言及することは困難だ。
0775 ▢▢▢ **bring it on** かかって来い（自信をもって挑戦を受け入れる）	You want to have a race? **Bring it on**! レースをしたい？ かかって来い！
0776 ▢▢▢ **call off** 中止する	The match was **called off** because of rain. 試合は雨のため中止された。
0777 ▢▢▢ **cheer on** 応援する	The whole country stayed up late to **cheer** the team **on**. チームを応援するために、国中は遅くまで起きていた。
0778 ▢▢▢ **come up with** 何かに気づく（アイディアを考える）	Just as we were running out of time, he **came up with** the best idea for the project. 私たちが時間を使い果たしそうになっていたちょうどどのとき、彼はプロジェクトのために最高のアイディアを考えついた。

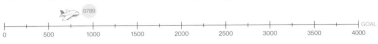

| 0 | 500 | 1000 | 1500 | 2000 | 2500 | 3000 | 3500 | 4000 GOAL |

0779 **come up** 予期せず発生する	I wanted to tell him that I got a new job, but the chance never **came up**. 私は彼に、私が新しい仕事を得たと伝えたかったが、その機会はやってこなかった。
0780 **come across** 偶然出くわす	I was cleaning my room when I **came across** my old school uniform. 自分の部屋を掃除していた時に学校の古い制服を偶然見つけた。
0781 **drop by/in** （ほんの少しの間）立ち寄る	I've forgotten my keys. Could you **drop by** the office and leave them for me? 鍵を忘れてしまった。オフィスに立ち寄ってそれらを置いていってもらえるか？
0782 **fill in** 〜に詳細を伝える	Quickly, let's go! There's no time to explain, I'll **fill** you **in** on the way. 早く、行こう！ 説明する時間はない、途中で詳細に伝えるつもりだ。
0783 **get back to** （誰かまたは何か）にまた連絡する	As soon as I finish my assignment, I'll **get back to** you and we can arrange a meeting. 課題を終え次第、あなたに連絡し、会議を手配するつもりだ。
0784 **take off** 出発する、衣服を脱ぐ、離陸する	If we don't want to be late, we should **take off** now. 遅れたくなければ今すぐ出発するべきだ。
0785 **get back at** （誰かに）仕返しする	Her ex-husband took her house, so she **got back at** him by taking his dogs. 彼女の元夫が彼女の家を取ったので、彼女は彼の犬たちを取って彼に仕返しした。
0786 **take out** 取り出す	The children sat at their desks and **took out** their pens and paper. 子どもたちは席に座ってペンと紙を取り出した。
0787 **take out** デートに連れ出す	He **took** her **out** to the most expensive restaurant in the city. 彼は彼女を街で最も高価なレストランへ連れていった。
0788 **work out** 運動する	I try to **work out** every morning to keep in shape. 毎朝体調を整えるために運動している。
0789 **work out** （解決策や妥協案を）考え出す	We are still trying to **work out** what a sustainable and prosperous future looks like. 私たちはまだ、持続可能かつ繁栄した未来がどんなものかを考え出そうとしているところだ。

Level 1 | 必修 Passive words

0790 **council** 名（市町村）議会	the city **council** 市議会	
0791 **game** 名 猟の獲物	illegal hunting of **game** 獲物の違法な狩猟	
0792 **current** 形 現在の	my **current** position 私の現在の役職	
0793 **lay** 形 素人の	a **lay** English teacher 素人の英語教師	
0794 **parliament** 名 国会	be elected to **Parliament** 国会議員に選出される	
0795 **species** 名 種	an endangered **species** 絶滅危惧種	
0796 **eventually** 副 結局	**eventually** got 7.0 in IELTS 結局IELTSで7.0を取った	
0797 **minute** 形 微小な	a **minute** difference ごくわずかな違い	
0798 **equipment** 名 装備、備品	be considered standard classroom **equipment** 標準的な教室備品と見なされる	
0799 **hardly** 副 ほとんど〜ない	**hardly** be considered a success ほとんど成功と見なすことはできない	
0800 **budget** 名 予算	Japan's low education **budget** 日本の少ない教育予算	
0801 **patient** 形 忍耐強い	The Japanese are generally **patient**. 日本人は一般に忍耐強い。	
0802 **duty** 名 任務、義務	one of my **duties** 私の任務の一つ	
0803 **dog** 動 につきまとう	be **dogged** by misfortune 不運につきまとわれる	
0804 **apparently** 副 一見〜	**apparently** but not actually ~ 一見〜であるが実際にはそうでない	
0805 **merely** 副 単に	**merely** because SV 単にSがVするから	

0806 **insurance** 名 保険	a national health **insurance** system 国民皆保険制度
0807 **address** 動 に取り組む	measures to **address** environmental problems 環境問題に取り組むための措置
0808 **latest** 形 最新の	the **latest** high-tech gadgets 最新のハイテク機器
0809 **whereas** 接 ～であるのに対して	Some people are shy, **whereas** others are outgoing. 内気な人もいるが、一方社交的な人もいる。
0810 **digest** 動 消化する	can be **digested** easily 消化がいい
0811 **democratic** 形 民主的な	**democratic** vs autocratic leadership 民主的対独裁的リーダーシップ
0812 **self-sufficient** 形 自給自足の	a **self-sufficient** economy 自給自足経済
0813 **whilst** 接 ～だが一方	**Whilst** my father is ~, my mother is ~. 私の父は～である一方、母は～である。
0814 **marked** 形 著しい	a **marked** increase in the number of patients 患者数の著しい増加
0815 **threat** 名 脅威	a **threat** to our existence 私たちの存在に対する脅威
0816 **discipline** 名 学問分野	span a wide range of academic **disciplines** 広範囲にわたる学問分野に及ぶ
0817 **audience** 名 聴衆	speak in front of a large **audience** 大勢の聴衆の前で話す
0818 **congress** 名 議会、会議	The US **Congress** consists of two houses. 合衆国議会は二院からなる。
0819 **emphasise** 動 強調する	**emphasise** the importance of education 教育の重要性を強調する
0820 **assembly** 名 組み立て、集会	Henry Ford invented the **assembly** line. ヘンリー・フォードが組み立てラインを発明した。
0821 **occasion** 名 機会	never miss an **occasion** to V Vする機会を決して逃さない
0822 **beneath** 前 ～の下に	look **beneath** the surface of things 物事の表面下（内面）を見る
0823 **flight** 名 逃走、フライト	a **flight** of capital from a country 資本の国外移動

Level 1 必修 Passive words

111

0824	
criminal 形 犯罪の	The Yakuza is a **criminal** organisation. ヤクザは犯罪組織である。
0825 **elderly** 形 高齢の	the proportion of the **elderly** in the total population 総人口に占める高齢者の割合
0826 **meanwhile** 副 一方	X increased. **Meanwhile**, Y decreased. Xは増加した。一方Yは減少した。
0827 **charged** 形 張り詰めた	handle emotionally **charged** situations 感情の張り詰めた状況に対処する
0828 **failing** 名 欠点	the biggest **failing** of our education system 私たちの教育制度の最大の欠点
0829 **via** 前 を通して、~経由で	send a file **via** email Eメールでファイルを送る
0830 **sport** 名 運動競技	I'm not good at **sport**(s). 私は運動が得意ではありません。
0831 **afford** 動 をする[買う]余裕がある	cannot **afford** to travel abroad 海外旅行をする余裕がない
0832 **somehow** 副 どうにかして	get it finished **somehow** どうにかしてそれを終わらせる
0833 **struggle** 動 苦闘する	**struggling** to revitalise the economy 経済を再活性化させようと苦闘している
0834 **accommodation** 名 宿泊施設	Student **accommodation** can be expensive. 学生用宿泊施設は高価である場合がある。
0835 **proceedings** 名 手続き	visa application **proceedings** ビザ申請手続き
0836 **ascend** 動 上昇する	It is uncertain whether the climber is **ascending** or descending the mountain. 登山者が山を登っているか下りているかは不明だ。
0837 **occasionally** 副 時折	**occasionally** go to a park 時折公園に行く
0838 **emergency** 名 緊急事態	in case of an **emergency** 緊急事態の場合には
0839 **candidate** 名 候補（者）	a **candidate** for the US presidency 合衆国大統領候補
0840 **household** 名 世帯	two-career **households** 共働き世帯
0841 **approval** 名 承認	get **approval** from my supervisor 私の上司の承認を得る

0842 **spotless** 形 非の打ち所のない	have a **spotless** reputaion for reliability 信頼性で非の打ち所のない評判を得る
0843 **keen** 形 鋭い	have a **keen** sense of smell 鋭い臭覚を持つ
0844 **recession** 名 景気後退	survive the **recession** 景気後退を乗り切る
0845 **lifespan** 名 寿命	the average **lifespan** of a Japanese woman 日本人女性の平均寿命
0846 **empire** 名 帝国	The Roman **Empire** covered a vast area. ローマ帝国は広大な地域に及んでいた。
0847 **initiative** 名 主体性、自発性	tend to lack **initiative** 主体性に欠ける傾向がある
0848 **extension** 名 延長	an **extension** of the deadline 締め切りの延長
0849 **fault** 名 責任、罪	It's not any one person's **fault**. それは誰か一人の責任ではない。
0850 **mill** 名 工場、製粉場	There were many **mill** towns. 多くの工場町があった。
0851 **literary** 形 文学の	Japan's female **literary** tradition 日本の女流文学の伝統
0852 **supreme** 形 最高の	a matter of **supreme** importance 最高重要度の問題
0853 **genuine** 形 本物の	distinguish between **genuine** and fake news 本物と偽りのニュースを区別する
0854 **landscape** 名 風景	the beautiful **landscapes** of terraced rice paddies 棚田の美しい風景
0855 **alongside** 前 と並んで、共に	used independently or **alongside** a textbook 単体でまたは教科書と共に用いられる
0856 **dispute** 名 論争	It is beyond all **dispute**. それは論争の余地がない。
0857 **altogether** 副 完全に	A and B are **altogether** different. AとBは完全に異なる。
0858 **respectively** 副 それぞれ	A and B decreased by X% and Y% **respectively**. AとBはそれぞれX%、Y%減少した。
0859 **launch** 動 を開始する	**launch** a new project 新規プロジェクトを開始する

0860 coverage 名 報道	get so much media **coverage** メディアで非常に多く報道される
0861 ownership 名 所有（権）	the **ownership** of means of production 生産手段の所有
0862 ease 名 容易さ	the **ease** with which we can search online オンライン検索の容易さ
0863 loose 形 緩い、ゆったりした	prefer **loose** clothes to tight clothes タイトな服よりゆったりした服を好む
0864 reasonably 副 適度に	fashionable and **reasonably** priced ファッショナブルで適度な価格である
0865 outstanding 形 傑出した	an **outstanding** economic success in the post-war period 戦後の傑出した経済的成功
0866 suspect 動 ではないかと思う	I **suspect** that he is lying. 彼は嘘をついているのではないかと思う。
0867 extraordinary 形 並外れた	a man of **extraordinary** talent 並外れた才能を持つ男
0868 chamber 名 議院、部屋	the upper and lower **chambers** 上院と下院
0869 certificate 名 証明書、免許状、修了証	have an instructor's **certificate** 指導者免許を持っている
0870 architecture 名 建築	traditional Japanese **architecture** 伝統的日本建築
0871 deliberately 副 故意に、慎重に	be accused of **deliberately** failing to inform investors 投資家に通知することを故意に怠ったことで告訴される
0872 qualified 形 資格のある	Few **qualified** instructors are available. 資格を持った指導者がほとんどいない。
0873 headquarters 名 本部	**Headquarters** can be abbreviated to HQ. 本部はHQと略すことができる。
0874 dozen 名 ダース	nearly five **dozen** nuclear power plants in Japan 日本にある60（5ダース）近くある原子力発電所
0875 infection 名 感染	in order to avoid **infection** with the virus そのウイルスに感染するのを防ぐために
0876 waterproof 形 防水の	Most smartphones are **waterproof**. ほとんどのスマホは防水である。
0877 soundproof 形 防音の	a **soundproof** music studio 防音の音楽スタジオ

0895

| 0 | 500 | 1000 | 1500 | 2000 | 2500 | 3000 | 3500 | 4000 GOAL |

0878
collective
形 集団的な

exercise the right to **collective** defence
集団的自衛権を行使する

0879
instrument
名 道具、楽器

traditional Japanese musical **instruments**
伝統的和楽器

0880
striking
形 著しい、目立った

a **striking** decline in the number of sparrows
スズメの数の著しい減少

0881
expertise
名 専門知識

Expertise needs to be updated constantly.
専門知識は絶えず更新される必要がある。

0882
treasury
名 宝庫

a **treasury** of fine restaurants
いいレストランの宝庫

0883
burst
動 突然〜になる

burst into tears
突然泣き出す

0884
collapse
動 崩壊する

The postwar order has **collapsed**.
戦後の秩序が崩壊した。

0885
squad
名 部隊、チーム

A search and rescue **squad** has been sent.
捜索救助隊が派遣された。

0886
flesh
名 肉体

Humans are made of **flesh** and blood.
人間は血肉でできている。

0887
publicity
名 注目、広告

gain **publicity** on the internet
インターネット上で注目される

0888
tip
名 アドバイス、秘訣

gave me valuable **tips** for my career
私のキャリアのために貴重なアドバイスをくれた

0889
hide
名 獣皮

Animal **hides** are turned into leather.
獣皮は革にされる。

0890
witness
動 を目撃する

The 20th century **witnessed** two world wars.
20世紀には2つの世界大戦が起きた。

0891
crash
名 衝突、墜落、暴落

the **crash** of the US stock market
アメリカ株式市場の暴落

0892
medieval
形 中世の

derive from a **medieval** word
中世の言葉に由来する

0893
gross
形 総計の

Japan's **gross** national product
日本の国民総生産

0894
premier
形 最高の、首位の

be of **premier** importance
最重要である

0895
multiple
形 多数の

have taken IELTS **multiple** times
何度もIELTSを受けたことがある

115

0896 **ignore** 動 無視する	**ignore** the advice of others 他人のアドバイスを無視する
0897 **sophisticated** 形 洗練された	a **sophisticated** European style hotel 洗練されたヨーロッパ様式のホテル
0898 **regarding** 前 に関する	**regarding** the problems we face 私たちが直面している問題に関して
0899 **judicial** 形 司法の	the **judicial** branch of government 司法府
0900 **dawn** 名 夜明け	the **dawn** of the AI era AI時代の夜明け
0901 **demanding** 形 要求水準の高い、きつい	an intellectually **demanding** job 知的要求水準の高い仕事
0902 **bother** 動 わざわざ〜する	Why **bother** trying something new? なぜわざわざ新しいことを試みなければいけないのか？
0903 **imperial** 形 帝国の	along with Britain's **imperial** expansion 大英帝国の拡大に伴って
0904 **petrol** 名 ガソリン	**Petrol** is a fossil fuel. ガソリンは化石燃料である。
0905 **gaze** 動 見つめる	walk around **gazing** at a smartphone screen スマホのスクリーンを見つめて歩き回る
0906 **deficit** 名 赤字、不足	the US trade **deficit** with China アメリカの対中貿易赤字
0907 **composition** 名 構成	the **composition** of the universe 宇宙の構成
0908 **roughly** 副 約、おおよそ	**roughly** 3 million candidates taking IELTS IELTSを受験する約300万人の受験者
0909 **historic** 形 歴史上重要な	Obama's election was a **historic** event. オバマ当選は歴史上重要な出来事であった。
0910 **feeding** 名 飲食物を与えること	**Feeding** is a big part of parenting. 授乳は親業の大きな一部である。
0911 **modest** 形 控えめな	The Japanese tend to be too **modest**. 日本人は控えめすぎる傾向がある。
0912 **spell** 名 ひと続きの期間	because of a long **spell** of drought 長く続いた干ばつのせいで
0913 **barely** 副 かろうじて	**barely** in time for the deadline かろうじて締め切りに間に合って

0931

0   500   1000   1500   2000   2500   3000   3500   4000   GOAL

Level 1

必修 Passive words

0914 profile 動 （人）の紹介を書く	be **profiled** in a magazine 雑誌に人物紹介記事が載る	
0915 trousers 名 ズボン	a pair of **trousers** ズボン一着	
0916 timber 名 材木、木材	the traditional **timber** architecture of Japan 日本の伝統的木材建築	
0917 assault 名 暴行、攻撃	a sexual **assault** 性的暴行	
0918 audit 名 会計監査	be required to have an **audit** 会計検査を受けることを求められている	
0919 mortality 名 死亡率	infant **mortality** in developing countries 発展途上国における乳児死亡率	
0920 explore 動 探検する、調査する	the first Japanese to **explore** Antarctica 南極を探検した最初の日本人	
0921 superior 形 よりすぐれている	be **superior** to the products of competitors 競合他社の製品よりもすぐれている	
0922 province 名 （カナダの）州	the ten **provinces** of Canada カナダの10州	
0923 fleet 名 艦隊、乗り物全体	a company's **fleet** of buses 会社のバス全体	
0924 facility 名 施設	countries with inadequate medical **facilities** 不十分な医療施設しかない国々	
0925 gene 名 遺伝子	**gene** testing for cancer がんの遺伝子検査	
0926 era 名 時代	in an **era** of globalisation グローバル化の時代において	
0927 obligation 名 義務	be under the **obligation** to obey the law 法に従う義務がある	
0928 curious 形 好奇心の強い	Babies are naturally **curious**. 赤ちゃんは生まれつき好奇心が強い。	
0929 reserves 名 蓄え	Japan's total **reserves** of crude oil 日本の原油の蓄え（備蓄）	
0930 marginal 形 周辺的な、わずかな	**marginal** as opposed to central problems 中心的な問題に対して周辺的な問題	
0931 distinctive 形 独特の	Japan has a **distinctive** culture. 日本は独特な文化を持つ。	

117

0932 **resort** 名 頼ること、頼みの綱	as a last **resort** 最後の手段として
0933 **canal** 名 運河、水路	water transport by **canal** 運河による水上輸送
0934 **urgent** 形 緊急の	be in **urgent** need of repair 緊急な修理を必要としている
0935 **fabric** 名 布地、生地	Synthetic **fabrics** are cheaper. 合成の布地の方が安い。
0936 **controversial** 形 議論の的になる	Nuclear power plants are **controversial**. 原子力発電所は議論の的になる。
0937 **stake** 名 利害関係	Stakeholders have a **stake** in a project. ステークホルダーはプロジェクトに利害関係を持つ
0938 **priest** 名 聖職者	a Japanese Shinto **priest** 日本の神道の神職
0939 **reckon** 動 思う	I **reckon** that humans will go to Mars. 私は人類は火星に行くと思う。
0940 **exclusive** 形 排他的な、高級な	be **exclusive** of outsiders 外の人たちに対して排他的である
0941 **retail** 名 小売り	the largest online **retail** business in the world 世界最大のオンライン小売業
0942 **corridor** 名 廊下	at the end of the **corridor** 廊下の突き当たりに
0943 **sheer** 形 全くの	by **sheer** luck 全くの幸運で
0944 **thrust** 名 押し、推進 (力)	the **thrust** needed to sustain flight フライトを維持するために必要な推力
0945 **intend** 動 意図する	be **intended** for intermediate learners of English 英語の中級学習者向けに意図されている
0946 **boost** 動 押し上げる	The bubble economy **boosted** the national income. バブル経済が国民所得を押し上げた。
0947 **tissue** 名 組織	A **tissue** is made up of a group of cells. 組織は細胞の集まりでできている。
0948 **conviction** 名 信念	have a **conviction** that war is wrong 戦争は間違っているという信念を持つ
0949 **asset** 名 資産、強み	**assets** and liabilities 資産と負債

0 500 1000 1500 2000 2500 3000 3500 4000 GOAL

0950 **boundary** 名境界（線）	the **boundary** between Japan and China 日本と中国の境界線
0951 **declaration** 名宣言	**Declaration** of independence 独立宣言
0952 **magnificent** 形壮大な、壮麗な	the **magnificent** view of Mt. Fuji 富士山の壮大な眺め
0953 **tin** 名缶（詰め）	a **tin** of mackerel サバ缶
0954 **harbour** 動を抱（いだ）く	**harbour** a misconception 誤解を抱く
0955 **deposit** 名頭金、敷金	pay one month's rent as a **deposit** 1カ月分の家賃を敷金として支払う
0956 **mining** 名採鉱業	**Mining** is a major industry in Australia. 採鉱業はオーストラリアの主要な産業の一つである。
0957 **artificial** 形人工的な	harmful **artificial** food additives 有害な人工食品添加物
0958 **delight** 名大喜び	to the **delight** of most Japanese ほとんどの日本人が大喜びしたことに
0959 **literally** 副文字通りに	both **literally** and figuratively 文字通りにも比喩的にも
0960 **wildlife** 名野生生物	protect **wildlife** habitats 野生生物の生息地を保護する
0961 **damp** 形じめじめした	during Japan's **damp** rainy season 日本のじめじめした梅雨の時期の間
0962 **heritage** 名遺産	one of Japan's World **Heritage** sites 日本の世界遺産の一つ
0963 **overnight** 副一夜にして	become famous **overnight** 一夜にして有名になる
0964 **productivity** 名生産性	improve **productivity** to stay competitive 競争力を維持するために生産性を改善する
0965 **spectacular** 形壮観の	the **spectacular** view of Niagara Falls ナイアガラの滝の壮観
0966 **breed** 動繁殖する	Emperor penguins **breed** on sea ice. 皇帝ペンギンは海氷の上で繁殖する。
0967 **interface** 名境界面	the **interface** between air and water 空気と水の境界面

0968	under the **jurisdiction** of G.H.Q.
jurisdiction 名 管轄権、支配権	GHQの管轄下で
0969	**Copper** allows heat to pass through it quickly.
copper 名 銅	銅はすぐに熱を通す。
0970	all living **creatures**
creature 名 生き物	すべての生き物
0971	in the face of a **succession** of misfortunes
succession 名 連続	連続した不運に直面して
0972	did not take **physics** in college
physics 名 物理学	大学で物理学を履修しなかった
0973	a **pile** of homework
pile 名 （積み上げられた）山	山のような宿題
0974	**foster** friendly relations with neighbouring countries
foster 動 を育成する、促進する	隣国との友好的な関係を促進する
0975	the **primitive** personal computers of the day
primitive 形 原始的な	その当時の原始的なパソコン
0976	the **triumph** of the civil rights movement
triumph 名 勝利	市民権運動の勝利
0977	General trading companies are not just **merchants**.
merchant 名 商人、卸売商	総合商社はただの商人ではない。
0978	Romance languages, **e.g.**, French, Italian and Spanish
e.g. 副 例えば	ロマンス諸語、例えば仏語、伊語、西語
0979	the **genetic** differences between A and B
genetic 形 遺伝的な	AとBの遺伝的違い
0980	the **vertical** and horizontal axes
vertical 形 垂直の、縦の	縦軸と横軸
0981	**dull** one-way lectures
dull 形 退屈な	退屈な一方通行の講義
0982	Japan regained **autonomy** in 1952.
autonomy 名 自治、自主性	日本は1952年に自治を回復した。
0983	**subtle** differences between A and B
subtle 形 微妙な、かすかな	AとBの間の微妙な違い
0984	I would **recommend** that you check out the website.
recommend 動 勧める	そのサイトをチェックすることをお勧めします。
0985	The elderly are often targets of **fraud**.
fraud 名 詐欺（行為）	高齢者はよく詐欺の標的になる。

0986 **dated** 形 時代遅れの、旧式の	continue to use **dated** manual processes 時代遅れの手作業を使い続ける
0987 **nursery** 名 託児所、保育園	drop off her son at a (day) **nursery** 彼女の子どもを託児所に預ける
0988 **halt** 名 停止、休止	until the plane comes to a complete **halt** 飛行機が完全に停止するまで
0989 **subsidiary** 名 子会社	a **subsidiary** of a multinational corporation 多国籍企業の子会社
0990 **enquiry** 名 問い合わせ、質問	respond to an **enquiry** from a customer 顧客からの問い合わせに答える
0991 **grain** 名 穀物、粒	Rice is a type of **grain**. 米は穀物の一種である。
0992 **appendix** 名 付録、虫垂	in the **appendix** of a book 本の付録の中に
0993 **theft** 名 窃盗	be arrested for **theft** 窃盗で逮捕される
0994 **infant** 名 乳幼児	learn how to take care of **infants** 乳幼児の世話の仕方を学ぶ
0995 **narrative** 名 物語、話	Folk tales are oral **narratives**. 民話は口承物語である。
0996 **manufacture** 動 製造する	**manufacture** most of the world's consumer goods 世界の消費財のほとんどを製造する
0997 **patch** 名 小さな土地	grow vegetables on a **patch** of land 小さな土地で野菜を栽培する
0998 **faint** 形 かすかな	have only a **faint** memory of the conversation その会話のほんのかすかな記憶しかない
0999 **scarcely** 副 ほとんど〜ない	There is **scarcely** any money left. ほとんどお金が残っていない。
1000 **colleague** 名 同僚	a former **colleague** of mine 私の元同僚
1001 **fluid** 形 流動的な、流動性の	The situation is very **fluid**. 状況は非常に流動的である。
1002 **dose** 名 服用量	take a **dose** of medicine 薬を一服飲む
1003 **hostile** 形 敵対的な	be considered to be a **hostile** nation 敵対的国家とみなされる

121

1004 **prey** 名 餌食、獲物	The elderly are easy **prey** for criminals. 高齢者は犯罪者にとって格好の餌食である。
1005 **intensity** 名 激しさ、強度	raise the **intensity** of exercise エクササイズの強度を上げる
1006 **worship** 動 を崇める、崇拝する	**worship** '8 million gods' 「八百万の神」を崇める
1007 **density** 名 密度	the population **density** of Tokyo 東京の人口密度
1008 **steep** 形 急激な、険しい	a **steep** decline in the number of new virus cases 新たなウイルス感染事例の急激な減少
1009 **wide-ranging** 形 広範囲にわたる	**wide-ranging** knowledge of current affairs 時事問題に関する広範囲にわたる知識
1010 **elaborate** 形 手の込んだ、精巧な	**elaborate** church architecture 手の込んだ教会建築
1011 **clay** 名 粘土	Jomon people made **clay** pots and figures. 縄文人は土器や土偶を作った。
1012 **fierce** 形 激しい、獰猛な	a **fierce** competion between rival companies ライバル会社間の激しい競争
1013 **illustrate** 動 例証する、説明する	The diagram **illustrates** the process of ~ その図は~の過程を説明している
1014 **cliff** 名 崖	at the edge of a **cliff** 崖の縁に
1015 **awkward** 形 気まずい、厄介な	an **awkward** silence 気まずい沈黙
1016 **wisdom** 名 知恵	**Wisdom** grows with age. 知恵は年齢と共に増す。
1017 **architect** 名 建築家	one of the most famous **architects** in Japan 日本で最も有名な建築家の一人
1018 **delegation** 名 代表団、派遣団	sent a **delegation** to Europe and the US ヨーロッパとアメリカに使節団を送った
1019 **continent** 名 大陸	Antarctica is the driest **continent**. 南極大陸は最も乾燥した大陸である。
1020 **invariably** 副 例外なく、常に	War is **invariably** followed by famine. 戦争の後には例外なく飢饉が起こる。
1021 **withdraw** 動 引き出す、撤退する	**withdraw** cash at an ATM 現金をATMで引き出す

1039

| 0 | 500 | 1000 | 1500 | 2000 | 2500 | 3000 | 3500 | 4000 |
| --- | --- | --- | --- | --- | --- | --- | --- | GOAL |

Level 1　必修 Passive words

1022
grasp
名 把握

have a poor **grasp** of the situation
状況をよく把握していない

1023
harsh
形 厳しい

receive **harsh** criticism from the public
大衆から厳しい批判を浴びる

1024
ambitious
形 野心的な

ambitious young entrepreneurs
野心的な若手実業家

1025
discharge
動 を退院させる、解雇する

The patient was **discharged** from the hospital.
患者は退院した。

1026
correspondence
名 手紙、通信文

decode the secret diplomatic **correspondence** of ~
～の極秘外交通信文を解読する

1027
sympathetic
形 同情的な

feel **sympathetic** to the victims of crime
犯罪被害者に同情的である

1028
circulation
名 循環、伝達

blood **circulation** throughout the body
体中の血液循環

1029
vague
形 曖昧な、漠然とした

have only a **vague** idea of the company
その会社について漠然とした知識しかない

1030
disability
名 障害

people with a **disability**
障害のある方々

1031
competency
名 能力、力量

the core **competency** of the modern corporation
現代企業の中核能力

1032
distress
名 苦悩、困窮

people in financial **distress**
経済的に困窮している人々

1033
shortage
名 不足

a serious **shortage** of face masks
深刻なマスク不足

1034
remarkably
副 目立って、著しく

have/has increased **remarkably** over the past decade
この10年で著しく増えた

1035
worthwhile
形 価値がある

Studying abroad is **worthwhile**.
留学することには価値がある。

1036
sword
名 剣、刀

The pen is mightier than the **sword**.
ペンは剣よりも強し

1037
i.e.
副 すなわち

MBA, **i.e.**, Master of Business Administration
MBA、すなわち経営学修士

1038
bow
動 お辞儀する

The Japanese **bow** in almost every social situation.
日本人はほぼすべての社会的状況でお辞儀する。

1039
mobility
名 流動性、動きやすさ

The automobile has offered people personal **mobility**.
自動車が人々に私的な動きやすさを提供してきた。

123

1040 **alike** 副 同様に	supported by teachers and students **alike** 教員、学生のどちらからも同様に支持される
1041 **neighbourhood** 名 地域、近所	in a quiet residential **neighbourhood** 閑静な住宅街にある
1042 **ritual** 名 儀式、形式	a number of **rituals** derived from Shinto 神道に由来する数多くの儀式
1043 **burrow** 名 巣穴	Moles live in **burrows**. モグラは巣穴に住んでいる。
1044 **fortnight** 名 2週間	a thrilling **fortnight** at Wimbledon ウィンブルドンでのスリリングな2週間
1045 **peculiar** 形 妙な、特有の	the **peculiar** personality of the US president 合衆国大統領の妙な個性
1046 **racial** 形 人種的な	the ideal of **racial** equality 人種的平等の理想
1047 **cupboard** 名 食器棚、戸棚	My kitchen **cupboards** are too small. 私の食器棚は小さすぎる。
1048 **grief** 名 悲嘆	in **grief** after the death of a loved one 最愛の人の死後、悲嘆に暮れている
1049 **onwards** 副 以後、以降	will be used from 2030 **onwards** 2030年以降使用される予定である
1050 **vessel** 名 船、管、容器	one of the most luxurious cruise **vessels** in the world 世界で最も豪華なクルーズ船の一つ
1051 **albeit** 接 たとえ〜でも	beneficial for all patients, **albeit** to varying degrees たとえ程度は異なるにしてもすべての患者に有益だ
1052 **touching** 形 感動的な	a **touching** story of a volunteer ボランティアの人の感動的な話
1053 **shallow** 形 浅い	the **shallow** part of a pool プールの浅い部分
1054 **convincing** 形 説得力のある	deliver a **convincing** PowerPoint presentation パワーポイントを用いた説得力のあるプレゼンを行う
1055 **seal** 動 密閉する、密封する	Most smartphones are **sealed** devices. ほとんどのスマホは密封されたデバイスである。
1056 **suspicious** 形 疑っている、疑わしい	be **suspicious** of others' intentions 他人の意図を疑っている
1057 **fatal** 形 致命的な	The flu can be **fatal**. インフルエンザは致命的になりうる。

1058
crude
形 大雑把な

in **crude** terms
大雑把に言えば

1059
pavement
名 （舗装した）歩道

Cycling on **pavements** is dangerous.
歩道で自転車に乗ることは危険だ。

1060
sin
名 （宗教・道徳上の）罪

Greed is a **sin** in most religions.
強欲はほとんどの宗教において罪である。

1061
wealthy
形 裕福な

the gap between the **wealthy** and the poor
貧富の格差

1062
lorry
名 トラック

carry freight by **lorry**
トラックで貨物を運ぶ

1063
ambition
名 野心

Many young people seem to lack **ambition**.
多くの若者が野心に欠けているように見える。

1064
sculpture
名 彫刻

modern **sculpture** as an art form
芸術形態としての現代彫刻

1065
barn
名 納屋、家畜小屋

Were you born in a **barn**?
納屋で生まれたのか（＝行儀が悪い）

1066
negotiate
動 交渉する

negotiate with management over working conditions
労働条件に関して経営者側と交渉する

1067
selective
形 審査が厳しい

Admission to the university is **selective**.
その大学の入学は審査が厳しい。

1068
burnt-out
形 燃え尽きた

Burnt-out athletes often show depression.
燃え尽きたアスリートはしばしば鬱状態を示す。

1069
deserve
動 に値する

The film **deserves** more praise than it's getting.
その映画はより大きな賞賛に値する。

1070
compliance
名 遵守

in **compliance** with the law
法令遵守して

1071
retreat
動 撤退する

The United States **retreated** from Vietnam in 1973.
アメリカは1973年にベトナムから撤退した。

1072
pursuit
名 追求

the **pursuit** of happiness
幸福の追求

1073
negligence
名 怠慢、不注意

Negligence is the leading cause of accidents.
不注意が事故原因の第一位である。

1074
cave
名 洞窟

The earliest humans were **cave** dwellers.
最も初期の人類は洞窟居住者であった。

1075
swift
形 迅速な

the Taiwanese government's **swift** actions
台湾政府の迅速な行動

1076 **diameter** 名 直径	The round sumo ring is 4.55 metres in **diameter**. 円形のリングである土俵は直径4.55メートルである。
1077 **pour** 動 注ぐ	**pour** hot water into a cup of ramen ラーメンのカップにお湯を注ぐ
1078 **dot** 動 点在させる	Japan is **dotted** with hundreds of volcanoes. 日本には何百という火山が点在している。
1079 **log** 名 丸太、丸木	Abraham Lincoln was born in a **log** cabin. アブラハム・リンカーンは丸太小屋で生まれた。
1080 **alien** 形 異質な、相容れない	customs that are **alien** to us 私たちとは異質な習慣
1081 **doubtful** 形 疑い深い	People are more **doubtful** of globalisation now. 人々はグローバル化により疑い深くなっている。
1082 **challenging** 形 困難な	Learning a foreign language is **challenging** but rewarding. 外国語学習は困難だがやりがいがある。
1083 **gravel** 名 砂利	Rivers carry **gravel** to the sea. 川は砂利を海まで運んでゆく。
1084 **interact** 動 相互に作用する	Diverse cultures **interact** with one another. 多様な文化が相互に作用する。
1085 **humanity** 名 人類	**Humanity** is part of nature, not above it. 人類は自然の一部であって、その上に存在する訳ではない。
1086 **horizontal** 形 水平の	The x-axis is the **horizontal** line of a graph. X軸はグラフの水平の線の方である。
1087 **spatial** 形 空間的	Men tend to be good at **spatial** tasks. 男性は空間的課題が得意である傾向がある。
1088 **probe** 動 調査する、探る	The police **probed** the suspect for hours. 警察は何時間も被疑者を取り調べた。
1089 **drag** 動 引きずる	**drag** a file into a folder ファイルを引きずってフォルダーの中に入れる
1090 **toxic** 形 有毒な	Electric cars emit no **toxic** gases. 電気自動車は有毒ガスを放出しない。
1091 **redundant** 形 余剰の	be made **redundant** 余剰人員にされる (=解雇される)
1092 **gravity** 名 重力	The **gravity** of the moon pulls the waters of the ocean. 月の重力が海の水を引っ張る。
1093 **static** 形 静的な	**Static** friction is greater than kinetic friction. 静止摩擦は運動摩擦よりも大きい。

0　500　1000　1500　2000　2500　3000　3500　4000 GOAL

1111

1094 obscure
形 不明瞭な
Journalists should not be **obscure**.
ジャーナリストは不明瞭であってはならない。

1095 shield
動 を保護する、守る
Face masks **shield** people from viral infections.
マスクは人をウイルス感染から守ってくれる。

1096 cognitive
形 認知の、認識の
Cognitive abilities deteriorate with age.
認知能力は年齢と共に低下する。

1097 synthesis
名 合成
Jazz is a **synthesis** of black and white music.
ジャズは黒人音楽と白人音楽の合成である。

1098 miserable
形 みじめな、ひどい
My boss makes my life **miserable**.
上司のせいで私の人生はみじめになってしまう。

1099 venue
名 開催地
the **venue** of the next Olympic Games
次のオリンピック開催地

1100 questionnaire
名 アンケート
conduct a **questionnaire** on mobile phone use
携帯電話の使用に関するアンケートを行う

1101 adverse
形 不都合な、有害な
Smoking has **adverse** effects on the lungs.
喫煙は肺に有害な影響がある。

1102 engage
動 携わる
Bill Gates has **engaged** in charitable activities for decades.
ビル・ゲイツは何十年もチャリティー活動に携わってきた。

1103 tear
動 引き裂く
Pelosi **tore** the printed speech in half.
ペロシは印刷された演説を2つに裂いた。

1104 intimate
形 親密な
We are on **intimate** terms with our neighbours.
私たちは近所の人たちと親密な間柄だ。

1105 aesthetic
形 美的な
for both practical and **aesthetic** reasons
実際的・美的両方の理由で

1106 prolonged
形 長引く、長期の
as a result of the **prolonged** deflation
長引くデフレの結果として

1107 motorway
名 高速道路
Motorways are actually the safest roads to drive on.
実は高速道路は運転するのに最も安全な道路である。

1108 convey
動 伝える、運ぶ
in order to properly **convey** what you want to say
言いたいことを正しく伝えるために

1109 lengthy
形 長々と続く
Short calls are better than **lengthy** email threads.
短い電話の方が長々と続くメールのスレッドよりもいい。

1110 critic
名 批判者
an armchair **critic**
自分は実際の経験なしに批判だけする人

1111 subjective
形 主観的な
Make **subjective** decisions based on objective information.
客観的な情報に基づいて主観的な判断を行え。

127

1112 **curiosity** 名 好奇心	out of **curiosity** 好奇心から
1113 **width** 名 幅、広さ	the **width** of experience required for these positions これらのポジションに必要な経験の幅
1114 **drain** 動 水を抜く	a Japanese TV show about **draining** ponds 池の水を抜く日本のテレビ番組
1115 **sacrifice** 名 犠牲	at the **sacrifice** of one's health 健康を犠牲にして
1116 **deprived** 形 恵まれない	the provision of welfare for the **deprived** 恵まれない人々への福祉の提供
1117 **array** 名 一群、勢ぞろい	unveil an **array** of new products 勢ぞろいした新製品を披露する
1118 **redundancy** 名 余剰（労働者の解雇）	More **redundancies** will be made. より多くの余剰労働者の解雇がなされるであろう。
1119 **mist** 名 霧、かすみ	A fog is thicker than a **mist**. 霧の方がかすみよりも濃い。
1120 **ethical** 形 倫理的な	for **ethical** reasons 倫理的な理由で
1121 **grid** 名 格子、碁盤目	A **grid** of roads was introduced for vehicular traffic. 車による交通のために碁盤目状の道路が導入された。
1122 **skull** 名 頭骨	the **skull** of a dinosaur with big teeth 大きな歯のついた恐竜の頭骨
1123 **harvest** 名 収穫	will be ready for **harvest** in a week あと1週間で収穫期を迎えるであろう
1124 **disastrous** 形 悲惨な、大失敗の	the **disastrous** damage caused by the tsunami 津波による悲惨な被害
1125 **destination** 名 目的地	on arrival at your **destination** あなたの目的地に到着次第
1126 **confidential** 形 秘密の、内密の	This information is strictly **confidential**. この情報は極秘です。
1127 **colony** 名 植民地	The British Empire had over 100 **colonies**. 大英帝国は100以上の植民地を持っていた。
1128 **fury** 名 激怒	The US president left for home in a **fury**. アメリカ大統領は激怒して家に帰ってしまった。
1129 **thorough** 形 徹底的な	**thorough** inspections of cruise ship passengers クルーズ船の乗客の徹底的な検査

0　　500　　1000　　1500　　2000　　2500　　3000　　3500　　4000 GOAL

Level 1　必修 Passive words

1130 **clue** 名 手がかり	I don't have a **clue** as to why. なぜなのか私には手がかりもない。
1131 **autonomous** 形 自治的な	The Kingdom of Hawaii was **autonomous** until 1893. ハワイ王国は1893年まで自治的であった。
1132 **blade** 名 刃、羽根	The **blades** of a windmill rotate slowly. 風力発電用の羽根はゆっくり回転する。
1133 **ashamed** 形 恥じている	I am **ashamed** of the mistake I made. 私は自分が犯した間違いを恥じている。
1134 **submission** 名 提出	You'll receive an email confirming the **submission**. 提出を確認するメールを受け取るでしょう。
1135 **jaw** 名 あご	The **jaws** of a shark are extremely powerful. サメのあごは極めて強力である。
1136 **annually** 副 年1回、毎年	The prize is awarded **annually**. 賞は毎年授与される。
1137 **signature** 名 署名	Biometrics will become more common than **signatures**. 生体認証が署名より一般的になるであろう。
1138 **lid** 名 蓋	A big explosion blew off the **lid** of the nuclear reactor. 大爆発が原子炉の蓋を吹き飛ばした。
1139 **expedition** 名 遠征、探検	the first **expedition** to the South Pole 最初の南極点遠征
1140 **appraisal** 名 評価、査定	conduct an employee performance **appraisal** 従業員実績評価を行う
1141 **disciplinary** 形 懲戒の、規律の	take **disciplinary** measures against an employee 従業員に対して懲戒処分を下す
1142 **approve** 動 を承認する	The proposal has been **approved** by the board. その提案は役員会に承認された。
1143 **specimen** 名 標本、検体	Darwin collected thousands of **specimens**. ダーウィンは何千という標本を集めた。
1144 **bizarre** 形 風変わりな、奇怪な	The prime minister came up with a **bizarre** explanation. 首相は奇怪な説明を考え出した。
1145 **realm** 名 領域、分野	beyond the **realm** of human endeavour 人間の努力の領域を超えている
1146 **surgeon** 名 外科医	the differences between physicians and **surgeons** 内科医と外科医の違い
1147 **jam** 名 渋滞	be stuck in a traffic **jam** 交通渋滞で動けない

1148 **leap** 動 跳ぶ	Look before you **leap**. 跳ぶ前に見よ（＝転ばぬ先の杖）。
1149 **foul** 形 （におい・味が）不快な	Smokers smell **foul** to non-smokers. 非喫煙者にとって喫煙者は嫌なにおいがする。
1150 **axis** 名 軸	the **axis** of the Earth's rotation 地球の回転軸
1151 **pine** 名 マツ	The **pine** tree is a symbol of longevity in Japan. 日本では松の木は長寿の象徴である。
1152 **vegetation** 名 植物、植生	the diversity of **vegetation** in Japan 日本の植生の多様性
1153 **queue** 名 列	stand in a long **queue** to eat ramen ラーメンを食べるために長い列で待つ
1154 **mighty** 形 強力な、強大な	The **mighty** power of nature is all around us. 自然の強大な力は身の回りのいたるところ
1155 **marsh** 名 湿地、沼地	**Marshes** are habitats for many species of animals. 湿地は多くの種の動物の生息地である。
1156 **fare** 名 運賃	They wanted to travel but could not afford the air **fare**. 彼らは旅行したかったが航空運賃を支払う余裕がなかった。
1157 **faithful** 形 忠実な	Hachiko was a **faithful** dog. ハチ公は忠実な犬であった。
1158 **reminder** 名 思い出させるための通知	The app sends me **reminders** for events and tasks. そのアプリは行事や課題の通知を送ってくれる。
1159 **innovative** 形 革新的な	**Innovative** ideas come from necessity. 革新的なアイディアは必要性から生まれる。
1160 **injection** 名 注入、注射	Diabetics need an **injection** of insulin. 糖尿病患者はインシュリン注射が必要である。
1161 **confrontation** 名 対決、対立	the **confrontation** between the US and Iran アメリカとイランの間の対立
1162 **squeeze** 動 絞る、圧搾する	I like **squeezing** lemon on fish. 私は魚料理にレモンを搾ってかけるのが好きだ。
1163 **cease** 動 終わる、やめる	Sony **ceased** the production of tapes in 2016. ソニーは2016年にテープの生産をやめた。
1164 **bin** 名 大型のゴミ箱	A recycling **bin** is a container used to hold recyclables. リサイクル箱は再生可能なものを入れる容器である。
1165 **technically** 副 厳密に言うと	**Technically**, a tomato is a fruit, not a vegetable. 厳密に言えばトマトは果実であって野菜ではない。

1183

0　　500　　1000　　1500　　2000　　2500　　3000　　3500　　4000　GOAL

1166	
bladder 名 膀胱、袋状のもの	Tuna do not have an air **bladder**. マグロは浮き袋を持っていない。
1167 **patent** 名 特許	Companies take out **patents** to protect themselves. 会社は自分の身を守るために特許を取る。
1168 **privileged** 形 特権的な	The **privileged** can avoid paying taxes. 特権階級は税金の支払いを避けることができる。
1169 **nuisance** 名 厄介なもの	Children are not a **nuisance** but a gift. 子どもは厄介者ではなく授かり物だ。
1170 **prestige** 名 名声、威信	**Prestige** cannot be achieved automatically. 名声は自動的に達成されることはない。
1171 **outset** 名 初め、発端	at the **outset** of the virus outbreak ウイルスの大流行の初めの段階では
1172 **maths** 名 数学	Learning **maths** is important in modern society. 現代社会において数学を学ぶことは重要である。
1173 **scent** 名 香り、におい	The sweet **scent** of guava attracts fruit flies. グアバの甘い香りはミバエを引きつける。
1174 **immune** 形 免疫のある、影響を受けない	The US president is **immune** to reality. そのアメリカ大統領は現実の影響を受けない。
1175 **fist** 名 握りこぶし、げんこつ	Mao Zedong ruled with an iron **fist**. 毛沢東は鉄拳で支配した。
1176 **promptly** 副 遅延なく、即座に	The government **promptly** undertook measures to V. 政府は即座にVするための措置を執った
1177 **vigorous** 形 力強い、激しい	Moderate exercise can be better than **vigorous** exercise. 中程度の運動の方が激しい運動よりもいい場合がある。
1178 **indigenous** 形 原産の、先住の	The Ainu are **indigenous** to Hokkaido. アイヌは北海道の先住民である。
1179 **treasure** 動 を大事にする	I will **treasure** my memories of my childhood with ~. 私は~と一緒に過ごした幼少期の記憶を大事にする。
1180 **embrace** 動 を受け入れる、含む	The Japanese **embraced** Buddhism but didn't give up Shinto. 日本人は仏教を受け入れたが神道を捨てはしなかった。
1181 **consistency** 名 一貫性	The prime minister lacks **consistency**. 首相は一貫性に欠けている。
1182 **prevalence** 名 流行、普及	the **prevalence** of the new coronavirus disease 新型コロナウイルス病の流行
1183 **vacuum** 名 真空、空白	A political **vacuum** in the Middle East gave rise to terrorist groups. 中東の政治的空白がテロ集団を生じさせた。

1184 **habitat** 名 生息地	Sado Island is a **habitat** of the ibis. 佐渡はトキの生息地である。
1185 **viable** 形 実行可能な、実現可能な	come up with a **viable** alternative to nuclear power 原子力の代案として実現可能なものを提案する
1186 **freight** 名 貨物	Heavy **freight** could only be carried by water. 重い貨物は水路でしか運べなかった。
1187 **cluster** 名 群れ、一団	In December 2019, a **cluster** of COVID-19 patients was found in Wuhan. 2019年12月に武漢で新型コロナウイルス感染症患者の一群が発見された。
1188 **fragment** 名 破片、断片	I was able to hear only **fragments** of the conversation. その会話は断片的にしか聞こえなかった。
1189 **aboard** 前 に乗って	Many of the passengers **aboard** the cruise ship were elderly. クルーズ船の乗客の多くは高齢者であった。
1190 **outbreak** 名 勃発、発生	due to the **outbreak** of the new coronavirus 新型コロナウイルスの発生のせいで
1191 **fold** 動 折りたたむ	*Furoshiki* can be **folded** up and put in a small bag. 風呂敷は折りたたんで小さな鞄の中に入れることができる。
1192 **jealous** 形 ねたんで、嫉妬して	Some people are simply **jealous** of others' success. 他人の成功をねたんでいるだけの人もいる。
1193 **offspring** 名 子ども、子孫	All living things produce **offspring** of the same species. すべての生き物は同種の子孫を生む。
1194 **drawer** 名 引き出し	Put away everything possible in **drawers**. 可能な限りすべてのものを引き出しに片付けなさい。
1195 **literacy** 名 読み書き能力	express concerns about declining standards of **literacy** 読み書き能力水準の低下に関して懸念を表明する
1196 **stunning** 形 息をのむほど美しい、驚くべき	Enjoy the **stunning** beauty of Japan's autumn leaf season. 日本の紅葉の季節の息をのむような美しさをお楽しみください。
1197 **reed** 名 アシ	Man is a thinking **reed**. (Pascal) 人は考える葦（アシ）である。(パスカル)
1198 **thread** 名 糸	I can't get the **thread** through the eye of the needle. 糸を針に通すことさえできない（＝縫い物は全くだめ）。
1199 **accomplished** 形 熟達した、熟練した	Mozart was already an **accomplished** composer by then. モーツァルトはその頃までには既に熟達した作曲家であった。
1200 **texture** 名 きめ、手触り、食感	I love the **texture** of tapioca. 私はタピオカの食感が好きだ。
1201 **brochure** 名 パンフレット、小冊子	The university sent me a very attractive **brochure**. その大学は非常に魅力的なパンフレットを送ってくれた。

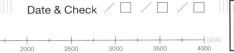

0   500   1000   1500   2000   2500   3000   3500   4000   GOAL

1219

1202 **dairy** 名 乳製品（加工場）	**Dairy** products are one of the best sources of calcium. 乳製品はカルシウム源として最善のものの一つである。
1203 **optical** 形 視力の、光学の	Taiwanese companies dominate the **optical** media market. 台湾企業が光学媒体市場を支配している。
1204 **statue** 名 像	France gave the US the **Statue** of Liberty in 1884. 1884年にフランスがアメリカに自由の女神像を贈呈した。
1205 **float** 動 浮かぶ	If you fall into water, don't swim but **float**. 水の中に落ちたら泳がないで浮かびなさい。
1206 **quantitative** 形 量的な、定量的な	Both **quantitative** and qualitative analyses are necessary. 量的分析、質的分析の両方が必要である。
1207 **hemisphere** 名 半球、脳半球	The left **hemisphere** of the brain controls logic. 左脳は論理を司る。
1208 **municipal** 形 市町村の、地方自治の	**Municipal** authorities are more familiar with local conditions. 市町村当局の方が地元の状態についてよく知っている。
1209 **predecessor** 名 前任者、前身	MS-DOS is the **predecessor** of the Windows OS. MS-DOSはウィンドウズOSの前身である。
1210 **burial** 名 埋葬	Cremation became more common than **burial** in the 1930s. 1930年代に火葬が埋葬よりも一般的になった。
1211 **threaten** 動 を脅かす	Climate change **threatens** our existence. 気候変動は私たちの存在を脅かす。
1212 **strand** 動 を立ち往生させる、取り残す	The earthquake **stranded** 69,000 people at Disneyland. その地震で69,000人がディズニーランドに取り残された。
1213 **ivory** 名 象牙	International **ivory** trade has been prohibited since 1989. 1989年以降象牙の国際的取引は禁止されている。
1214 **notorious** 形 悪名高い	The president is **notorious** for lying about his opposition. 大統領は彼の反対派に関して嘘をつくことで悪名高い。
1215 **decree** 名 命令、法令、布告	In 1946 the government issued a **decree** to simplify *kanji*. 1946年に政府は漢字を簡素化する布告を発表した。
1216 **stitch** 名 ひと縫い、縫い目	A **stitch** in time saves nine. 時を得た一針は九針の手間を省く。
1217 **appetite** 名 食欲、欲求	Large dinosaurs had enormous **appetites**. 大型恐竜は膨大な食欲を持っていた。
1218 **stimuli** 名 刺激	Children need many forms of **stimuli** from the environment. 子どもは周囲からの多くの刺激を必要とする。
1219 **membrane** 名 薄膜、細胞膜	I feel as if an invisible **membrane** separates us. 私は目に見えない膜が私たちを隔てているように感じる。

1220	
unprecedented 形 前例のない	The US national debt will reach **unprecedented** levels. アメリカの国債は前例のないレベルにまで到達するだろう。
1221 **nitrogen** 名 窒素	**Nitrogen** is the most abundant element in the atomosphere. 窒素は大気中で最も豊富な元素である。
1222 **hastily** 副 あわてて、急いで	Avoid changing answers **hastily** at the last minute. 土壇場であわてて答えを変えるのは避けなさい。
1223 **ally** 名 同盟（国）	Japan and the United States became close **allies** after WWII. 日本とアメリカは第二次世界大戦後親密な同盟国になった。
1224 **peer** 名 仲間、同僚	**Peer** evaluation is one element of performance evaluation. 同僚による評価は業績評価の一要素である。
1225 **livestock** 名 家畜	In rural areas, there are more **livestock** than humans. 田舎では人間よりも家畜の方が多い。
1226 **complement** 動 を補完する	In the ideal marriage, spouses **complement** each other. 理想的な結婚においては配偶者同士がお互いを補完する。
1227 **disturbance** 名 妨害、騒動	I don't want any more **disturbances** from anyone. これ以上誰にも邪魔されたくない。
1228 **moss** 名 コケ	**Mosses** are some of the oldest plants on the Earth. コケは地球上で最も古い植物の一つである。
1229 **stall** 名 露店、屋台、売店	the lively atmosphere of street **stalls** at festivals お祭りの屋台の活気のある雰囲気
1230 **sticky** 形 ねばねばした、粘着性の	Post-it is a brand name for **sticky** notes. ポスト・イットは付箋（粘着性の札）の商標名である。
1231 **complementary** 形 補完的な、相補的な	Alternative medicine is **complementary** to Western medicine. 代替医療は西洋医学を補完するものである。
1232 **authentic** 形 本物の	distinguish between **authentic** and fake online reviews ネット上で本物と偽の評価を見分ける
1233 **dismiss** 動 を〜として退ける、解雇する	**dismiss** climate change as a change in weather 気候変動を天気の変化だと言って退ける
1234 **binary** 形 2進法の	Computers operate using **binary** numbers. コンピューターは2進法の数を使って作動する。
1235 **prompt** 動 促す、駆り立てる	The examiner **prompted** me to clarify my answer. 試験官は私が答を明確にするよう促した。
1236 **wary** 形 用心深い、慎重な	I am **wary** of giving advice to anyone. 私は誰に対してもアドバイスをすることには慎重である。
1237 **toll** 名 通行料	electric **toll** collection system 電子通行料金収受システム

1255

| 0 | 500 | 1000 | 1500 | 2000 | 2500 | 3000 | 3500 | 4000 GOAL |

1238 **inviting** 形 人目を引く、魅力的な	The hotel room was **inviting** and spacious. そのホテルの部屋は魅力的で広々としていた。
1239 **biography** 名 伝記	I read two **biographies** of Walt Disney. ウォルト・ディズニーの伝記を2冊読んだ。
1240 **manuscript** 名 原稿、草稿	Some old **manuscripts** are difficult to decipher. 古い原稿の一部は解読するのが困難である。
1241 **trunk** 名 幹	the **trunk** of a tree 木の幹
1242 **ruin** 動 を台無しにする	I **ruined** a surprise party by telling the person. その人に言ってサプライズパーティーを台無しにした。
1243 **limestone** 名 石灰岩	**Limestone** is a very common type of sedimentary rock. 石灰岩は非常に一般的なタイプの堆積岩である。
1244 **kin** 名 親族	We are no **kin** to each other. 私たちは親族ではない。
1245 **absorb** 動 を吸収する	The atmosphere **absorbs** 23% of incoming sunlight. 大気は太陽からの光の23%を吸収する。
1246 **inhibition** 名 抑制	The prime minister seemed to have lost his **inhibitions**. 首相は抑制を失ったように見えた。
1247 **advent** 名 到来	The **advent** of the internet has made it possible to V. インターネットの到来がVすることを可能にした。
1248 **graphic** 形 生々しい、生き生きとした	The book gave a **graphic** description of the war. その本は戦争を生々しく描写した。
1249 **utterance** 名 発話、発言	'Mama' and 'papa' are often babies' first **utterances**. 「ママ」や「パパ」が赤ちゃんの最初の発話であることが多い。
1250 **snap** 動 ポキンと折る	The crash **snapped** the aircraft in two parts. 墜落がその飛行機を2つに折った。
1251 **adaptation** 名 適応、順応	There are various types of **adaptation** to the environment. 環境に対する適応にはさまざまなタイプがある。
1252 **debris** 名 残骸、がれき	A number of people were rescued from the **debris**. 数多くの人ががれきの中から救い出された。
1253 **pragmatic** 形 実践的な	Americans are both **pragmatic** and idealistic. アメリカ人は実践的でもあり、理想主義的でもある。
1254 **scenery** 名 風景	The **scenery** inspired Basho to write the haiku. 芭蕉はその風景に触発されて俳句を書いた。
1255 **potent** 形 強い効果を持つ、効き目がある	**Potent** sleeping pills are overprescribed. 強い睡眠薬が過度に処方されている。

1256 franchise 名 営業権、フランチャイズ店	Many convenience stores are **franchises**. 多くのコンビニはフランチャイズ店である。
1257 sceptical 形 懐疑的な	You should be **sceptical** of advertisements. 宣伝には懐疑的であるべきである。
1258 disguise 動 変装させる	Some people **disguise** themselves on Halloween. ハロウィーンに変装する人もいる。
1259 cemetery 名 共同墓地	Ghosts are said to haunt **cemeteries** for a number of reasons. 幽霊は数多くの理由で墓地に出没すると言われている。
1260 envy 名 羨望の的、ねたみ	Princess Diana was the **envy** of women worldwide. ダイアナ妃は世界中の女性の羨望の的であった。
1261 counterpart 名 対応するもの、相当するもの	The US president talked with his Ukrainian **counterpart**. アメリカ大統領はウクライナの相当するもの（大統領）と話した。
1262 flock 名 群れ	A sheepdog herds a **flock** of sheep. 牧羊犬は羊の群れを移動させる。
1263 flock 動 群がる	People **flocked** around the baggage carousel. 人々が手荷物引き渡し用コンベヤーの周りに群がった。
1264 shareholder 名 株主	Companies hold **shareholder** meetings once a year. 会社は年1回株主総会を開く。
1265 reservoir 名 貯水池	Many of California's **reservoirs** have totally dried up. カリフォルニア州の貯水池の多くは完全に干上がっている。
1266 conspicuous 形 人目につく	The prime minister was **conspicuous** by his absence. 首相は欠席したことでかえって目立っていた。
1267 molecule 名 分子	In hot water the **molecules** are moving faster. お湯の中では分子がより速く動いている。
1268 coral 名 珊瑚	**Corals** are not plants, but are actually animals. 珊瑚は植物ではなく、実際には動物である。
1269 diploma 名 課程修了証明書	A **diploma** course is cheaper than a degree course. 課程修了証明書が出されるコースは学位課程より安い。
1270 synthetic 形 合成の	**Synthetic** fibers are stronger than natural fibers. 合成繊維は天然繊維よりも強い。
1271 blaze 名 炎、火事	Some 30,000 koalas have been killed by the **blazes**. その火事で約3万頭のコアラが犠牲になった。
1272 scarce 形 乏しい	Natural resources are extremely **scarce** in Japan. 日本は天然資源が非常に乏しい。
1273 defective 形 欠陥のある	**Defective** products are recalled from the market. 欠陥商品は市場からリコール（回収）される。

1274	testimony 名 証言、証拠、証明	The witness gave important **testimony** in court. 証人は法廷で重要な証言をした。
1275	optimal 形 最適の、最高の	What is the **optimal** age to start learning a foreign language? 外国語を学び始めるのに最適な年齢は何歳であろうか？
1276	outright 形 あからさまな、完全な	Many of the president's tweets are **outright** lies. 大統領のツイートの多くは完全な嘘である。
1277	enzyme 名 酵素	Vitamins help **enzymes** function. ビタミンは酵素が機能するのを助ける。
1278	obey 動 に従う	Dogs **obey** women owners more than men. 犬は男性よりも女性の飼い主に従う。
1279	demographic 形 人口統計学的な	**Demographic** changes will affect Japan's labour quality. 人口統計学的な変化が日本の労働の質に影響するであろう。
1280	impulse 名 衝動	devise strategies to promote **impulse** buying 衝動買いを促進する戦略を考案する
1281	textile 名 布地、織物	In the 1950s, Japan exported **textiles** and low-tech products. 1950年代には日本は布地やローテク製品を輸出していた。
1282	resume 動 を再開する	enable women to **resume** work after maternity leave 産休の後で女性が仕事を再開することを可能にする
1283	transitional 形 過渡期の	Adolescence is a **transitional** period in life. 青春期は人生における過渡期である。
1284	transparent 形 透明の	use **transparent** plastic containers rather than opaque ones 不透明ではなく透明のプラスチック容器を使う
1285	juvenile 形 未成年の、青少年の	**Juvenile** delinquency is on the decline in the US. アメリカでは青少年の非行は減少している。
1286	dump 動 を捨てる	try to find sites to **dump** nuclear waste 核廃棄物を捨てるための場所を見つけようとする
1287	grove 名 木立、小さな林	More and more bamboo **groves** have been left uncared for. ますます多くの竹林が手入れされないままになっている。
1288	attributable 形 〜のせいと考えられる	The low score is **attributable** to the following factors. その低スコアは下記の要因のせいと考えられる。
1289	nobility 名 貴族（階級）	The Japanese **nobility** is long gone. 日本の貴族階級はなくなってから久しい。
1290	opt 動 選択する	Many Asian students **opt** to study in Australia. 多くのアジア人学生がオーストラリアで学ぶことを選択する。
1291	litter 動 散らかす	Do not **litter**, or you will be fined. ゴミを散らかさないでください。違反した場合罰金が科されます。

1292 **dip** 動 ちょっと浸す	**Dip** thinly-sliced beef in the boiling water for a few seconds. 薄切り牛肉を2，3秒お湯に浸してください。
1293 **foliage** 名 群葉、葉（全体）	The autumn **foliage** is gorgeous and out of this world. 秋の紅葉は見事でこの世のものとは思えないほどである。
1294 **dubious** 形 疑わしい	We are bombarded with adverts with **dubious** claims. 私たちは疑わしい主張をする宣伝を浴びせられている。
1295 **daring** 形 大胆な、斬新な	Tanjiro is **daring**, but not at all reckless. 炭治郎は大胆だが、全く無謀ではない。
1296 **rub** 動 こする	**Rubbing** your hands together creates friction. 手をこすり合わせることが摩擦を生む。
1297 **orbit** 名 軌道	The **orbit** of Mars is more elliptical than that of the Earth. 火星の軌道は地球の軌道よりも楕円である。
1298 **archaeology** 名 考古学	**Archaeology** is divided into two types. 考古学は2つのタイプに分類される。
1299 **breakthrough** 名 飛躍的な進歩	This book will help give me a **breakthrough** in IELTS. この本は私のIELTSに飛躍的な進歩をもたらすであろう。
1300 **robust** 形 強健な、達者な、丈夫な	Today's seniors are more **robust** than ever before. 今日の高齢者はかつてないほどに達者である。
1301 **stack** 動 積み重ねる	**Stack** your dishes in the cupboard. 食器棚の中にお皿を重ねなさい。
1302 **contractor** 名 契約業者、請負業者	General **contractors** netted record profits. 総合建設業者（ゼネコン）は史上最高益を記録した。
1303 **archive** 名 公文書（保管所）	The government is responsible for keeping the **archives**. 政府には公文書を保管する責任がある。
1304 **prosperous** 形 繁栄している、成功した	Japan's economy was **prosperous** in the 1980s. 1980年代には日本経済は成功していた。
1305 **spiral** 名 悪循環、連鎖的変動	Japan was in a deflationary **spiral** for more than two decades. 日本は20年以上にわたってデフレの悪循環の中にいた。
1306 **descriptive** 形 描写的な	Essays have both **descriptive** and analytical aspects. エッセイには描写的な側面と分析的な側面がある。
1307 **anthropology** 名 人類学	**Anthropology** is classified into four major subfields. 人類学は4つの主要な下位分野に分類される。
1308 **contention** 名 主張	I don't believe that his **contention** is well-founded. 私は彼の主張が事実に立脚したものであるとは思えない。
1309 **triple** 形 3倍の	You could make double or **triple** the amount of money. あなたは2〜3倍の額のお金を稼げる可能性がある。

0 500 1000 1500 2000 2500 3000 3500 4000 GOAL

Level 1 必修 Passive words

1310
mint
動 （貨幣）を鋳造する

Japan's first coins were **minted** around 708 A.D.
日本の最初の貨幣は 708 年頃に鋳造された。

1311
hardship
名 苦難

Hardship in youth is worth paying for.
若い頃の苦難は金を払ってもいいくらいの価値がある。

1312
rewarding
形 やりがいのある、報いのある

Public service is **rewarding**, not financially but spiritually.
公職には報いがある。金銭的にではなく、精神的に。

1313
tempting
形 魅力的な、心が動く

despite a **tempting** scholarship offer from X University
X大学からの魅力的な奨学金の申し出にもかかわらず

1314
odour
名 におい、臭気、香り

Body **odour** is presant in all animals, including humans.
体臭は人間を含めてすべての動物にある。

1315
mansion
名 大邸宅、館、邸宅

The Amazon CEO bought a **mansion** for $165 million.
アマゾンのCEOは1億6500万ドルで大邸宅を購入した。

1316
poised
形 準備ができて

Japan's ANA is **poised** to order 18 Airbus A320s.
ANAはエアバスA320を18機注文する準備ができている。

1317
flourish
動 栄える、繁盛する、繁殖する

Ukiyoe **flourished** as an art form in the Edo period.
浮世絵は江戸時代に芸術形態として栄えた。

1318
deception
名 欺く（欺かれる）こと、詐欺行為

The elderly are more vulnerable to **deception**.
高齢者は詐欺行為を受けやすい。

1319
herd
名 家畜の群れ、群衆

Large **herds** of buffalo roamed the Great Plains.
バッファローの大群がグレートプレーンズを歩き回っていた。

1320
wholesome
形 健康にいい

Nutrient-dense seaweed is a **wholesome** food.
栄養素がぎっしり詰まった海藻は健康によい食品である。

1321
eligible
形 資格のある

International students are not **eligible** for goverment financial aid.
留学生は連邦政府の学資援助を受ける資格はない。

1322
novel
形 目新しい

The **novel** coronavirus is related to SARS.
新型コロナウイルスはSARSと関連がある。

1323
resilience
名 回復力

Resilience is the key to success in any field.
どんな分野においても回復力が成功の鍵である。

1324
steady
形 着実な

There has been a **steady** increase in the number of cancer survivors.
がん生存者の数が着実に増えている。

1325
estimate
名 見積書

make an **estimate** of the project
そのプロジェクトの見積もりをする

1326
promising
形 有望な

a **promising** treatment for people infected with COVID-19
COVID-19感染者に対する有望な治療法

1327
nightmare
名 悪夢

Filing income tax returns is a **nightmare**.
所得税の確定申告書の提出は悪夢である。

1328 owe 動 おかげである	I **owe** my success in the exam to that teacher. 私が試験で成功したのはその先生のおかげだ。
1329 accustomed 形 慣れている	become **accustomed** to speaking English 英語を話すことに慣れる
1330 sour 形 酸っぱい	His remarks are nothing but **sour** grapes. 彼の発言は酸っぱいブドウ（＝負け惜しみ）に過ぎない。
1331 swell 動 膨張する	Australia's national debt has been **swelling** in recent years. オーストラリアの国の負債が近年膨張している。
1332 when it comes to 副 のこととなると	**when it comes to** punctuality 時間厳守ということなら
1333 again and again 副 何度も何度も	use the same word **again and again** 同じ単語を何度も使う
1334 set out 動 （目的を持って）〜を始める	**set out** to study for IELTS IELTS のための勉強を始める
1335 have nothing to do with 動 と何の関係もない	**have nothing to do with** one's ability 人の能力とは何の関係もない
1336 at large 形 一般の	society **at large** 世間一般
1337 in large part 副 大部分	**in large part** because 大部分は〜のせいで
1338 have yet to do 動 まだ〜していない	**have yet to** be completed まだ完成していない
1339 get around/round 動 に対応する	**get around** the problem その問題に対応する
1340 so far 副 今までのところ	**so far** so good ここまでは順調だ
1341 show up 動 （人が）現れる	**showed up** 30 minutes late 30分遅れで現れる
1342 a thing of the past 名 過去の遺物	is **a thing of the past** 過去の遺物である
1343 for a start 副 まず第一に	too expensive, **for a start** まず第一に高すぎる
1344 among others 副 とりわけ	by AI, **among others** とりわけAIによって
1345 in turn 副 結果として今度は	which **in turn** leads to それが結果として〜につながる

1346 **turn out to be** 動 ～であるとわかる	**turned out to be** fake news フェイクニュースであるとわかった
1347 **a wide range of** 形 幅広い	**a wide range of** possibilities 幅広い可能性
1348 **a matter of life and death** 名 生死にかかわる問題	**a matter of life and death** for ~ ～にとって生死にかかわる問題
1349 **only a matter of time** 名 時間の問題	It is **only a matter of time** before SV. SがVするのは時間の問題だ。
1350 **call for** 動 を求める	**call for** immediate action 即座に行動することを求める
1351 **to name but a few** 副 ほんの少し例を挙げるならば	numerous countries — A, B and C, **to name but a few** 数多くの国々、ほんの少し例を挙げるならばA国, B国, C国
1352 **single out** 動 選び出す	cannot **single out** one factor たった一つの要因を選び出すことはできない
1353 **to put it simply** 副 簡単に言えば	**To put it simply**, it's too expensive. 簡単に言えば、それは高すぎる。
1354 **figure out** 動 理解する	I can't **figure out** why SV. 私はなぜSはVするのか理解できない。
1355 **cut through** 動 を切り抜けて進む	**cut through** the stereotypes about women 女性に対する固定観念を切り抜けて進む
1356 **in terms of** 前 ～の観点から	**in terms of** time and money お金と時間の点で
1357 **to date** 副 現在までのところ	the hottest year on record **to date** 現在のところ記録に残っている中で最も暑い年
1358 **get the green light** 動 ゴーサインを得る	**get the green light** to start negotiations 交渉開始のゴーサインを得る
1359 **lower case** 名 小文字	write in **lower case** 小文字で書く
1360 **fall behind** 動 遅れる	**fall behind** schedule 予定より遅れる
1361 **without the aid of** 副 ～の助けなしで	**without the aid of** computers コンピュータの助けなしで
1362 **pass down** 動 を次の世代に伝える	be **passed down** from generation to generation 代々受け継がれている
1363 **confidence in oneself** 名 自信	a lack of **confidence in yourself** leads to ~ 自信の欠如は～につながる

1364 **in contrast** 副 対照的に	A is expensive. **In contrast**, B is very reasonable. Aは高い。対照的にBは非常に手頃である。
1365 **bear up** 動 何とかしのぐ	How are you **bearing up**? どうやってしのいでいる？
1366 **die out** 動 絶滅する	Dinosaurs **died out** 65 million years ago. 恐竜は6500万年前に絶滅した。
1367 **estate car** 名 ステーションワゴン	An **estate car** is a car with a long body. ステーションワゴンは車体の長い車である。
1368 **at birth** 副 生まれた時	weighed 3 kilos **at birth** 出生時3キロであった
1369 **catch up with** 動 に追いつく	**catch up with** developed countries 先進国に追いつく
1370 **hole up in** 動 に隠れる	**hole up in** an empty house 空き家に隠れる
1371 **cope with** 動 に対処する	**cope with** the declining birthrate 出生率の低下に対処する
1372 **be willing to V** 動 Vすることをいとわない	**be willing to** help others in trouble 困っている他人を助けることをいとわない
1373 **in a bid to V** 副 Vしようとして	**in a bid to** prevent the spread of the disease その病気の蔓延を防ごうとして
1374 **take turns** 動 交替でする	**take turns** driving 交替で運転する
1375 **pop up** 動 （急に）現れる	Adverts **pop up** on my phone. 携帯電話に広告が現れる。
1376 **fall apart** 動 崩壊する	The entire ecosystem can **fall apart**. 生態系全体が崩壊する可能性がある。
1377 **feed on** 動 を餌として食べる	Bees **feed on** nectar and pollen. ハチは蜜や花粉を餌としている。
1378 **by the dozens** 副 何十と	Businesses buy PCs **by the dozens**. 企業は何十台という単位でPCを購入する。
1379 **at first glance** 副 一見して	look simple **at first glance** 一見単純そうに見える
1380 **shed light on** 動 を解明する	**shed light on** the cause of Alzheimer's アルツハイマー病の原因を解明する
1381 **make a/one's fortune** 動 一財産築く	one way entrepreneurs can **make a fortune** 実業家が一財産築くための一つの方法

142

1399

| 0 | 500 | 1000 | 1500 | 2000 | 2500 | 3000 | 3500 | 4000 GOAL |

1382
brush against
動 をかすって通る

brush against other people
他の人をかすりながら通る

1383
comparable to
形 に匹敵する

a level **comparable to** that of native speakers
ネイティブに匹敵するレベル

1384
hall of residence
名 寮

apply to live in a **hall of residence**
寮に住むことを申し込む

1385
prior to
前 ～の前に

prior to my current position
私の現職の前に

1386
regardless of
副 とは関係なく

regardless of age or sex
老若男女を問わず

1387
hint at
動 をほのめかす

North Korea **hinted at** developing new weapons.
北朝鮮は新兵器の開発をほのめかした。

1388
comply with
動 を遵守する

need to **comply with** the law
法令を遵守する必要がある

1389
carbon dioxide
名 二酸化炭素

the accumulation of **carbon dioxide** in the atmosphere
大気中の二酸化炭素の蓄積

1390
on the horizon
副 兆しが見えて

A new carbon-free fuel is **on the horizon**.
新しい無炭素燃料の兆しが見えている。

1391
have a chat with
動 とおしゃべりする

have a chat with my friends online
オンラインで友達とおしゃべりする

1392
the masses
名 一般大衆

Smartphones are becoming more affordable for **the masses**.
スマートフォンは一般大衆にとって、より手頃な値段になってきた。

1393
qualify for
動 の資格を得る

in order to **qualify for** studying in Australia
オーストラリアで学ぶための資格を得るためには

1394
stem from
動 から生じる

Most of our problems **stem from** our relationships.
私たちの問題のほとんどは人間関係から生じる。

1395
tear off
動 引き剥がす

tear off the protective film before use
使用前に保護フィルムをはがす

1396
into the bargain
副 おまけに、その上

just as good, and cheaper **into the bargain**
同じくらいよく、おまけにより安い

1397
at the mercy of
副 ～のなすがままで

at the mercy of fate
運命のなすがままで

1398
interfere with
動 ～の邪魔をする

without anyone **interfering with** my personal liberty
私の私的自由を誰にも邪魔されることなく

1399
greenhouse gas
名 温室効果ガス

Greenhouse gases contribute to global warming.
温室効果ガスは地球温暖化の原因となる。

1400 **from scratch** 副 ゼロから	Steve Jobs built his company **from scratch**. スティーブ・ジョブズはゼロから彼の会社を築き上げた。
1401 **be accustomed to** 動 に慣れている	I **am accustomed to** getting up early in the morning. 私は早起きするのには慣れている。
1402 **take a spin** 動 （自転車・車に）ひと乗りする	I **took a spin** on an electric bike around the lake. 私は電動自転車で湖を一周した。
1403 **vicious cycle** 名 悪循環	be in a **vicious cycle** of weak growth and mounting debt 低成長と増え続ける借金の悪循環の中にある
1404 **be prone to -ing** 動 Vしやすい、Vしがちである	I **am prone to** catching colds. 私は風邪を引きやすい。
1405 **be destined to V** 動 Vする運命にある	We **were destined to** meet. 私たちは出会う運命だった。
1406 **be bound up in** 動 に忙しい、夢中になる	More Chinese **are bound up in** learning foreign languages. より多くの中国人が外国語学習に夢中になっている。
1407 **the corridors of power** 名 権力の中心、権力の回廊	have influence in **the corridors of power** in Washington, DC ワシントンDCの権力の中枢に影響力を持つ
1408 **maternity leave** 名 産休	make it easier for women to take **maternity leave** 女性が産休を取りやすくする
1409 **be resistant to** 動 に抵抗力がある	Young people **are** more **resistant to** the virus. 若者はそのウイルスに対してより抵抗力がある。

重要単語

Common and useful IELTS vocabulary

Level 2 | 必修 Active Words

1410
found
動 設立する
類 establish, create
反 demolish

Many CEOs **found** charitable organisations in order to improve their image and possibly distract from negative business practices.
多くの最高経営責任者は、慈善団体を設立するのは自分たちのイメージを向上させ、場合によってはよくない商慣行から注意をそらすためである。

1411
set
動 設定する
類 give, arrange
反 cancel

It is important to **set** mock tests so that students can practice their exam skills.
学生が試験の技術を練習できるようにするために、模擬試験を設定することは重要だ。

1412
case
名 条件、場合
類 circumstance, conditions

In the **case** of academic success, long study hours are a necessity.
学問的成功の条件には、長い時間の勉強が必要だ。

1413
state
名 状態
類 condition, case

Many young people are now in a **state** of perpetual long-term unemployment.
今、多くの若者が長期的にいつまでたっても雇用されない状態にある。
● a critical state（重大局面）
● the present state of affairs（現在の状態）

1414
status
名 地位
類 rank, position, prestige

In modern times, **status** is often gained through purchasing the right brands and showing them off.
現代における地位は、しばしば適切なブランドを購入してそれを見せびらかすことを通して得られる。

1415
develop
動 成長する、進化する
類 advance, progress
反 regress

It's fascinating to watch how a baby changes and **develops** over time.
赤ん坊が時間を経ていかに変わり、成長するかを観察することは魅力的だ。
● develop a strategy（戦略を立てる）
● develop a technique（技術を開発する）

1416
development
名 変遷、進化
類 evolution, growth
反 retrogression

The documentary traced the **development** of popular music through the ages.
そのドキュメンタリーは大衆音楽の変遷を時代を追って記録した。

1417
either
副 〜も〜ない
類 likewise, also
反 both

I don't eat meat and my husband doesn't **either**.
私は肉を食べず、また夫も肉を食べない。
- either party (いずれの当事者)
- either off or on (どちらにしても)

1418
labour
名 労働
類 work, undertaking
反 inactivity

Construction work often involves a lot of hard **labour**.
建設業は多くのきつい労働が伴うことがよくある。

1419
behind
前 〜の背景に
類 a / the cause of, responsible for
反 front

I believe a lack of parental supervision is **behind** this increase in juvenile crime.
親による監視の欠如が、青少年の犯罪の増加の背景にあるはずだ。

1420
therefore
副 それゆえ
類 accordingly, so

Children are taken care of by their parents when they are growing up. **Therefore**, they are obligated to assist their parents in their old age.
子どもたちは成長過程で親に面倒を見てもらっている。それゆえ、親が年を取った時には親を助ける義務がある。

1421
position
名 見解
類 belief, point of view

The union's **position** is that the workers deserve a higher wage.
組合の見解は、労働者がより高い賃金をもらうに値するということである。

1422
provide
動 供給する
類 supply, support
反 take

How will we **provide** food to all in the future, as the population increases and people live longer?
人口が増加し、人々の寿命が延びる中で、将来どうやって皆に食料を供給するのだろうか？
- provide a context (事情を言う)
- provide insights (洞察を与える)

1423
provided
接 もし〜なら
類 as long as, only if

Addiction can be stopped **provided** the addict actually wants to stop.
もし薬物中毒者に止める意志が本当にあるなら、薬物中毒は止めることができる。

1424
result
動 〜という結果になる、〜から結果として生ずる
類 happen

Unemployment **results** in higher suicide rates.
失業がより高い自殺率という結果になる。
- necessarily result in 〜 (必然的に〜という結果になる)
- result from 〜 (〜から生じる)

1425 **participant** 名 関与する人 類 member 反 outsider	Every **participant** in the workforce must play an active part; otherwise the whole system will crumble. 労働に関与するすべての人が積極的な役割を果たさなければ、全体的なシステムが崩れる。
1426 **particularly** 副 特に 類 especially 反 commonly	People from low-income backgrounds are **particularly** able to succeed when offered the right opportunities. 低所得の背景事情を持つ人々は、適切な機会が与えられると特に成功することができる。 ● particularly concerned about（特に〜を心配している） ● particularly suited（特に適した）
1427 **sense** 名 感覚 類 awareness, perception 反 apathy	A **sense** of creativity is valuable in any industry. 創造力の感覚は、いかなる産業においても貴重である。 ● an acute sense of smell（鋭い嗅覚） ● a sense of humour（ユーモアの感覚）
1428 **evidence** 名 証拠 類 proof, confirmation 反 denial, refutation	There is no scientific **evidence** to suggest that underwater births are dangerous. 水中出産が危険であると示唆する科学的証拠はない。
1429 **rather** 副 かなり 類 quite 反 extremely	It is **rather** difficult for low-income individuals to achieve the same success as their high-income counterparts. 高所得者が得ているのと同様の成功を低所得者が達成することは、かなり難しい。
1430 **thus** 副 したがって 類 so, hence	Many women want to return to the workplace after childbirth. **Thus**, childcare costs must be relatively lower to allow them to do so. 多くの女性は出産後に職場に戻りたい。したがって、保育料は彼女らが職場に戻れるように比較的低いものでなければならない。
1431 **range** 名 範囲 類 variety 反 uniformity	A capitalist country means a **range** of companies are providing similar products at different prices. 資本主義国家が意味することは、さまざまな企業が類似製品をさまざまな値段で提供しているということだ。
1432 **central** 形 主な、中心的な 類 main, chief 反 additional	The **central** reason that some people do nothing to help protect the environment is that they don't really care. 環境を保護するために何もしない人々の主な理由は、それを全く気にしていないということだ。 ● a central question（主な質問） ● a central role（中心的な役割）

1440

0　500　1000　1500　2000　2500　3000　3500　4000　GOAL

1433 ☐☐☐ **committee** 名 委員会 類 bureau	Some parents form **committees** to talk about issues in their neighbourhood and schools. 近隣や学校の問題について話し合うために委員会を作る保護者たちもいる。
1434 ☐☐☐ **indeed** 副 実際に 類 actually, certainly 反 dubiously	Tourist numbers have increased throughout the year. **Indeed**, they are spending more than they have ever done before. 旅行者数は年間を通じて増加している。実際に、これまでよりも大きな額を費やしている。
1435 ☐☐☐ **role** 名 役割 類 duty, function	For a child, the **role** of the parents is incredibly significant. 子どもにとって両親の役割は信じ難いほど重要である。
1436 ☐☐☐ **simplify** 動 簡略化する 類 clarify 反 complicate	Sometimes we must **simplify** official documents to make them easier for people with learning difficulties to read. 学習に困難のある人々にとって読みやすくするために、時に公文書を簡略化しなければならない。
1437 ☐☐☐ **simply** 副 単に 類 plainly, clearly 反 difficultly	Success is not **simply** a matter of hard work, but also of luck. 成功は、単に多大な努力の問題であるだけでなく、運の問題でもある。
1438 ☐☐☐ **practice** 名 習慣 類 custom	In some countries, it is normal **practice** for students to wear uniforms in order to ensure equality. 平等を保証するために、生徒が制服を着用することが通常の習慣となっている国もある。
1439 ☐☐☐ **former** 形 かつての 類 previous 反 present, current, future	The local council has invested millions of pounds in restoring the local cathedral to its **former** glory. 地元議会は、地元大聖堂にかつての栄光を取り戻すのに数百万ポンドを投資した。
1440 ☐☐☐ **terms** 名 条件 類 conditions	If someone does not read the **terms** of a contract, then they can only blame themselves for problems that occur later. 契約条件を読まないと、後に問題が発生しても自分を責めることしかできない。

1441	
quality 名 質	Some say that the **quality** of the university, in terms of ranking, is more important than the subject being studied. ランキングの観点から見た大学の質の方が学ぶ科目よりも重要だと言う者もいる。

1442	
approach 動 取り組む 類 undertake, tackle 反 depart	We should **approach** this issue of whether police should carry guns or not with caution. 警官が銃を持ち歩くべきかという問題には慎重に取り組むべきだ。

1443	
approach 動 に近づく 類 approximate, verge on 反 avoid	The world's population will **approach** 10 billion in the next 30 years. 世界の人口は今後30年で100億人に近づくだろう。

1444	
record 名 記録 類 account, document	**Records** should be kept on everyone, as well as their DNA samples. DNAサンプルと同様に、記録は誰に対しても保存されるべきだ。

1445	
knowledge 名 知識 類 ability, understanding 反 ignorance	Are universities still about the pursuit of **knowledge** or are they merely employee factories? 大学はまだ知識を追求する所なのか、それとも単なる従業員を生み出す工場なのか?

1446	
basis 名 基本、根本 類 foundation	The **basis** of a good marriage is communication. よい結婚の基本はコミュニケーションにある。 ● on the basis of ～（～に基づいて） ● on an equal basis（対等な基準で）

1447	
deal 名 取引、契約 類 agreement, bargain 反 denial	If you want to get a good **deal** on your house, you need to be patient. 家に関してよい取引をしたければ、辛抱することが必要だ。

1448	
structure 名 構造 類 makeup, framework	We should question the basic **structure** of society, including the distribution of wealth. 私たちは富の分配を含めて、社会の基本構造に疑問を抱くべきである。

1456

0 — 500 — 1000 — 1500 — 2000 — 2500 — 3000 — 3500 — 4000 — GOAL

Level 2　必修 Active words

1449

attention

名 注意、留意
類 awareness, notice
反 indifference

Many employers in Japan pay little **attention** to the health and welfare of their employees, and this is the main cause of the so-called 'karoshi' (death from overwork) problem.
日本の雇用者の多くは被雇用者の健康と福祉にあまり注意を払っておらず、それがいわゆる「過労死」問題につながっている。

1450

model

形 模範的な
類 typical, ideal
反 uncharacteristic

The concept of a **model** citizen is one who follows the law, volunteers in the community and always pays their taxes.
模範的な市民の概念とは、法を守り、コミュニティのボランティアをし、必ず税金を納める人である。

1451

analyse

動 分析する、見極める
類 examine, inspect
反 ignore

It is important to **analyse** the advantages and disadvantages of sending children to school at a very young age.
子どもたちをまだ幼い時から学校に通わせることの長所と短所を見極めることが大切である。

1452

analysis

名 分析、分解
類 examination, investigation

An **analysis** of the market research results must be performed before the product is actually released.
商品が実際に発売される前に、市場調査の結果に基づく分析を行わなければならない。

1453

prime

形 一番いい
類 best

The internet is a **prime** example of how technology can change the world.
インターネットは技術が世界をどのように変えることができるかを示す一番いい例である。
● the prime time（一番いい時）

1454

energy

名 元気
類 vitality, vigour
反 apathy

Eating more healthily will improve your mood and **energy** levels.
より健康的に食事をとれば、気分がよく、より元気になるであろう。

1455

contract

名 契約、約定、請負
類 agreement, arrangement

The **contract** between the two companies will expire at the end of the fiscal year.
二社の間で交わされた契約は、年度末に期限が切れる。

1456

direct

形 直接的な、直行の
類 straight, undeviating
反 interrupted

Direct flights are more convenient and take less time, so some people are willing to pay more for them.
直行便はより便利で時間の浪費も少ないため、そのためになら余計にお金を払ってもいいという人もいる。
● a direct impact（直接的な影響）
● a direct link（直接的なつながり）

1457 **directly** 副 直接に 類 precisely, straight 反 indirectly	The drug works more quickly if it is injected **directly** into the bloodstream. その薬は血液に直接注入される場合、より迅速に作用する。 ● directly affect (直接に影響する) ● directly involved (直接関係した)
1458 **produce** 動 生産する 類 generate, create 反 refrain	As the population grows, should we aim to **produce** more GM foods to cope with the strain? 人口が増加するにつれて、その負荷に対処するためにより多くの遺伝子組み換え食物を生産することを目指すべきだろうか?
1459 **productive** 形 生産的な 類 fruitful, creative 反 fruitless	The successful running of a society requires that most of its members be **productive**. 社会の運営を成功させるには、ほとんどの構成員が生産的であるべきだ。
1460 **appropriate** 形 適切な、ふさわしい 類 suitable 反 inappropriate	Only a few decades ago, it was not considered **appropriate** for women to wear trousers. ほんの20〜30年前は女性がズボンを履くことは適切とみなされていなかった。 ● an appropriate action (適切な行動) ● an appropriate behaviour (適切な振る舞い)
1461 **association** 名 組合 類 group, cooperation 反 individual	Some people in minority groups form **associations** to help others in their community. 少数民族集団には、共同体の中で互いに助け合えるように組合を作る人々もいる。
1462 **attempt** 動 試みる、〜しようとする 類 try 反 give up	More and more people are **attempting** to find work overseas. ますます多くの人が、海外に仕事を求めようとしている。
1463 **leading** 形 一流の、主要な 類 best, dominant 反 auxiliary	The **leading** brands can maintain their position with constant advertising. 一流ブランドは継続的な広告によって、その地位を維持することができる。 ● a leading role (主要な役割)
1464 **claim** 動 主張する 類 state, assert 反 reply	Many governments **claim** they provide money to Third World countries for humanitarian reasons but often the main motivation is political. 多くの政府が、人道的な理由で第三世界にお金を供給していると主張しているが、実際は政治的な動機によるものだ。

0   500   1000   1500   2000   2500   3000   3500   4000   GOAL

1472

Level 2　必修 Active words

1465
access
名 接触、接近
類 entrance, entry

Internet **access** is now considered a human right by the United Nations.
インターネットへのアクセス権を、国連は人権に等しいと考えている。

1466
unit
名 構成単位
類 part, component
反 fraction

The family is the basic **unit** of any society.
家族はあらゆる社会の基本的構成単位である。
● administrative unit（行政単位）

1467
appear
動 現れる、出現する
類 become visible, come into view
反 disappear

The major life forms **appeared** on Earth many millions of years ago.
生物形態の主なものは数百万年前には地球に出現していた。

1468
aware
形 知って、気がついて
類 conscious of, informed of/about
反 unaware

Some parents are not **aware** of the importance of encouraging their children to read entertaining books and not just educational books.
教育的な本ばかりでなく、娯楽的な本も子どもたちに読ませることの大切さに気がついていない親もいる。

1469
awareness
名 注意、理解、意識
類 understanding, realisation
反 disregard

The reason many people have an unhealthy lifestyle is not because of a lack of **awareness**; it's due to a lack of motivation to live in a healthy way.
多くの人々が不健康な生活を送っているのは注意が足りないからではなく、健康に生きようというモチベーションが欠落しているからである。

1470
economy
名 経済
類 wealth, (financial) resources

The slowing global **economy** has weakened demand for Japan's high-technology exports, causing manufacturers to cut production and workers.
停滞する世界経済により、日本のハイテク輸出に対する需要が悪化し、製造業者が生産と労働者を削減する状況を引き起こしている。

1471
concern
名 関心事、懸念
類 interest, anxiety
反 unconcern

Paying for university is a major **concern** for further education students.
大学の学費の支払いは、高校生たちにとって大きな関心事だ。
● a central concern（中心的関心事）
● environmental concerns（環境上の懸念）
● a primary concern（主要な関心事）

1472
limited
形 限られた
類 restricted
反 unlimited

A very **limited** job market means that some well-educated people have to work outside their fields.
非常に限られた労働市場は、高い教育を受けた人でも自分の分野以外で働いているということを意味する。
● limited access（限られた手段）
● limited resources（限られた資源）

153

1473	
event	The Olympic Games are possibly the biggest sporting **event** in the world.
名 催し物	オリンピックは、おそらく世界最大の競技大会である。
類 occurrence, happening	

1474	
contact	There isn't enough **contact** between teachers and parents.
名 接触、連絡	教師と両親との間の連絡が十分ではない。
類 touch, interaction	● come into contact with ～（～と接触する）
反 separation	● make contact with ～（～と連絡が取れる）
	● personal contact（個人的つきあい）

1475	
ensure	We must **ensure** students are not burdened by debt if we want university attendance to increase.
動 確かにする、保証する	大学への通学率を上げたいなら、学生が借金の負担を背負わないで済むことを保証しなければならない。
類 guarantee, assure	
反 harm	

1476	
operate	A company must **operate** within the law at all times, even if it affects their profits.
動 経営する	企業は、たとえ利益に影響が及ぶとしても、常に法律の範囲内で経営しなければならない。
類 perform, function	
反 abstain	

1477	
operation	Some people think the daily **operations** of a private business do not need to be shared with the public.
名 業務	民間企業の日常業務を一般大衆と共有する必要はないと考える人もいる。
類 movement, working	
反 inaction	

1478	
extent	Some people hold their beliefs very strongly, even to the **extent** of being prepared to go to prison for them.
名 程度	一部の人々は、自分の信念のために投獄されてもよい心構えができている程度まで非常に強く信念を抱いている。
類 degree, range	

1479	
application	Before making an **application** you need to consider the following.
名 出願、申し込み	出願をする前に、以下のことを考える必要がある。
類 request, appeal	
反 reply	

1480	
degree	The number of terrorist attacks has increased to a terrifying **degree**.
名 水準、段階	テロリストによる攻撃の件数は、恐ろしい水準にまで増加した。
類 level, extent	

1488

| | 500 | 1000 | 1500 | 2000 | 2500 | 3000 | 3500 | 4000 | GOAL |

1481

effective

形 効果的な
類 successful, effectual
反 ineffective

Yoga is a very **effective** technique for combating stress.
ヨガはストレスと闘うための非常に効果的なテクニックである。
- effective communication（効果的なコミュニケーション）
- effective intervention（効果的な介入）
- an effective policy（効果的な政策）
- an effective treatment（効果的な治療法）

1482

effectively

副 効果的に
類 efficiently, adequately
反 inadequately

Employees need to have a good rest in order to work most **effectively**.
従業員が最も効果的に働くためにはゆっくり身体を休める必要がある。

1483

efficiency

名 効率
類 adeptness, effectiveness
反 idleness

For increased **efficiency** in the workplace, employees have to feel comfortable and valued.
仕事の効率を向上させるには、従業員は快適で評価されていると感じる必要がある。

1484

review

名 評価
類 examination, critique

Is it a positive or negative thing that anyone can write an online product **review**?
誰もがオンライン上で製品評価を書けることは、いいことなのか、悪いことなのか?

1485

considerable

形 かなりの、少なからぬ、相当な
類 abundant, ample
反 inconsiderable

Most women spend a **considerable** amount of time on housework even when they have full-time jobs.
多くの女性が、常勤で働いていても家事にかなりの時間を割いている。
- considerable attention（相当な注意）
- considerable influence（かなりの影響）

1486

considerably

副 相当に、随分、かなり
類 significantly, greatly
反 insignificantly

The Japanese economy has improved **considerably** but it will never likely be the powerhouse it once was.
日本経済はかなり改善されたが、かつてのような強さは取り戻せないだろう。

1487

supply

名 供給
類 provision, delivery
反 removal

When the **supply** of housing outweighs the demand, housing prices will stagnate.
住宅の供給が需要を上回っている時には、住宅価格は停滞する。

1488

campaign

名 選挙活動
類 drive, crusade

Often the winner of a political election is the person who runs the most expensive **campaign**, not the best candidate.
政治の選挙では、最も優秀な候補ではなく、最もお金をかけて選挙活動を行った候補が勝つことがしばしばある。

1489 **understanding** 名 理解 類 comprehension 反 ignorance	A better **understanding** of other cultures will prevent future conflict. 他文化へのよりよい理解は、将来の紛争を防ぐ。
1490 **complex** 形 複雑な、込み入った 類 complicated 反 simple	Animal rights are a **complex** issue, as animal experimentation for medical research is very important. 医学研究のための動物実験は非常に有意義であるので、動物の権利というものは複雑な問題だ。 ● complex system（複雑な制度）
1491 **purpose** 名 目的 類 intention, aim	The only **purpose** a person has in life is to serve the society they are born into. 人が人生の中で有する唯一の目的は、生まれた社会に奉仕することである。
1492 **responsibility** 名 責任 類 accountability	One of the biggest **responsibilities** of parents is to instill a sense of confidence in their children. 親の最大の責任の一つは、子どもに自信を植えつけることである。
1493 **learning** 名 学び 類 education, knowledge 反 ignorance	**Learning** is now not as high a priority for some young people as looking good and achieving fame. 一部の若者にとって、学ぶことは見た目のよさや名声を得ることほど優先事項ではない。
1494 **highly** 副 非常に 類 very, deeply 反 little	Soldiers and police officers are **highly** respected in the majority of cultures. 大半の文化圏では、軍人と警察官は非常に尊敬されている。 ● highly effective（非常に効果的な） ● highly unlikely（非常になさそうな）
1495 **pattern** 名 行動様式 類 design, motif	If a person is displaying a **pattern** of rebelliousness, they should be temporarily jailed as an early warning. もし、反抗的な行動様式を示している人がいたら、早期警告として一時的に投獄されるべきである。
1496 **source** 名 源 類 origin, point of supply	Money is the **source** of all problems in the world, including war. お金は、戦争を含めて世界に存在するあらゆる問題の源だ。 ● become a source（源となる）　● use a source（源を用いる） ● a key source（主要源）　● a rich source（豊富存源）

Level 2 必修 Active words

1497
division

名 分業
類 separation,
　　disconnection
反 connection

Some claim that an equal **division** of domestic labour is a prerequisite for genuine equality of opportunity between the genders.
家事労働の平等な分業が男女の真の機会平等の前提条件であると主張する者もいる。

1498
fully

副 完全に
類 absolutely, entirely
反 incompletely

Health insurance does not always **fully** cover all potential illness, leaving the patient at risk of debt or bankruptcy.
健康保険は、潜在的な病気すべてを常に完全に補償するとは限らず、患者を借金や破産の危険にさらしている。

1499
essential

形 不可欠な
類 crucial, necessary
反 needless

Water is **essential** for living things.
水は生き物にとって不可欠である。
● an essential component（不可欠な要素）
● an essential element（不可欠な要素）
● an essential function（不可欠な機能）
● an essential role（不可欠な役割）

1500
essentially

副 本質的に
類 basically, actually
反 superficially

They argue from time to time like any other couple, but their relationship is **essentially** a happy one.
彼らは他の夫婦のように時々口論するが、彼らの関係は本質的に幸せなものである。

1501
function

名 機能
類 capacity, action

What **function** the monarchy currently serves in British society is questionable.
現在、イギリス社会で君主制がどのような機能を果たしているのか疑問の余地がある。

1502
character

名 性格
類 personality, nature

To be a successful leader you need to have a confident and sure **character**.
リーダーとして成功を収めるには、自信と堅固な性格が必要だ。

1503
aid

名 寄与、援助
類 help, support
反 damage

International **aid** is critical to a country's development, particularly after war.
国際支援は、とりわけ戦後にあっては国の発展に必要不可欠である。

1504
transition

名 移行
類 change, conversion
反 sameness

It can be said that the American occupation completed Japan's **transition** to a democracy.
アメリカによる占領が日本の民主主義への移行を完成させたと言うことができる。

157

1505 transmit

動 放送する
類 communicate, send

In the future, the news is unlikely to be **transmitted** through the radio, but on the internet instead.
将来のニュースはラジオを通して放送されるとは考えにくく、その代わりにインターネットで放送されるだろう。
● transmit data（データを流す）
● transmit information（情報を流す）

1506 transport

動 運ぶ
類 move, transfer
反 keep

As the region had suffered a food crisis, it was necessary for neighbouring regions to **transport** food in.
その地域は食糧危機で苦しんでいたので、隣接地域が食料を運び入れることが必要だった。

1507 context

名 文脈、脈絡、背景
類 circumstances, conditions
反 isolation

In the **context** of globalisation, universities need to make efforts to attract foreign students.
グローバル化を背景に、大学は留学生を集める努力をする必要がある。

1508 discussion

名 議論
類 conversation, debate

The management are having **discussions** with the union about possible redundancies.
経営陣は余剰人員解雇の可能性について組合と議論している。

1509 sign

名 身ぶり、手話
類 indicate

As many people are deaf, **sign** language classes should be mandatory in school.
多くの人々が耳が不自由なのだから、学校で身ぶりの言語（手話）の授業は必須科目にすべきだ。

1510 argue

動 議論する、論ずる
類 contend, assert
反 concur

Some may **argue** that the most effective form of advertising is television, but fewer and fewer people are watching television nowadays.
近年、テレビを見る人は減る一方ではあるが、それでも最も効果的な広告の媒体はテレビであると論ずる人もいるだろう。

1511 argument

名 主張、論拠
類 reasoning, case
反 agreement

One of the strongest **arguments** against animal testing is that it is simply cruel.
動物実験に反対する論拠の中で最も強力なものの一つは、それが単純に残酷なものであるとするものだ。

1512 principle

名 原理、原則、信念
類 law, standard

In **principle**, all languages have equal rights. In practice, however, things are different.
原理上はすべての言語が平等な権利を持つが、実際には事態は異なる。

0　500　1000　1500　2000　2500　3000　3500　4000 GOAL

1513
survey
图 調査
類 scrutiny, examination
反 neglect

The government uses **surveys** to uncover the public's general opinion about their policies.
政府は、自らの政策に対する大衆の一般的な意見を明らかにするために、調査を利用している。
● survey data（調査データ）

1514
female
形 女性の
類 feminine
反 male

Female beauty has become linked to thinness, which causes a lot of health problems amongst young girls.
女性の美は、痩身に結びついており、それが若い女たちの子の間で多くの健康上の問題を引き起こしている。

1515
presence
图 存在
類 occupancy, existence
反 absence

The **presence** of nannies and babysitters means no parent stays at home.
乳母とベビーシッターの存在は、両親が家にいないことを意味する。

1516
avoid
動 避ける
類 keep away from, stay away from
反 face

One way to stay healthy is to **avoid** any foods that are high in sugar and unhealthy fats.
健康でいるための方法の一つは、砂糖や不健康な脂肪を多く含む食品を避けることだ。

1517
race
图 人種
類 ethnicity

Is **race** a biological concept or did people invent it?
人種は生物学的概念なのか、それとも人々が発明したものなのか?
● a person of mixed race（混血の人）
● improve race relations（人種関係を改善する）

1518
relate
動 共感する
類 correlate, pertain
反 disjoin

Why is it that we can **relate** so easily to struggle instead of happiness?
なぜ私たちは幸せではなく、苦しみに共感する方が容易なのであろう?

1519
relatively
副 比較的、相対的に
類 by comparison

The number of earthquakes is **relatively** low in central Shikoku.
地震の数は四国中心部では比較的少ない。
● relatively common（比較的一般的）
● relatively straightforward（比較的単純明快）

1520
overall
形 全体的な
類 complete, general
反 part

The **overall** results must be examined, not cherry picked.
全体的な結果は、いいところだけをとるのではなく精査されるべきである。
● the overall aim（全体的な目的）　● the overall effect（全体的な効果）
● the overall level（全体的なレベル）
● the overall performance（全体的な遂行）

1521 **latter** 形 後者の 類 latest, concluding 反 former	The most common drugs used by many teens are alcohol and marijuana, the **latter** being illegal in many places. 多くの10代の若者が使用する最も一般的なドラッグは、アルコールとマリファナであり、後者は多くの場所で違法である。
1522 **fail** 動 失敗する 類 be unsuccessful, fall 反 succeed	It doesn't matter if you **fail** at what you're trying to do; at least you're trying. 君がやろうとしていることに失敗しても構わない、やるだけはやっているのだから。
1523 **failure** 名 失敗 類 lack of success, nonfulfillment 反 success	If you don't believe you will be successful in what you do, you are doomed to **failure**. 自分がやることは成功すると信じないのであれば、失敗する運命にあるのだ。
1524 **scale** 名 規模 類 extent, proportion	Large-**scale** unemployment can be solved by lowering the retirement age so that young people have more opportunities. 大規模な失業状態は、若者がより多くの機会を持つために退職年齢を引き下げることによって解決され得る。
1525 **credit** 名 信用、功績 類 recognition 反 criticism	The Prime Minister was quick to claim the **credit** for abolishing the tax. 首相は、税金を撤廃したのは自分の功績だと何かにつけて主張した。
1526 **additional** 形 追加の、付属的な、伴う 類 extra, added	An **additional** benefit of travelling overseas is that you can meet new people from different backgrounds. 海外旅行に伴うメリットは、さまざまな文化背景の人々と出会えることだ。 ● an additional cost (追加の費用) ● additional resources (追加の材料)
1527 **largely** 副 大部分は 類 broadly, predominantly 反 slightly	Pollution is **largely** due to corporations not having stringent regulations on getting rid of waste. 汚染の大部分は、企業がごみ処理に対して厳しい規則を設けていないことに起因している。 ● largely ignored (大部分無視された) ● largely responsible (大部分責任のある)
1528 **nevertheless** 副 それにもかかわらず 類 however, still	Fewer students are choosing to pursue degrees in foreign languages. **Nevertheless**, foreign languages are considered important. 外国語の学位取得を選択する学生は少なくなっている。それにもかかわらず外国語は重要だと考えられている。

Level 2 必修 Active words

1529
possibility
名 見込み
類 feasibility, likelihood
反 certainty

If there is a **possibility** of serving the local community, people should do so without question.
地域社会に貢献できる見込みがあるならば、迷うことなく貢献するべきである。

1530
mainly
副 主に
類 chiefly, primarily
反 secondarily

Some industries that were **mainly** devoted to manual work are fast shrinking in the face of cheaper labour overseas.
主に手作業に専念している産業は海外の安い労働力に直面し急速に縮小している。
● be mainly concerned with 〜（主に〜に関係している）

1531
domestic
形 国内の、家庭内の
類 national, indigenous
反 foreign

The reduction of crime levels is the centrepiece of the president's **domestic** policies.
犯罪率の低下は、大統領の国内政策の最重要項目である。
● the domestic market（国内の市場）
● domestic violence（家庭内暴力）

1532
previously
副 以前は、事前に
類 earlier
反 currently

Many people may not even realise that a majority of their household products have been **previously** tested on animals.
多くの人は彼らが使う家庭用品の大半は事前に動物テストが行われているということを認識さえしていないかもしれない。

1533
actual
形 実際の、現実の
類 real, true
反 notional

The imagined cost of studying in another country is often much lower than the **actual** cost.
海外での留学に掛かる費用は、実際の費用よりもずっと少なく見積もられることがよくある。

1534
transfer
動 移籍する
類 assign, cede
反 stagnate

Football players often **transfer** to another team for more playing time.
サッカー選手はより多くの出場機会を求めて他のチームへ移籍することがよくある。

1535
extremely
副 非常に
類 greatly, exceedingly
反 a little, a bit

Looking after kids is **extremely** tiring.
子どもたちの世話は非常に疲れる。
● extremely complex（非常に複雑な）
● extremely powerful（非常に力強い）
● extremely useful（非常に有効な）
● extremely valuable（非常に価値のある）

1536
prevent
動 防ぐ
類 avert, avoid
反 allow

Birth control is often considered the only option to **prevent** overpopulation and the draining of natural resources.
避妊は人口過多と天然資源の消耗を防ぐ唯一の選択肢だと考えられている。

1537 **due** 形 予定である 類 expected, anticipated	The parliamentary session is **due** to end on May 27. 議会の会期は5月27日に終了予定である。 ● be due to arrive（到着予定である） ● be due for promotion（昇進予定である）
1538 **assessment** 名 評価 類 evaluation, judgement	In Japan and other Asian countries, the **assessment** of student performance is almost entirely based on test results, unlike most Western nations today. 今日の西欧の国々とは違い、日本や他のアジア諸国における生徒の評価の基準は、テストの結果に基づくところが大きい。 ● the assessment process（評価過程）
1539 **fairly** 副 かなり 類 somewhat, adequately	I was **fairly** certain she had nothing to do with the affair. 私は、彼女がこの事件とは何の関係もないとほぼ確信していた。 ● fairly clear（かなり鮮明な） ● fairly common（かなり一般的な） ● fairly obvious（かなりはっきりした） ● fairly straightforward（かなり単純な・率直な）
1540 **release** 名 公表 類 delivery, dispensation 反 restraint	The **release** of information to the public can sometimes cause problems for the government. 一般大衆への情報公開は時に政府にとって問題を引き起こすことがある。
1541 **administration** 名 政権、行政 類 government, management	The approval rating of the current **administration** has been plummeting due to various recent scandals. 現政権の支持率は、昨今のさまざまなスキャンダルゆえに急落している。
1542 **finding** 名 発見 類 discovery, detection	New **findings** in the field of human health are inconsistent with those of previous studies. 健康分野における新しい発見は、従来の研究との一貫性がない。
1543 **initial** 形 初期の 類 beginning, primary 反 later	In the **initial** stages, start-ups are mainly focused on finding funding. 初期段階では、新興企業は主に資金調達に目を向ける。 ● the initial period（初期） ● the initial phase/stage（初期の段階）
1544 **exist** 動 存在する 類 live, survive 反 cease	Hidden slavery still **exists** in some parts of the world. 隠された奴隷制度はまだ世界の一部の地域で存在する。 ● couldn't exist without ～（～なしでは存在しえない） ● exist theoretically（理論上は存在する）

1545
existence
名 存在
類 life, presence
反 end

Modern cosmology believes the universe came into **existence** about 14 billion years ago.
現代宇宙論は、約140億年前に宇宙が存在に至ったと考えている。

1546
detailed
形 詳細な
類 comprehensive, full
反 imprecise

When you travel to new locations, a **detailed** map of the place is always very helpful.
新しいところへ旅行する時、詳細な地図はいつも大変役に立つ。
● a detailed analysis（詳細な分析）　● a detailed study（詳細な研究）
● a detailed examination（詳細な調査）
● a detailed information（詳細の情報）

1547
measure
名 手段
類 means, method

A curfew is the primary **measure** in tackling teen crime.
門限は10代の犯罪を阻止するのに一番の手段だ。
● take appropriate measures to V（Vするための適切な措置を取る）
● temporary measures（一時的な措置）

1548
fixed
形 確定した
類 established, locked
反 flexible

There is a minimum **fixed** sentence for most crimes in that country. For murder, it's 25 years.
その国のほとんどの犯罪に対して最低の確定した刑がある。殺人に関しては25年である。

1549
fund
名 基金
類 capital, reserve
反 debt

A **fund** is currently being created for the sciences in education, because the government feels it's the most deserving subject.
政府は、科学が最も基金を受けるに値する科目だと感じているため、現在、科学教育のための基金が創設されている。

1550
equal
形 等しい
類 identical, uniform
反 different

One box may look bigger than the other, but in fact they are roughly **equal** in volume.
一つの箱は他の箱よりも大きく見えるかもしれないが、実際にはそれらの体積はほぼ等しい。
● equal access（平等に利用できる権利）
● an equal opportunity（等しい機会）

1551
proportion
名 部分
類 part, piece
反 whole

In New Zealand, a large **proportion** of teenagers have tried alcohol before they are 18.
ニュージーランドの大部分の10代の若者は18歳になる前にアルコールを試したことがある。

1552
difficulty
名 難しさ、困難
類 trouble, problem
反 ease

Asthmatics have **difficulty** in breathing.
喘息を患っている人は呼吸に困難を抱えている。
● be in difficulty（苦境に陥っている）
● overcome difficulties（困難を克服する）

1553	
spread 動 広がる 類 proliferate, widen 反 halt	Rigid quarantines are often put in place so that contagious diseases do not **spread**. 伝染病が広がるのを防ぐために厳格な隔離が導入されることはよくある。
1554	
construction 名 建設、構造、建物 類 building, creation 反 disassembly	The bridge is a marvellous work of engineering and **construction**. 橋は、工学と建設の偉大な作品である。 ● construction industry（建設業）
1555	
reasonable 形 理性的な 類 logical 反 unreasonable	People should be **reasonable** in their expectations, instead of having silly fantasies. 人々は物事を期待する上で、ばかげた空想に取り付かれずに、理性的であるべきだ。
1556	
tend 動 傾向がある 類 be apt, likely 反 shun	The power of advertising means people **tend** to buy things when they don't really need them. 広告の力が意味することは、人々は本当に必要ではない時に物を買う傾向があるということだ。
1557	
strategy 名 戦略 類 plan of action	Sometimes the public isn't privy to the nation's military **strategy**. 時に大衆は、国家の軍事戦略に通じていない。
1558	
selection 名 選択 類 choice	Some feel it is better to have a wide **selection** of subjects available to students, while others feel only subjects that are useful to society should be offered. 学生が受講できる科目には豊富な選択幅がある方がよいと考える者もいれば、社会に役立つ科目のみ受講できればよいと考える者もいる。
1559	
selective 形 選り好みする 類 discriminating, choosy 反 undemanding	Employers are allowed to be **selective** and must have all the information necessary to make the right choice. 雇用主は選り好みすることが許されており、正しい選択をするのに必要なあらゆる情報を持たなければならない。
1560	
profit 名 利益 類 gain 反 debt	The negative of a capitalist society is that the biggest drivers are big businesses that only care about **profit**. 資本主義社会の欠点は、その社会を動かしている最大の力が、利益しか眼中にない大企業であることだ。

Level 2

必修 Active words

1561	
crisis 名 危機 類 emergency, catastrophe 反 peace, blessing	The financial **crisis** of 2008 was the biggest economic event in the world since the Great Depression of the 1930s. 2008年の経済危機は、1930年代の世界恐慌以降で最大の世界的経済現象であった。
1562	
reform 名 刷新 類 change, improvement 反 preservation	With repeated abuses being uncovered within the police force, **reform** is necessary. 警察における繰り返される職権乱用が暴露されており、刷新が必要だ。
1563	
reform 動 改革する 類 change, improve 反 preserve	With the recent scandals in mind, it is vital to **reform** the church now more than ever. 最近のスキャンダルを念頭に置くと、今、教会を改革することはこれまで以上に不可欠である。
1564	
capacity 名 収容力、収容人数 類 volume, competency 反 limitation	Stadiums must be built with a larger **capacity**, to hold more spectators. より多くの観客を入れるために、より大きな収容力を持つスタジアムを建設すべきだ。
1565	
procedure 名 実施、手順、処置 類 process, action	Can cosmetic **procedures** help improve a person's self-esteem? 美容整形処置は、自尊心の向上に役立つだろうか？
1566	
proceed 動 進む、続行する 類 advance, continue 反 yield	The Taiwanese government will **proceed** with its plan to phase out the use of nuclear energy. 台湾政府は核エネルギーの使用を段階的に廃止する計画を続行するであろう。
1567	
sentence 名 刑罰 類 punishment	The death **sentence** is still used in certain countries. 死刑は未だに一部の国々で行われている。 ● be given a death sentence（死刑判決を受ける） ● get a life sentence（終身刑を宣告される）
1568	
absence 名 欠席、不在、留守 類 non-attendance, non-appearance 反 presence	Pupils who have a long period of **absence** from school tend to have poor academic performance. 長期欠席の期間があった生徒は、学業成績が低い傾向がある。

1569
critical
形 批判的な、決定的な
類 censorious, condemnatory
反 complimentary

Most people are **critical** of the president's globalist foreign policy.
ほとんどの人々は大統領のグローバル志向の対外政策に批判的だ。
- critical importance (決定的な重要性)
- a critical role (重要な役割) ● a critical issue (重大な問題)
- a critical point (肝心な点)

1570
criticism
名 批判
類 censure, condemnation
反 approval

It is difficult for most people to learn to not overreact to **criticism**.
批判に過剰に反応せぬよう学ぶことは、ほとんどの人々にとって難しい。

1571
prove
動 証明する
　～であるとわかる、～となる、
類 establish, confirm
反 disprove

No medicine should be on the market unless scientists can **prove** its effectiveness in clinical trials.
臨床試験でその有効性が証明されない限り、どのような薬も市場に出回ってはいけない。
- prove successful (成功だとわかる)
- prove useful (有効だとわかる)

1572
necessarily
副 必ずしも
類 inevitably, certainly
反 questionably

The development of eating disorders is not **necessarily** due to the depiction of attractiveness in the media.
摂食障害の発症は、必ずしもメディアが描写する美人像のせいではない。

1573
route
名 道
類 path, avenue

Bicycle **routes** should be built in all cities and riding bikes should be encouraged.
自転車道はあらゆる街で設けられるべきであり、自転車に乗ることは奨励されるべきだ。

1574
unlikely
形 可能性が低い
類 not probable
反 likely

It is **unlikely** that the air pollution problem will be solved within the next century.
大気汚染問題が次世紀に解決される可能性は低い。

1575
widely
副 広く
類 broadly, extensively
反 narrowly

Contraceptives are **widely** offered for free in the United Kingdom to help cut teen pregnancy rates.
10代の若者の妊娠率の引き下げに寄与するために、イギリスでは避妊具が広く無料で提供されている。
- widely available (広く利用可能な)
- widely believed (広く信じられた)

1576
widespread
形 広範な
類 extensive
反 narrow

Widespread distrust of the political establishment has led to low election turnout rates.
政治的既成勢力に対する広範な不信感は、低い選挙投票率をもたらした。
- widespread acceptance (広範囲な受容)
- widespread support (広範囲な支援)

0　　500　　1000　　1500　　2000　　2500　　3000　　3500　　4000　GOAL

1577
occur
動 起こる
類 happen, pass

If that war hadn't **occurred**, maybe we wouldn't have learnt how important peace is.
もしあの戦争が起きていなかったら、平和がどれほど重要なものか、わからなかったかもしれない。
● occur frequently（よく起こる）
● occur naturally（自然に起こる）

1578
element
名 要素
類 component
反 whole

The biggest **element** causing poverty is the lack of education.
貧困の最大の要素は教育不足である。
● a basic element（基本要素）　　● a key element（主要な要素）
● a core element（中核的要素）
● constituent elements（構成要素）

1579
liberal
形 自由主義的な
類 progressive
反 conservative

Liberal thinking is categorised as being more focused on human rights and equality.
自由主義的な考え方は、人権と平等をより重視していると考えられている。
● liberal democracy（自由民主主義）

1580
emphasis
名 重要視
類 stress, accentuation
反 underemphasis

An **emphasis** on long prison sentences rather than rehabilitation for drug offences has caused even more problems.
薬物犯罪のためのリハビリテーションよりも長い刑期を重要視することは、さらに多くの問題を引き起こしている。

1581
emphasise
動 強調する
類 stress, highlight
反 ignore

They **emphasise** the need for daily, one-to-one contact between parent and child.
彼らは、親と子の間の日常の一対一の触れ合いの必要性を強調する。

1582
seek
動 探し求める
類 look for

Young people often **seek** validation through social media platforms.
若者はしばしば、ソーシャルメディアプラットフォームを通して受け入れられることを探し求めている。
● seek help（助けを探し求める）
● seek information（情報を探し求める）

1583
maintain
動 養う
類 care for, keep up
反 neglect

Some young people are forced to **maintain** their parents in old age.
年老いた両親を養わなければいけない若者もいる。
● maintain contact（連絡を続ける）

1584
estate
名 私有地、地所、屋敷
類 property, residence

It's a typical country **estate** with a large house for the owner, farm buildings, and workers' houses.
それは、所有用の大きな家、農場建物、および労働者の家を備えた典型的な田舎の屋敷だ。

1585	A car accident can occur during a **brief** lapse of concentration, so drivers need to pay attention and not look at their smartphones whilst driving.
brief 形 わずかな、ちょっとした 類 short, hurried 反 lengthy	自動車事故はちょっとした集中力の低下で起きるため、運転手は運転中は注意を払い、スマートフォンを見るべきではない。 ● a brief description（短い説明）　● a brief introduction（短い導入）

1586	We must reduce the **volume** of carbon dioxide we put into the atmosphere.
volume 名 量 類 amount, quantity	私たちが大気中に放出する二酸化炭素の量を減らさなければならない。

1587	A renowned Japanese scientist recently **commented** that the progress of stem cell research has accelerated considerably.
comment 動 述べる 類 remark, state	名高い日本の科学者が最近、幹細胞の研究は目覚ましく進んでいると述べた。

1588	It should be mandatory for people earning above a certain income to **contribute** to the community.
contribute 動 寄付する、貢献する 類 donate, provide 反 take	一定以上の収入がある人々が共同体へ寄付することは義務であるべきだ。 ● contribute significantly（大いに貢献する） ● contribute to the development of（～の発展に寄与する）

1589	This invention made a major **contribution** to road safety.
contribution 名 寄付、貢献 類 donation, gift 反 subtraction	この発明は、交通安全に多大な貢献を果たした。 ● make a significant contribution to ～（～に多大な貢献をする）

1590	We have to **establish** more temporary camps to deal with the waves of refugees.
establish 動 設置する 類 create, build 反 close	難民の波に対応するためにさらに仮設小屋を設置しなければならない。 ● establish a relationship（関係を築く）

1591	I have to combat this **constant** desire to eat chocolate.
constant 形 絶えず続く、不断の、不変の 類 consistent, continuous 反 inconsistent	私は、チョコレートを食べたいというこの絶え間ない欲求と戦わなければならない。

1592	A good paper contains less **description** and more discussion of the issues.
description 名 描写、記述 類 account, explanation	よい論文というのは、描写が少なく、問題を論ずる部分がより多く含まれているものだ。

1600

0　　　500　　　1000　　　1500　　　2000　　　2500　　　3000　　　3500　　　4000 ─ GOAL

1593
advance
名 進歩、前進
類 progress, movement

Advances in modern medicine mean more people are surviving cancer.
近年の医療の進歩によって、多くの人々ががんを克服して生存している。

1594
express
動 表現する
類 show, convey
反 hide

A person should read a lot of books to be able to **express** themselves clearly.
明確に自己表現できるように、多くの本を読むべきである。

1595
external
形 外側の
類 outside, exterior
反 internal

You shouldn't judge people by their **external** appearance.
人を外見で判断してはならない。
- external factors (外的要因)
- external forces (外部の力)
- external influences (外部からの影響)
- external threat (外的脅威)

1596
generate
動 生み出す
類 produce, create
反 remove

Nature can **generate** incredibly powerful and useful energy for human consumption.
自然は信じられない程に強力で、人間が消費するのに有益なエネルギーを生み出すことができる。

1597
generation
名 世代

The current **generation** is often stereotyped as being lazier than previous generations.
現世代は、しばしば前世代よりも怠惰であるという型にはめられる。
- the generation of pressure-free education (ゆとり世代)
- bridge the generation gap (ジェネレーション・ギャップを埋める)

1598
stress
動 強調する
類 emphasise, highlight
反 reduce

It is important to **stress** that academic achievement is a huge factor in getting a good job in the future.
将来よい仕事を得る際に、学業成績がとてつもなく重要な要因であるかを強調することは重要である。

1599
welfare
名 福祉
類 prosperity, benefit
反 disadvantage

A generous **welfare** programme could help reduce poverty rates.
手厚い福祉計画は、貧困率を減少させるのに役立ち得る。
- a welfare reform (福祉改革)
- social welfare (社会福祉)
- welfare recipients (福祉受給者)

1600
secondary
形 中等の

Secondary education should be free to all children around the world, even if they don't plan to go to university afterwards.
中等教育は、たとえその後大学に行く計画がなかったとしても、世界中ですべての子どもたちにとって無料であるべきだ。
- secondary education (中等教育)

1601 **definition** 名定義、記述、描写、記載 類 description, explanation	The legal **definition** of what is and what is not pornography is very ambiguious. 何がポルノグラフィで何がそうでないかの法律上の定義は、非常に曖昧だ。
1602 **examination** 名検査 類 scrutiny, inspection	Careful **examination** of the aeroplane revealed minute cracks in the fuselage and wings, which may have caused it to crash. 飛行機の入念な検査により、機体と翼に、墜落の原因となった可能性のある微小なひび割れが明らかになった。
1603 **enable** 動 ～が～をできるようにする 類 allow, permit 反 hinder	Rehabilitation programmes **enable** prisoners to integrate back into society after completing their sentences. リハビリテーションプログラムは、囚人が刑を終えた後に社会復帰できるようにする。
1604 **explanation** 名説明 類 clarification, account	It's really annoying when a train is late and there's no **explanation**. 電車が遅れて説明がないのは本当にいらいらする。 ● give an explanation（釈明する）
1605 **creation** 名創造、新設、樹立 類 establishment, formation 反 destruction	The president has promised a new constitution and the **creation** of democratic power structures. 大統領は、新憲法と、民主的な権力構造の樹立を約束した。
1606 **sample** 名見本、標本 類 example, portion	When performing a scientific experiment, it is essential to have a large enough **sample** size. 科学的実験を行う際には、十分に大きな標本サイズを用意することが非常に重要である。
1607 **revolution** 名革命 類 drastic action, innovation 反 stability	In 1917 the Russian **Revolution** swept away the old order. 1917年、ロシア革命は旧体制を一掃した。
1608 **technique** 名技術 類 method	There are **techniques** to passing exams that often don't involve actual intelligence. 試験に合格するための技術では、実際の知能とは関係ないものがしばしば存在する。

1609
hole
名 穴
類 opening
反 closing

The large **hole** caused by mining is an environmental eyesore.
採掘が原因で生じた大きな穴は、環境の目障りである。
- be full of holes （穴／欠陥だらけ）
- make a hole in one's savings （貯金を大きく減らす）

1610
contemporary
形 現代的な、最新の
類 modern, up-to-date
反 old-fashioned

Although the play was written hundreds of years ago, it still has a **contemporary** feel to it.
その劇は数百年前に書かれたものであるにもかかわらず、今日に至るまで現代的な感覚を持っている。
- a contemporary issue （現代的な問題）
- contemporary society （現代社会）

1611
contain
動 含む
類 hold, include
反 exclude

Try to avoid foods which **contain** a lot of fat.
脂肪分を多く含む食べ物は避けるようにしなさい。
- contain information （情報を含む）
- contain elements （要素を含む）

1612
fundamental
形 基本的な
類 basic, crucial
反 superficial

The **fundamental** belief of that political party is its anti-immigration stance.
その政党の基本的信条は反移民の立場である。
- a fundamental change （基本的な変化）
- a fundamental difference （基本的なちがい）

1613
similarly
副 同様に
類 likewise
反 differently

People prefer not to travel far for their needs. **Similarly**, they don't like to wait for anything.
人々は、必要なもののために遠くまで移動したがらない。同様に、何のためであれ待つのを好まない。

1614
odd
形 奇妙な
類 different, weird
反 normal

Some people consider it **odd** that people get tattoos, whilst others simply consider it artistic expression.
入れ墨を奇妙だと思う人もいれば、単なる芸術的表現だと考える人もいる。

1615
crucial
形 決定的な、非常に重要な
類 necessary, vital
反 unimportant

Sex education is **crucial** to avoid teen pregnancy and high STD rates.
性教育は、10代の妊娠と性感染症の高罹患率を防ぐ上で非常に重要だ。
- a crucial role （重大な役割）
- crucial importance （決定的な重要性）

1616
equivalent
形 匹敵する
類 equal, corresponding
反 differing

Some women believe formula milk is not **equivalent** to breast milk and therefore prefer not to use it.
調合乳は母乳に匹敵しないと考えるため、使用しないことを選ぶ女性もいる。

combination
1617
名 結合
類 mixture, amalgamation
反 breakup

The **combination** of determination, skills and knowledge leads to a successful business career.
決断力と能力と知識の結合が、ビジネスキャリアを成功へと導く。

sum
1618
名 総額
類 total
反 part

If you cannot afford to pay the whole **sum** at once, the university allows you to pay your fees in two installments.
もし総額を一括払いする余裕がない場合には、大学は授業料を2回の分割払いすることを認めています。

unique
1619
形 独特な
類 alone, one-of-a-kind
反 normal

Some countercultures want to be **unique** and stand out from the crowd.
独特で他より突出した存在になることを望む反体制文化もある。
- a unique individual（独特な個性）
- a unique opportunity（独特な機会）
- a unique position（独自の地位）

republic
1620
名 共和国
反 monarchy

A **republic** has no monarchy.
共和国は、君主制を持たない。
- a democratic republic（民主共和国）
- a socialist republic（社会主義共和国）
- a banana republic（単一作物輸出に依存する小国）

interpret
1621
動 解釈する
類 understand, define

Holy texts are vague and can be **interpreted** in many different ways.
聖書の文章はあいまいで、さまざまな方法で解釈することができる。

interpretation
1622
名 解釈
類 understanding, analysis

Different religious groups often have varying **interpretations** of the same religious texts.
異なる宗教団体は、同じ教義書をしばしば違ったふうに解釈する。
- literal interpretation（文字どおりの解釈）

assist
1623
動 助け合う、支える
類 help
反 ignore

Some governments automatically **assist** each other in times of crisis.
危機にあっては、自然と助け合うような仕組みを作っている政府もある。

assistance
1624
名 援助
類 help, aid
反 damage

One thing local government can do is to encourage volunteers to offer **assistance** to the elderly people in their neighbourhoods.
地方自治体にできることの一つは、近隣の高齢者に援助を申し出るよう、ボランティアに促すことだ。

1625

expert

形 専門家の
類 knowledgeable, proficient
反 ignorant

You should seek **expert** advice before going into business.
事業を起こす前に専門家の助言を求めるべきである。
● an expert opinion（専門家の意見）

1626

enormous

形 ものすごい、巨大な
類 huge, vast
反 little

Enormous courage is needed to rescue someone from a fire.
誰かを火事から救うには、大変な勇気が必要だ。
● an enormous amount（膨大な量）
● an enormous impact（甚大なる影響）

1627

rarely

副 めったに〜しない
類 seldom, hardly ever
反 often

People **rarely** want to do community service, but it should be obligatory for all criminals.
社会奉仕活動を望む人々はめったにいないが、犯罪者は皆、強制的に社会奉仕すべきである。

1628

significantly

副 著しく
類 considerably, substantially
反 slightly

Significantly more people nowadays turn to the internet for a medical diagnosis, which can often lead to a panic.
今日、医療診断をインターネットで検索する人々が著しく増えており、そのことがしばしばパニックを引き起こしている。
● significantly higher（著しくより高い）
● significantly increase（著しく上がる）

1629

plain

形 普通の
類 normal, average
反 extraordinary

People with body image issues think that they look very **plain**, even when they are stunning.
外見を気にする人は、その人の外見が素晴らしい時でもいたって普通だと思っている。

1630

indicate

動 表示する
類 signify, display
反 suppress

Clear instructions must be **indicated** on medicine packaging, for fear of overdose or misuse.
過剰摂取または誤用をしないように、明確な指示を薬の包装に表示する必要がある。

1631

distinction

名 区別、差異
類 difference, contrast
反 conformity

Companies should make no **distinction** between the genders.
企業は性別で区別をつけるべきでない。
● the distinction between A and B（AとBの区別）
● recognise the distinction（区別を認識する）
● a sharp distinction（明確な区別）

1632

distinguish

動 区別する
類 differentiate, tell apart
反 connect

It's important to **distinguish** between business and pleasure.
仕事と娯楽を区別することは重要である。

1633	
assume 動 〜と仮定する、 みなす、引き受ける 類 believe, expect	Guilt shouldn't be **assumed** without evidence. 証拠なしに、有罪だとみなすべきではない。 ● assume responsibility（責任を引き受ける） ● assume the role（役割を引き受ける）
1634	
extend 動 拡大する 類 expand, enlarge 反 diminish	Public awareness of the dangers of AIDS should be **extended** with the help of leaflets and TV campaigns. エイズの危険性に対する社会認識は、リーフレットやテレビキャンペーンの助けを借りて拡大されるべきである。
1635	
extensive 形 幅広い 類 thorough, comprehensive 反 limited	You need to have **extensive** knowledge of English grammar in order to be an English teacher. 英語教師になるためには、英語の文法に関して幅広い知識を持っている必要がある。 ● extensive research（幅広い調査）
1636	
glad 形 嬉しい 類 happy, cheerful 反 glum	Many people in the world would be **glad** just to have a hot meal and a bed to sleep in. 世界中の多くの人は、ただ温かい食事と寝るための寝床があるだけで嬉しいであろう。
1637	
radical 形 過激な 類 fundamental, extreme 反 soft	**Radical** religious beliefs have caused many problems throughout history. 過激な信仰は、歴史上多くの問題を引き起こしてきた。 ● a radical change（過激な変化） ● radical differences（根本的な違い） ● a radical transformation（根本的変質）
1638	
identity 名 独自性 類 character 反 dissimilarity	Many young people tie their **identity** to the things they enjoy, particularly music. 多くの若者は、自分たちが楽しむこと、特に音楽に自分らしさを結び付ける。
1639	
formation 名 形成、陣形 類 arrangement, composition, establishment 反 destruction	The **formation** of the football team on the field is crucial to whether they win or lose. 競技場でのサッカーチームの陣形は、彼らの勝敗にとって極めて重要である。
1640	
criterion/criteria 名 基準 類 standard, specification	The Health Service should not be judged by financial **criteria** alone. 公共医療は、経済的な基準のみで判断されるべきではない。 ● meet the criteria（基準を満たす）

Level 2　必修 Active words

1641
conventional
形 伝統的な、月並みな、従来の
類 normal, standard
反 different

Auto-suggestive techniques can help in the treatment of diseases which cannot be cured by **conventional** medicine.
自己暗示法は、従来の医学では治せない病気の治療に有効である可能性がある。
- a conventional view（従来の見方）
- conventional wisdom（伝統的な知恵）

1642
framework
名 骨組み
類 foundation, core

The **framework** of the business is very delicate; all members, from top to bottom, must work equally to prevent collapse.
ビジネスの骨組みは非常に繊細であり、崩壊を防ぐために、上から下までメンバー全員が等しく働く必要がある。

1643
concentrate
動 集中する、傾注する
類 focus
反 spread

Educational funding must be **concentrated** on maths and the sciences.
教育上の投資は、数学と科学に傾注されるべきだ。

1644
concentration
名 集中力
類 close attention, engrossment
反 inattention

One job which requires a great deal of **concentration** is that of air traffic controllers, because they have to keep their focus on multiple things at the same time.
最も集中力を要する仕事の一つは航空管制官であろう。同時に複数のことに注意を払わなければならないからだ。

1645
depend
動 次第である、依る
類 count on, rely upon

The benefits one gets **depend** on one's position in the company.
一人が得る利益は、その人の会社における立場次第である。

1646
depend
動 頼る、当てにする
類 be able to trust, rely on
反 disbelieve

I think we can **depend** on this company to deliver a quality product.
この会社なら、質が高い商品を運んでくれると当てにしてもいいだろう。

1647
dependent
形 依存している
類 conditional on, determined by
反 independent of

It's very easy to become **dependent** on sleeping pills.
睡眠薬に依存することは非常に容易である。
- be increasingly dependent on ~（~にますます依存しつつある）
- be highly dependent on ~（~による部分が大きい）

1648
refer
動 付託する
類 assign
反 ignore

A case is **referred** to a parole board in order to evaluate a criminal's potential to reoffend, which is important in the rehabilitation process.
犯罪者の再犯可能性を評価するために仮釈放委員会に申し立てが付託されるが、このことは更生プロセス上、重要だ。

1649 **item** 名 商品 類 article, component	A successful business would have to sell a variety of **items**, rather than just one individual **item**, to make a healthy profit. ビジネスを成功させるには、一つの商品のみを販売するのではなくさまざまな商品を取り扱い、健全な利益を得る必要がある。
1650 **specifically** 副 特別に 類 expressly, particularly 反 generally	Critical resources should be **specifically** reserved not only for the elderly people but also children. 重要な資源は、年配者のためにだけではなく子どもたちのためにも特別に蓄えられておくべきだ。 ● be specifically designed for ～（～のために特別に設計された）
1651 **specify** 動 明示する 類 designate, design	Sometimes the rules don't **specify** the exact punishment. 時に規則は、正確な刑罰を明示していない。 ● clearly specified（はっきり明示されている） ● specify when/where/who/what/how（いつ／どこで／誰が／何を／どのようにを指定する）
1652 **representative** 形 代表する 類 characteristic, typical	Individuals are often not **representative** of the culture they came from. 個人は、しばしばその人が生まれ育った文化を代表しているわけではない。
1653 **parent** 名 親	A **parent** is the person from whom a child will learn most of their morals and beliefs. 子どもは自分の道徳と信念のほとんどを親から学ぶ。
1654 **reputation** 名 評判 類 image	For many teenagers, **reputation** is more important than academic success. 多くの10代の若者にとって、学問での成功よりも評判の方が重要だ。
1655 **decade** 名 10年間 類 ten years, decennium	Environmental awareness has increased dramatically over the past **decade**. 環境意識は過去10年間で劇的に高まった。 ● in the next decade（次の10年間に） ● for decades（何10年もの間）
1656 **publication** 名 出版物 類 printed material	Traditional print **publications** are falling in popularity against digital ones. 伝統的な印刷出版物は、デジタル出版物と比べて人気が落ちている。

1664

0　　500　　1000　　1500　　2000　　2500　　3000　　3500　　4000 GOAL

1657
resistance
名 抵抗
類 fighting, opposition
反 obedience

There has been much **resistance** to banning corporal punishment for children, despite many psychologists speaking against the ban.
多くの心理学者が反対を表明しているにもかかわらず、子どもへの体罰禁止に対して多くの抵抗が見受けられてきた。

1658
incidentally
副 ちなみに、ところで
類 coincidentally
反 purposely

Incidentally, people are brushing their teeth more frequently than they used to.
ところで、人は昔よりも頻繁に歯を磨いている。

1659
incident
名 事件
類 action, event

Nowadays, violent **incidents** are totally normal.
最近では、暴力事件は完全に日常茶飯事である。
● a regrettable incident (残念な出来事)
● without incident (何事もなく)

1660
examine
動 吟味する
類 analyse, inspect
反 ignore

You shouldn't sign any contract without **examining** its conditions carefully.
契約条件を慎重に吟味することなく、契約に署名すべきでない。
● examine the role of (〜の役割を吟味する)

1661
outcome
名 結果
類 consequence, effect
反 cause

The **outcome** of the clinical trials was not as expected, and the whole product was scrapped.
臨床試験の結果が期待通りではなかったので、すべての製品が破棄された。

1662
expansion
名 拡大
類 growth, expansion
反 decrease

The rapid **expansion** of the capital city has led to the quick construction of buildings.
首都の急速な拡大は、急速なビル建設をもたらした。

1663
drama
名 劇文学
類 theatrical piece, play

English **drama** has enjoyed a rebirth since the 1950s, with writers like John Osborne, Harold Pinter and Tom Stoppard.
1950年代以降、ジョン・オズボーン、ハロルド・ピンターそしてトム・ストップパードなどの作家と共に、イギリス劇文学は復活を遂げた。

1664
currency
名 通貨
類 money, cash

Business is easier to conduct when a stable **currency** is used.
ビジネスは、価値が安定している通貨が使われている方が容易だ。
● foreign currency (外国通貨)

1665 **absolute** 形 完全な、絶対的な 類 complete, total 反 partial	Some business managers have **absolute** authority over their staff, which can be determinantal to the company's performance. 社員に対して絶対的な権限を持つビジネスマネージャーも存在するが、これは会社の業績には有害である場合がある。
1666 **phenomenon** 名 現象 類 anomaly, wonder	Ball lightning is a rare natural **phenomenon**. 球電は珍しい自然現象である。 ● a common phenomenon（一般的現象） ● a phenomenon associated with ～（～と関連する現象）
1667 **philosophy** 名 哲学 類 principles, knowledge	The study of **philosophy** is vital for students to understand the world around them. 哲学の研究は、学生が彼らを取り巻く世界を理解するのにきわめて重要なものである。
1668 **regime** 名 体制 類 structure, organisation 反 anarchy	Sometimes a totalitarian **regime** is better than complete anarchy. 時に全体主義体制は、完全な無政府状態よりはましだ。
1669 **suffer** 動 苦しむ 類 deteriorate, endure 反 calm	Is it better to allow patients to **suffer** terminal illness or give them the choice to die peacefully? 患者を末期症状で苦しめることの方がよいのか、それとも穏やかに死ぬ選択を与えることの方がよいのか？
1670 **parallel** 副 並行して 類 side-by-side	Railway tracks often run **parallel** to roads. 線路は道路と並行して走っていることがよくある。
1671 **pack** 名 群れ 類 group 反 individual	Sometimes, humans will come together to act, like a wolf **pack**. 時々、人は狼の群れのように行動を共にする。
1672 **stable** 形 安定した 類 balanced, equal 反 unstable	People are happier when the economy is **stable** and predictable. 経済が安定していて予測可能な時に、人はより幸せを感じる。

1680

0　　500　　1000　　1500　　2000　　2500　　3000　　3500　　4000 — GOAL

1673
retirement

名 退職
類 stop working

As the population ages, the **retirement** age increases too.
高齢化が進むにつれて、退職年齢もまた上がっている。
● save for one's retirement（退職に備えて貯金する）
● be forced into early retirement（早期退職に追い込まれる）

1674
priority

名 優先
類 first concern, preference
反 unconcern

To cope with environmental issues and the strain on resources in the future, should encouraging a vegetarian diet be a **priority**?
環境問題と将来的な資源の逼迫に対処するため、菜食主義の奨励を優先するべきだろうか？

1675
successfully

副 うまく
類 favourably
反 unsuccessfully

As we still have not **successfully** achieved world peace, it is unlikely that we will be able to do so in the future.
未だに世界平和をうまく達成できていないので、将来達成できるとは考えにくい。

1676
comparison

名 比較、対照、類似
反 difference

It is difficult to make a **comparison** between business practices in different countries because work culture is often very different.
労働文化がしばしば非常に異なるため、異なる国の商慣行を比較することは難しい。

1677
greatly

副 大いに
反 inconsiderably

Smoking has **greatly** decreased in the UK due to legislation banning advertising on television and radio.
イギリスでは、テレビやラジオでの広告を禁止する法律制定により、喫煙が大いに減少している。
● greatly enhance（大いに高める）
● greatly influenced（大いに影響された）

1678
promotion

名 昇進
類 advance
反 demotion

People who have been loyal to their company for a long time should get a **promotion** for their hard work.
企業に対し、長い間忠実であった社員は、勤勉を評価されて昇進されるべきである。

1679
preparation

名 準備
類 plan

It is necessary to teach your children how to handle money, how to clean and cook, etc, in **preparation** for their adult lives.
自分の子どもにお金の扱い方や掃除、調理の仕方を教え、大人になる準備をしてあげる必要がある。

1680
arise

動 現れる、生まれる
類 appear, emerge
反 disappear

The trend for smartphones **arose** with the introduction of the iPhone in 2007.
スマートフォンの流行が生まれたのは、2007年に発売されたiPhoneがきっかけだった。

1681	
tense	It is normal for some people to feel **tense** at large social gatherings.
形 緊張した	大きな社交の場で緊張を感じる人がいることは、自然なことである。
類 under stress, pressured	● tense moment（緊迫の瞬間）
反 relaxed	

1682	
tension	**Tensions** between countries can only be resolved with the involvement of more powerful nations.
名 緊張	国家間の緊張は、より強力な国々の関与によってのみ解決され得る。
類 stress, anxiety	● tense moment（緊迫の瞬間）
反 calmness	

1683	
cycle	The life **cycle** of a frog consists of three stages: frog spawn, tadpole, and adult.
名 周期、サイクル、循環	カエルの生命周期は三つの段階から成り立つ。卵、オタマジャクシ、そして成体である。
類 course, period	

1684	
permission	Does a husband have to give his **permission** for his wife to be able to go out? And vice versa?
名 許可	夫は妻が外出できるために許可を与えなければならないか？ また その逆もしかりか？
類 authorisation, consent	
反 forbidden	

1685	
permit	You need to get a **permit** in order to carry a weapon.
名 許可証、承認	武器を運ぶために許可証を得なければならない。
類 authorisation	● permit application（許可申請）
反 ban	

1686	
distinct	Some feel that in modern society the differences between the genders are becoming less **distinct**.
形 はっきりと異なる	現代社会では、性別のはっきりと異なる差がますます薄れてきていると感じる人々もいる。
類 apparent, obvious	● a distinct group（はっきりと異なるグループ）
反 indistinct	● a distinct type（はっきりと異なるタイプ）

1687	
pace	The **pace** of modern life can be very fast and overwhelming.
名 速度	現代の生活の速度は非常に速く、人を圧倒するようなものでありうる。
類 speed, tempo	

1688	
intervene	If private services fail to deliver, it is sometimes necessary for the government to **intervene** and nationalise the service.
動 介入する	民営事業がうまくいかない場合、政府が介入し事業を国営化することも時には必要だ。
類 mediate, arbitrate	
反 ignore	

Level 2

必修 Active words

1689
intervention
名 介入
類 interference
反 non-interference

Early **intervention** is critical in addiction cases so that the proper help can be delivered on time.
中毒症状には、いち早く適切な助けを施すため、早期の介入が重要である。

1690
perform
動 遂行する
類 accomplish
反 dodge

If a team member is unable to **perform**, it is up to the others to support them.
チームメンバーが仕事を遂行できない場合、そのサポートをするのは他メンバーの義務である。
● perform a function（機能を果たす）
● perform a task（任務を遂行する）

1691
experiment
名 実験
類 test, investigation

Some people believe that **experiments** on animals should be banned.
動物実験は禁止されるべきだと考える人々もいる。

1692
achievement
名 達成、成就、業績
類 attainment, gaining
反 failure

One of Japan's greatest **achievements** was to rapidly recover from WWII.
第二次世界大戦から急速に立ち直ったことは、日本が成し遂げた偉大な業績の一つである。

1693
poverty
名 貧困
類 impoverishment
反 wealth

As the economy struggles, **poverty** and hunger are becoming more significant issues.
経済の低迷により、貧困と飢餓がより深刻な問題となりつつある。

1694
fewer
形 より少ない
類 relatively few
反 more

Fewer people smoke these days than in the past; it's not so popular.
最近、喫煙者は昔と比べて少なくなっているが、そのことはあまり知られていない。

1695
inevitably
副 必然的に
類 unavoidably
反 avoidably

Scientists consider that the Earth will **inevitably** be destroyed billions of years in the future with the death of the Sun.
科学者は、地球が将来、数10億年後に太陽の死とともに必然的に破壊されると考えている。

1696
perspective
名 視点
類 view, outlook

Adults should consider their children's **perspectives** when wondering why they are acting up.
大人は子どもがなぜ感情をむき出しにするのか疑問に思う時、子どもの視点で考えるべきである。

1697 ☐☐☐ **guarantee** 名 保証書 類 promise, pledge 反 breach	Most products, particularly technological ones, should be sold with a **guarantee** to make sure quality standards are upheld. ほとんどの製品、特に技術製品は、確実に品質基準が保たれるよう保証書付きで販売されるべきである。
1698 ☐☐☐ **intellectual** 形 知性的な 類 academic 反 simple	Everyone wants to be **intellectual**, but that isn't possible. 皆が知性的でありたいと願うが、それは不可能である。 ● intellectual property（知的資産）
1699 ☐☐☐ **draft** 名 草稿 類 plan, blueprint 反 final product	The first **draft** of most authors' novels needs a substantial amount of rewriting. ほとんどの著者の小説の最初の草稿には、相当な書き直しが必要である。
1700 ☐☐☐ **vary** 動 変わる、さまざまてある、異なる 類 change, alter	Religious beliefs **vary** dramatically between cultures. 信仰は、文化間で劇的に異なる。 ● vary considerably（相当に異なる） ● vary greatly（大きく異なる） ● vary significantly（著しく異なる） ● vary widely（大幅に異なる）
1701 ☐☐☐ **spare** 動 取っておく、さく 類 afford, allow 反 hold on to	I believe we can all **spare** a bit of money each month to give to charity. 慈善事業に寄付するために毎月少しのお金をさくことは、皆ができることだと思う。
1702 ☐☐☐ **visible** 形 明らかな 類 apparent, discernible 反 invisible	There is a **visible** wage gap between men and women that must be addressed. 男性と女性の間には、対処されねばならない明らかな賃金格差が存在している。
1703 ☐☐☐ **exception** 名 例外 類 omission, exclusion 反 inclusion	Men are usually quite good at map-reading but of course there are **exceptions**. 一般的に男性は地図を読むのがかなり得意であるが、もちろん例外もある。
1704 ☐☐☐ **accurate** 形 正確な、厳密な 類 correct, precise 反 inaccurate	A doctor has to get **accurate** information about an illness before providing a diagnosis. 医師は診断をする前に正確な情報を得なければならない。 ● an accurate assessment（厳密な評価） ● an accurate description（正確な説明）

Level 2 必修 Active words

1705
pride
名 誇り
類 dignity, honour
反 humility

A person should always take **pride** in their work, as long as they have done their best.
最善を尽くしたならば、常に自分の仕事に誇りを持つべきである。
● national pride（国家威信）

1706
furthermore
副 さらに
類 in addition, moreover
反 formerly

Italy was unable to reach the tourism numbers they had enjoyed the year before. **Furthermore**, other industries shrank as well.
イタリアは前年の観光客数に達することができなかった。さらに、他の産業も同様に縮小したのである。

1707
fee
名 費用
類 payment, cost

It's not worth winning a court case if you end up losing all your savings in legal **fees**.
裁判費用のために貯金のすべてを失うはめになるのであれば、訴訟に勝つ価値がない。

1708
bond
名 絆、結びつき
類 friendship, relationship
反 break

After World War Ⅱ, Japan and the United States created a strong **bond** that has lasted for many decades.
第二次世界大戦後、日本と合衆国は過去数10年にわたる強い絆を築いた。

1709
observation
名 見られること
類 consideration, conclusion
反 inattention

A common **observation** is that individuals will often imitate the behaviour of the group they are a part of, whether positive or negative.
よく見られることとして、人々は自分が属するグループのふるまいを真似する。それがよいものであれ悪いものであれ。

1710
observer
名 観察者
類 spectator
反 participant

Sometimes, an **observer** sees more than a participant, and thus understands the situation better.
観察者は参加者よりもよく見ているので、状況をよりよく理解することもある。

1711
ultimately
副 最終的に
類 eventually
反 immediately

Large corporations may **ultimately** become the deciders of how society functions.
大企業は最終的に、社会がいかに機能するかを決定する存在になるかもしれない。

1712
precise
形 正確に、正確な
類 exact, accurate
反 ambiguous

Punishments should be **precise** and tailored to each offender, even if it costs more.
処罰は、たとえ代償が高くつこうとも、各犯罪者に合わせ正確に下されるべきである。
● a precise definition（正確な定義）
● the precise nature（正確な性質）

183

1713 □□□ **device** 名 装置、道具 類 instrument, tool	Firefighters used a special **device** for finding people trapped in collapsed buildings. 消防士たちは、倒壊した建物の中に埋もれた人々を探し出すための特別な装置を使った。
1714 □□□ **varied** 形 変化に富んだ 類 different, diverse, mixed 反 same	I think that a **varied** career with multiple jobs is better than a long career in the same job. 多くの職に就き変化に富んだキャリアを持つ方が同一職で長いキャリアを持つよりもよいと思う。
1715 □□□ **possession** 名 所有物 類 object	Some may consider their home their most precious **possession**. What do they do when they lose it? 自分の家が最も大切な所有物と考える人もいるが、それを失った時、彼らはどうするのだろうか?
1716 □□□ **discovery** 名 発見 類 finding, uncovering 反 secret	Various ecological issues have come to the fore since the **discovery** of the hole in the ozone layer. オゾン層ホールの発見以来、さまざまな生態学的問題が表面化してきた。
1717 □□□ **readily** 副 手軽に 類 quickly, effortlessly 反 unwillingly	Should antibiotics be **readily** available for all who want them? Or could misuse lead to them becoming less effective? 抗生物質は、欲しい人全員にとって手軽に利用可能なものであるべきか? それとも乱用によって抗生物質の効果は低下し得るのか? ● readily accessible (容易に利用できる) ● readily available (容易に手に入る)
1718 □□□ **determination** 名 決断力 類 resolution, perseverance 反 cowardice	**Determination**, teamwork skills and leadership capabilities are important when looking for a job. 仕事を探す上で大切なのは、決断力、チームワーク、そしてリーダーシップ能力である。
1719 □□□ **psychological** 形 精神的な 類 cognitive 反 physical	Neither physical nor **psychological** torture against prisoners is acceptable. 身体的か精神的かを問わず、拷問は許容されない。
1720 □□□ **expense** 名 出費 類 cost, payment 反 saving	Textbooks are a serious **expense** for university students. 教科書は大学生にとってかなりの出費である。 ● at the least possible expense (できるだけ費用をかけないで) ● at the company's expense (社費で)

Level 2 必修 Active words

1721
mode
名 状態
類 manner, way

Caffeine addiction is a big problem, and many workers go into a low, non-productive **mode** without it.
カフェイン中毒は大きな問題であり、多くの労働者はそれがないと低生産的・非生産的モードとなる。

1722
variation
名 変動
類 difference, alternative
反 uniformity

Hot-air balloons take advantage of the natural **variation** in winds at different altitudes.
熱気球は異なる高度における風の自然変動を利用する。

1723
export
動 輸出する
類 sell abroad, shipped overseas
反 import

When a product sells well in its own country it is often **exported**.
製品がその国でよく売れた場合、輸出されることが多い。

1724
estimate
動 推定する
類 calculate, roughly guess
反 affirm

It has been **estimated** that one in eight couples is infertile.
8組に1組が不妊症であると推定されている。
● be roughly estimated at ～（およそ～と見積もられる）
● be variously estimated at from A to B
（AからBまでさまざまに見積もられている）

1725
formula
名 公式
類 blueprint
反 deviation

Scientists must be very careful with the **formulas** they use as, particularly in medicine, miscalculations can have disastrous consequences.
特に医学では、計算ミスが悲惨な結果をもたらすことがあるため、科学者は使用する公式に非常に慎重になる必要がある。

1726
formulate
動 策定する
類 plan, define, codify
反 disorganise

Military commanders in the army must **formulate** solid war strategies.
軍司令官は堅実な戦争戦略を策定する必要がある。
● formulate a theory（理論を構築する）
● formulate a policy（政策を策定する）

1727
continuous
形 絶え間のない、途切れない
類 constant, unending
反 discontinuous

Continuous screen time is not healthy for a child's eyes.
画面を絶え間なく見続けることは、子どもたちの目の健康によくない。
● a continuous process（途切れない過程）

1728
opposed
形 反対する
類 antagonistic
反 in favour of

People have every right to be **opposed** to individual laws.
人々には個々の法律に反対する権利が当然ある。
● be strongly opposed to ～（～に強く反対する）

1729	
component 名 成分、構成要素、部品 類 part, piece 反 whole	Sometimes a car **component** will fail and, if it is covered by the warranty, it should be replaced by the car manufacturer. 車の部品はしばしば壊れることがあり、もし保証が利くならば、自動車製造会社に請け負ってもらうべきだ。
1730	
trend 名 流行 類 style, fashion	Some teenage **trends** are considered dangerous. 10代の若者の流行の中には危険だと見なされるものもある。 ● a current trend（近年の動向） ● a growing trend（高まりつつある傾向） ● set a trend（流行を作り出す）
1731	
uniform 形 同じような 類 consistent, 　homogeneous 反 heterogeneous	In many organisations, it is preferred that people behave in a **uniform** fashion. 多くの組織の中では、人々が同じようなやり方で行動することが望ましいとされている。
1732	
regulate 動 規制する 類 manage, organise 反 deregulate	If drugs were legalised, they could be **regulated** and taxed. 薬物が合法化される場合は、規制され、課税され得る。 ● be strictly regulated（厳しく規制されている） ● automatically regulate（自動調節する）
1733	
regulation 名 規制 類 procedure	We need more **regulation** on junk food. ジャンクフードをもっと規制する必要がある。 ● follow / obey / observe regulations（規制に従う） ● a regulation against 〜ing（〜することを禁ずる規制）
1734	
collapse 名 崩壊 類 fall 反 growth	With a stock market **collapse** comes great economic turmoil and hardship. 株式市場の崩壊は、経済の大混乱と試練を招く。 ● the collapse of the stock market（株式市場の崩壊） ● the collapse of communism（共産主義の崩壊）
1735	
purely 副 純粋に 類 simply, absolutely 反 partly	Procedures that are **purely** cosmetic should not be insured. 純粋に美容目的の処置には、保険が掛けられるべきではない。 ● purely by chance（全く偶然に） ● purely and simply for the money（純粋にお金のために）
1736	
commonly 副 一般に、通例、よく 類 often, frequently 反 seldom	Oil is a **commonly** used resource in a variety of products, from cosmetics to plastics. 石油は化粧品からプラスチックに至るまで、あらゆるものによく使われている。 ● commonly accepted（一般的に受け入れられた） ● commonly used（よく使われる）

Level 2
必修 Active words

1737
consequently
副 結果として、従って
類 as a result,
　　as a consequence

Flexible workers are in great demand, and **consequently** earn high salaries.
柔軟な人材は引く手あまたであり、結果として高い給料を得ている。

1738
raw
形 生の
類 uncooked
反 well-done

Raw meat is likely to contain harmful bacteria such as Salmonella.
生肉はサルモネラ菌のような細菌を含んでいる可能性がある。
● eat oysters raw（カキを生で食べる）
● raw materials（原料）

1739
vulnerable
形 なりやすい、傷つきやすい
類 defenceless, exposed
反 protected

Children born into a family where drug addiction is an issue are **vulnerable** to becoming addicts themselves.
麻薬中毒が問題である家に生まれた子どもは、自らが中毒者になりやすい。
● a vulnerable group（弱者）
● be vunerable to temptation（誘惑に弱い）

1740
refuse
動 拒絶する
類 deny
反 accept

We reserve the right to **refuse** entry to those dressed inappropriately.
不適切な服装をされている方には入場をお断りすることがあります。

1741
potentially
副 可能性がある
類 likely, conceivably
反 improbably

In the future, people could **potentially** travel in SkyTrain.
将来的に人々はスカイトレインで旅行できる可能性があるだろう。
● potentially dangerous（潜在的に危険）

1742
machinery
名 機械
類 apparatus, appliances

Machinery is now far more advanced and safer than it used to be.
機械は以前よりもはるかに高度で安全になった。

1743
define
動 定義する
類 characterise
反 misrepresent

How do we **define** a drug as illegal compared to a legal substance that is addictive?
依存性がある合法的な物質と比較して、違法薬物をどう定義したらよいのだろうか。

1744
definite
形 一定の、明確な、的確な
類 explicit, exact
反 ambiguous

If you want to achieve a **definite** improvement in your English, you need to practice a lot.
英語力の明確な向上を望むのであれば、たくさん練習しなければならない。

1745 **coalition** 名 連立 類 alliance 反 individual	When one political party doesn't achieve a majority, they sometimes have to form a **coalition** with other parties. ある政党が多数を占めることができなかった時、他の政党との連立を余儀なくされることがある。
1746 **manipulation** 名 操作 類 guidance	The **manipulation** of opinions and the stoking of hatred towards certain groups has long been a tool of the media. 意見の操作と特定グループに対する憎悪感情のあおりは、長年に渡りメディアの手法であった。
1747 **manual** 形 手の 類 done by hand 反 mechanical	Although machine work is common, many people still find value in the **manual** processes, often preferring products that are made by hand. 機械作業が一般的となっても、多くの人は依然として手作業に価値を見出し、ハンドメイドの製品を好む。 ● a manual worker（肉体労働者）
1748 **demonstrate** 動 はっきり示す、証明する 類 display, show 反 conceal	Most people do not understand the risks of taking drugs unless you clearly **demonstrate** the risks to them. 危険性をはっきりと示さなければ、大抵の人は薬物摂取の危険性を理解できない。
1749 **manipulate** 動 操る 類 manoeuvre 反 idle	The media has become very able to **manipulate** people's opinions to fit their own agenda. メディアはその考えに合うように人々の意見を簡単に操ることができるようになった。
1750 **quantity** 名 量 類 amount	A huge **quantity** of drugs is being brought into the UK from traffickers in Eastern Europe and Asia; this must be tackled. 大量の薬物が東欧・アジアの違法商人からイギリス国内に運び込まれており、この問題に取り組まなければならない。
1751 **intense** 形 激しい 類 forceful, severe 反 mild	Many scientists say that global warming has led to more **intense** weather patterns around the globe. 多くの科学者は、地球温暖化がより激しい気象状況を世界中にもたらしたと述べている。
1752 **indication** 名 示すもの、徴候 類 evidence, clue	Current statistics give very little **indication** of how the economy will change over the next year. 現在の統計では、経済が今後一年間どのように変化するかに関して示すものはほとんどない。

0 　 500 　 1000 　 1500 　 2000 　 2500 　 3000 　 3500 　 4000 ─ GOAL

1753
interaction
名 交流
類 communication
反 disconnection

Children's **interactions** with each other must be monitored closely, as children will often fight over minor things.
子どもたちはよく些細なことで喧嘩をするので、子ども同士の交流は近くで見守るべきである。

1754
inadequate
形 不十分な
類 insufficient, deficient
反 adequate

The evidence for global warming is considered **inadequate** by certain political groups.
特定の政治団体は、地球温暖化の根拠を不十分と考えている。

1755
repair
動 修理する
類 fix
反 break

Learning to **repair** your own car is an important skill that many people lack.
自分の車を修理することを学ぶことは、多くの人々に欠けている重要な技能だ。

1756
grade
名 等級
類 rank, level

The company produces a top **grade** product.
この会社は最高等級の製品を生産する。

1757
valid
形 有効な
類 right, genuine
反 invalid

The results won't be considered **valid** until they are analysed for errors.
結果は、誤りがないか分析されるまでは有効だとは見なされない。
● valid argument (有効な主張)

1758
deny
動 否定する
類 contradict, reject
反 accept

There are anti-environmentalist groups that **deny** climate change.
気候変動を否定する、反環境保護活動団体が存在する。
● deny access to O (Oへのアクセスを拒否する)

1759
abstract
形 抽象的な
類 conceptual, theoretical
反 concrete

Many pieces of art nowadays are **abstract**, so people can discuss what the art's meaning is together.
今日の芸術作品の多くが抽象的であるがゆえに、人々は作品の意味を一緒に討議することができる。
● an abstract concept (抽象的な概念)

1760
monitor
動 監視する
類 watch carefully, check
反 ignore

It is necessary to **monitor** conflicts in neighbouring countries, in case preparations for war are needed.
戦争の準備が必要となった場合に備え、近隣諸国の争いを監視する必要がある。

1761	With the **uncertainty** of how resources will be distributed in the future, should families be limited to one or two children?
uncertainty	将来、資源がどのように分配されるかが不確実である中、家族は一人か二人の子どもに限定されるべきか？
名 不確実	
類 doubt, ambiguity	
反 certainty	

1762	Nowadays, people's **perception** of the world around them is almost completely decided by the media.
perception	今日、人々を取り巻く世界に対する理解は、ほぼ完全にメディアによって決められている。
名 理解	
類 understanding, idea	

1763	Is it okay for people to have a **preference** in their romantic partners, when that **preference** is something a person can't change, such as their height?
preference	恋人の好みとして、身長のようにその人には変えることのできないものを定めるのはいいことなのだろうか？
名 好み	
類 choice, inclination	
反 dislike	

1764	Although women are **typically** the childcare providers, this may well shift in the future.
typically	女性が育児を担当することが典型的であるものの、このことは将来、十分に変わり得る。
副 典型的に	
類 usually	
反 never	

1765	What measures can be taken to **tackle** global warming?
tackle	地球温暖化に取り組むためにはどんな手段が講じられ得るのか？
動 取り組む	● tackle environmental problems（環境問題に取り組む）
類 deal with, engage in	● tackle my homework（宿題に取り組む）
反 pass over	

1766	Eventually, South Korea and Japan reached a **compromise** in the 1960s and agreed to start normal relations.
compromise	韓国と日本は1960年代に最終的に歩み寄り、通常の関係を始めることに同意した。
名 妥協、和解、歩み寄り	
類 agreement, understanding	
反 demand	

1767	With 24-hour news sites, new news constantly **emerges** as soon as it happens.
emerge	24時間のニュースサイトでは、新しいニュースが発生するとすぐに出る。
動 現れる	
類 appear	
反 disappear	

1768	It is impossible to **justify** capital punishment, regardless of the individual's crime.
justify	どのような犯罪であろうと、死刑を正当化することは不可能である。
動 正当化する	
類 warrant	
反 condemn	

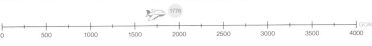

Level 2　必修 Active words

1769
label
動 分類する
類 define, name

It is unfair to **label** all women as emotionally weak and all men as emotionally cold.
すべての女性が感情的にもろく、すべての男性が感情的に冷たいと分類するのは不公平である。

1770
reluctant
形 嫌がる、渋っている
類 unwilling, loath
反 eager

Children are often **reluctant** to eat vegetables.
子どもは野菜を食べるのを嫌がることが多い。

1771
destroy
動 破壊する
類 demolish, devastate
反 create

Most of the oldest parts of the city were **destroyed** by bombs during the war.
戦時中、爆撃によって旧市街地区のほとんどが破壊された。

1772
pity
名 同情
類 empathy, compassion

It may sometimes be difficult to have **pity** for the homeless, especially if you have become convinced that they are drug users or alcoholics.
ホームレスが麻薬やアルコール中毒者であることをあなたが確信すると、彼らに対して同情することは難しいかもしれない。

1773
reflection
名 反映
類 indication

An individual's happiness is a **reflection** of the health of the society they live in.
個人の幸せは、彼らが住んでいる社会の健やかさの反映である。

1774
diplomatic
形 外交的な、如才ない
類 tactful
反 rude

Managers must be **diplomatic** when dealing with their employees, so as to keep interpersonal tensions to a minimum.
マネージャーは、従業員への対応において、人間関係の緊張状態を最小限にするために如才なくしなければならない。

1775
acquire
動 取得する、身に着ける、買収する
類 obtain, receive
反 lose

Some large corporations spend huge amounts of money to **acquire** rival companies and dominate the market.
同業他社を巨額の資金で買収し、市場を独占する大企業もある。
● acquire knowledge（知識を得る）

1776
gender
名 性別
類 masculine, feminine

More people are not identifying with either **gender**, as they feel they are neither male nor female.
自分が男性でも女性でもないと感じてどちらの性別にも属さないと考える人が増えている。
● gender equality（性の平等性）
● a gender stereotype（性の固定概念）

1777	
invasion	Taking photos of celebrities while out shopping is an **invasion** of their privacy.
名 侵略、侵害	セレブたちが外で買い物をしている写真を撮るのはプライバシーの
類 attack, encroachment	侵害である。
	● prevent a foreign invasion（外国の侵入を防ぐ）

1778	
compete	As a form of entertainment, museums cannot **compete** with modern entertainment such as Netflix, YouTube and video games.
動 競争する、匹敵する	娯楽としての美術館は、NetflixやYouTube、ビデオゲームといっ
類 match, keep up with	た現代の娯楽と競争することができない。
反 surrender	

1779	
competitor	Some businesses will do anything to take down a **competitor**.
名 競争相手、商売がたき	商売がたきを蹴落とすためなら何でもするビジネスもある。
類 adversary	
反 friend	

1780	
alter	Racism can only be tackled when you **alter** people's views on immigrants.
動 変える	人種差別に対処するためには移民に対する人々の見方を変えるしか
類 change	ない。
反 maintain	

1781	
impose	The government is set to **impose** a tax on sugary products to combat obesity.
動 課す	政府は肥満と闘うために、砂糖を含む製品に税金を課す見込みだ。
類 set, dictate	● impose limitations/restrictions（制限を課す）
反 displace	

1782	
lecture	It is possible that many **lectures** in the future will be delivered by a hologram or a computerised professor.
名 講義	多くの講義が将来的にはホログラムやコンピューター化された教授
類 lesson, class	により行われる可能性がある。

1783	
outline	Governments are required to provide an **outline** of upcoming legislation to citizens that is easy to understand.
名 概要	政府は法律案の概要を国民にわかりやすく提供する必要がある。
類 summary, gist	
反 detail	

1784	
comparable	A poor person stealing food and a rich person stealing time are not **comparable**.
形 比較できる	食べ物を盗む貧しい人と、時を盗む金持ちの人とは比較できない。
類 analogous	
反 incomparable	

Level 2 必修 Active words

1785
isolation
名 孤立
類 seclusion

Due to the internet and exam pressures, many teenagers can suffer from **isolation** and struggle to make real-world friends.
インターネットと試験のプレッシャーから、多くのティーンエイジャーは孤立し、現実世界の友人を作るのに苦労している。

1786
realistic
形 現実的な
類 sensible, matter-of-fact
反 unrealistic

The complete elimination of plastic to protect the environment is not **realistic** until a substitute material becomes widely available.
代替材料が広く利用可能なものとなっていないかぎり、環境保護のためにプラスチック製品を完全に排除することは現実的ではない。

1787
separation
名 分離
類 detachment, disengagement
反 connection

Some believe that the moral downfall of society followed the **separation** of church and state.
社会の道徳的退廃は教会と国家の分離の後に起こったと考える者もいる。

1788
conception
名 概念、着想、妊娠
類 creation, genesis
反 destruction

It can be many years between a product's **conception** and its release date.
商品の着想から最終的な形となるまでには、多くの年数を要する場合がある。

1789
substitute
名 代用（物）
類 alternative

Love from friends is no **substitute** for love from close relatives.
友人からの愛は、近親者からの愛の代わりにはならない。

1790
differ
動 異なる、違う
類 be dissimilar, contrast with
反 coincide

Usually, eyewitness accounts of an incident **differ** markedly from police reports of what happened.
大抵、事件についての警察による報告と、目撃者による証言は大きく異なる。
● differ significantly（大いに異なる）
● differ widely（大いに異なる）

1791
consensus
名 一致、同意、合意
類 agreement, harmony
反 disagreement

In Japanese business meetings, nothing is finalised until a **consensus** has been reached with all members.
日本式の会議は、全員の同意が得られるまで終わらない。
● reach a consensus（全員が同意する）

1792
instance
名 例、場合
類 example, case

We have seen too many **instances** where advanced technologies have not worked as intended.
先進的技術が意図されたようには機能しない実例をあまりにも多く見てきた。

1793 **partial** 形 部分的な 類 incomplete, limited 反 whole	Teachers are, at least, a **partial** influence on a child's ethical values. 先生は子どもの論理的価値に少なくとも部分的な影響を与えている。
1794 **partially** 副 部分的に 類 incompletely, moderately 反 completely	Happiness is at least **partially** decided by the amount of money a person has. 幸福は、少なくても部分的には所持するお金の量によって決まる。
1795 **resolve** 動 解決する 類 find a solution 反 complicate	The problems will not be **resolved** unless everyone communicates with each other. 皆がお互いにコミュニケーションを取らない限り、その問題は解決されないだろう。 ● resolve a conflict（衝突を解決する） ● resolve a dispute（口論を解決する）
1796 **divide** 動 分割する 類 separate, split 反 join	After the Second World War, Germany was **divided** into two separate countries. 第二次世界大戦後、ドイツは二つの独立した国に分割された。
1797 **dynamic** 形 活動的な 類 active, vital 反 idle	Young and **dynamic** people are a great addition to most teams. ほとんどのチームにとって若くて活動的な人は大きな戦力増強になるであろう。 ● a dynamic city（活力に満ちた都市） ● a dynamic speaker（力強い演説者）
1798 **remainder** 名 残り 類 rest	People who have terminal illnesses should be able to spend the **remainder** of their lives doing what they want to. 末期疾患の患者は、好きなことをしながら、彼らの残りの人生を過ごせるようにすべきだ。
1799 **preserve** 動 保存する 類 care for, maintain 反 destroy	Some may argue that we have to sacrifice some resources to **preserve** the items and architecture of the past. 過去の作品や建造物を保存するため、いくらかの財源を犠牲にしなければならないと主張する人もいる。
1800 **relevance** 名 関連性 類 pertinence, applicability 反 irrelevance	Some people believe learning in school no longer has any **relevance**, with all the information available online. 学校で学ぶことは、もはやオンライン上で入手できるあらゆる情報と全く関連性がないと信じている人たちもいる。

194

1801
restore
動 元の状態に戻す
類 recover, reconstruct
反 damage

Is it possible to totally **restore** democracy in countries that have lost it?
民主主義を失った国が民主主義を完全に元の状態に戻すことは可能か？

1802
prior
形 以前の
類 earlier, previous
反 later, subsequent

The new left-wing government wants to move away from **prior** right-wing policies.
新しい左翼政府は、以前の右翼的政策から離れたいと思っている。
● prior experience（以前の経験）
● prior knowledge（以前の知識）

1803
peaceful
形 平和な
類 calm
反 war-torn

Despite beliefs to the contrary, the world right now is the most **peaceful** it has ever been.
反対の考えもあるが、世界は現在これまでで最も平和である。

1804
praise
名 ほめること
類 adoration
反 punishment

Both animals and children respond well to **praise**.
動物も子どももほめられることによく反応する。
● deserve high praise（高い称賛に値する）
● receive great praise from [人]（[人]から大いにほめられる）

1805
contrary
形 反対な
類 antagonistic, opposite
反 similar

Contrary to popular belief, wet hair doesn't lead to colds.
一般に信じられていることとは反対に、濡れた髪の毛は風邪を引く原因とはならない。
● contrary to our interests（私たちの利益に反する）
● It is contrary to reason to ～（～することは理屈に反する）

1806
chaos
形 混沌、カオス
類 disorder, turmoil
反 order

Without law, there would be absolute **chaos**.
法がなければ、完全な混沌だろう。
● plunge ～ into chaos（～を混乱に陥れる）
● rise out of chaos（混乱から立ち上がる）

1807
privilege
名 恩恵
類 luxury
反 disadvantage

People born into rich families should acknowledge that they were born with **privileges** poor people do not have, and have naturally easier lives.
裕福な家庭に生まれた人は、貧しい人が受けらない恩恵を受けており、生まれつき楽な人生を生きているという認識を持つべきである。

1808
spectrum
名 範囲
類 range

Autism is on a **spectrum**; it can go from very mild to extreme cases, in which the person isn't able to take care of themselves.
自閉症には、非常に軽度のものから自分の面倒を見ることができないほど極端なものまで範囲がある。

1809	
adoption 名 養子縁組、採用、採択 類 take as one's own 反 abandonment	The church is against the **adoption** of children by same-sex couples. 教会は、同性愛者による子どもの養子縁組に反対している。 ● widespread adoption (広範な採用)

1810	
possess 動 所有する 類 have, obtain 反 lack	Many people feel that their lives are incomplete if they do not **possess** certain material objects that broadcast their social status amongst their peers. 多くの人は、仲間の間で社会的地位を宣伝するような物質的なものを所有していないと、彼らの人生を不完全なものと感じる。

1811	
prevention 名 予防 反 assistance	**Prevention** is always better than cure. 予防は常に治療よりもよいものである。 ● crime prevention (犯罪予防)

1812	
socially 副 社会的に 類 communally, publicly 反 individually	Being extroverted is a sign of being **socially** healthy. 外向的であるということは、社会的に健康であることの証拠である。 ● socially acceptable (社会的に容認できる) ● socially desirable (社会的に望ましい) ● socially responsible (社会的に責任のある)

1813	
dismissal 名 解雇 類 dischange, redundancy 反 recruitment	A job **dismissal** should come with financial compensation; people shouldn't lose their job and recieve nothing. 解雇は金銭的補償を伴うべきである。人々は職を失い、無一文であるべきでない。

1814	
broadcast 動 放送する、放映する、ばらまく 類 announce, circulate	People should not **broadcast** their personal information over the internet because it's easy to steal. 個人情報は盗まれやすいので、インターネット上にばらまくべきではない。

1815	
pray 動 祈る 類 plead, worship	Regardless of whether it works or not, some feel comforted when they **pray** for help. 効果のほどは別として、助けを求める時に祈ることで落ち着く人もいる。

1816	
extract 動 抽出する 類 derive, take out 反 insert	The oil which is **extracted** from olives is used for cooking. オリーブから抽出される油は調理用に使用される。 ● extract information (情報を摘出する)

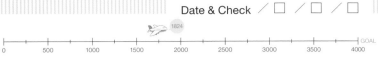

1824

0 ⊢ 500 ⊢ 1000 ⊢ 1500 ⊢ 2000 ⊢ 2500 ⊢ 3000 ⊢ 3500 ⊢ 4000 ┤ GOAL

1817

favourable

形 好意的な
類 advantageous,
　　beneficial
反 harmful

It's important for a new restaurant to receive **favourable** reviews.
新しいレストランにとって、好意的な評価を得ることは重要である。

1818

conclude

動 結論を下す
類 judge, decide
反 waver

It would be safe to **conclude** that IELTS is the most widely accepted English language test.
IELTSは最も広く受け入れられている英語テストであると結論づけてよいであろう。

1819

remark

名 言葉、意見
類 comment
反 question

People shouldn't take every **remark** another person makes about them personally.
人々は、自分に関する他人の言葉をすべて当てつけだと思うべきではない。

1820

passive

形 消極的な
類 lifeless, apathetic
反 active

Bosses who are **passive** to their employees' needs will experience high turnover.
従業員の要求に消極的な社長は、高い離職率を経験するであろう。

1821

rigid

形 厳格な
類 stiff, severe
反 soft

A **rigid** upbringing only creates an oppressed child.
厳格なしつけは抑圧された子どもを生み出すだけである。
● rigid hierarchy（厳格な階層）

1822

rigorous

形 厳しい
類 strict
反 easy-going

More **rigorous** discipline is required in the classroom, as children are behaving far worse than they did before.
子どもたちは以前よりもはるかにひどい態度を取っているので、教室の中ではより厳しい規律が求められている。

1823

corruption

名 堕落、腐敗、汚職
類 dishonesty
反 decency

Corruption is a massive issue in many governments around the world, with huge amounts of public money being stolen.
世界中の多くの政府で汚職が大問題となっており、莫大な公的資金が盗まれている。

1824

insight

名 洞察力
類 awareness, acumen

Business advisors are known for their **insight** into market trends and movements.
ビジネスアドバイザーは、市場動向と変動に関する洞察力で知られる。

1825		
enhance	Many women seek to **enhance** their natural features through cosmetic surgery.
動 さらによくする	女性の多くは、美容整形により自然な顔立ちよりさらによく見せようとする。
類 embellish, augment	● enhance learning (学びの質を高める)
反 diminish	● enhance performance (パフォーマンスを高める)

1826		
accurately	It is very difficult, if not impossible, to **accurately** predict what the stock market will do in the future.
副 正確に、厳密に	株式市場が将来引き起こす事態を正確に予測することは不可能とは言わないまでも、非常に難しい。
類 correctly, precisely	
反 inaccurately	

1827		
propose	A leader must **propose** appropriate solutions for problems.
動 提案する	リーダーは問題に対して適切な解決策を提案しなければならない。
類 suggest, ask	● propose a plan (企画を提案する)
反 reject	● propose a theory (理論を提案する)

1828		
beneficial	It has been proved that exercise and healthy food are **beneficial** for mental health issues.
形 利益がある、メリットをもたらす	運動と健康的な食事が、精神的な健康問題にメリットをもたらすことが証明されている。
類 benign, constructive	● a beneficial effect (メリットをもたらす効果)
反 disadvantageous	

1829		
independently	Many believe that it is important for young people to live **independently** before marriage so that they can learn to take care of themselves.
副 自立して	自分で自分の面倒を見ることを学べるため、若者が結婚前に自立して生活することは重要だと多くの人が確信している。
類 freely, individually	
反 dependently	

1830		
commit	As a company, we are **committed** to taking environmental concerns into account in all our decisions.
動 取り組む、献身する	私たちは会社としてその決定のすべてにおいて、環境的事柄を考慮に入れることに真剣に取り組んでいる。
類 devote, dedicate	● be committed to 〜/ commit oneself to 〜 (〜に献身する)
反 abstain	

1831		
correlate	Too much food, and food which is nutritionally empty, **correlate** with obesity.
動 対応する、相互に関連する	過剰な食料も、栄養が足りない食料も、肥満に相互に関連する。
類 equate, correspond	
反 separate	

1832		
correlation	There's a **correlation** between smoking and cancer.
名 相互関係、相関関係、対比	喫煙とがんには相関関係が認められる。
類 connection, association	● positive correlation (積極的な相互関係)
反 contradiction	● close correlation (密接な相互関係)

1840

0 500 1000 1500 2000 2500 3000 3500 4000 GOAL

1833
maturity
名 成熟
類 growth
反 immaturity

With **maturity** and life experience comes the ability to give better advice to younger people.
成熟と人生経験に伴って、若者によりよいアドバイスを与える能力が身につく。

1834
symbolic
形 象徴的な
類 representative
反 real

I think the royal family today is merely **symbolic** and should be removed as outdated and expensive.
思うに今日の王室は単に象徴的なものであり、時代遅れで高くつくので排除されるべきだ。

1835
irrelevant
形 不適切な
類 immaterial, inconsequential
反 relevant

The comment was **irrelevant** to the discussion.
そのコメントは今の議論には不適切である。

1836
intermediate
形 仲介の
類 middle, in-between

An estate agent acts as an **intermediate** person between sellers and buyers.
不動産業者は売主と買い手の仲介者の役割を果たす。

1837
insufficient
形 不十分な
類 inadequate, deficient
反 sufficient

The financial support for people who are not in work is **insufficient**.
失業者に対する経済的支援は不十分である。

1838
exclude
動 排除する
類 expel, forbid
反 include

Schools may **exclude** students as a final resort for bad behaviour.
学校は、素行不良の最終手段として生徒を排除する場合がある。

1839
detect
動 検知する、認める、発見する
類 discover, notice
反 conceal

Financial experts have **detected** signs that the economy is beginning to improve.
金融専門家たちは、経済が上向いている兆候を認めた。

1840
migrate
動 移住する
類 move, travel
反 remain

In some countries, people **migrate** to coastal towns during the summer, leading to huge population growth in these areas.
一部の国では、人々が夏の間に海沿いの町へ移住するため、これらの地域の人口が大幅に増加する。

1841	There is often a large **migration** in the summer to countries that need farmhands.
migration	夏には、農家で人手を必要とする国への大規模な人口移動がよくみられる。
名 人口移動	
類 movement	
反 inaction	

1842	The prime minister speaks on **behalf** of the entire government, so he should choose his words carefully.
behalf	首相は政府全体を代表して話すので、言葉を慎重に選ぶべきだ。
名 代表	
類 representative, spokesperson	

1843	India is quite a **diverse** nation, both culturally and religiously.
diverse	インドは文化的にも宗教的にも非常に多様な国家である。
形 多様な	● diverse backgrounds（多様な背景）
類 various, different	● diverse groups（多様な集団）
反 same	● a diverse range of（さまざまな〜）

1844	Young people need to learn how to better manage their **fiscal** situation.
fiscal	若者は財政状態をよりよく管理する方法を学ぶ必要がある。
形 財政上の	
類 budgetary, monetary	

1845	It is important that a child's voice is heard. **Nonetheless**, they should be taught when it is and is not appropriate to speak.
nonetheless	子どもたちの声を聞くことは大切だ。しかし彼らには話すべき時とそうでない時を教えるべきだ。
副 しかし	
類 nevertheless, however	

1846	The National Health Service has begun to offer a financial **incentive** for patients to lose weight, to save future costs.
incentive	国民保険サービスは、将来かかるコストを節約するために、患者が減量するための奨励金を提供し始めた。
名 奨励金、刺激、誘因	
類 motivation, reason	
反 discouragement	

1847	It's normal for a new parent to be **protective** of their child, but it is healthy for children to have some independence.
protective	初めて子を持った親が子どもに対し保護的になるのは普通だが、子どもがある程度の独立心を持つのは健全なことである。
形 保護的な	
類 guarding	
反 careless	

1848	Companies can be extremely **defensive** of their brand and sue anyone who tries to imitate it.
defensive	会社は、自社のブランドに対して過剰に防衛的であり、模倣を企む相手は誰であろうと訴えかねない。
形 守備的な、防衛的な	
類 protective	
反 unprotective	

1849 qualify
動 資格を満たす、得る
類 certify, enable
反 fail

To **qualify** as a doctor six years of education and training are required.
医師の資格を満たすには、6年の教育と研修が必要である。

1850 qualification
名 資格
類 certification

People nowadays are expected to earn **qualification** after qualification before they can even get a basic minimum-wage job.
今日、人々は、最低賃金の基本的な仕事を得るための準備段階においてさえ、資格に次ぐ資格を取得することが求められている。

1851 persistent
形 頑なな
類 insistent
反 ceasing

Being **persistent** in a polite way is the best way to move forward.
礼儀正しく粘り強いことが、前進する最良の方法である。

1852 convince
動 確信させる、納得させる
類 persuade, assure
反 dissuade

Autosuggestion is the power of mind over matter — if you **convince** yourself that you are cured then you will be.
自己暗示は物質を支配する人知の力だ。あなたが自分は治ったと自らに言い聞かせるならば、そうなるのだ。

1853 restriction
名 制限
類 limit
反 allowance

Should parents place a **restriction** on their children's screen time?
親は子どもの画面を見ている時間を制限すべきか？
● harsh restriction（厳しい制限）

1854 convert
動 転換する、変える
類 change, transform
反 stagnate

We will help customers to **convert** today's knowledge into tomorrow's success.
私たちはお客様が今日の知識を明日への成功へと転換するお手伝いします。

1855 morality
名 道徳
類 ethics
反 immorality

Morality is not universal; it differs between countries and cultures.
道徳は普遍的なものではなく、国や文化によって異なる。

1856 consist
動 ～から成る、構成される
類 be composed of, be made up of

A typical nuclear family in Japan today **consists** of two parents and one or two children.
今日の日本の典型的な核家族は両親と一人か二人の子どもから成る。

1857 **probable** 形 おそらく 類 likely, possible 反 impossible	It is **probable** that the family structure will continue to evolve, as it has done over the centuries. 家族構成はおそらく今後も進化し続けるであろう、これまで何世紀もそうであったように。
1858 **strengthen** 動 強化する 類 enhance, reinforce 反 weaken	One way to **strengthen** a nation's defence is to increase spending on the military. 国防を強化する方法の一つは軍事費を増やすことだ。 ● strengthen the bond between A and B（AとBの間の絆を深める） ● strengthen one's position（〜の立場を強める）
1859 **consult** 動 相談する 類 seek advice from, ask 反 ignore	If the symptoms get worse, **consult** your doctor. 症状が悪化したら、医者に相談しなさい。 ● consult an expert（専門家に相談する） ● consult a lawer（弁護士に相談する）
1860 **likewise** 副 同様に 類 also, similarly 反 contrariwise	Both governments are **likewise** interested in peace, but deep-rooted conflicts prevent it. 両政府は同様に平和に関心があるが、根深い対立がそれを妨げている。
1861 **reasoning** 名 論拠 類 logic, interpretation 反 irrationality	The **reasoning** behind a life sentence is that some people are impossible to rehabilitate. 終身刑の背後にある論拠は、更生できない人々もいるということである。
1862 **referee** 名 審判	**Referees** of football matches receive a lot of abuse for their decisions. サッカーの試合の審判は、その判断により口汚く罵られることがある。
1863 **propaganda** 名 戦略的宣伝活動 類 disinformation 反 truth	**Propaganda** has been used all throughout history to encourage the majority of the population to hate minority groups. プロパガンダは歴史上、常に、市民の少数派グループを憎むことを多数派に奨励するために使われてきた。
1864 **adequately** 副 十分に、適切に、妥当に 類 enough, satisfactorily	To prepare **adequately**, a lot of time is needed. 十分な準備には、多くの時間を要する。 ● be adequately prepared for 〜（〜に十分な準備ができている） ● be adequately equipped to V （Vするための十分な装備・知識を備えている）

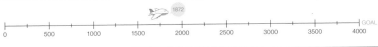

1865

disadvantage

名 欠点
類 drawback, downside
反 advantage

One **disadvantage** of living in the town is the lack of safe places for children to play.
町に住むことの欠点の一つは、子どもたちにとって遊ぶのに安全な場所が不足していることであろう。

1866

reproduce

動 繁殖する、生殖する、
　 再現する
類 breed, propagate

All animals **reproduce** in order to generate offspring and continue their species.
すべての動物は子孫を産み、種を存続させるために繁殖する。
● faithfully reproduce (忠実に再現する)

1867

reproduction

名 複製、繁殖
類 copy, duplication
反 original

Many people cannot afford classic art, but mass **reproduction** has allowed them to own a copy.
多くの人々は一流の美術品を買うことはできないが、大量の複製によって人々はコピーを所有できるようになった。

1868

ignorance

名 無知
類 inexperience,
　 unintelligence
反 understanding

Ignorance of the scale of corruption at a governmental level means that it will never be stopped.
政府の腐敗に関する無知は、それが決して阻止されないであろうことを意味する。

1869

dominance

名 支配 (的立場)、優位性
類 supremacy, control
反 submission

Men often feel like they need to display **dominance** to seem masculine.
男らしく見えるためには支配的立場を誇示する必要があると、男性はしばしば感じることがある。

1870

portion

名 一部
類 share, fraction
反 entirety

A **portion** of a government's budget should always be put aside for military purposes.
政府予算の一部は、常に軍事目的のために蓄えておかなければいけない。

1871

adjust

動 整える、調整する、適応する
類 modify, alter
反 maintain

Humans will have to **adjust** to the world's changing climate.
人類は世界規模の気候変化に適応しなければならなくなるだろう。
● adjust oneself gradually to ～ (～に徐々に適応する)
● adjust ～ to a standard (～を規格に合わせる)

1872

evade

動 回避する
類 bypass, circumvent
反 face, confront

It is illegal to **evade** paying taxes.
脱税は違法である。
● evade one's responsibilities (責任を回避する)
● evade answering a question (質問に回答することを回避する)

Level 2

必修 Active words

1873 **evaluate** 動 評価する 類 assess, check out	The essays will be **evaluated** based on how effectively the applicant's thoughts are conveyed. エッセイは志願者の考えがどれだけ効果的に伝えられているかに基づいて評価される。
1874 **dilemma** 名 板ばさみ、窮地 類 quandary, predicament 反 solution	A lot of girls face the **dilemma** of disobeying their father or losing the man they love. 多くの女の子たちが、父親に背くか、愛する人を失うかというジレンマに直面する。
1875 **slice** 名 一切れ 類 cut 反 whole	One possible dieting method could be, for example, to have a small **slice** of cake instead of a big one. ダイエット法として考えられるものの一つとして、例えばケーキの大きな一切れではなく小さな一切れを食べるということがある。
1876 **slice** 動 切る 類 cut	If you **slice** through a particular vein, it can cause very heavy bleeding in a very short time. 特定の静脈部をすぱっと切ると、非常に短時間の間にとてつもない大出血を引き起こし得る。
1877 **glimpse** 名 垣間見ること 類 peek 反 stare	If you think your life is difficult, take a **glimpse** into someone else's. 自分の人生が困難だと思うのであるならば、他の誰かの人生を垣間見るのだ。
1878 **occupy** 動 占拠する 類 reside 反 empty	How important is it to protect the rights of those who illegally **occupy** abandoned buildings? 放置されたビルを不法に占拠する人々の権利を守るのはどれほど重要だろうか?
1879 **exceed** 動 上回る 類 surpass, outpace 反 fall behind	South Korean students **exceed** those of most other countries in all academic exams. 韓国の学生はすべての学力試験でほとんどの国の学生を上回る。
1880 **indirectly** 副 間接的に 類 obliquely 反 directly	Humans sometimes **indirectly** impact the environment without realising it, for example, by using deodorant. 例えばデオドラントの使用などにより、人間は気付かないうちに間接的に環境に影響を及ぼすことがある。

1881
motive
名 動機、理由
類 reason, purpose
反 hindrance

The **motive** behind decreasing bus fares is to encourage people to use public transport, leading to less pollution from cars.
バス運賃値下げの理由は、人々に公共交通機関の利用を促進させ、車による大気汚染を減らすためである。

1882
calculate
動 計算する
類 estimate

Some countries are in so much debt that it is difficult to **calculate** the amount.
借金が多すぎて総額を計算できない国々も存在する。
● calculate the distance（距離を計算する）

1883
spontaneous
形 自発的な、衝動的な
類 impulsive
反 planned

It's healthy for people to take **spontaneous** trips abroad; too much monotony can make people feel depressed.
あまりの単調さは人を憂鬱にすることがあるので、人々が自発的に外国へ旅行するのは健康的なことである。

1884
stimulate
動 刺激する
類 excite, provoke
反 dissuade

It is important to **stimulate** children so that they can develop mentally and physically.
子どもたちの精神的・肉体的成長を刺激することは重要である。
● stimulate the economy（経済を刺激する）

1885
norm
名 規準
類 average, standard
反 exception

The **norm** for most teens is to impersonate the behaviour of their peers.
ほとんどの10代の若者たちの行動規準は、仲間の行動を真似ることである。

1886
dominate
動 支配する、独占する
類 rule over, control
反 follow

First-person shooters currently **dominate** the video game market, which some link to violent crime.
ファーストパーソン・シューターは現在ビデオゲーム市場を支配している。暴力犯罪に関連すると考える者もいる。

1887
mandatory
形 強制的な、義務的な
類 obligatory, compulsory
反 optional

In some countries, military service is **mandatory** for young men.
一部の国では、若い男性には兵役が強制されている。

1888
recruit
動 募集する
類 enlist, sign up
反 fire

Social media has allowed certain terrorist groups to **recruit** new members more easily.
ソーシャルメディアによって、一部のテロリスト集団がより容易に新たなメンバーを募集できるようになった。

1889	
magnitude 名 規模、重要性 類 extent 反 triviality	The **magnitude** to which the internet has affected our way of living is impossible to measure. インターネットが私たちの生活に影響を与えた規模は測りしれない。 ● great magnitude（巨大な規模）
1890	
transform 動 変える 類 change, convert 反 stay	The city of Tokyo has been **transformed** with the help of government funding and is now ready for the Olympics. 東京の街は政府の財政援助のお陰で変わり続けており、今やオリンピックの準備は整っている。
1891	
infinite 形 無限の 類 unlimited 反 finite	A child's opportunities can be **infinite** if they are given enough support. 子どもに十分な支援がなされる場合、子どもの機会は無限になり得る。 ● an infinite number（無限数）
1892	
limitation 名 限度 類 restraint 反 strength, extension	Democracy may have a **limitation** when it comes to elections — sometimes results are very close and huge numbers of voters do not get what they want. 民主主義は選挙に関しては限界があるかもしれない。選挙の結果が僅差の場合、莫大な数の有権者が望んだものを得られない結果となる。
1893	
clarify 動 明らかにする 類 make clear 反 obscure	Schools must **clarify** how they are spending money received from the government. 学校は政府から受け取ったお金の使途を明らかにするべきだ。
1894	
illusion 名 幻想 類 deception, delusion 反 reality	The idea of a totally equal society is an **illusion** — it is impossible to achieve. 完全に平等な社会という考えは幻想であり、達成するのは不可能だ。
1895	
coincide 動 一致する、重複する 類 correspond, coexist 反 separated	It is important to organise a sporting schedule so that events do not **coincide**. スポーツ競技のスケジュールを立てる際には、催し物が重複しないようにすることが大切だ。
1896	
coincidence 名 偶然（の一致）	It is no **coincidence** that as social media has grown more pervasive, teenagers have exhibited more self-image issues. ソーシャルメディアが成長するにつれて、10代の若者たちが自己イメージの問題を開示するようになってきたのは偶然ではない。

1904

0   500   1000   1500   2000   2500   3000   3500   4000   GOAL

1897

virtual

形 仮想の
類 false, spurious
反 actual

The **virtual** world is dangerous for young people, who must spend most of their time in the real world with their local peers.
地元の仲間と現実世界で多くの時間を過ごす必要のある若者にとって、仮想世界は危険である。
● a virtual community（仮想の社会集団）

1898

mechanics

名 仕組み
類 structure, makeup

Nowadays, people use technology constantly but often don't understand the **mechanics** of it.
今日、人々は絶えずテクノロジーを使用しているが、その仕組みをよく理解していない。

1899

fragile

形 もろい
類 breakable, delicate
反 strong

People's egos are very **fragile**, and so they can react very aggressively to criticism.
人の自尊心は非常にもろいため、批判に対して過剰に反応することがある。

1900

transit

名 輸送

The mass **transit** of fruits and vegetables is extremely damaging to the environment, and we should perhaps consider eating less of foods we cannot grow ourselves.
果物と野菜の大量輸送は環境にとって極めて有害なので、自分たちで育てられない食べ物の摂取を減らすことを考慮すべきなのかもしれない。

1901

hazard

名 危険
類 danger, risk
反 safety

There are many **hazards** in the world for children.
子どもにとって世界には多くの危険がある。
● a potential hazard（潜在的危険）
● a hazard to health（健康上の危険）

1902

urgency

名 緊急
類 imperativeness, top priority
反 non-critical

Protestors believe that climate change is a matter of **urgency**, and if it's not dealt with in the next decade, it will never be dealt with.
気候変動は緊急の問題であり、次の10年間に対処されなければ今後決して対処されないと抗議者は考えている。

1903

inferior

形 劣る
類 lesser, secondary
反 superior

In some cultures, certain groups consider other groups to be **inferior** to them, thus leading to war and conflict.
一部の文化では、特定の集団が他の集団を自分たちより劣っていると見なすため、戦争や紛争を引き起こす。

1904

feasible

形 実現可能な
類 possible, doable
反 impossible

Is it **feasible** for a child as young as 5 years old to be able to take and pass an exam?
子どもが5歳くらいの幼い時に、試験を受けて合格することは可能か？

1905	
conform	Teenagers naturally feel that they have to **conform** to the behaviour and actions of their peers.
動 従う、合わせる	10代の若者は、仲間の態度や行為に合わせなければならないと感
類 adjust, adapt	じるものだ。
反 oppose	

1906	
converse	The only mode of change will be the slow process of growth and the **converse** process of decay.
形 逆の、あべこべの	変化の唯一の形は、ゆっくりとした成長と、その反対の衰退のプロ
類 opposite, contrary	セスである。
反 same	

1907	
conversely	Poor health is accepted as an attribute of normal ageing. **Conversely**, youth is depicted as a time of vitality and good health.
副 反対に、逆に	不健康は通常の加齢に伴うものとされている。反対に、若さは活力
類 vice-versa, contrarily	と健康の時間であるとされている。
反 similarly	

1908	
invalid	A voting ballot that has been defaced is **invalid**.
形 無効な	絵の描かれた投票用紙は無効なものとなる。
類 worthless, baseless	● an invalid passport（無効なパスポート）
反 valid	● an invalid certificate（無効な証明書）

1909	
invaluable	Some possessions are **invaluable** for sentimental reasons.
形 きわめて貴重な	一部の所有物は、感傷的な理由からきわめて貴重である。
類 priceless	● an invaluable experience（きわめて貴重な経験）
反 dispensable	● invaluable to anyone（誰にとっても大変貴重な）

1910	
plausible	It is not **plausible** for everyone to take all the advice to cut down waste. People are often very busy.
形 妥当な、もっともな	無駄を削減するためにすべての助言を、皆が受け入れるというのは
類 reasonable, believable	もっともではない。人々は往々にして忙しすぎる。
反 implausible	● a plausible explanation（適正な説明）

1911	
attach	I forgot to **attach** the file to my previous e-mail.
動 付ける、結び付ける	前のEメールにファイルを添付するのを忘れてしまった。
類 add, assign	● attach great importance to 〜（〜を非常に重要だと考える）
反 detach	

1912	
similarity	The **similarities** between people across cultures can only be observed through travel.
名 類似性	文化を超えた人々の間に見られる類似性は、旅を通してのみ観察さ
類 likeness, resemblance	れ得る。
反 difference	

Level 2　必修 Active words

1913 sadness
名悲しみ
類 depression
反 happiness

Depression may involve feeling a deep **sadness** that is difficult to shake.
うつ病は、振り払うことが難しいような深い悲しみの感情を伴うことがある。

1914 postgraduate
形 大学院の
類 graduate
反 undergraduate

As the job market becomes more competitive, more people are moving on to **postgraduate** studies.
雇用市場の競争がより激しくなっているため、多くの人が大学院へ進学している。

1915 prediction
名予測
類 guess, estimate
反 knowledge

The weather forecast often gives totally wrong **predictions** for the weather.
天気予報はしばしば、全く違った天気の予測をする。

1916 integrate
動 融合する
類 mix, merge
反 diverge

It can be difficult for ex-pats to **integrate** into their new culture, so they seek out their own communities.
国外在住者が新しい文化にとけ込むのは難しいため、彼らは彼らのコミュニティを探し出す。

1917 casualty
名 犠牲者
類 victim
反 survivor

In war, there are always **casualties**; it is inevitable.
戦時にはいつも犠牲者が生じた。それは、避けられないことだった。
● cause many casualties（多くの犠牲者を生み出す）
● a rise in business casualties（倒産件数の増加）

1918 scenario
名 筋書き
類 plot, scheme

The worst case **scenario** would be the total domination of AI over humanity.
最悪の筋書きはAIが完全に人間を支配することであろう。

1919 modify
動 修正する
類 alter, change
反 stabilise

Even just to **modify** a law, as opposed to completely changing it, requires a huge amount of time and consideration.
法律を完全に変更するのではなく、ただ修正するだけでも、莫大な時間と考慮を要する。

1920 tolerance
名 耐性
類 fortitude, grit
反 bigotry

With continued drug abuse, addicts develop a **tolerance** to the substance, which leads to increased dosages.
薬物乱用を継続すると、中毒者は薬物への耐性が進み、使用量が増加する。

1921	
preferable 形 望ましい 類 desirable 反 inferior	It is **preferable** for people to use the bus or train instead of cars. 人々が車よりバスや電車を使う方が望ましい。 ● be preferable to ～ （～よりも望ましい）
1922	
exempt 形 免除された 類 relieve, absolve 反 subject to	Certain religions are **exempt** from military service, as they do not believe in war. ある種の宗教では戦争の正当性を信じていないため、兵役を免除される。
1923	
obsession 名 妄想 類 fixation 反 indifference	It is normal to idolise a famous person, but for some, it turns into an **obsession** and they may even stalk the person in question. 有名人に心酔するのは普通だが、一部の人にはそれが妄想を引き起こし、有名人につきまとうことさえある。
1924	
obedience 名 服従 類 compliance 反 disobedience	Some cultures push the concept of utter **obedience** onto their citizens. 一部の文化は、市民に完全なる服従を強いる。
1925	
militant 形 好戦的な 類 aggressive 反 relaxed	Various countries are quite **militant** and are very willing to start wars. さまざまな国は非常に好戦的で、戦争を始めたがっている。
1926	
incompatible 形 相性が合わない 類 contradictory 反 compatible	Long work hours are simply **incompatible** with a healthy family life. 長時間労働は健康的な家族生活と全く相性が合わない。
1927	
tolerate 動 容認する 類 allow, permit 反 prohibit	Society can only advance if we learn to **tolerate** everyone's different beliefs and customs. それぞれの異なった信条や習慣を容認することを学んだ場合のみ、社会は前進し得る。
1928	
query 名 質問 類 inquiry 反 answer	It can be frustrating that many companies make it difficult for customers to make a simple **query**, instead forcing them to spend hours waiting on the phone. 多くの企業が、電話で何時間も客を待たせ、簡単な質問をすることさえ困難にしていることは、いら立たしいことである。

1929
undergo

動 受ける
類 bear, endure
反 avoid

A person should have to pay for all treatments they need to **undergo** themselves or get insurance to cover it.
自分が受ける必要のある、あらゆる治療の費用は支払うべきで、さもなければそれを賄うための保険に入るべきだ。
● undergo transformation（変化を受ける）

1930
distribute

動 配給する
類 give out, deal out
反 collect

A number of charities are coordinating their efforts to **distribute** food to the region.
多くの慈善団体が、地域に食料を配給するために協調して努力している。

1931
devote

動 捧げる、つぎ込む
類 commit, dedicate
反 refrain

People should **devote** more resources to developing new forms of energy.
エネルギーの新形態を生み出すために、もっと資金をつぎ込むべきだ。

1932
reassure

動 安心させる
類 put someone's mind at rest
反 agitate

It is important that parents **reassure** their children that they are always available to talk to.
両親が子どもにいつでも話していいと安心させることは重要である。

1933
expose

動 暴露する、さらす
類 reveal, disclose
反 cover

Tax havens are becoming more and more **exposed** by whistle-blowers.
租税回避地は、内部告発者によってますます暴露されている。
● exposed limitation（暴露された限界）

1934
dispose

動 処分する、捨てる
類 throw away, get rid of
反 collect

Many believe the best way to **dispose** of rubbish is by burying it in landfills.
多くの人は、ゴミを処分する最良の方法は埋立地に埋めることだと信じている。

1935
contemplate

動 熟考する、熟視する
類 ponder, think, wonder

People too often **contemplate** the future without focusing on the present.
人々は現状に注目しないで未来ばかり熟視しがちだ。

1936
minimise

動 ～を最小限にする
類 decrease
反 maximise

Governments often **minimise** the effects of welfare and assistance cuts to make the economic situation seem better.
政府は経済状況をよく見せるために、福祉や支援削減の影響を最小限に抑えがちである。

1937 **provoke** 動 引き起こす、挑発する 類 aggravate, incite 反 soothe	When under the influence of alcohol, people often **provoke** arguments and fights without realising they're doing it. 酒に酔っていると、人々は往々にして無意識に議論や口論を吹っ掛ける。
1938 **imperative** 形 必要不可欠な 類 necessary, compulsory 反 inessential	It is **imperative** that children receive healthy, well-balanced meals. 子どもたちは健康でバランスのよい食事を取ることが必要不可欠である。 ● imperative decision（命令的決定）
1939 **seize** 動 つかむ 類 grab 反 leave	People should always **seize** the opportunity to socialise with others, as friendships often fade away when people don't put in the effort. 友情は努力を怠ると消え去ってしまうことがよくあるので、他人と付き合う機会は常につかむべきである。
1940 **interact** 動 交流する 類 communicate 反 disconnect	It is important for children to **interact** with other children when they are very young, to prepare them for moving on to schooling. 子どもたちは非常に幼い頃から、学校へ通うための準備として他の子どもたちと交流することが大切である。
1941 **devise** 動 考案する、工夫する 類 conceive 反 destroy	Every day, teams of scientists and engineers **devise** new technologies to make our lives better. 毎日、科学者とエンジニアのチームは生活をよくするために新しい技術を考案している。
1942 **veto** 動 拒否する 類 deny, refuse 反 allow	Maybe the only true democracy is one in which every person has the right to **veto** a law, although this would be very complicated. 唯一の真の民主主義とは、誰もが法を拒否する権利を持っているしくみなのかもしれないが、これは非常に複雑なものとなろう。
1943 **discreet** 形 慎重な 類 cautious, sensible 反 careless	Employers should be **discreet** when talking about employees' personal issues. 従業員の個人的問題について話す際には、雇用主は慎重になるべきである。
1944 **exhaust** 動 使い果たす 類 deplete 反 replenish	We are soon going to **exhaust** all the oil sources we have left, and then what will we do? 私たちはまもなく石油資源すべてを使い果たそうとしており、その後、私たちはどうするのであろうか？

212

Date & Check

/ □ / □ / □

1952

| 0 | 500 | 1000 | 1500 | 2000 | 2500 | 3000 | 3500 | 4000 | GOAL |

Level 2 必修 Active words

1945 initiate
動 開始する
類 start, begin
反 finish

The government will **initiate** the new programme, should they be re-elected.
再選された場合、政府は新しい計画を開始するだろう。

1946 deter
動 やめさせる、思いとどまらせる
類 discourage, dissuade
反 encourage

It can be difficult to **deter** young people from experimenting with drugs or alcohol.
若者に薬物や飲酒をやめさせるのは難しいかもしれない。

1947 overthrow
動 打倒する
類 defeat, conquer
反 uphold

Many times, foreign governments have intervened to **overthrow** leaders of other countries, whether it was wanted or not.
求められていたかいないかにかかわらず、外国政府が介入し他国のリーダーを打倒したことは何度もあった。

1948 versatile
形 多目的に使える
類 adjustable, flexible
反 inflexible

Women are demanding more **versatile** fashion, rather than having to buy tons of different fashion pieces and layering them to get a complete outfit.
女性は、さまざまなファッションのパーツをたくさん買って重ね着することで完璧ないでたちにするのではなく、より多目的に使えるファッションを求めている。

1949 prevalent
形 普及している
類 common, regular
反 uncommon

With mobile phones and the internet being so **prevalent**, children are frequently exposed to material meant for adults.
携帯電話とインターネットが非常に普及しているため、子どもたちが大人向けの素材を目にすることがよくある。

1950 consume
動 消費する、浪費する、食べる
類 eat, ingest
反 abstain

He **consumes** huge amounts of bread with every meal.
彼は、食事のたびにたくさんパンを食べる。
● consume less fuel（燃料の消費量が少ない）
● consume large amounts of fossil fuels（大量の化石燃料を消費する）

1951 recreational
形 娯楽の

The best **recreational** activities are those that benefit the body and/or mind.
最高の娯楽的活動とは、肉体と（あるいは）精神のために有益なものだ。

1952 lucrative
形 儲かる
類 well-paid
反 unprofitable

Is it better to work in a **lucrative** job you don't enjoy or a low-paid job you enjoy?
楽しくないが儲かる仕事をする方が、楽しいが低収入の仕事をするよりいいだろうか？

1953 **irrational** 形 非合理な 類 illogical 反 rational	Religious belief is **irrational** and shouldn't be encouraged in schools. 宗教的信念は非合理であり、学校で奨励されるべきものではない。 ● irrational decision（不合理な決定）
1954 **volatile** 形 不安定な 類 uneasy, erratic 反 certain	The stock market is sometimes extremely **volatile** and those who invest in it take the risk at their own peril. 株式市場は時に極めて不安定であり、そこに投資した者は危険を覚悟でリスクを負っている。
1955 **irresistible** 形 我慢できない 類 compelling, alluring 反 avoidable	Sweets are **irresistible** for children, so their parents need to control their intake. お菓子は子どもにとって我慢できないものなので、親はその摂取量を管理しなければならない。
1956 **concede** 動 容認する、承認する、認める 類 acknowledge, accept 反 disallow	It is not necessary to use violence to make your enemy **concede** defeat. 敵に負けを認めさせるために暴力をふるうことは、必要ではない。
1957 **maximise** 動 最大化する 類 increase 反 minimise	Large companies often aim to **maximise** profits at the expense of quality control. 大企業は、よく品質管理を犠牲にして利益を最大化しようとする。
1958 **surround** 動 取り囲む 類 enclose, envelop 反 back off	When you **surround** girls with only pink toys and princesses, this enforces negative gender stereotypes. 少女をピンクのおもちゃとお姫様だけで取り囲んでしまったら、悪いジェンダーの固定観念を強化することになる。
1959 **inaccurate** 形 不正確な 類 wrong 反 accurate	We must do our best to ensure that **inaccurate** information does not end up in textbooks. 不正確な情報が最終的に教科書にならないよう、私たちは最善を尽くさねばならない。
1960 **attain** 動 取得する、手に入れる 類 achieve, accomplish 反 forfeit	In some countries nowadays, it is essential for young people to **attain** at least a master's degree to get a decent job. 近年は、若者が人並みの仕事を得るのに最低でも修士号を取得することが必須の国々がある。

0　　500　　1000　　1500　　2000　　2500　　3000　　3500　　4000　GOAL

1961
repetitive
形 反復的な
類 repetitious, constant

Although it is **repetitive**, repeating pieces of information out loud may make it easier to remember them.
反復的ではあっても、情報のかたまりを声に出して繰り返し言うことは、それらを覚えることをより容易にし得る。

1962
poisonous
形 有毒の
類 toxic, venomous
反 safe

Poisonous gasses being pumped into the air are leading to more people developing breathing difficulties.
空気中にまかれた有毒ガスは、より多くの人に呼吸困難を発症させる。

1963
intrusion
名 侵入行為
類 encroachment

In some countries, an **intrusion** is enough reason to use violence as self-defence.
一部の国では、侵入行為は自己防衛として暴力を使用するのに十分な理由であるとされている。

1964
coordinate
動 対等にする、統合する、協調させる
類 agree, harmonize
反 disorganise

Nations need to **coordinate** their efforts to combat climate change.
諸国は協調して気候変動との戦いに努めなければならない。

1965
assemble
動 集める
類 gather, collect
反 disassemble

Some people prefer to **assemble** a group of their best friends and have a party to celebrate their birthday.
親友を集めてパーティーを開くなどして自分の誕生日を祝うことが好きな人々もいる。

1966
intellect
名 知性
類 intelligence
反 stupidity

A person's **intellect** does not decide their success in life.
知性は人生における成功を決めるものではない。
● keen intellect（鋭敏な知性）
● broaden one's intellect（知識の幅を広げる）

1967
suspend
動 延期する
類 delay, adjourn
反 continue

It is important to **suspend** a trial if it is found that the jurors hold a particular bias against the accused.
陪審員が被告人に対して特定の偏見を抱いていることがわかった場合には、裁判を延期することが重要である。

1968
predominant
形 主要な
類 ruling, dominant
反 subordinate

The **predominant** language in the world is English, and many believe smaller languages will soon disappear.
世界で主要な言語は英語であり、少数言語はまもなく消えゆくであろうと多くの人が信じている。

215

1969	
isolate 動 孤立させる 類 cut off, set apart 反 include	Many elderly people feel **isolated** after their partner has died, as they often don't have friends. 多くの高齢者は友人を持っていないことが多いため、伴侶を失ったあと孤立したように感じる。
1970	
mastery 名 熟達 類 command, expertise 反 inability	**Mastery** of any skill takes hours upon hours of practice and dedication. どのような能力も、熟達するには何時間にも及ぶ訓練と献身が必要だ。 ● perform with mastery（習得して演奏する）
1971	
catastrophe 名 大災害、破滅 類 calamity 反 blessing	As the number of global **catastrophes** increases, it is increasingly clear that the planet is developing severe issues. 世界規模での大災害が増えている。地球には深刻な問題が拡大していることは明らかだ。
1972	
assign 動 割り振る 類 accredit, appoint 反 disallow	Effective teamwork involves **assigning** the right person to each task. 効果的なチームワークのためには、課題に対して適切な人材を割り振ることが必要である。
1973	
pessimistic 形 悲観的な 類 despondent 反 optimistic	Although some people are naturally **pessimistic**, it is important to try and become more hopeful. 生まれつき悲観的な人もいるが、もっと希望を持つよう努力することは大事である。
1974	
post 動 掲示する、はり出す 類 attach, display 反 take down, remove	To promote health governments can **post** notices about healthy practices in key areas like hospitals. 健康を促進するために、政府は病院などの主要な領域での健康習慣についての通知を掲示できる。
1975	
mentality 名 心理 類 attitude 反 behaviour	The negative **mentality** of believing you're better than others will eventually lead to burn out. 自分が他人より優れていると信じる心理には害があり、いずれその人を疲れ果てさせる。
1976	
insistent 形 しつこい 類 demanding, assertive 反 relenting	Some customers are **insistent** about speaking to the manager when they are angry. 一部の客は怒っている時、支配人と話をさせろとしつこい。 ● very insistent（非常にしつこい）

1984

0 500 1000 1500 2000 2500 3000 3500 4000 GOAL

1977
humane

形 人道的な
類 compassionate
反 inhumane

The Geneva Convention tries to ensure **humane** treatment of wounded or sick soldiers.
ジュネーブ協定は傷病兵の人道的な扱いを保証しようとしている。

1978
blatant

形 露骨な、あくどい
類 obvious, clear
反 concealed

It has become incredibly **blatant** that websites are selling personal information to other sites to monitor consumer habits.
ウェブサイトが消費性向を監視するために個人情報を他のサイトに売るやり方は、信じられないほどあくどくなってきている。

1979
renewable

形 再生可能な
類 sustainable
反 unsustainable

We need generous funding into **renewable** energy as quickly as possible.
できるだけ早く再生可能エネルギーに対する大規模な財源が必要だ。
● renewable energy（再生可能なエネルギー）

1980
infamous

形 悪名高い
類 notorious
反 unknown

Being **infamous** means being famous for all the wrong reasons.
悪名高いとは、あらゆる悪い理由で有名になることを意味する。

1981
immoral

形 不道徳な
類 evil, corrupt
反 moral

Some believe that without religion, people would be **immoral**.
宗教がなければ、人は不道徳になるだろうと信じる者もいる。

1982
cooperate

動 協力する、言うことを聞く
類 collaborate, assist
反 counteract

A two-year-old is likely to refuse to **cooperate** when you tell them to get dressed.
2歳児は、着替えるように伝えても言うことを聞きそうにない。

1983
phenomenal

形 驚異的な
類 amazing, incredible
反 terrible

Japan's **phenomenal** economic success since the 1960s took place in the context of a global order dominated by the US.
1960年代以降の日本経済の驚異的な成功は、アメリカによって支配された世界的秩序という文脈の中で起きた。

1984
confide

動 打ち明ける、秘密を話す
類 trust
反 conceal

Teenagers need an adult figure they can **confide** in, and who can give them good advice.
10代の若者には、秘密を話せて、よいアドバイスを与えることができる大人が必要だ。

1985	It's not right to **confine** prisoners in solitary cells, as it takes a toll on their mental health.
confine	
動 制限する、閉じ込める	囚人を独房に閉じ込めておくのは正しい方法とは言えない。精神的な健康を損なうからだ。
類 enclose, constraint	
反 free	

1986	Jurors at any trial must be totally **impartial**.
impartial	どの裁判においても陪審員は完全に公平でなければならない。
形 公平な	● give impartial advice (公平なアドバイスをする)
類 unbiased	● impartial political reporting (偏らない政治的報道)
反 biased	

1987	People are **tempted** to eat things that they like even when they are aware of the negative consequences.
tempt	
動 誘惑する	悪影響を認識している時でさえも、人は自分が好きなものを食べたい誘惑にかられる。
類 lure, entice	
反 warn	

1988	Politicians should not be able to make statements without being able to **cite** evidence to support their arguments.
cite	
動 引用する、あげる	政治家たちは、自身の議論を裏付ける証拠をあげられない限りは、声明など出せないはずだ。
類 quote	

1989	Full evidence should always be required before deciding to **prosecute** a suspect.
prosecute	
動 告訴する	容疑者を告訴するには完全な証拠が常に求められる。
類 accuse	
反 defend	

1990	Most volcanoes in the world are currently **dormant**.
dormant	世界のほとんどの火山は現在、休止状態である。
形 休止状態の	● lie dormant (休眠している)
類 inactive	● remain dormant (休眠状態のままである)
反 active	

1991	People in poverty sometimes have to do back-breaking work to maintain their **livelihood**.
livelihood	
名 生計	貧困層の人々は生計を維持するために、厳しい肉体労働をしなければならない時がある。
類 occupation	

1992	Childhood friends can often be **inseparable** until they naturally grow apart with age.
inseparable	
形 切っても切れない	幼なじみは、年齢と共に自然に疎遠になるまで大抵切っても切れない仲であり得る。
類 indivisible, integral	
反 separable	

1993
ration
名 配給
類 piece
反 total

During WWII, many people had to live with **rations**, that is, far smaller portions of food.
第二次世界大戦中、多くの人々が配給、つまりはるかに少ない食事量で生活しなければならなかった。

1994
foresee
動 予測する
類 anticipate, predict

It is not possible to **foresee** every possible eventuality.
ありとあらゆる起こりうる事態を予測するのは不可能である。
● foresee danger（危険を予測する）

1995
moderation
名 適度
類 temperance
反 excess

Drinking alcohol should be done in **moderation**; binge drinking is a huge problem in some countries.
飲酒は適度に行われるべきで、大量飲酒が大きな問題となっている国もある。

1996
conquer
動 征服する、克服する
類 fight
反 surrender

The only way to **conquer** your fears is by confronting them.
恐怖を克服する唯一の方法は、それに立ち向かうことである。
● conquer a territory（領土を征服する）
● conquer deflation（デフレを抑える）

1997
reside
動 住む
類 dwell, inhabit
反 leave

People who **reside** in houses with many rooms should be forced to offer some of those rooms to people who need them.
多くの部屋がある家に住んでいる人々には、その内のいくつかを部屋が必要な人々に提供させるべきだ。

1998
deficient
形 不足している
類 inadequate, defective
反 sufficient

Pregnant women who are **deficient** in folic acid may have issues with the foetus.
葉酸が不足している妊婦は胎児に問題がある可能性がある。

1999
inconceivable
形 想像できない
類 impossible
反 conceivable

Until the late 20th century it was **inconceivable** that humans could change the climate.
20世紀後半までは、人間が気候を変えうるなどということは想像もできなかった。

2000
evasion
名 逃れること
類 avoidance
反 directness

Corporate corruption often includes serious tax **evasion**.
企業の汚職には多額の税金逃れが含まれることが多い。

2001 **inexplicable** 形 不可解な 類 mystifying, baffling 反 clear	It is a cliche to say that love is **inexplicable**. 愛は不可解というのは、陳腐な決まり文句である。
2002 **verify** 動 証明する 類 confirm, validate 反 deny	You need to **verify** your date of birth when applying for a passport. パスポートを申請する際には誕生日を証明する必要がある。 ● verify one's identify (〜が本人であることを証明する) ● verify a hypothesis (仮説を証明する)
2003 **eradicate** 動 根絶する 類 eliminate, eliminate, exterminate 反 create	We must **eradicate** hate crimes, that is, crimes against certain groups, or we will never achieve a peaceful society. 憎悪犯罪、つまり特定のグループに対する犯罪を根絶する必要がある。さもなければ、平和な社会を実現することはできない。
2004 **secretive** 形 隠したがる 類 uncommunicative 反 open	Parents should be aware of when their children are being **secretive** and try to deal with it. 子どもが隠したがっている時には、親はそれに気づいて対応しようとすべきだ。
2005 **guideline** 名 指針、指導方針 類 rules	Companies must provide all employees with **guidelines** related to appropriate personal behaviour. 企業は、適切な個人行動の指針を従業員全員に提供する必要がある。
2006 **mimic** 動 真似する 類 copy, imitate	Children naturally **mimic** the speech and gestures of their parents. 子どもは自然と両親の話し方や身ぶりを真似する。
2007 **deceive** 動 だます 類 trick, lie 反 help	Hackers **deceive** unsuspecting people into installing malware onto their devices. ハッカーは疑うことを知らない人をだまして彼らのデバイスにマルウェア（悪質なソフト）をインストールさせる。
2008 **exaggerate** 動 誇張して言う 類 embellish, amplify 反 downplay	Some children **exaggerate** things they have seen or heard, as they have very active imaginations. 非常に活発な想像力を持つため、見たり聞いたりしたことを誇張して言う子どももいる。

2009
fiasco
名 大失敗
類 blunder
反 triumph

CEOs can often cause a **fiasco** in their company and still leave with a huge severance package.
最高経営責任者はしばしば会社で大失敗を引き起こし、莫大な退職手当と共に去ることがある。

2010
elicit
動 引き出す、誘い出す
類 evoke
反 repress

In the classroom, a teacher must be able to **elicit** answers from the students and not simply allow them to remain silent.
教室では、教師は生徒たちから答えを導き出させなければならない―単に生徒が黙っていることを認めてはならない。

2011
equip
動 装備する
類 provide, supply
反 unequip

All the police officers were **equipped** with shields to defend themselves against the rioters.
警察官全員が、暴徒から自分の身を守るため盾を装備していた。

2012
prolong
動 長引かせる
類 lengthen
反 shorten

Japan's economy in recent years has been in a **prolonged** recession following the bursting of the economic bubble.
バブル崩壊以降、近年の日本経済は長引く景気後退の中にある。

2013
rotate
動 交代する
類 turn
反 stay still

Maybe government positions should **rotate** more frequently, as four years is too long for one job.
4年間は一つの仕事にはあまりにも長いので、政府の職はもっと頻繁に交代すべきなのかもしれない。

2014
itinerary
名 旅程、スケジュール
類 schedule, timetable

Trains must follow a strict **itinerary** or there would be chaos on the railroads.
電車が厳密なスケジュールに従わなければ鉄道は混乱する。

2015
utilise
動 活用する
類 apply, make use of
反 misuse

Companies should **utilise** treadmills to keep employees who normally sit at desks all day healthy.
通常一日中デスクに座っている従業員の健康を保つために、企業はランニングマシンを活用すべきだ。

2016
illogical
形 非論理的な
類 false, absurd
反 logical

Conspiracy theories are often totally **illogical**, such as the belief in a flat Earth.
陰謀説は、しばしば地球平面説の信念のように全く非論理的である。

2017 □□□ ## prohibit 動 禁止する 類 ban, stop 反 permit	It was considered necessary to **prohibit** smoking in public places for the sake of everyone's health. 皆の健康のため、公共の場での喫煙を禁止することが必要だと考えられた。
2018 □□□ ## devout 形 信心深い、献身的な 類 devoted, ardent 反 disloyal	**Devout** religious figures can be very difficult to argue with, as they are so certain in their beliefs. 信心深い人々は、信仰があついので議論が成立しづらい。
2019 □□□ ## forgery 名 偽造 類 falsification 反 genuine	Authorities must have an eagle-eye for **forgeries**, such as false passports. 機関は、パスポートなどの偽造をしっかり監視する必要がある。
2020 □□□ ## incline 名 傾斜 類 slope, ascent 反 flat	There was a steep downward **incline** in the number of people listening to the radio after the year 2000. 2000年以降、ラジオ聴取者数は急激に下方に傾いている。
2021 □□□ ## vigilant 形 警戒している 類 careful, watchful 反 careless	Older people can be too trusting, so they must be especially **vigilant** against scam phone calls. 高齢者は、人の話をうのみにし過ぎることがあるので、詐欺の電話には特に警戒しなければならない。
2022 □□□ ## demolish 動 取り壊す、破壊する、やっつける 類 destroy 反 fix	Should we **demolish** old, empty buildings, or should we convert them into housing? 我々は無人の建物を取り壊すべきか、それとも用途を変えて住居にするべきだろうか？
2023 □□□ ## impulsive 形 衝動的な 類 abrupt, instinctive 反 sensible	Children are naturally **impulsive** and don't consider the consequences of their actions. 子どもは生来衝動的であり、行動が招く結果をよく考えない。 ● impulsive move（衝動的な動き）
2024 □□□ ## simulate 動 模擬実験をする 類 replicate, duplicate	We can use computer programmes to **simulate** future population growth, to better understand how it will go. 将来の人口増加がどうなるかをよりよく理解するために、コンピュータープログラムを使って人口増加の模擬実験をすることができる。

2032

0　500　1000　1500　2000　2500　3000　3500　4000　GOAL

2025

overrun

動 はびこる
類 defeat, invade
反 underwhelm

In large cities, the sewers and underground areas are often **overrun** with rats and other vermin.
大都市の下水道と地下には、たくさんのネズミと害虫がはびこっている。

2026

inquire

動 尋ねる
類 ask
反 answer

You can use the website to **inquire** for more information.
ウェブサイトを利用して詳細情報について問い合わせることができる。
● inquire about the details（詳細について問い合わせる）
● inquire whether/why/how（～かどうか／なぜ／どのようにを問い合わせる）

2027

reliant

形 頼っている
類 dependent

Younger people nowadays are totally **reliant** on technology and couldn't survive even a day without their mobile phones.
今日、若い人たちは科学技術に頼りきりになっており、携帯電話なしでは1日たりとも生きていくことはできない。

2028

endanger

動 危険にさらす
類 imperil
反 keep safe

We **endanger** millions of people's lives by cutting health funding.
私たちは、健康財源の削減により、何百万人もの命を危険にさらしている。

2029

lenient

形 寛大な
類 easy-going
反 strict

Schools are too **lenient** on students who are truant; teachers should demand a higher level from their students.
学校は怠けている生徒に対して寛大すぎる。教師は生徒により高い水準を求めるべきである。

2030

uninterested

形 関心を持たない
類 detached, unloved
反 interested

If students seem **uninterested** in a subject, they should not be forced to study it.
学生が教科に関心を持たないようであれば、強制的にそれを勉強させるべきでない。

2031

inept

形 無能な
類 unskilled, incompetent
反 skilled

Inept workers should not be allowed to drag down other workers.
無能な労働者が他の労働者の足を引っ張ることは許されるべきでない。

2032

sociable

形 社交的な
類 friendly, outgoing
反 asocial

Often the most successful people are those who are the most **sociable**.
最も成功している人々は、最も社交的な人たちが多い。
● sociable person（社交的な人）

2033
fanatic
名 狂信者
反 moderate

A video game **fanatic** will go to the store in the middle of the night to buy the newest game.
ビデオゲーム狂信者は最新ゲームを購入するために真夜中に店に行く。

2034
deflect
動 一方に逸らせる、かわす
類 avert
反 absorb

Some people often prefer to **deflect** criticism rather than accept it as helpful to their development.
批判を自分の成長に役立てるべく受け入れるのではなく、かわすことの方を好む人もいる。

2035
docile
形 おとなしい
類 compliant, submissive
反 determined

Some cultures believe that women should be **docile** and obedient.
女性はおとなしく従順であるべきだと考える文化もある。

2036
loathe
動 ひどく嫌う
類 hate, detest
反 love

It is normal to **loathe** things, but hatred shouldn't consume a person's life.
物事をひどく嫌うのはよくあることだが、憎しみによって人生が浪費されてはいけない。

2037
diagnose
動 診断する
類 identify
反 misdiagnose

It can be extremely difficult for doctors to **diagnose** rare diseases, as they may not have sufficient training in less common issues.
医者でも例外的な症例に関しては十分な訓練を積んでいないかもしれないので、まれな病気を診断することは非常に難しい。

2038
incoherent
形 支離滅裂な
類 senseless
反 coherent

It is important to ensure your writing is not **incoherent**.
あなたの文章が支離滅裂でないか確認することが重要だ。

2039
visualise
動 思い浮かべる
類 envision, anticipate

A good businessperson can **visualise** any potential problems in the future and plan accordingly.
よい実業家は、将来起こり得るあらゆる問題を思い浮かべ、適切に計画することができる。

2040
physique
名 体格
類 appearance

Young people are obsessed with having a slender **physique**, often to the detriment of their health.
若い人はスレンダーな体格を持つことに夢中になり、健康を損ねることがよくある。

Level 2　必修 Active words

2041
sympathise
動 心の内を察する
類 feel for, commiserate
反 disregard

Many voters now feel that politicians are unable to **sympathise** with the common man, as they were often born in the top 1%.
政治家はしばしばトップ1%の環境で生まれていることから、今や多くの有権者は、政治家が一般人の心の内を察することはできないと感じている。

2042
implausible
形 信じ難い
類 dubious, far-fetched
反 plausible

In my opinion, the idea of life on other planets is **implausible**.
私の意見では、他の惑星上に生命が存在するという考えは信じ難い。
● an implausible excuse（信じ難い弁解）
● an implausible explanation（信じ難い説明）

2043
inexperience
名 未経験
反 experience

Inexperience isn't always a bad thing; it might mean someone is a blank slate and can learn a lot.
未経験は必ずしも悪いことではない。白紙状態であり、多くを学べることを意味するかもしれない。

2044
intrude
動 侵入する
類 trespass, encroach
反 leave

It is good manners not to **intrude** on other people's personal space.
よいマナーとは、他人の個人的な空間に侵入しないことである。

2045
complicate
動 複雑にする、こじらせる
類 confuse, make difficult
反 simplify

It is not wise to **complicate** relationships by constantly bickering; couples should try to be more understanding.
度重なるいさかいで関係をこじらせるのは賢い方法ではない。カップルはより理解に努めるべきだ。

2046
wield
動 行使する
類 brandish, flourish
反 misuse

Due to social inequality, those who are born into rich families **wield** power over the poorer members of society from birth.
社会的不平等が原因で、豊かな家に生まれた者は、生まれた時から貧しい者に対して権力を行使する。

2047
emigrate
動 移住する
類 move
反 immigrate

Some people in colder countries **emigrate** to warmer climates as they get older.
寒い国では、年齢を重ねるにつれて温暖な気候帯に移住する人もいる。

2048
depress
動 悲しませる、鬱にする
類 sadden, dispirit
反 cheer

It **depresses** me to listen to the news. That's why I avoid doing it.
そのニュースは私を悲しませるので聞きたくない。
● depress prices（価格を下げる）

2049	It is up to the government to **enact** laws to keep hate crime under control.
enact	政府は、憎悪犯罪を規制し続けるための法律を制定する義務がある。
動 制定する	
類 authorise, legalise	

2050	Failing at school shouldn't be a **finality** – people can study later in life.
finality	学校で落第することが終局であってはならない。人は後年でも勉強できるのである。
名 終局	
類 conclusiveness	
反 beginning	

2051	It is critical to try and not **deviate** from your life goals and life journey.
deviate	人生の目的と行路から逸れないようにすることが非常に重要なのだ。
動 （方針などから）逸れる	
類 differ, diverge	
反 follow	

2052	You must not **deviate** from the agreed route if you don't want to get lost.
deviate	迷いたくなければ、決められた道から逸れてはいけない。
動 （コースなどから）逸れる	
類 diverge from, digress from	
反 go straight	

2053	By simply **rearranging** things in my room, I can experience greater happiness.
rearrange	単に部屋にある物の配置を変えるだけで、私はより大きな幸福感を感じることができる。
動 再配置する	
類 reorganise	
反 disorder	

2054	Men often **intimidate** women without even realising they're doing it.
intimidate	男性は無意識のうちに、女性を脅していることがよくある。
動 脅す	
類 frighten, threaten	
反 assure	

2055	In the future, all countries must **unify** and establish a global government.
unify	将来、すべての国が統一し、地球政府を設立しなければならない。
動 統一する	
類 unite	
反 separate	

2056	It is easy to **irritate** people if you do not listen to their point of view.
irritate	意見を聞かなければ、人をいらいらさせるのは簡単である。
動 いらいらさせる	● irritate the skin（皮膚を刺激する）
類 annoy	
反 please	

2057
insignificance
图 無意味
類 unimportance
反 significance

There is a lot of **insignificance** in the field of law, as many laws are out of date.
多くの法律が時代遅れであるため、法の分野には無意味なことが多い。

2058
unbiased
形 公平な
類 not prejudiced
反 biased

Judges should be totally **unbiased**, and so should not be selected by a political party.
判事は完全に公平であるべきで、それゆえに特定の政党によって選ばれるべきではない。

2059
generalise
動 概括する
反 specify

Never **generalise** about a group based on the actions of an individual.
決して個人の行動に基づいて集団を概括するな。

2060
censor
動 検閲する
類 forbid, ban
反 allow

Some schools in certain countries choose to **censor** books in their library, as they feel the topics are offensive.
一部の学校で、テーマが人を不快にするような図書館の本を検閲する制度を導入している国がある。

2061
pollute
動 汚染する
類 contaminate
反 clean

We often **pollute** our environment without even realising it.
私たちは気が付かないうちに環境を汚染していることがよくある。
● pollute the atmosphere（大気を汚染する）
● heavily polluted with ～（～でひどく汚染されている）

2062
forcible
形 強制の
類 powerful, aggressive
反 nonaggressive

Forcible invasion is illegal and should not happen in the modern world.
強制侵略は違法であり、現代世界では起こってはならないことだ。

2063
overdo
動 しすぎる
類 exaggerate, overestimate
反 lessen

In an effort to be liked, some people may **overdo** their politeness and end up becoming a doormat.
他人から好かれようと礼儀正しくしすぎるため、他人にいいようにあしらわれてしまう人もいる。

2064
detest
動 ひどく嫌う
類 hate, abhor
反 love

If children **detest** school, it's a reflection of teachers not doing a good enough job.
子どもが学校をひどく嫌がるのは、教師がよい仕事を十分にしていないことを反映している。

227

2065 **improvise** 動 即興でする 類 ad-lib 反 premeditate	A good actor should be able to **improvise**. 優れた俳優は即興で演じることができなければならない。 ● improvise a speech（即興でスピーチをする） ● have to improvise 〜 quickly（〜を急ぎ即興で作らなければならない）
2066 **harass** 動 嫌がらせをする 類 badger, hassle 反 support	People frequently **harass** each other on the internet, especially as it's easy to remain anonymous. 特に匿名のままでいるのが簡単であるため、人はインターネット上で頻繁に互いに嫌がらせをする。
2067 **reorganise** 動 模様替えする 類 rearrange	Right now, there are television shows that teach watchers how to **reorganise** their homes and clear clutter. 今、どうやって自分の家を模様替えし、散乱物を片付けるかを視聴者に教えるテレビ番組が存在する。
2068 **repress** 動 抑制する 類 crush, Inhibit 反 free	To keep mentally healthy it is important to not constantly **repress** your feelings. 精神的な健康を維持するには、いつも感情を抑制しないことが重要だ。
2069 **innovate** 動 革新する 類 establish, found 反 stagnate	With the changing business environment, it is often necessary to **innovate**, rather than follow old business practices. 企業環境の変化に伴い、多くの場合、古い商慣行に従うよりはむしろ革新する必要がある。
2070 **interrogate** 動 尋問する 類 grill, examine	The military should use non-violent methods to **interrogate** terror suspects. 軍はテロ容疑者を尋問する際に、非暴力的な方法を用いるべきである。
2071 **immerse** 動 浸す 類 engross, absorb	The only way to fully learn a language is to **immerse** yourself in an environment where everyone is speaking it. 言語を十分に学習する唯一の方法は、皆がその言語を話している環境にどっぷり浸かることである。
2072 **contaminate** 動 汚す、汚染する 類 infect 反 cure	Strict food regulation laws are required to avoid food being **contaminated**. 汚染された食べ物を避けるために、厳しい食品規制法が求められる。

228

2080

0   500   1000   1500   2000   2500   3000   3500   4000   GOAL

2073 □□□
indiscreet
形 軽率な
類 imprudent, unwise
反 discreet

People nowadays are far more **indiscreet** and will post all of their personal information online.
最近の人ははるかに軽率であり、自分の個人情報すべてをオンラインに投稿するであろう。

2074 □□□
inane
形 ばかげている
類 absurd, asinine
反 intelligent

Pop music nowadays is simplistic and **inane**.
最近のポップミュージックはあまりにも単純でばかげている。
● an inane conversation (ばかげた会話)
● an inane remark (ばかげた批評)

2075 □□□
instigate
動 扇動する
類 influence, provoke
反 end

Some people **instigate** crimes by saying hateful words in public.
公共の場で憎悪的な発言をすることにより、犯罪を扇動する人々もいる。

2076 □□□
pacify
動 なだめる
類 calm, soothe
反 anger

Sometimes it is better to **pacify** someone, even when they are incorrect, rather than continue to argue.
討論を続けるより、その人が間違っていてもなだめるほうがいい場合もある。

2077 □□□
coerce
動 強制する、威圧する
類 compel, manipulate
反 allow

If euthanasia were made legal, relatives desiring an inheritance might attempt to **coerce** their ill relative into ending their life.
もし安楽死が合法化されたら、遺産相続を渇望する親族が、身内の病人にそれを強制しようとするかもしれない。

2078 □□□
plagiarism
名 盗用
類 cheating
反 honesty

Plagiarism is not punished harshly enough in some countries. It should result in immediately being kicked out of university.
一部の国では盗用に対する処罰の厳しさが不十分である。即座に大学を退学にすべきである。

2079 □□□
disown
動 勘当する
類 disavow, renounce
反 avow

In some cultures, parents **disown** their own children if the children behave in ways the parents don't like.
ある文化では、親は自分の子どもが好まないような振る舞いをする場合、子どもを勘当する。

2080 □□□
outdo
動 打ち勝つ
類 overcome, eclipse
反 fall behind

Siblings often want to **outdo** each other to be their parents' favourite child.
兄弟姉妹たちは、両親のお気に入りの子になるため、他の子に打ち勝ちたがる。

2081 **deport** 動 退去させる 類 expatriate 反 keep	Illegal immigrants are immediately **deported** if they commit crimes. 不法移民が犯罪を起こした場合には、直ちに国外に退去させられる。
2082 **submerge** 動 浸す 類 deluge 反 dry	When a person is **submerged** in drug culture, it can be difficult for them to break free, as people around them encourage their drug use. 麻薬文化に浸ってしまうと、周りの人間が薬物使用を促すので、抜け出すことは難しいことがある。
2083 **excusable** 形 許される 類 allowable 反 inexcusable	Are there any crimes that are **excusable**? 許される犯罪はあるのか？ ● an excusable delay（正当な遅延） ● an excusable error（仕方のない誤り）
2084 **misbehave** 動 不作法にふるまう 類 act out 反 behave	Although it is commonplace for children to **misbehave** sometimes, regular misbehaviour comes as a result of a lack in discipline. 子どもが時々不作法にふるまうのはよくあることだが、常に不作法にふるまうのはしつけが足りないためである。
2085 **disavow** 動 否認する 類 reject 反 accept	The president was quick to **disavow** any responsibility for what happened. 大統領は起こったことに対する自身の責任を即座に否認した。
2086 **captivate** 動 魅惑する、心を奪う 類 attract, beguile 反 repel	Music does not **captivate** any other animal the way it does humans. 音楽は人を魅惑するが、他の動物はそうはいかない。
2087 **corrode** 動 腐食する、心に食い込む 類 deteriorate, erode 反 build	Some materials never **corrode** and simply stay in the environment. 腐食せず、環境にただ残り続ける物質もある。 ● corrode trust（信頼を損なう）

0   500   1000   1500   2000   2500   3000   3500   4000 GOAL

Level 2 | 必修Passive words

2088 **prototype** 名 原型、試作品	The company is testing a **prototype** of the device. その会社はデバイスのプロトタイプをテストしている。
2089 **sustainable** 形 持続可能な	Our way of life is not **sustainable**. 私たちの生活様式は持続可能ではない。
2090 **proximity** 名 近いこと、近接	Taiwan's **proximity** to China has been good for its economy. 台湾が中国に近いことはその国の経済にとって有利であった。
2091 **beforehand** 副 事前に、あらかじめ、予期して	Practicing **beforehand** will give you an advantage. 事前に練習しておくことで有利になるでしょう。
2092 **markedly** 副 著しく、目立って、明らかに	The number of patients has increased **markedly**. 患者数が著しく増加した。
2093 **startling** 形 驚くべき、仰天させるような	President Kennedy made a **startling** announcement in 1962. ケネディ大統領は1962年に驚くべき発表を行った。
2094 **prescription** 名 処方箋	There is not a single **prescription** for success. 成功のための単一の処方箋があるわけではない。
2095 **famine** 名 飢饉、凶作、たいへんな不足	North Korea has experienced repeated **famines**. 北朝鮮は繰り返し起こる飢饉を経験してきた。
2096 **toe** 名 足指、つまさき、足	Ballet dancers stand on their **toes**. バレエダンサーは足指で立つ。
2097 **pledge** 動 誓う、誓約する	The British Prime Minister **pledged** to leave the EU. イギリス首相はEU離脱を誓った。
2098 **melt** 動 溶ける、溶解する	Ice in the polar regions is **melting** due to climate change. 気候変動のせいで極地の氷が溶けている。
2099 **tricky** 形 こつのいる、落とし穴のある	Some questions are **trickier** than others. 他よりもこつがいる問題もある。
2100 **swap** 動 交換する、取り換える	You can **swap** your clothes with others online. ネットで他人と服を交換することができる。
2101 **asthma** 名 ぜんそく	The number of **asthma** patients may continue to grow. ぜんそく患者数が増え続けるかもしれない。
2102 **entertain** 動 心にいだく	Some people can't **entertain** the idea of getting married. 結婚するという考えを抱くことができない人もいる。
2103 **safeguard** 名 予防手段 (措置)	Handwashing is a very effective **safeguard** against infection. 手洗いは感染に対して非常に有効な予防手段である。

2104	
lethal 形 致死の、致命的な	High levels of radiation are **lethal** to animals. 高いレベルの放射線は動物にとって致死的である。
2105	
limb 名 （人、動物の）肢、手足、	Snakes have lost their **limbs** through evolution. ヘビは進化を通じて手足を失った。
2106	
registrar 名 （大学の）総務係、学籍係	The **registrar** keeps records of each student's grades. 大学の学籍係は各学生の成績を記録しておく。
2107	
pioneer 名 開拓者、先駆者、草分け	The pianist Toshiko Akiyoshi is a **pioneer** of Japanese jazz. ピアニストの穐吉敏子は日本のジャズの開拓者である。
2108	
scepticism 名 懐疑（的な態度）	result in a rise in public **scepticism** about nuclear energy 一般大衆の原子力に対する懐疑心の高まりという結果になる
2109	
ashore 副 浜に、岸に、海岸に	Dead whales are washed **ashore** globally. 世界中で死んだ鯨が岸に打ち上げられている。
2110	
obstacle 名 障害（物）、邪魔（もの）	Remove all **obstacles** in life to achieve success. 人生における成功達成の障害となるものをすべて取り除きなさい。
2111	
spoil 動 を甘やかす、台無しにする	Some parents **spoil** their children by giving them everything. 子どもに何でも与えて甘やかす親もいる。
2112	
calf 名 子牛、子牛革	**Calf** skin is the most popular material for high-quality shoes. 子牛の皮は高級靴の最も人気の素材である。
2113	
countless 形 数え切れない、無数の	There are **countless** applications on the internet. インターネット上に無数のアプリがある。
2114	
simultaneous 形 同時に起こる、同時に存在する	**Simultaneous** interpretation is a highly specialised profession. 同時通訳は非常に専門的な職業である。
2115	
drought 名 干ばつ、日照り、長期の欠乏	Much of Australia has experienced widespread **drought**. オーストラリアの多くの地域が広範囲にわたる干ばつを経験してきた。
2116	
disturb 動 を乱す、のじゃまをする	Please don't **disturb** me. I am studying. 邪魔しないで。勉強しているんだから。
2117	
coarse 形 きめの粗い、粗製の	Lack of sleep can cause **coarse** skin. 睡眠不足がきめの粗い肌を引き起こすことがある。
2118	
spectacle 名 光景、壮観、見もの	Whale watching is a **spectacle** of nature. ホエールウォッチングは自然のスペクタクルである。
2119	
buzz 動 ぶんぶんうなる	The **buzzing** sound of bees is made by their wings. ハチのブンブンうなる音は羽根によって作り出されている。
2120	
collision 名 衝突、対立、不調和	The US and China are on a **collision** course. アメリカと中国は衝突に向かっている。
2121	
ripe 形 熟した、円熟した	**Ripe** bananas emit a gas which helps other bananas ripen. 熟したバナナは他のバナナが熟すのを助けるガスを出す。

Level 2　必修 Passive words

2122		
abundance 名 豊富、多数	They have an **abundance** of experience in teaching IELTS. 彼らはIELTS指導の経験が豊富である。	

2123		
spouse 名 配偶者	Having a **spouse** means you are more mature. 配偶者を持つということはより成熟したということを意味する。	

2124		
elusive 形 とらえどころのない	The idea of happiness is actually quite **elusive**. 幸福の概念は実際にはかなりとらえどころがない。	

2125		
emission 名 放出、放射	The **emission** of CO_2 is a major cause of global warming. 二酸化炭素の放出は地球温暖化の主要な原因である。	

2126		
goat 名 ヤギ	**Goat** milk is much healthier than cow milk. ヤギ乳は牛乳よりもはるかに健康的である。	

2127		
rim 名 縁、へり、端	Many earthquakes occur along the **rim** of the Pacific Ocean. 太平洋の縁にそって多くの地震が起こる。	

2128		
outrageous 形 常軌を逸した、法外な	Some CEOs are making an **outrageous** amount of money. CEOの中には法外な額の金を稼いでいる者もいる。	

2129		
bland 形 魅力のない、味気ない	Japanese food may taste **bland**, with extremely light flavours. 和食は味気なく極めて軽く感じられるかもしれない。	

2130		
eccentric 形 風変わりな、奇矯な	Trump is the most **eccentric** president in history. トランプは歴史上最も風変わりな大統領である。	

2131		
outgoing 形 社交的な、外向的な	**Outgoing** people tend to attract many friends. 外向的な人は多くの友達を引き寄せる傾向がある。	

2132		
acquaintance 名 知り合い、面識	I have an **acquaintance** who has withdrawn from society. 私には引きこもりになってしまった知人がいる。	

2133		
terrain 名 地形、地勢	The **terrain** of Japan is mountainous and hilly. 日本の地形は山と起伏が多い。	

2134		
optimum 形 最適の、最善の	The **optimum** amount of sleep is eight hours. 最適の睡眠時間は8時間である。	

2135		
enclosure 名 囲い込み、囲い地、包囲	The **enclosure** movement led to the Industrial Revolution. 囲い込み運動が産業革命につながった。	

2136		
manoeuvre 名 駆け引き、巧妙な手段、策略	The United Nations is an arena of diplomatic **manoeuvres**. 国連は外交的駆け引きの場である。	

2137		
tangible 形 明白な、有形の	**tangible** assets and intangible assets 有形資産と無形資産	

2138		
compelling 形 説得力のある、差し迫った	**compelling** evidence that the president abused his power 大統領が権力を乱用したという説得力のある証拠	

2139		
projection 名 予測、映写	analysts' **projections** for Apple's earnings アップルの収益に関するアナリストの予想	

233

2140 **anchor** 名 錨、支えになる人	Some say that a wife is the **anchor** of the family. 妻が家庭を支える存在であるという人もいる。
2141 **abundant** 形 豊富な、有り余るほどの	Australia has **abundant** natural resources. オーストラリアは天然資源が豊富である。
2142 **definitive** 形 決定的な、最終的な	the **definitive** answer to the question of the origin of life 生命の起源に関する問いに対する決定的な答え
2143 **epic** 名 叙事詩、叙事詩的作品	There are fundamental differences between **epic** and lyric poetry. 叙事詩と叙情詩の間には根本的な違いがある。
2144 **intriguing** 形 興味深い、好奇心をあおる	an **intriguing** feature of the Japanese language 日本語の興味深い特徴
2145 **bark** 動 吠える、がみがみ言う	Dogs **bark** when the doorbell rings. 犬は呼び鈴が鳴ると吠える。
2146 **worm** 名 虫、寄生虫	I'm not the only one who can't bear to touch a **worm**. 虫に触れないのは私だけではない。
2147 **ventilation** 名 風通し、換気	Regular **ventilation** is becoming more important than ever. 定期的な換気が今までよりも重要になっている。
2148 **insulation** 名 絶縁（体）、断熱材、防音材	Home **insulation** can conserve energy and save you money. 住宅の断熱がエネルギーとお金を節約してくれる。
2149 **modular** 形 モジュールの	**Modular** courses are primarily offered in a weekend format. モジュラーコースは主として週末開講形式で提供される。
2150 **boredom** 名 退屈、退屈なこと	Children cannot tolerate solitude or **boredom**. 子どもは孤独や退屈に耐えられない。
2151 **vicinity** 名 近いこと、近接	Taiwan is in the **vicinity** of China. 台湾は中国に近い位置にある。
2152 **demolition** 名 取り壊し、解体、破壊	The **demolition** of the houses is going ahead as planned. 家屋の解体は予定どおり進んでいる。
2153 **ingredient** 名 成分、材料具、構成要素	organic products that contain only natural **ingredients** 天然成分だけを含んでいるオーガニック製品
2154 **compression** 名 圧縮	Black holes are formed by extreme **compression**. ブラックホールは極端な圧縮によって形成される。
2155 **sediment** 名 堆積物	Fossils can be found in **sediments** formed in ocean areas. 海で形成された堆積物の中に化石が見つかることがある。
2156 **sting** 動 針で刺す、さいなむ、刺激する	When bees **sting**, the stinger gets stuck in your skin. ハチが刺すと、針が皮膚に刺さって取れなくなる。
2157 **predator** 名 捕食動物	**Predators** are larger animals at the top of the food chain. 捕食動物は食物連鎖の頂点に立つ大型の動物である。

Level 2　必修 Passive words

2158 **hesitate**　動 躊躇する、ためらう	Japanese students tend to **hesitate** to study abroad. 日本の学生は留学することをためらう傾向がある。
2159 **plague**　動 （長い間）苦しめる	Japan has been **plagued** by low growth for a long time. 日本は長い間低成長に苦しめられてきた。
2160 **buffet**　名 セルフサービス形式の食事	**Buffets** have been cancelled due to the virus. そのウイルスのせいでセルフサービス形式の食事は中止された。
2161 **fake**　形 にせの、偽造の	with so much **fake** news on the internet today, 今日インターネット上で偽りのニュースが非常に多いので、
2162 **symptom**　名 症状、現れ、兆し	Students may not recognise the early **symptoms** of the flu. 学生はインフルエンザの初期症状に気づかないかもしれない。
2163 **resemble**　動 似ている、〜と共通点がある	TOEIC **resembles** other tests Japanese students have taken. TOEICは日本人学生が受けたことがある他のテストに似ている。
2164 **dwelling**　名 居住、住居、住まい	Jomon era houses were pit **dwellings** built into the ground. 縄文時代の家屋は地面を掘って作られた竪穴式住居であった。
2165 **reckless**　形 向こう見ずな、無謀な、無責任な	I am worried about some **reckless** leaders around the world. 私は世界中の何人かの無謀な指導者達について心配している。
2166 **wreck**　名 残骸、難破船の漂着物	The **wreck** of the Titanic was discovered in 1985. タイタニック号の残骸は1985年に発見された。
2167 **steer**　動 操縦する、かじを取る	Leaders must strategically **steer** their organisations. リーダーは組織を戦略的に操縦していかなければならない。
2168 **maritime**　形 海事の、海の、海上の	The safety of **maritime** traffic is imperative for Japan. 海上交通の安全性は日本にとって必須である。
2169 **compost**　名 堆肥、生ごみから作る有機肥料	Many people utilise **compost** as a fertiliser. 多くの人が肥料として堆肥を利用している。
2170 **exert**　動 用いる、及ぼす、発揮する	Superpowers **exert** influence by many means. 超大国は多くの手段によって影響力を行使する。
2171 **bait**　名 （釣り針・わなにつける）えさ	What should we do so that we don't take the **bait**? えさに引っかからないためにはどうすべきであろうか？
2172 **rectangular**　形 長方形の、直角を有する	**Rectangular** containers store more than round ones. 長方形の容器の方が円形のものよりも収納力がある。
2173 **abolish**　動 廃止する、破棄する	The United States **abolished** slavery in 1865. アメリカは1865年に奴隷制を廃止した。
2174 **plunge**　動 急落する	On the 29th of October, 1929, the stock prices **plunged**. 1929年10月29日に株価が急落した。
2175 **repertoire**　名 レパートリー、能力の範囲	Most dolphins have a wide **repertoire** of sounds. ほとんどのイルカは広範囲にわたる音のレパートリーを持つ。

2176 **commonplace** 形 ありふれた、ごく普通の	Remote work has become **commonplace**. 在宅勤務がありふれたものになってきた。
2177 **burglary** 名 住居侵入（罪）、強盗	Home **burglaries** are less common than thefts from vehicles. 住宅侵入は車上荒らしほど多くない。
2178 **suppress** 動 抑圧する、抑制する	We learn to **suppress** anger and express it indirectly. 私たちは怒りを抑制してそれを間接的に表現することを学ぶ。
2179 **curb** 動 抑制する	Schools were closed to **curb** the spread of the virus. ウイルスの拡大を抑制するために学校が閉鎖された。
2180 **diversion** 名 わきへそらすこと、転換	The **diversion** of rivers caused changes in the environment. 川をわきへそらすことが環境変化を引き起こした。
2181 **temperament** 名 気質、気性	Service dogs must have a stable **temperament**. 介助犬は安定した気性を持っていなければならない。
2182 **penetrate** 動 通る、通す、侵入する	Water doesn't **penetrate** through Gore-Tex membrane. 水はゴアテックスの膜を通り抜けることができない。
2183 **leak** 動 漏れる、漏らす	Wikileaks **leaked** emails of Hillary Clinton. ウィキリークスはヒラリー・クリントンのEメールを漏らした。
2184 **scare** 動 びっくりさせる、怖がらせる	The loud noise of fireworks can **scare** dogs. 花火の大きな音が犬を怖がらせることがある。
2185 **temporal** 形 時間の、世俗の	exploit the **temporal** and spatial differences 時空の違いを利用する
2186 **roundabout** 形 遠回りの、回り道の、婉曲な	The Kyoto dialect likes a **roundabout** way of speaking. 京都弁は遠回りなものの言い方を好む。
2187 **rig** 動 不正に操作する	Many believe that the presidential election was **rigged**. 多くの人が大統領選は不正操作されたと信じている。
2188 **jug** 名 水差し	A **jug** of water is placed on every table. すべてのテーブルに水差しが置いてある。
2189 **informative** 形 知識（情報）を与える、有益な	Some YouTube videos are extremely **informative**. ユーチューブビデオの中には非常に有益なものもある。
2190 **turmoil** 名 大混乱、大騒動、動揺	The **turmoil** in Hong Kong may continue for some time. 香港の大混乱はしばらく続くかもしれない。
2191 **laundry** 名 洗濯物、洗濯	Doing the **laundry** used to be a huge task before the 1950s. 1950年代以前は洗濯をすることは膨大な仕事であった。
2192 **troop** 名 兵士、軍隊	Nearly 200,000 US **troops** are deployed around the world. 20万人近くのアメリカ軍兵士が世界中に配備されている。
2193 **derelict** 形 見捨てられた、遺棄された	**Derelict** hotels can be seen even in famous hot spring towns. 有名な温泉町でも見捨てられたホテルが見受けられる。

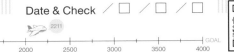

Level 2　必修 Passive words

2194	
approximate 形 近似の、おおよその	Even an **approximate** estimate is better than none. おおよその見積もりでも何もないよりはいい。
2195 **consuming** 形 消費する、激しい	Learning a foreign language can be time-**consuming**. 外国語学習は時間のかかるものでありうる。
2196 **endure** 動 苦痛に耐える、我慢する	Women are said to **endure** pain better than men. 女性の方が男性よりも痛みに耐えるのが上手であると言われる。
2197 **novelty** 名 目新しさ、珍しさ	Tourists may buy souvenirs for their **novelty** value. 観光客は物珍しさという価値のためにお土産を買うかもしれない。
2198 **merge** 動 合併させる、合同する	**merge** two files into one PDF 2つのファイルを合体させて1つのPDFにする
2199 **receptor** 名 受容体	Influenza viruses bind to **receptors** on the cell membrane. インフルエンザウイルスは細胞膜にある受容体にくっつく。
2200 **deviation** 名 脱線、逸脱、偏り、偏向	**Deviation** from social norms can attract negative attention. 社会的規範からの逸脱は否定的な注目を集める可能性がある。
2201 **curse** 動 のろう、ののしる	The Japanese don't **curse** as much as English speakers. 日本人は英語話者ほどにはののしり言葉を使わない。
2202 **respondent** 名 応答者、回答者	**Respondents** must be selected by random sampling. 回答者は何らかの無作為抽出によって選ばれなければならない。
2203 **sophistication** 名 複雑化、洗練、精巧	the forces that drive the artistic **sophistication** of anime アニメの芸術的洗練を推進する力
2204 **indicative** 形 示す、表示する、指示する	be **indicative** of the time and effort you have spent あなたが費やした時間と努力を示している
2205 **physician** 名 内科医	You need to be registered with a **physician**. あなたは内科医に登録する必要がある。
2206 **await** 動 待つ、待つばかりの状態にある	the long-**awaited** name of Japan's next imperial era 長い間待たれていた日本の次の元号
2207 **harness** 動 （自然の力を）利用する	We must **harness** renewable energy sources. 私たちは再生可能エネルギー源を利用しなければならない。
2208 **menace** 名 脅迫、おどし	The North Korean regime is a **menace** to the region. 北朝鮮政府は地域にとっての脅威である。
2209 **reciprocal** 形 相互の、互恵的な	Gratitude is **reciprocal** and it's contagious. 感謝は互恵的であり、伝染性である。
2210 **dazzling** 形 目もくらむような	a **dazzling** display of jewellery worth more than £250,000 25万ポンド以上の価値がある宝石の目もくらむような展示
2211 **foreman** 名 親方、現場監督	Mill **foremen** were feared and respected. 工場の親方は恐れられ、尊敬されていた。

2212 ☐☐☐ **fade** 動 消えていく、衰える	Some traditions **fade** away as new generations take the lead. 新しい世代が現れるにつれて一部の伝統は消えていく。
2213 ☐☐☐ **pedestrian** 名 歩行者	Drivers must stop for **pedestrians** at **pedestrian** crossings. 横断歩道ではドライバーは歩行者のために止まる義務がある。
2214 ☐☐☐ **buck** 名 ドル、お金	Some Australians spend big **bucks** on supplements. サプリメントに大金を費やすオーストラリア人もいる。
2215 ☐☐☐ **canopy** 名 天蓋	The **canopy** of a rainforest is 30-50 metres above the ground. 熱帯雨林の天蓋は地面から30～50メートルの高さである。
2216 ☐☐☐ **stroll** 動 ぶらつく、散歩する	Thousands of people **stroll** around the Ginza shoppping district. 何千もの人々が銀座のショッピング街をぶらつく。
2217 ☐☐☐ **perpetual** 形 絶え間ない、ひっきりなしの	We need to respond to the **perpetual** rate of innovation. 私たちは絶え間ない技術革新に対応する必要がある。
2218 ☐☐☐ **alternate** 動 交替でする、交互に起こる	In spring, warm days **alternate** with cold ones. 春には暖かい日と寒い日が交互に起こる。
2219 ☐☐☐ **nutrition** 名 栄養、栄養物	Good **nutrition** is the foundation of health. よい栄養が健康の土台である。
2220 ☐☐☐ **intolerable** 形 耐えられない、我慢できない	My roommate's snoring is **intolerable**. 私のルームメイトのいびきが耐えがたい。
2221 ☐☐☐ **contingency** 名 不測の事態	It is important for businesses to have **contingency** plans. 企業にとって不測の事態に備えた計画を持つことが重要だ。
2222 ☐☐☐ **leukaemia** 名 白血病	**Leukaemia** is a type of cancer of the white blood cells. 白血病は白血球のがんの一種である。
2223 ☐☐☐ **charcoal** 名 炭、木炭	**Charcoal** was used to create cave paintings. 洞窟画を描くために木炭が使われた。
2224 ☐☐☐ **ascent** 名 のぼること、上昇、昇進	The university has made a rapid **ascent** in the rankings. その大学はランキングにおいて急上昇を遂げた。
2225 ☐☐☐ **stain** 名 しみ、よごれ、汚点	Stainless steel is resistant to **stains** and rust. ステンレスはしみやさびに対して抵抗力がある。
2226 ☐☐☐ **crush** 動 押しつぶす、押し砕く	The Chinese government **crushed** the rebellion in Hong Kong. 中国政府は香港の反乱を押しつぶした。
2227 ☐☐☐ **spill** 動 こぼす、まき散らす	To **spill** the beans means to reveal a secret. 「豆をまき散らす」というのは「秘密をばらす」という意味である。
2228 ☐☐☐ **embryo** 名 胎児、胎芽	Some people believe **embryos** have basic human rights. 胎児も基本的人権を持つと考える人もいる。
2229 ☐☐☐ **authoritarian** 形 独裁主義の、権威主義の	There are many **authoritarian** regimes in the world. 世界には多くの独裁主義政権がある。

0　　500　　1000　　1500　　2000　　2500　　3000　　3500　　4000　GOAL

2247

2230 **gifted** 形 生まれつきの才能のある	**Gifted** children can skip an entire grade or two. 生まれつき才能のある子どもは1～2学年飛び級することができる。
2231 **abrupt** 形 突然の、いきなりの、急な	The train may come to an **abrupt** halt. 列車は急停車するかもしれません。
2232 **chronicle** 名 年代記	Taihei-nenpyo is a **chronicle** of the Edo period. 泰平年表は江戸時代の年代記である。
2233 **plough** 名 （耕作用）すき	The Maya did not have the **plough** or the wheel. マヤ民族はすきも車輪も持っていなかった。
2234 **altitude** 名 高さ、高度、海抜、標高	The higher the **altitude**, the thinner the air. 高度が高くなるほど空気は薄くなる。
2235 **antibiotics** 名 抗生物質	**Antibiotics** are overprescribed for patients with sore throats. 喉の痛みのある患者に対して抗生物質が過度に処方されている。
2236 **spectator** 名 見物人、観客	The stadium can accommodate up to 88,000 **spectators**. その競技場は最大8万8千人の観客を収容できる。
2237 **meditation** 名 沈思黙考、黙想、瞑想	Mindfulness **meditation** is becoming increasingly popular. マインドフルネスの瞑想がますます人気になっている。
2238 **instinctive** 形 本能の、本能的な	Humans have an **instinctive** ability to learn languages. 人間は言語を学ぶ本能的能力を持っている。
2239 **pillar** 名 柱、中心となるもの、支え	Trade has always been a **pillar** of the Japanese economy. 貿易が日本経済の柱であり続けてきた。
2240 **eminent** 形 地位の高い、著名な、突出した	Keene was an **eminent** scholar of Japanese literature. キーンは著名な日本文学研究者であった。
2241 **conservatism** 名 保守主義、保守的傾向	**Conservatism** means different things to different people. 保守主義は人によって異なる意味を持つ。
2242 **supervise** 動 監督する、取り締まる	A supervisor **supervises** a large number of workers. 管理者は数多くの従業員を監督する。
2243 **relish** 動 おいしく食べる、賞味する	Bears **relish** the rubbish thrown away by humans. クマは人間の出す生ゴミをおいしく食べる。
2244 **clumsy** 形 不器用な、ぎこちない	'He's all thumbs' means he is **clumsy**. 「He's all thumbs」は、彼は不器用であるという意味だ。
2245 **mutation** 名 変化、変質、突然変異	**Mutation** is the driving force of evolution. 突然変異は進化の駆動力である。
2246 **ore** 名 鉱石	Iron **ore** must be refined in order to be useful. 役に立つためには鉄鉱石は精錬されなければならない。
2247 **anatomy** 名 解剖学的構造	The **anatomy** of dinosaurs suggests they led active lifestyles. 解剖学的構造は恐竜が活発な生活を送っていたことを示唆する。

239

2248 **persistence** 名 粘り強さ、しつこさ	Your **persistence** will prevail in the end. あなたの粘り強さが最終的に勝つでしょう。
2249 **rib** 名 あばら骨、(豚・牛) の骨付きあばら肉	Spare **ribs** are the ribs from the belly section. スペアリブは腹部のあばら骨である。
2250 **weed** 名 雑草	Seaweeds are not **weeds** but very useful plants. 海藻は雑草ではなく非常に役に立つ植物である。
2251 **maze** 名 迷路、迷宮、混乱	We seem to be in a **maze** with no exit. 私たちは出口のない迷宮の中にいるようだ。
2252 **scholarly** 形 学術的な	**Scholarly** writing must be clear and accurate. 学術的文書は明確かつ正確でなければならない。
2253 **chaotic** 形 混沌とした、無秩序の	Millions of people fled the **chaotic** situation in Venezuela. 何百万人もの人々がベネズエラの混沌とした状況から逃げた。
2254 **extravagant** 形 浪費する、ぜいたくな、過度の	Ordinary people resent the **extravagant** lifestyles of the rich. 一般人は富裕層の贅沢な生活様式に憤る。
2255 **slavery** 名 奴隷制度	**Slavery** was essential to the prosperity of the South. 奴隷制度は南部の繁栄には不可欠であった。
2256 **prevail** 動 勝つ、広まる、普及する	When will peace **prevail** on earth? 平和が地球に広まるのはいつだろう?
2257 **starvation** 名 飢饉、窮乏	In developing countries, **starvation** is still a big problem. 発展途上国においては飢餓は今なお大きな問題である。
2258 **arthritis** 名 関節炎	**Arthritis** is a common condition that causes pain in the joints. 関節炎はよく見られる疾患で、関節に痛みを引き起こす。
2259 **upbringing** 名 教育、しつけ、育ち	Good **upbringing** is more important than high birth. 氏より育ち。
2260 **forge** 動 関係などを築く、確立する	I want to **forge** a closer relationship with my colleagues. 私は同僚ともっと近い関係を築きたい。
2261 **logging** 名 伐採、伐木搬出	**Logging** used to be a major industry in Tasmania. タスマニア島においては伐木が主要な産業であった。
2262 **flee** 動 逃げる、身を引く	In American cities, the rich tend to **flee** to the suburbs. アメリカの都市においては富裕層は郊外に逃げる傾向がある。
2263 **tuition** 名 指導、授業	In British English, '**tuition**' refers to teaching, not payments. イギリス英語では「tuition」は指導を指し、支払いではない。
2264 **indispensable** 形 欠かせない、不可欠な	A good command of English is **indispensable** to get a job. 職を得るにはよい英語力が不可欠である。
2265 **congestion** 名 密集、交通の混雑	Traffic **congestion** in Asian cities has been worsening. アジアの都市の交通混雑は悪化している。

2266 **tidal** 形 潮の、潮汐の	**Tidal** energy can be used to generate electricity. 潮力エネルギーは発電に使える。
2267 **criticise** 動 批判する、非難する	Don't **criticise** others if you have the same weaknesses. あなたにも同じ欠点があるなら他人を非難してはいけない。
2268 **conclusive** 形 決定的な、断固たる	There is **conclusive** evidence that the universe is expanding. 宇宙は拡大しているという決定的な証拠がある。
2269 **depart** 動 出発する	Aeroplanes arrive and **depart** at a rate of one per minute. 1分に1機の割合で飛行機が到着したり出発したりする。
2270 **supremacy** 名 優位、優越、至高	the belief in the **supremacy** of humans over animals 人間の動物に対する優越性の信念
2271 **hen** 名 めんどり	**Hens** lay eggs almost every day for about 2 years. めんどりは約2年間、ほぼ毎日卵を産む。
2272 **feeble** 形 弱々しい、説得力を欠く	Your argument is **feeble** because it lacks hard facts. あなたの主張には厳然たる事実がないので説得力がない。
2273 **suck** 動 吸う、すする	The mud **sucked** him in up to his ankles. 泥は彼を足首まで吸い込んだ。
2274 **dye** 動 染める	**Dyeing** your hair damages it. 髪を染めることは髪を傷める。
2275 **cubic** 形 立方体の、体積の	**Cubic** architecture was used from the 1990s to the 2000s. 立方体の建築が1990年代から2000年代まで用いられた。
2276 **frighten** 動 こわがらせる、ぎょっとさせる	I was **frightened** by a big cockroach in the kitchen. 私は台所にいた大きなゴキブリにぎょっとした。
2277 **dissolve** 動 溶かす、溶解する、解散する	**dissolve** protein powder in lukewarm milk 生ぬるいミルクにプロテインパウダーを溶かす
2278 **manifestation** 名 現れ、発現、発症	The **manifestation** of a disease is known as symptoms. 病気が現れたものを症状と呼ぶ。
2279 **cone** 名 円錐形のもの	The majority of the world's traffic **cones** are made in China. 世界の交通用円錐標識のほとんどは中国製である。
2280 **landmark** 名 陸上の目印、ランドマーク	Landmark Tower is truly a **landmark** of Yokohama City. ランドマークタワーは本当に横浜市の目印となる建物だ。
2281 **niche** 名 適所、自分を生かせる場所	You need to find a **niche** for yourself. あなたは自分の適所を見つけなければいけない。
2282 **withstand** 動 耐える、持ちこたえる	The ability to **withstand** stress is key for survival. ストレスに耐える能力が生存の鍵である。
2283 **extinct** 形 絶滅した	Endangered species may become **extinct**. 絶滅危惧種が絶滅するかもしれない。

241

2284	
diagonal 形 対角の、斜めの	X is at the **diagonal** opposite of Y. XはYのはす向かいにある。
2285 **divert** 動 わきへ向ける、そらす	Many ancient civilisations **diverted** rivers for irrigation. 多くの古代文明が灌漑のために川の向きを変えた。
2286 **descend** 動 下る、降りる、減少する	The plane is **descending** through completely smooth air. 飛行機は完全に穏やかな大気の中を下降している。
2287 **imbalance** 名 不均衡、アンバランス	Trade **imbalance** is a problem not to be neglected. 貿易不均衡は無視すべき問題ではない。
2288 **thrive** 動 よく生育する、繁栄する	Peace is the most important prerequisite for Japan to **thrive**. 平和が日本が繁栄するための最重要必要条件である。
2289 **stubborn** 形 頑固な、強情な、しぶとい	The older we get, the more **stubborn** we become. 年をとるにつれて人はより頑固になる。
2290 **decidedly** 副 決定的に、断然	IELTS is **decidedly** the better choice. IELTSの方が断然よい選択肢である。
2291 **cavity** 名 空洞、虫歯	Some birds nest in **cavities** that they do not create themselves. 自分で作ったわけではない空洞を巣とする鳥もいる。
2292 **eternity** 名 永遠 (性)、永久不滅のもの	It seemed like an **eternity** before help arrived. 助けが到着するまでは永遠のようだった。
2293 **unease** 名 不安、心配、困惑	**Unease** about the virus is spreading on social media. そのウイルスに関する不安がソーシャルメディアで広がっている。
2294 **disposable** 形 使い捨ての、可処分の	**Disposable** chopsticks are thrown away after a single use. 使い捨ての箸は1回使用された後で捨てられる。
2295 **flicker** 動 ちらつく、揺れ動く	Some stars are variable and '**flicker**' irregularly. 一部の星は変光星で不規則に「点滅」する。
2296 **interpreter** 名 通訳者、解釈者	The Empress served as an **interpreter** for politicians. 皇后は政治家の通訳をお務めになった。
2297 **wedge** 名 くさび、間を裂くもの	drive a **wedge** between Japan and the United States 日米関係にくさびを打ち込む
2298 **accelerate** 動 速める、促進する、加速する	**accelerate** the effort to reduce greenhouse gas emissions 温室効果ガスの放出を減らすための努力を加速させる
2299 **furnishings** 名 家具、備品、調度(品)	This spacious flat is complete with full **furnishings**. この広いアパートは家具を完備している。
2300 **footpath** 名 歩道、歩行者の小道	**Footpaths** are only for pedestrians. 歩道は歩行者専用である。
2301 **innate** 形 生来の、先天的な	Humans have an **innate** ability to acquire language. 人間は言語を習得する先天的能力をもっている。

Level 2　必修 Passive words

2302
tailor
名 洋服屋、仕立て屋

Tailor-made suits are becoming extremely popular.
仕立屋で作るスーツが大人気になっている。

2303
comb
名 くし

Combs have been used since prehistoric times.
くしは有史以前の時代から使われ続けている。

2304
transient
形 一時の、束の間の、はかない

From a Buddhist point of view, everything is **transient**.
仏教徒の視点では、諸行無常である。

2305
continuum
名 連続、連続体

Language acquisition is a **continuum** of development.
言語の習得は連続的な発展の過程である。

2306
dice
名 さいころ

Getting a random roommate is a roll of the **dice**.
ランダムにルームメイトを決めるのはさいころを振るのと同じだ。

2307
mar
動 きずものにする、損なう

A single project failure will not necessarily **mar** your career.
一つのプロジェクトの失敗は必ずしもキャリアの傷にはならない。

2308
mythology
名 神話、神話学

Mythology is the study of myths.
神話学は神話の研究である。

2309
leisurely
形 ゆっくりした、のんびりした

the **leisurely** lifestyle characteristic of the Mediterranean
地中海沿岸に特徴的なゆったりとした生活様式

2310
dorsal
形 背（側）の、背面の

The **dorsal** fin of a dolphin acts like a radiator.
イルカの背びれはラジエーターのような働きをする。

2311
execute
動 実行する、遂行する

The board establishes policies and the CEO **executes** them.
役員会が方針を決め、CEO がそれを実行する

2312
deduction
名 差し引き（額）、控除（額）

Donations may be used as tax **deductions**.
寄付金は税金控除に使われる場合がある。

2313
slick
形 なめらかな、口のうまい

Bill Clinton was called 'Slick Willie'.
ビル・クリントンは「口のうまいウィリー」と呼ばれていた。

2314
self-esteem
名 自尊心、うぬぼれ

Low grades will hurt the **self-esteem** of students.
低い成績は学生の自尊心を傷つけるであろう。

2315
aquatic
形 水中の、水生の

Aquatic mammals evolved from land mammals.
水生哺乳類は陸生哺乳類から進化した。

2316
fuse
動 融合する

Country music **fused** with blues to produce rock'n'roll.
カントリーミュージックがブルースと融合してロックが生まれた。

2317
temperate
形 温帯の、控えめな

The climate in the **temperate** zone is moderate.
温帯の気候は穏やかである。

2318
agreeable
形 快い、感じのいい、心地よい

Thais are **agreeable** people.
タイ人は感じのいい人たちだ。

2319
stature
名 名声、資質、身長

The man had physical **stature** but not moral stature.
その男は身長はあったが、道徳的資質はなかった。

243

2320 **stationary** 形 動かない、静止した	Chameleons remain **stationary** and wait for prey to show up. カメレオンは静止したままとどまり、獲物が現れるのを待つ。
2321 **stationery** 名 文房具	Japanese **stationery** is popular overseas for its high quality. 日本の文房具はその品質の高さがゆえに海外で人気である。
2322 **vine** 名 つる性植物、ブドウの木	**Vines** are climbing plants that grow upright. つる性植物は垂直に成長してはい上がる植物である。
2323 **setback** 名 つまずき、挫折、後退	Everyone needs ways to overcome **setbacks** in life. 誰でも人生における挫折を克服する方法が必要である。
2324 **masterpiece/masterwork** 名 傑作、名作、代表作	*Snow Country* is a **masterpiece** of Japanese literature. 「雪国」は日本文学の代表作である。
2325 **erratic** 形 不安定な、不規則な	US foreign policy under Trump became **erratic**. トランプの下でアメリカの外交政策は不安定になった。
2326 **vowel** 名 母音	There are 20 **vowel** sounds in English. 英語には20個の母音がある。
2327 **parrot** 動 オウム返しする、受け売りする	Some people just **parrot** what they hear on TV. テレビで聞いたことを受け売りする人もいる。
2328 **widen** 動 広がる、広げる	The gap between the rich and the poor has been **widening**. 貧富の格差が拡大している。
2329 **affluent** 形 裕福な、あふれんばかりの	Many families in **affluent** countries hire domestic helpers. 裕福な国では多くの家庭で家政婦を雇う。
2330 **affordable** 形 入手可能な、手ごろな	Android phones are more **affordable** than iPhones. アンドロイドの携帯電話の方がiPhoneよりも手頃である。
2331 **overheads** 名 間接経費、諸経費	Most **overheads** are fixed costs. ほとんどの間接経費は固定費である。
2332 **tier** 名 階層、層	Most of the top-**tier** universities in the US are private. アメリカの最上位層の大学のほとんどは私立である。
2333 **glaring** 形 ギラギラ輝く、まばゆい	I want to escape the **glaring** sun in the summer. 私は夏のギラギラした太陽から逃れたい。
2334 **womb** 名 子宮、胎内	The sea was the **womb** for life on our planet. 海が地球上の生命にとっての子宮であった。
2335 **distraction** 名 気を散らすこと（もの）、邪魔	Put away your smartphone to avoid **distractions**. 気が散るのを避けるためにスマホをしまいなさい。
2336 **alienation** 名 疎外、疎遠	**Alienation** is a characteristic problem of modern society. 疎外は現代社会に特徴的な問題である。
2337 **scramble** 動 よじ登る	Lizards can **scramble** up vertical surfaces. トカゲは垂直の表面をよじ登ることができる。

Level 2　必修 Passive words

2338 **sip** 動 少しずつ飲む	**Sip** tea quietly. Do not gulp and never slurp. 紅茶を少しずつ飲みなさい。がぶ飲みや音を立てて飲むのは禁物。
2339 **discrepancy** 名 矛盾、不一致、食い違い	There are **discrepancies** between the testimonies of the witnesses. 証人たちの証言の間に食い違いがある。
2340 **manageable** 形 処理できる、管理できる	The problem of nuclear waste is not **manageable**. 核廃棄物の問題は処理しきれない。
2341 **pervasive** 形 広がる、行きわたる、普及する	Fake online product reviews may be **pervasive**. オンラインのやらせ商品レビューが広まっているかもしれない。
2342 **crisps** 名 ポテトチップス(イギリス英語)	**Crisps** in British English are called chips in American English. イギリス英語のcrispsはアメリカ英語では（ポテト）チップスである。
2343 **cod** 名 タラ、マダラ	In Britain, **cod** is mostly used for fish and chips. イギリスではタラはほとんどフィッシュアンドチップスに使われる。
2344 **clad** 形 の服を着た、に覆われた	decorate their homes with armour-**clad** samurai figurines 鎧を着た侍の人形を家に飾る
2345 **prehistoric** 形 有史以前の、先史の	**Prehistoric** times are times before any written history. 有史以前の時代とは書かれた歴史が存在する前の時代である。
2346 **bully** 動 いじめる	Cyber-**bullying** is a crime that can even lead to death. ネット上のいじめは死を招くことさえある犯罪である。
2347 **shrink** 動 縮む、減る	due to the nation's aging and **shrinking** population その国の高齢化し縮小する人口のせいで
2348 **inherit** 動 受け継ぐ、相続する	We **inherit** our ancestors' good and bad karma. 私たちは祖先の善悪両方のカルマ（業）を受け継ぐ。
2349 **relentless** 形 容赦のない、厳しい、残忍な	Japan suffered **relentless** air raids by the Allied Forces. 日本は連合軍による容赦ない空襲を受けた。
2350 **saline** 形 塩分を含んだ	I must rinse my contact lenses with **saline** solution. 私は生理食塩水でコンタクトレンズを洗わなければならない。
2351 **recollection** 名 記憶、思い出、回想	I have no **recollection** of my grandfather. 私は祖父の記憶を持たない。
2352 **postage** 名 郵便料金	Some people proposed charging '**postage**' for email. Eメールに「郵便料金」を課すことを提案した人もいた。
2353 **lure** 動 誘い込む、誘惑する	Many countries are seeking to **lure** international students. 多くの国々が留学生を誘い込もうとしている。
2354 **allegation** 名 （十分な証拠のない）主張	People make **allegations**, without evidence, on social media. ソーシャルメディアで人は証拠もなく主張をする。
2355 **crunch** 動 バリバリかむ	**Crunching** crispy *senbei* stimulates the appetites of others. パリパリのせんべいをかむと他人の食欲を刺激する。

2356 **overlook** 動 上から見る、見下ろす、見渡す	I went to the top of the Tokyo Skytree to **overlook** the city. 私はスカイツリーの最高階に行って東京を見下ろした。
2357 **burglar** 名 不法侵入者、強盗	**Burglars** are skilled in a variety of areas. 不法侵入者はさまざまな分野の技能がある。
2358 **uniformity** 名 均一性、画一性	In Japan, **uniformity** is often valued over individuality. 日本ではしばしば個性よりも均一性に重きが置かれる。
2359 **solitude** 名 孤独	During the pandemic lockdown many single people faced days of **solitude**. パンデミックによるロックダウンの間、多くの独身者が孤独の日々に直面した。
2360 **cortex** 名 皮質	The cerebral **cortex** is the most highly developed part of the brain. 大脳皮質は脳の最も進んだ部分である。
2361 **fragmentation** 名 断片化、細分化、分裂	the growing **fragmentation** of people's media access patterns 人々のメディア利用パターンの分断が増していること
2362 **theorem** 名 定理、一般原理、法則	the equilateral triangle **theorem** 正三角形の定理
2363 **distressing** 形 苦痛を与えるような、悲惨な	Newspapers seem to be full of **distressing** news. 新聞は悲惨なニュースでいっぱいのように見える。
2364 **comprehend** 動 理解する、把握する	You need to know 90% of the words in a text to **comprehend** it. 文書を理解するためにはその中の単語の90%を知っている必要がある。
2365 **soak** 動 浸す、つける	**Soak** the bread in French toast egg mixture for 10 minutes. パンをフレンチトースト用の卵液に10分間つけなさい。
2366 **tuberculosis** 名 結核	**Tuberculosis** used to be considered a fatal disease. 結核は死に至る病と見なされていた。
2367 **detrimental** 形 有害な、不利益な	Sitting for prolonged periods is **detrimental** to health. 長時間座っていることは健康に有害である。
2368 **authenticity** 名 信憑性、真正性	The **authenticity** of users must be verified. ユーザーが本人であることが証明されなければならない。
2369 **antiquity** 名 古代、大昔	People in **antiquity** were shorter than modern people. 古代の人々は現代人よりも背が低かった。
2370 **haunt** 動 たびたび訪れる	Ghosts **haunted** Japan's tsunami ravaged coast. 幽霊が津波に荒らされた日本の海岸をたびたび訪れた。
2371 **herring** 名 ニシン	**Herring** is a rich source of omega-3 fatty acids. ニシンはオメガ3脂肪酸を豊富に含む。
2372 **accuse** 動 起訴する、非難する	The Democrats **accused** President Trump of abusing his power. 民主党員はトランプ大統領が権力を乱用したと非難した。
2373 **worthless** 形 価値のない	It is **worthless** to paint your world with sadness. あなたの世界に悲しみのペンキを塗るのは無価値だ。

2391

```
|----|----|----|----|----|----|----|----|  GOAL
0   500  1000 1500 2000 2500 3000 3500 4000
```

2374 captivity
名 とらわれの状態

Zoos keep animals in **captivity** for our entertainment.
動物園は私たちの楽しみのために動物をとらわれの身にしている。

2375 thirst
名 のどの渇き、渇望

When you feel **thirst**, you are already dehydrated.
喉の渇きを感じた時にはあなたは既に脱水状態になっている。

2376 laden
形 苦しんでいる、積んでいる

Many young people are **laden** with debts from student loans.
多くの若者が学生ローンの負債で苦しんでいる。

2377 scrape
動 こする、かく

Use a pumice stone to **scrape** off dead skin.
死んだ皮膚をこすり取るために軽石を使いなさい。

2378 ubiquitous
形 同時にいたるところにある

Vending machines are **ubiquitous** throughout Japan.
日本中で自動販売機がいたるところにある。

2379 lapse
名 時の経過

As a rule, memory fades with the **lapse** of time.
一般的に記憶は時間の経過とともに薄れる。

2380 fauna
名 動物相

The flora and **fauna** of New Zealand are unique.
ニュージーランドの植物相と動物相は独特である。

2381 bog
名 沢、沼、湿地

People in Niigata converted **bogs** into fruitful rice fields.
新潟の人は沼地を実り多い田んぼに変えた。

2382 porcelain
名 磁器、磁器製品

Porcelain was first produced in China around 600 C.E.
磁器は紀元600年頃に中国で初めて作られた。

2383 scout
名 偵察

Scouts write scouting reports on players.
スカウトは選手のスカウティングレポートを書く。

2384 premises
名 敷地、構内

must wear the ID card when on the **premises** of the university
大学構内にいる際にはIDカード着用義務がある

2385 fiddle
名 弓奏弦楽器、バイオリン

play second **fiddle**
第2バイオリンを弾く（＝脇役を務める）

2386 ancestor
名 先祖、祖先

The **ancestors** of the Japanese came from the South Seas.
日本人の先祖は南洋からやってきた。

2387 seam
名 縫い目、継ぎ目

The word '**seamless**' means not having a **seam**.
「シームレス」という言葉は継ぎ目がないという意味である。

2388 metabolic
形 代謝の

Metabolic syndrome is not a disease in itself.
メタボリックシンドロームはそれ自体では病気ではない。

2389 ingenuity
名 発明の才、独創性、創意

Japanese products are known for their **ingenuity**.
日本の製品はその独創性で知られている。

2390 proxy
名 尺度となるもの、代理

TOEIC scores were used as a **proxy** for students' proficiency.
TOEICスコアが学生の熟達度の尺度として用いられた。

2391 intermittent
形 断続する、間欠性の

Atami's **intermittent** springs spout about six times a day.
熱海の間欠泉は1日に6回噴出する。

247

2392 staple 形主食の、主要な	Rice has been a **staple** food for the Japanese for centuries. 米は何世紀もの間、日本人の主食であり続けてきた。
2393 audible 形聞こえる、聞き取れる	Ultrasonic frequencies are not **audible** to the human ear. 超音波の周波数は人間の耳には聞こえない。
2394 rhyme 名韻	Most poems are written with **rhymes**. ほとんどの詩は韻を踏んで書かれる。
2395 outdoors 副屋外で	Children need to play **outdoors** every day. 子どもは毎日屋外で遊ぶ必要がある。
2396 aroma 名芳香、香気	Many people enjoy the pleasant **aroma** of roses. 多くの人々がバラの快い芳香を楽しむ。
2397 taxing 形苦労の多い、面倒な	Income tax preparation can be **taxing**. 所得税の確定申告書類作成は苦労が多いものになりうる。
2398 comrade 名仲間、同志	remain individuals while having a sense of unity among **comrades** 仲間の団結心を持ちつつ個性を保つ
2399 havoc 名大損害、大混乱	The virus wreaked **havoc** on the global economy. そのウイルスは世界経済に大混乱を引き起こした。
2400 emigration 名他国への移住	**Emigration** from South America is fuelled by economic crises. 南米から他国への移住は経済危機によってあおられている。
2401 obsolete 形すたれた、時代遅れの	CDs are **obsolete** in most countries. ほとんどの国々ではCDはすたれている。
2402 arid 形（土地が）乾燥した、不毛の	Over 70% of mainland Australia is **arid** or semi-arid. オーストラリア本土の70%以上が乾燥または半乾燥地帯である。
2403 blur 動ぼやけさせる	Exposure to blue light **blurs** and dries the eyes. ブルーライトにさらされることが目をぼやけさせ、乾燥させる。
2404 spear 名槍	The Jomon used bows, arrows and **spears** for hunting. 縄文人は狩猟に弓、矢、槍を使った。
2405 crow 名カラス	**Crows** are highly intelligent and can use tools. カラスは非常に知能が高く道具を使える。
2406 henceforth 副その後、今後	Yoko was **henceforth**, inseparably, at John Lennon's side. その後ヨーコは、ジョン・レノンのそばから離れることはなかった。
2407 brace 名固定器具、締め金	Dental **braces** are only for teens and young adults. 歯列矯正具は10代や若年成人だけのものである。
2408 ounce 名オンス（重量の単位）	A pound is sixteen **ounces** or 454 grams. 1ポンドは16オンスまたは454グラムである。
2409 vacancy 名欠員、空位、空き部屋	too few workers to fill the **vacancies** left by retiring workers 退職者による欠員を埋めるための労働者が少なすぎる

248

2410 **knowledgeable** 形 知識のある、よく知っている	quality teachers who are **knowledgeable** about their subjects 自分の教える科目に関して豊富な知識を持つ質の高い教師
2411 **hail** 名 雹（ひょう）	**Hail** is formed when drops of water freeze together in clouds. 雹（ひょう）は雲の中で水滴が凍って結合するとできる。
2412 **hailstone** 名 雹の粒	**Hailstones** are balls of ice that fall from clouds. 雹粒は雲から落ちてくる球状の氷である。
2413 **inflict** 動 を負わせる、もたらす	The virus **inflicted** huge damage on the whole economy. そのウイルスは経済全体に巨大な被害をもたらした。
2414 **crab** 名 カニ	King **crab** is a high-grade sushi topping. タラバガニは高級な寿司ネタである。
2415 **physiology** 名 生理機能、生理学	Women's **physiology** is different from men's. 女性の生理機能は男性のものとは異なる。
2416 **lineage** 名 血統、系統、由来	**Lineage** should not matter in politics. 政治において血統を重要とみなすべきではない。
2417 **tumble** 動 つまづいて転ぶ	He lost his footing and **tumbled** down the stairs. 彼は足を踏み外して階段を転げ落ちた。
2418 **diffusion** 名 拡散、普及、伝播、放散	The internet greatly facilitates the **diffusion** of knowledge. インターネットは知識の拡散を大きく促進する。
2419 **palatable** 形 味のよい、口に合う	Japanese food might not be **palatable** to everyone. 和食はすべての人の口に合うわけではないかもしれない。
2420 **ornate** 形 高度に装飾的な	The Toshogu shrine is famous for its **ornate** wood carvings. 東照宮はその高度に装飾的な木彫りで有名である。
2421 **fidelity** 名 忠実、誠実、貞節	The mandarin duck is regarded as a symbol of marital **fidelity**. オシドリは結婚における貞節の象徴と見なされている。
2422 **grind** 動 臼でひく、すりつぶす	Coffee beans lose flavour rapidly after **grinding**. コーヒー豆はひいた後は急速に風味を失う。
2423 **pouch** 名 小袋、小物入れ	Most female marsupials have a **pouch** for carrying their babies. ほとんどの有袋類のメスは赤ちゃんを運ぶ袋を持っている。
2424 **ballroom** 名 舞踏室	The Rokumeikan was a Western-style **ballroom** in Hibiya. 鹿鳴館は日比谷にあった西洋式舞踏場であった。
2425 **fertiliser** 名 肥料、化学肥料	Chemical **fertilisers** are harmful to humans and animals. 化学肥料は人間や動物にとって有害である。
2426 **trough** 名 細長いかいば桶、雨どい	**Troughs** are used to feed and give water to animals. かいば桶は動物に餌や水を与えるために使われる。
2427 **artery** 名 動脈	The Tokaido road was Japan's main transportation **artery**. 東海道は日本の交通の大動脈であった。

2428 **soluble** 形 溶ける、溶解できる、溶性の	Vitamin C is water-**soluble** and is not stored in your body. ビタミンCは水溶性で体内に蓄えることはできない。
2429 **longitudinal** 形 長期的な、縦の	Climatologists conduct **longitudinal** studies of climate change. 気象学者は気候変動の長期的な研究を行う。
2430 **blueprint** 名 青写真、詳細な計画	A **blueprint** is a detailed plan in the early stages of a project. 青写真とはプロジェクトの初期段階における詳細な計画である。
2431 **parasite** 名 寄生者、寄生体、居候	**Parasites** use host organisms to grow and reproduce. 寄生生物は成長や繁殖をするために他の生物を利用する。
2432 **devious** 形 よこしまな、ずるい	There are far too many **devious** politicians. よこしまな政治家があまりにも多すぎる。
2433 **adhesive** 形 粘着性の	**Adhesive** mechanisms in nature have not yet been exploited. 自然界に存在する粘着の仕組みはまだ活用されていない。
2434 **opaque** 形 不透明な、くすんだ	**Opaque** containers do not allow light to pass through them. 不透明の容器は光を通さない。
2435 **portray** 動 描く、描写する	Painters used to **portray** landscapes the way they were. かつて画家は風景をあるがままに描いたものだった。
2436 **scatter** 動 ばらまく、追い散らす	Don't **scatter** your stuff on the floor. あなたのものを床にちらかすな。
2437 **claw** 名 かぎづめ、つめ	The **claws** of cats help them to catch their prey. 猫のかぎ爪は獲物を捕まえるのに役立つ。
2438 **conserve** 動 大切に使う、保存する	We need to **conserve** natural resouces. 私たちは天然資源を大切に使わなければならない。
2439 **villain** 名 悪党、悪者	There is always a **villain** in any fairy tale. どんなおとぎ話にも必ず悪者が出てくる。
2440 **evoke** 動 呼び覚ます	Popular music **evokes** memories of the past. ポップ音楽は過去の記憶を呼び覚ます。
2441 **perennial** 形 四季を通じてある、多年生の	Technically speaking, trees are **perennial** plants. 専門的に言えば、木は多年生の植物である。
2442 **smear** 動 塗る、よごす、傷つける	You'll only **smear** your own reputation. あなたは自分自身の評判を傷つけるだけだ。
2443 **intermediary** 名 仲介者、仲介機関	A travel agency acts as an **intermediary**. 旅行代理店は仲介者としての役割を果たす。
2444 **precaution** 名 予防策、用心、警戒	We should always take **precautions** against earthquakes. 私たちは常に地震に対して用心しなければならない。
2445 **circulate** 形 循環する	Drinking water helps blood **circulate** through the body. 水を飲むことは血液が体を循環するのを助ける。

2446 activate
動 起動する、有効にする

activate MS Office by using the product key
プロダクトキーを使ってMSオフィスを有効にする

2447 chick
名 ひよこ、ひな

Sparrow **chicks** leave the nest 14 days after hatching.
スズメのひなは孵って14日で巣立ちする。

2448 fin
名 ひれ

The **fins** of dolphins evolved from legs.
イルカのひれは足から進化した。

2449 raft
名 いかだ、いかだ船

The Polynesians sailed the Pacific on **rafts**.
ポリネシア人はいかだに乗って太平洋を航海した。

2450 bunker
名 地下壕、避難所

Londoners hid in **bunkers** during the German air raids.
ロンドンの人たちはドイツ軍の空襲の間地下壕に隠れた。

2451 terrestrial
形 地上の、地球の

Terrestrial life evolved from marine life forms.
陸上の生物は海の生物から進化した。

2452 austere
形 厳格な、質素な

The government adopted an **austere** budget plan.
政府は緊縮予算案を採用した。

2453 puff
名 プッと吹くこと、一吹き

Native Americans used **puffs** of smoke to communicate beyond the range of their voices.
ネイティブアメリカンは声の届かない相手に伝達するために煙の一吹きを使った。

2454 toad
名 ヒキガエル

Toads are amphibians that lay their eggs in the water.
ヒキガエルは水の中に卵を産む両生類である。

2455 oversee
動 監督する

Business managers **oversee** the activities of workers.
営業部長は従業員の活動を監督する。

2456 tranquil
形 静かな、穏やかな、落ち着いた

I love the **tranquil** beauty of Japanese gardens.
私は日本庭園の静かな美しさが好きだ。

2457 genetics
名 遺伝的特徴

Genetics are less important than environmental factors.
遺伝的特徴は環境要因ほどには重要でない。

2458 bumper
名 緩衝器、バンパー

'Bumper-to-**bumper**' traffic is a dense traffic jam.
「バンパーが接触するような」交通とはひどい渋滞のことだ。

2459 nagging
形 しつこい、絶えず悩ませる

A **nagging** cough is uncomfortable and frustrating.
しつこい咳は不快でいらいらするものだ。

2460 peril
名 危険、危難

Sailors faced many **perils** at sea.
船乗りは航海中数多くの危険に直面した。

2461 cumbersome
形 やっかいな、扱いにくい

Laptop computers used to be very **cumbersome**.
ノートパソコンは非常に扱いにくいものであった。

2462 distract
動 気を散らす、そらす

Your smartphone **distracts** your concentration from your studies.
スマホは勉強から集中力をそらしてしまう。

2463 folklore
名 民間伝承、民俗学

Folklore has been passed down through the generations.
民間伝承は世代を経て伝えられてきたものである。

251

2464 **pesticide** 名 殺虫剤	**Pesticides** are killing bees at an alarming rate. 殺虫剤が憂慮すべき速さで(益虫である)ハチを死なせている。
2465 **thrush** 名 ツグミ	**Thrushes** are among the finest avian singers. ツグミは最も美しい鳴き声を持つ鳥の一種である。
2466 **hard-wired** 形 遺伝子に組み込まれた	Language is **hard-wired** in humans. 言語は人間の遺伝子に組み込まれている。
2467 **fungus** 名 真菌、菌類	**Fungus** is the singular form of fungi. Fungus(菌)はfungiの単数形である。
2468 **visionary** 名 先見性がある人、預言者	Steve Jobs is considered a **visionary**. スティーブ・ジョブズは先見性がある人と見なされている。
2469 **drawback** 名 欠点、難点、問題点	Cost is the major **drawback** limiting greater use. コストがより大規模な利用を妨げている欠点である。
2470 **beak** 名 くちばし	The **beak** of a bird acts as a shovel. 鳥のくちばしはシャベルの役割を果たす。
2471 **incarnation** 名 権化、化身	The devil is the **incarnation** of evil. 悪魔は悪の権化である。
2472 **furnace** 名 炉、暖房炉	In American English, a **furnace** is a heating device. アメリカ英語ではfurnace(暖房炉)は暖房器具である。
2473 **cultivate** 動 耕作する、栽培する	The Japanese have **cultivated** rice for 2,300 years. 日本人は2300年にわたって米を栽培してきた。
2474 **plank** 名 厚板	**Planks** are used primarily in carpentry. 厚板は主として大工仕事において使われる。
2475 **thirsty** 形 のどが渇いた、乾燥した	Be sure to drink water before you feel **thirsty**. のどが渇いたと感じる前に水を飲むようにしなさい。
2476 **entrepreneur** 名 起業家、事業主	**Entrepreneurs** are made; they are not born. 起業家は作られるものであって、生まれつきではない。
2477 **bravery** 名 勇敢、勇壮	**Bravery** is a virtue that many do not possess. 勇敢さは多くの人が持っていない美徳である。
2478 **mammal** 名 哺乳動物	All **mammals** can produce heat from within. すべての哺乳動物は体内で熱を作り出すことができる。
2479 **oblige** 動 義務づける	Drivers are **obliged** to follow the Highway Code. ドライバーは交通規則に従うことを義務づけられている。
2480 **lance** 名 槍、やす	Mediaeval knights used **lances** in battles. 中世の騎士は戦いにおいて槍を使った。
2481 **hound** 名 猟犬、犬	Today not many **hounds** are still used for hunting. 今日では猟のために使われる猟犬はほとんどいない。

0　　500　　1000　　1500　　2000　　2500　　3000　　3500　　4000 ——GOAL

2482 hesitant
形 躊躇した、ためらいがちな
Japanese students are **hesitant** to ask questions.
日本人学生は質問するのをためらいがちである。

2483 nasal
形 鼻の、鼻声の
My voice is **nasal** because my nose is stuffed up.
鼻が詰まっているので鼻声になっている。

2484 procurement
名 獲得、調達
The **procurement** of masks remains a great challenge.
マスクの調達は大きな困難として残っている。

2485 irrigation
名 灌漑、主流、灌水
Irrigation was an important invention in human history.
灌漑は人類史における重要な発明であった。

2486 Antarctica
名 南極大陸
Antarctica is often called the 'White Desert'.
南極大陸は「白い砂漠」と呼ばれることがよくある。

2487 ambivalent
形 相反する意見を持つ
Many older Japanese are **ambivalent** about the US.
年配の日本人の多くはアメリカに相反する感情を持つ。

2488 excretion
名 排泄（物）
Excretion is the process of removing waste.
排泄は、体内の不要なものを取り除く過程である。

2489 repository
名 宝庫、収納場所
The internet is a **repository** of knowledge.
インターネットは知識の宝庫である。

2490 abound
動 たくさんいる、多い、富む
Strange birds **abound** in New Zealand.
ニュージーランドには奇妙な鳥がたくさんいる。

2491 fragrant
形 芳しい、かぐわしい、香りのよい
Fragrant herbs are used to season meats.
肉に風味を加えるために香草が使われる。

2492 dissertation
名 論文、学位論文
A **dissertation** is required for a master's degree.
修士号のためには学位論文が必要とされる。

2493 denote
動 示す、意味する
N.B. **denotes** *Nota Bene*.
N.B.は「よく注意せよ」を意味する。

2494 irreversible
形 不可逆性の
The 2015 agreement was 'final and **irreversible**'.
2015年の合意は「最終的かつ不可逆的」であった。

2495 flamboyant
形 華やかな
Muhammad Ali was a **flamboyant** boxer.
モハメド・アリは華やかなボクサーであった。

2496 adept
形 熟達した
be **adept** at making PowerPoint presentations
パワポを用いたプレゼンをすることに熟達している

2497 ambush
名 待ち伏せ
An **ambush** is a guerrilla warfare tactic.
待ち伏せはゲリラ戦の戦術である。

2498 noteworthy
形 注目すべき、顕著な
There is a **noteworthy** difference between X and Y.
XとYの間には注目すべき違いがある。

2499 loom
動 不気味に立ちはだかる
The threat of global warming **looms** large over the globe.
地球温暖化の脅威が世界に大きく立ちはだかっている。

253

2500 **enactment** 名 法の制定	The legislature's duty is the **enactment** of laws. 議会の責務は法律の制定である。
2501 **empathy** 名 感情移入、共感（的理解）	Teachers need **empathy** to teach their students. 教師は学生を教えるために共感的理解が必要である。
2502 **disproportionate** 形 不釣り合いな、不相応な	Men have a **disproportionate** amount of power in politics. 政治において男性が不釣り合いな量の力を持っている。
2503 **pore** 名 孔、毛穴、気孔	Like the human skin, plant leaves have **pores**. 人間の皮膚と同じように植物の葉には孔がある。
2504 **ornament** 名 飾り、装飾、装飾品	**Ornaments** are important cultural artefacts. 装飾物は重要な文化的人工遺物である。
2505 **slash** 動 さっと切る、大幅削減する	The government has **slashed** the education budget. 政府は教育予算を大幅削減した。
2506 **desolate** 形 さびれた、人気のない	Traditional shopping streets have become **desolate**. 伝統的な商店街がさびれている。
2507 **enterprising** 形 進取の気性に富んだ	Americans are more **enterprising** than Brits. アメリカ人はイギリス人よりも進取の気性に富む。
2508 **craftsman** 名 熟練工、職人	**Craftsmen** were respected members of society. 職人は社会の尊敬される構成員であった。
2509 **inject** 動 注射する、注入する	Immunity can be obtained by **injecting** a vaccine. 免疫はワクチンを注射することによって得られる。
2510 **acclaim** 動 喝采して迎える、称賛する	Japan was **acclaimed** as a model of success. 日本は成功モデルとして称賛された。
2511 **duct** 名 送管、導管	There are **ducts** in the ceiling and under the floor. 天井と床下には導管がある。
2512 **rudimentary** 形 基本の、初歩の、未発達の	During the Yayoi era, **rudimentary** huts were built. 弥生時代には初歩的な小屋が作られた。
2513 **paradoxical** 形 逆説の、逆説的な	The failed summit was a **paradoxical** success. 失敗した首脳会談は逆説的成功であった。
2514 **hedgehog** 名 ハリネズミ	**Hedgehogs** are not actually rodents. ハリネズミは実はげっ歯動物ではない。
2515 **flatter** 動 過分にほめる、おだてる	People **flatter** others to get favours in return. 人はお返しに好意を得るために他人をほめる。
2516 **downturn** 名 （景気などの）下降	The 1990s saw a severe economic **downturn**. 1990年代には深刻な景気の下降が起こった。
2517 **mentor** 名 よき助言者、メンター	My wife is also my **mentor** in life. 私の妻は人生におけるよき助言者でもある。

2518		
gland 名 腺	Sweat **glands** are endocrine glands. 汗腺は内分泌腺である。	

2519		
shrub 名 低木、灌木	A **shrub** is not a tree, or at least not a true tree. 低木は木ではない。少なくとも本当の木ではない。	

2520		
standstill 名 停止、休止、足踏み(状態)	The negotiations have come to a **standstill**. 交渉は足踏み状態になった。	

2521		
haulage 名 運送、運搬、運賃	The cost of **haulage** is determined by weight. 運送費用は重量によって決められる。	

2522		
ailing 形 病弱の、不振の	It dealt a heavy blow to Italy's **ailing** economy. それは不振のイタリア経済に大きな打撃を与えた。	

2523		
ridicule 動 あざ笑う、あざける	**Ridiculing** others doesn't make you smarter. 他人をあざ笑っても賢くなるわけではない。	

2524		
intentional 形 故意の、意図的な	**Intentional** crimes are punished more severely. 故意の犯罪はより厳しく罰せられる。	

2525		
dispense 動 分配する、出す、提供する	Vending machines in Japan **dispense** a wide range of products. 日本の自動販売機は幅広い製品を提供している。	

2526		
molten 形 融解した	**Molten** rock is called lava if it is above ground. 溶けた岩が地表に現れたものは溶岩と呼ばれる。	

2527		
lessen 動 少なくする、減らす、小さくする	Hypnosis can help **lessen** your pain. 催眠が痛みを緩和するのを助けることができる。	

2528		
embody 動 具体化する、体現する	The monarch **embodies** the spirirt of the nation. 君主は国民の精神を体現する。	

2529		
flaw 名 きず、割れ目、欠点、弱点	The skater performed without a **flaw**. そのスケーターは欠点のない演技を行った。	

2530		
inhabit 動 生息する、住む	Brown bears **inhabit** Hokkaido. ヒグマが北海道に生息している。	

2531		
imitate 動 模倣する、まねる	It's natural to **imitate** people you admire. 尊敬する人をまねることは自然である。	

2532		
canyon 名 深い峡谷、大峡谷	The **canyon** was carved by the Colorado River. その大峡谷はコロラド川によって浸食された。	

2533		
ripple 名 さざなみ、小波	A **ripple** effect is caused by a single action. さざ波(=波及)効果が一つの行動によって引き起こされる。	

2534		
outdated 形 旧式の、時代遅れの	Email may seem an **outdated** means of communication. Eメールは時代遅れの意思伝達手段に見えるかもしれない。	

2535		
commonsense 形 良識のある、常識的な	adopt a **commonsense** solution to a common problem 一般的な問題に対して常識的な解決策をとる	

2536 **caste** 名 身分制度、社会的階級	Japan was a **caste** society for thousands of years. 日本は何千年もの間身分制度社会であった。
2537 **utilitarian** 形 功利の、実利の、効用の	**Utilitarian** value is more important than hedonic value. 実用的価値の方が快楽的価値よりも重要である。
2538 **occupancy** 名 占有、保有、居住	**Occupancy** rate is a key performance indicator. 入居率は重要業績評価指標である。
2539 **idyllic** 形 田園詩（風）の、牧歌的な	surrounded by the **idyllic** scenery of rice paddies 田んぼの牧歌的風景に囲まれて
2540 **microscopic** 形 極微の、顕微鏡の	A virus is **microscopic**. You cannot see it with the naked eye. ウイルスは極微で、肉眼で見えない。
2541 **descendant** 名 子孫、末裔	The Emperor is said to be the **descendant** of Amaterasu. 天皇は天照大神の子孫と言われている。
2542 **likeness** 名 類似（点）、酷似した人（もの）	Android devices bear a striking **likeness** to iPhones. アンドロイド端末はiPhoneと非常によく似ている。
2543 **merchandise** 名 商品	**Merchandise** is an inventory asset. 商品は棚卸資産である。
2544 **measles** 名 はしか、麻疹	Many cases of **measles** have been reported. はしかの症例報告が多くなっている。
2545 **serpent** 名 へび、陰険な人	the **serpent** in the Garden of Eden エデンの園のヘビ
2546 **captivating** 形 魅惑的な	Venice is a **captivating** city which stirs the heart. ヴェニスは心を揺さぶるような魅惑的な都市です。
2547 **carve** 動 彫る、刻む	Michelangelo **carved** statues and designed buildings. ミケランジェロは像を彫り、建物を設計した。
2548 **tenuous** 形 薄弱な、希薄な	The evidence against the defendant is **tenuous**. 被告に不利な証拠は薄弱なものだ。
2549 **dodge** 動 よける、はぐらかす	The prime minister **dodged** inconvenient questions. 首相は不都合な質問ははぐらかした。
2550 **intrusive** 形 でしゃばりの、邪魔をする	I don't want to be **intrusive**, but is everything all right? お邪魔したくないのですが、問題はありませんか？
2551 **latitude** 名 緯度	Low-**latitude** countries will suffer first. 緯度の低い国々が最初に被害を受けるだろう。
2552 **quantify** 動 量的に示す、数量化する	A smartwatch can help **quantify** your efforts. スマートウォッチは自分の努力を量的に示すのを助ける。
2553 **outweigh** 動 より重要である、より勝る	The advantages far **outweigh** the disadvantages. 利点の方が欠点をはるかに勝っている。

Level 2　必修 Passive words

2554 annoy
動 いらいらさせる、悩ます
That's what **annoys** me more than anything else.
それが何よりも私をいらいらさせることだ。

2555 enlarge
動 大きくする、拡大する
Reading glasses **enlarge** the size of text.
老眼鏡は文書のサイズを拡大する。

2556 divinity
名 神性、神格、神
Service to humanity is service to **divinity**.
人に奉仕することは神に仕えることである。

2557 traverse
動 横切る、横断する
Do not **traverse** high-radiation areas.
放射線量の高い地域を横断するな。

2558 facsimile
名 複写、複製、ファックス
The word '**facsimile**' was shortened to 'fax'.
「複写」を意味する単語の短縮版が「ファックス」だ。

2559 vow
動 誓う、公約する
The prime minister **vowed** to resign if it was proven.
首相はそれが証明されたら辞任すると誓った。

2560 heyday
名 真っ盛り、全盛（期）
In its **heyday**, the VCR was considered a marvel.
ビデオデッキはその最盛期には驚異的なものと見なされた。

2561 artefact
名 人工品、人工遺物
Jomon **artefacts** have been found throughout Japan.
縄文時代の人工遺物は日本中で見つかっている。

2562 nocturnal
形 夜の、夜間の、夜行性の
Most rodents are **nocturnal**.
ほとんどのげっ歯動物は夜行性である。

2563 outlay
名 支出、出費、経費
The initial **outlay** for such a business is low.
この種の事業の初期経費は少額である。

2564 workable
形 実行可能な、使える
We need to come up with a **workable** plan.
私たちは実行可能な計画を考え出さないといけない。

2565 kerb
名 （歩道の）縁石
'**Kerb**' is the British spelling of the American 'curb'.
「kerb（縁石）」はアメリカの「curb」のイギリス綴りである。

2566 vaccination
名 予防接種
A **vaccination** is not available for the virus yet.
そのウイルスの予防接種はまだ可能になっていない。

2567 regrettable
形 悔やまれる、遺憾な、残念な
It was **regrettable** that the match was cancelled.
その試合が中止になったのは残念であった。

2568 auditory
形 聞くことの、聴覚の、耳の
Visual memory is more powerful than **auditory** memory.
視覚記憶は聴覚記憶よりも強力である。

2569 cardiovascular
形 心臓血管の
High blood pressure causes **cardiovascular** diseases.
高血圧は心臓血管の病を引き起こす。

2570 inventive
形 発明の才のある
Inventive people are good at using their imaginations.
発明の才のある人は想像力を使うのが上手い。

2571 footage
名 一場面、シーン
Nowadays, video **footage** is your best witness.
今日ではビデオの一場面が最高の証言者となる。

257

2572 **enclave** 名 飛び領土、飛び地	Bosnia was a multicultural **enclave**. ボスニアは多文化が共存する飛び地であった。
2573 **botany** 名 植物学	Biology includes two branches: **botany** and zoology. 生物学は植物学と動物学という2つの分野を含む。
2574 **depict** 動 描く、描写する	Novelists can **depict** the inner workings of characters. 小説家は登場人物の心の動きを描写することができる。
2575 **landfill** 名 埋め立て（地）	**Landfills** are responsible for groundwater pollution. 埋め立て地が地下水汚染の原因となっている。
2576 **intersection** 名 交差点、交差	Vehicle drivers must stop at every **intersection**. 車両運転手はどんな交差点でも停止しなければならない。
2577 **pendulum** 名 時計の振り子、趨勢	the swing of the **pendulum** in presidential elections 大統領選における時計の振り子のような変動
2578 **roam** 動 歩き回る、放浪する	By 1889, only 85 bison **roamed** free in the US. 1889年までにはアメリカで自由に歩き回る野牛は85頭だけになった。
2579 **soar** 動 高く昇る、急に上がる	During the bubble economy, land prices **soared**. バブル経済期には地価が急上昇した。
2580 **precipitation** 名 降水（量）	Australia has been experiencing a **precipitation** deficit. オーストラリアは降水不足を経験している。
2581 **enigma** 名 謎、不可解な事件	the profound **enigma** of the origin of life on earth 地球上の生命の起源という深遠なる謎
2582 **mucus** 名 （生物体内の）粘液	Nasal **mucus** is created within membranes of your nose. 鼻水は鼻の粘膜内で作られる。
2583 **ancestry** 名 先祖、祖先、家系	Obama was the first US president of African **ancestry**. オバマはアフリカの祖先を持つ最初のアメリカ大統領であった。
2584 **monotonous** 形 単調な、退屈な	Part-time jobs are typically more **monotonous**. バートの仕事は一般的にはより単調である。
2585 **pellet** 名 小球、小粒	Hailstones are **pellets** of ice that fall from the clouds. ひょうは雲から降ってくる氷の小球である。
2586 **furnish** 動 備え付ける、供給する	Each classroom is **furnished** with the latest technologies. 各教室には最新のテクノロジーが備え付けられている。
2587 **aspire** 動 熱望する、大志を抱く	**aspire** to an international peace based on justice and order 正義と秩序を基調とする国際平和を希求する
2588 **pigment** 名 顔料、色素	Cave painters used **pigments** made out of charcoal. 洞窟画家は木炭から作られた顔料を用いた。
2589 **topography** 名 地形、地勢	The **topography** of Japan is mostly mountainous. 日本の地勢は大部分山地である。

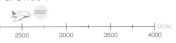

2590 **inextricably** 副 切り離せないほどに、密接に	Language and culture are **inextricably** connected. 言語と文化は切り離せないほどに密接に結びついている。
2591 **convex** 形 凸状、凸面の	**Convex** lenses are thicker in the middle. 凸面レンズは中心部の厚みが厚い。
2592 **deploy** 動 配置する、配備する	North Korea has **deployed** a new type of missile. 北朝鮮は新型ミサイルを配備した。
2593 **affirmation** 名 肯定、断言、主張	Nodding is a sign of **affirmation**. うなずくことは肯定の印である。
2594 **fodder** 名 家畜のかいば、まぐさ	**Fodder** is the food given to cows, horses and other animals. かいばは牛馬やその他の動物に与えられる食べ物である。
2595 **hue** 名 色合い、色相	Colour has three properties: **hue**, intensity and value. 色には色相、彩度、明度という3つの要素がある。
2596 **rumble** 動 ゴロゴロ鳴る、とどろく	The sky darkens' thunder **rumbles** and lightning flashes. 空が暗くなり、雷が鳴り響き、稲妻が光る。
2597 **toxin** 名 毒素	Bee venom contains a potent **toxin** called melittin. ハチの毒液はメリチンという強力な毒素を含んでいる。
2598 **obesity** 名 肥満、太りすぎ	**Obesity** is a problem in many developed countries. 肥満は多くの先進国において問題になっている。
2599 **esoteric** 形 奥義の、深淵な、難解な	Bitcoin is as **esoteric** as Einstein's theory. ビットコインはアインシュタインの理論と同じくらいに難解だ。
2600 **embarrass** 動 恥ずかしがらせる、当惑させる	Many people feel **embarrassed** when they fall. 転ぶと恥ずかしく思う人が多い。
2601 **hallmark** 名 特徴、特質	Compliance is the **hallmark** of Japanese behaviour. 追従が日本人の行動の特質である。
2602 **ape** 名 類人猿、サル	An **ape** is a tailless primate. 類人猿は尻尾のない霊長類である。
2603 **authorise** 動 権限を授与する、許可する	I am not **authorised** to access the data. 私にはそのデータにアクセスする権限がない。
2604 **pristine** 形 新品同様の、もとの	The secondhand book was in **pristine** condition. その中古の本は新品同様の状態であった。
2605 **conjecture** 名 推量、推測、予想	A **conjecture** is a plausible but unproven theory. 推量は妥当に思われるが立証されていない命題である。
2606 **fern** 名 シダ	Dinosaurs ate nonflowering plants like **ferns**. 恐竜はシダのような花をつけない植物を食べた。
2607 **tremor** 名 弱い振動、揺れ、震え	Small **tremors** often precede an earthquake. 小さな揺れが地震の前に起こることがよくある。

259

2608	humid 形 湿気の多い、多湿な	Summer in Japan is hot and **humid**. 日本の夏は暑くて湿気が多い。
2609	stumble 動 つまずく、とちる、つかえる	I **stumbled** through the speaking exam. 私はスピーキングのテストをとちりながら終えた。
2610	omit 動 省略する、し忘れる	I **omitted** to answer the third question. 私は3番目の質問に答えるのを忘れてしまった。
2611	savour 動 ゆっくり味わう	**Savour** the present and prepare for the future. 今をゆっくりと味わって、将来に備えなさい。
2612	sludge 名 ぬるぬるの泥、ぬかるみ	Sewage **sludge** may contain various pollutants. 下水の泥はさまざまな汚染物質を含んでいるかもしれない。
2613	whiff 名 かすかなにおい、気配	I sensed a **whiff** of double standards. 私は二重基準の気配を感じた。
2614	orchid 名 ラン	The **orchid** releases tens of thousands of seeds. ランは何万という種を放つ。
2615	mammoth 名 マンモス	The **mammoth** is the ancestor of the elephant. マンモスはゾウの先祖である。
2616	amorphous 形 無定形の、まとまりのない	Our world is becoming more **amorphous**. 私たちの世界はまとまりがなくなってきている。
2617	armoury 名 兵器庫、軍備	An **armoury** is a place where weapons are stored. 兵器庫とは武器が保管される場所である。
2618	detour 名 遠回り、迂回	I made a **detour** due to train suspensions. 列車の運休のせいで迂回した。
2619	unheard-of 形 聞いたことがない、前代未聞の	The virus was virtually **unheard-of** until recently. そのウイルスは最近まではほぼ未聞であった。
2620	milestone 名 画期的事件、重要な段階	The iPhone was a **milestone** in the mobile industry. iPhoneは携帯産業における画期的事件であった。
2621	autocratic 形 独裁政治の	Men tend to be more **autocratic** than women. 女性よりも男性の方が独裁的になりがちである。
2622	edible 形 食べられる、食用に適する	Inedible mushrooms look similar to **edible** ones. 食べられないキノコは食用キノコと似ている。
2623	equator 名 赤道	Countries near the **equator** have high biodiversity. 赤道に近い国々の生物は多様である。
2624	digit 名 桁、アラビア数字	IT project managers can earn six-**digit** salaries. ITプロジェクトマネジャーは(ドルで年間)6桁の給与を稼げる。
2625	paw 名 犬・猫などの足	Cats' **paws** are highly sensitive sensory organs. ネコの足は非常に敏感な感覚器官である。

2626 pelvis
名 骨盤

The female **pelvis** is wider than the male **pelvis**.
女性の骨盤は男性の骨盤よりも広い。

2627 indiscriminate
形 無差別の、見境ない

Terrorits' activities include **indiscriminate** shootings.
テロリストの行為の中には無差別銃撃が含まれる。

2628 ultrasound
名 超音波

Bats use **ultrasound** to navigate and catch prey.
コウモリは移動や捕食のために超音波を使う。

2629 recur
動 再発する

High-grade breast cancers tend to **recur**.
悪性度の高い乳がんは再発しやすい。

2630 ascertain
動 確かめる

Examiners **ascertain** the identity of candidates.
試験官は受験者の身分を確認する。

2631 logistics
名 物流、兵站

Logistics is the process of moving goods.
物流は商品を輸送するプロセスである。

2632 accrue
動 生じる、増える

What benefits **accrue** from using IT?
IT を使うことでどのような恩恵が生じるか?

2633 relic
名 遺物、名残

Each fossil is a **relic** of the wonder of life.
一つひとつの化石が生命の驚異の遺物である。

2634 porosity
名 有孔性、多孔性

Porosity is not equivalent to permeability.
有孔性は透過性と同等ではない。

2635 inauguration
名 就任、正式開始

the **inauguration** of Donald Trump as US President
ドナルド・トランプのアメリカ大統領就任

2636 exacting
形 苛酷な、骨の折れる

the tedious and **exacting** task of compiling data
データ収集の退屈で骨の折れる作業

2637 ambience
名 環境、雰囲気、臨場感

the tranquil **ambience** of a Japanese garden
日本庭園の穏やかな雰囲気

2638 singularly
副 きわだって、非常に

The internet is a **singularly** important invention.
インターネットは非常に重要な発明である。

2639 dismantle
動 解体する、分解する

Nuclear power plants are **dismantled** in stages.
原子力発電所は段階的に解体される。

2640 enlist
動 軍隊に入れる、〜の協力を得る

NGOs **enlist** volunteers to help with services.
NGO は業務を手伝うボランティアの協力を得る。

2641 stifle
動 抑える、窒息させる

Deflation has **stifled** the Japanese economy.
デフレが日本経済を窒息させるように抑えてきた。

2642 laborious
形 骨の折れる、困難な

Hosting the Olympics is a **laborious** task.
オリンピックの開催国を務めることは骨の折れる仕事だ。

2643 pebble
名 丸石、小石

A **pebble** is smaller than a stone.
小石は石よりも小さい。

2644 **anecdote** 名 逸話、小話	Anecdotal evidence is evidence from **anecdotes**. 事例証拠は伝聞による証拠である。
2645 **aptitude** 名 適性、素質、才能	SAT used to be called the Scholastic **Aptitude** Test. SATはかつて大学適性試験と呼ばれた。
2646 **centrepiece** 名 最も重要なもの、目玉	Regulatory reform was the **centrepiece** of Abenomics. 規制改革がアベノミクスの目玉であった。
2647 **nutrient** 名 栄養素、栄養分	We need a variety of **nutrients** to stay healthy. 健康維持のためにはさまざまな栄養素が必要である。
2648 **overload** 動 負担をかけすぎる	Don't **overload** yourself with classes and activities. 授業や活動で自分に過度な負担をかけるな。
2649 **eel** 名 ウナギ	The Japanese **eel** is an endangered species. ニホンウナギは絶滅危惧種である。
2650 **emit** 動 放つ、出す	Electric vehicles **emit** less CO_2 than petrol vehicles. 電気自動車はガソリン車よりもCO_2排出量が少ない。
2651 **hamper** 動 妨げる、じゃまする	The consumption tax **hampers** Japan's economic growth. 消費税が日本の経済成長を妨げている。
2652 **disagreeable** 形 不愉快な、嫌な	Many people find her personality **disagreeable**. 多くの人が彼女の性格を不愉快と感じている。
2653 **clamour** 名 （要求・抗議の）民衆の声	a **clamour** for the postponement of the Olympic Games オリンピック延期を求める民衆の声
2654 **publicise** 動 公表（広告、宣伝）する	China **publicised** the Belt and Road Initiative in 2014. 中国は2014年に一帯一路構想を発表した。
2655 **phosphorus** 名 リン	**Phosphorous** is an essential mineral used to build bones. リンは骨を作るために使われる必須無機質である。
2656 **insidious** 形 知らぬ間に進行する、狡猾な	the **insidious** influence of China in Australia オーストラリアにおいて知らぬ間に進行する中国の影響
2657 **advert** 名 広告	'Advert' is a shortened version of 'advertisement'. 「Advert（広告）」は「advertisement」の短縮版である。
2658 **symbolise** 動 象徴する	In Britain, the Queen **symbolises** the unity of the nation. イギリスにおいて女王は国の団結を象徴する。
2659 **conservative** 形 保守的な	People tend to become more **conservative** with age. 人は年を取るにつれて保守的になる傾向がある。
2660 **numerous** 形 多数の	**numerous** factors that impact the success or failure of new ventures 新規事業の成功・失敗に影響する数多くの要因
2661 **surgery** 名 診療時間	'Surgery' in British English refers to the opening hours of a doctor's office. イギリス英語で「surgery」は医者の診療時間のことを指す。

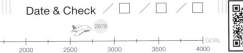

2679

0　　500　　1000　　1500　　2000　　2500　　3000　　3500　　4000　　GOAL

2662 **thoroughly** 副 徹底的に、完全に	It is difficult to learn a language without being **thoroughly** immersed in it. 言語に完全に浸ることなしにそれを身につけるのは困難である。
2663 **urge** 動 促す	My ex-CEO **urged** me to do an MBA. 会社の元CEOが私にMBA（経営学修士）を取ることを促した。
2664 **sacred** 形 神聖な	Mount Fuji is **sacred** to many Japanese. 富士山は多くの日本人にとって神聖なものである。
2665 **stir** 動 かき混ぜる	**Stir** the soup so that all the ingredients will be evenly distributed. すべての食材が均等になるようにスープをかき混ぜてください。
2666 **hollow** 形 空洞の、空疎な	The prime minister's words are **hollow**. 首相の言葉は空疎である。
2667 **gloomy** 形 陰鬱な	The winter in Finland is **gloomy**. フィンランドの冬は陰鬱である。
2668 **bud** 名 芽	Garlic **buds** are nutritious. ニンニクの芽は栄養豊富である。
2669 **vanish** 動 消え去る	More than 20 million jobs **vanished** during the pandemic. パンデミック中に2千万以上の職が消え去った。
2670 **accomplish** 動 成し遂げる	**accomplish** complex tasks 複雑な課題を成し遂げる
2671 **on the verge of** 副 寸前で	Koalas are **on the verge of** extinction. コアラは絶滅寸前である。
2672 **seize up** 動 動かなくなる	Your PC might **seize up** if erroneous drivers are installed. 誤ったドライバがインストールされている場合、PCが停止する可能性がある。
2673 **life expectancy** 名 期待寿命（余命）、平均余命	The average **life expectancy** has been increasing. 平均寿命が伸び続けている。
2674 **discourage O from -ing** 動 思いとどまらせる	My parents tried to **discourage** me **from** study**ing** abroad. 私の両親は私が留学するのを思いとどまらせようとした。
2675 **pillar box** 名 柱状郵便ポスト	Red became the standard colour of **pillar boxes** in 1874. 1874年に赤が郵便ポストの標準色になった。
2676 **rip up** 動 ずたずたに引き裂く	Pelosi **ripped up** a copy of the president's speech. ペロシは大統領の演説を引き裂いた。
2677 **with hindsight** 名 後知恵で考えると	**With hindsight**, I shouldn't have been so hard on myself. 後で考えてみるとそんなに自分に厳しくするべきではなかった。
2678 **stumbling block** 名 つまずきの石、障害、妨げ	a **stumbling block** to improving ties between the two nations その2カ国間の関係を改善する上での障害
2679 **on the brink of** 名 ～の瀬戸際にある	The earth is **on the brink of** its greatest crisis ever. 地球は過去最大の危機の瀬戸際にある。

2680 **cling to** 動 くっつく、執着する	Clinging to old habits is instinctive. 古い習慣に執着するのは本能的なものだ。
2681 **be coated with** 動 で覆われる	Smartphone screens **are coated with** a material called ITO. スマホの画面はITOと呼ばれる材料で覆われている。
2682 **be swamped by/with** 動 で圧倒される、に忙殺される	I **am swamped with** too many emails. 私はあまりにも多くのEメールに圧倒されている。
2683 **specialise in** 動 専門にする、専攻する	There are now more women **specialising in** science. 現在では科学を専攻する女性が増えている。
2684 **brute force** 名 暴力、力ずく	The thieves tried unsuccessfully to open the safe using **brute force**. 泥棒は力ずくで金庫を開けようとしたが失敗した。
2685 **tipping point** 名 大きな転換点、臨界点	The virus was a **tipping point** in how people work. そのウイルスは人々の働き方の大きな転換点だった。
2686 **flex one's muscles** 動 力を誇示する	China's military is **flexing** its **muscles** in the region. 中国軍はその地域で力を誇示している。
2687 **excel in** 動 に秀でている	Japanese products **excel in** their attention to detail. 日本の製品は細部に至る配慮の点で秀でている。
2688 **correlate with** 動 相互関係を持つ	Vocabulary **correlates with** reading comprehension. 語彙は読解と相関関係がある。
2689 **pivot on** 動 に基づいている	Democracy **pivots on** freedom of thought and speech. 民主主義は思想と言論の自由に基づいている。
2690 **marvel at** 動 驚く、驚嘆する	I **marvel at** their ability to wait in a queue. 私は彼らが並んで待つ能力に驚嘆する。
2691 **hinge on** 動 〜次第である	Your future **hinges on** the choices you make now. あなたの将来は今行う選択次第である。

重要単語

Common and useful IELTS vocabulary

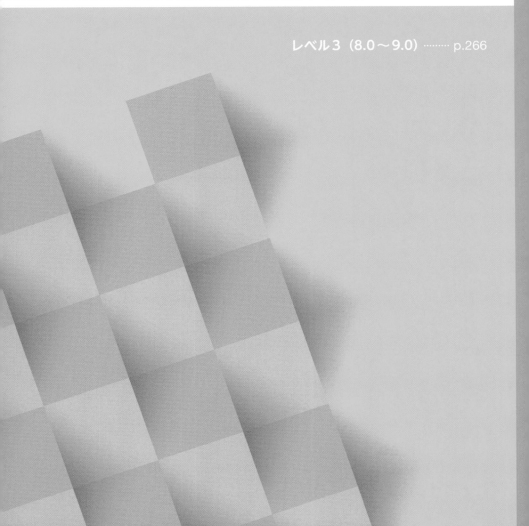

Level 3 | 必修 Active Words

2692 **given** 前 ～を考察に入れると 類 considering	**Given** the importance of literacy in our society, it is essential that we teach students to read well. 私たちの社会における読み書き能力の重要性を考えると、学生が上手に読めるように教えることが必須である。 ● given that S V（S が V することを考慮すると）
2693 **policy** 名 政策 類 procedure, strategy	The huge change in **policy** is why the party eventually lost the election. 政策の大転換が、その政党が最終的に選挙で敗北したことの原因だ。
2694 **means** 名 手段、方法 類 way, method	The **means** necessary for extracting oil may be environmentally negative, although most see oil as vital for everyday products and living. ほとんどの人が石油は日常製品や生活に不可欠だと考えているが、石油の抽出に必要な手段は、環境的にはよくないかもしれない。
2695 **authority** 名 権限 類 power, jurisdiction	Some employees demand that top management give them more **authority** with regard to their daily activities. 一部の従業員は、日常業務に関する権限拡大を経営陣に要求している。
2696 **figure** 名 数字 類 statistics, number	These **figures** mean that almost 7% of the working population is unemployed. この数字は、労働人口のほぼ7%が失業者であることを意味している。
2697 **ground** 動 ～の基礎を （～に）置く 類 base	Our programme is **grounded** on the principle that children should have a happy, safe and healthy environment in which to learn and play. 私たちのプログラムは、子どもたちは学んだり遊んだりするのに幸せで安全で健康的な環境にいるべきだという信念に基礎を置いている。
2698 **authorities** 名 当局 類 officials, the administration 反 civilians	If a disease spreads out of control, health **authorities** can issue alerts to prevent the spread. 病気がまん延して制御不能になれば、保健当局はまん延を防ぐために警告を発することができる。

2699
scheme
名 計画
類 plot, act

It is always a good idea to look for flaws in any business **scheme**.
どんな事業計画であれ、欠陥を探すことは常によいことである。

2700
note
動 注目する
類 observe, perceive

It is important to **note** that, although church attendance has decreased, the population's belief in a higher being has remained stable.
礼拝出席数は減少しているものの、人々の神への信仰は依然として安定している点に注目することが大切だ。

2701
commission
名 委員会
類 committee, board

A **commission** should be set up to investigate allegations of police corruption.
警察の腐敗の申し立てを調査するために、委員会を設置すべきである。

2702
applicable
形 当てはまる
類 relevant, appropriate
反 irrelevant

The traditional roles of married women and men are no longer **applicable** to society today.
既婚男女の伝統的な役割は、今日の社会にはもはや当てはまらない。

2703
application
名 適用
類 implementation, use
反 misuse

The **application** of new laws can be difficult because many people will not be aware of them at first.
新しい法律の適用は難しい場合もある。なぜなら、最初はその法律は世間一般に周知されていないであろうからである。

2704
provision
名 提供
類 supply
反 removal

Some believe that there should always be **provision** for the support of the arts, while others believe only science deserves support.
芸術には常に支援を提供すべきだと考える人もいれば、科学だけが支援するにふさわしいと考える人もいる。

2705
practical
形 現実的な
類 realistic, useful
反 impractical

Unfortunately, it is simply not **practical** to expect people to give up private cars and walk everywhere.
残念ながら、人々が自家用車をあきらめてどこにでも歩いていくことを期待するのは全く現実的でない。
- a practical consideration (現実的な配慮)
- a practical issue (現実的な問題)

2706
grant
動 与える
類 authorise, allow
反 forbid

Colleges sometimes **grant** scholarships to students based on their athletic ability.
大学は時折、運動能力を基準にして学生に奨学金を与える。

2707	
equally 副 同等に 類 evenly, uniformly 反 unequally	All non-violent religious and political beliefs should be **equally** respected. すべての非暴力の宗教や政治的信念は、同等に尊重されるべきである。 ● equally important（同等に重要だ） ● equally valid（同等に正当な）
2708	
substantial 形 かなりの 類 important, ample 反 insignificant	A **substantial** number of people start drinking alcohol before the legal age. かなりの数の人々が、法定年齢に達する前にアルコールを飲み始める。
2709	
content 形 満足している 類 satisfied, pleased 反 unhappy	He seems fairly **content** with his life. 彼はかなり自分の人生に満足しているようだ。 ● be content to V（V することで満足している） ● not content with ～（～に飽き足らず）
2710	
output 名 生産量 類 production 反 input	**Output** has decreased as work productivity has suffered. 仕事の生産性が悪化しているために、生産量が減少している。 ● an annual output of ～（～の年間生産高） ● the world's output of carbon dioxide（世界の CO_2 排出量）
2711	
commitment 名 献身 類 devotion, dedication 反 refusal	Some news organisations make a **commitment** to tell the truth no matter what, while others produce content that is heavily biased. 一部の報道機関はたとえ何があろうとも真実を伝えることに献身するが、一方で、非常に偏った内容を制作する報道機関も存在する。
2712	
expenditure 名 支出 類 costs 反 savings	The annual **expenditure** on alcohol was \$10. 年間の酒類支出は10ドルだ。 ● avoid wasteful expenditures（無駄な支出を避ける） ● revenues and expenditures（歳入と歳出）
2713	
institute 名 機関 類 organisation, institution	Many research **institutes** operate independently of government. 多くの研究機関は政府から独立して運営されている。
2714	
apparent 形 明白な 類 evident, obvious 反 unclear	It is **apparent** that there will be a snap election. 解散総選挙が実施されることは明白だ。 ● It is apparent from ～ that S V（～から S が V であることは明白だ）

2715
ministry
名 省
類 bureau, department

The **Ministry** of Education is in charge of ensuring schools achieve governmental objectives.
教育省は、確実に学校が政府目標を達成することを管轄している。

2716
relative
形 相対的な、比例した
類 comparative
反 unrelated

This simulation encourages students to weigh the **relative** merits of various energy sources.
このシミュレーションはさまざまなエネルギー源の相対的利点を評価するように学生を促す。
● be relative to ～（～に関連している）

2717
shoulder
動 背負う
類 assume, bear
反 give

It is unacceptable to ask students to **shoulder** a lifetime of loan payments.
学生に生涯にわたるローンの支払いを背負うことを求めることは容認できない。

2718
somewhat
副 いささか
類 a little, to some extent
反 much

It is **somewhat** difficult to figure out if a person's behaviour is the result of nature or nurture.
人間の振る舞いが、生まれと育ちのどちらの結果なのかを解明するのはいささか難しい。

2719
phase
名 段階、時期
類 period, stage
反 whole

It is natural for a teenager to go through a rebellious **phase**.
10代が反抗期を経験するのは自然なことだ。
● embark on a new phase（新たな段階に乗り出す）

2720
significance
名 意義
類 importance, consequence
反 insignificance

The **significance** of rehabilitation as opposed to punishment cannot be overstated in reducing repeat criminal activity.
罰に対抗するものとしてのリハビリテーションの意義は、再犯を減らす上でいくら強調しても足りないくらいだ。

2721
corporate
形 法人組織の、共同の
類 company, collective
反 individual

Corporate crime is defined as a crime committed in the economic interest of a corporation.
企業犯罪は、法人の経済的利益のために犯される犯罪と定義される。

2722
moreover
副 加えて
類 additionally

Smoking is injurious to health. **Moreover**, it increases your daily spending.
喫煙は健康に害がある。その上、それは日々の支出を増やす。

2723
subsequent
形 後続の
類 following, later
反 previous

When plant species disappear due to climate change, this may lead to the **subsequent** loss of animal species.
気候変動によって植物種が消滅すると、これがその後の動物種の消滅につながる可能性がある。

2724
subsequently
副 その後
類 afterwards
反 before

After six years of study, most medical students **subsequently** become registered physicians.
6年間の研究ののち、ほとんどの医学生はその後、登録された医師になる。

2725
sequence
名 順序
類 series, order
反 interruption

The content of any software programme should follow a logical **sequence** in order to be understood.
あらゆるソフトウエアプログラムの内容は、理解され得る論理的な順序に従わなければならない。

2726
conduct
名 行為
類 behaviour

In some societies, the **conduct** of political dissidents is strictly monitored.
一部の社会では、反体制派の行為は厳しく監視される。
● unprofessional conduct (プロらしくない行動)
● learn proper conduct (きちんとした作法を学ぶ)

2727
regard
動 見なす
類 consider, view

The BBC is **regarded** as a role model of political independence for public service broadcasters.
BBCは公共放送局にとって政治的独立のロールモデルと見なされている。

2728
revenue
名 収益
類 income, profit
反 payment

Should companies donate some of their **revenue** to charity?
企業は、慈善事業にその収益の一部を寄付すべきだろうか？

2729
shift
名 変化
類 change, transformation
反 stability

There has been a huge **shift** in people's opinion on gay marriage.
同性婚に対する人々の意見は大きく変化している。
● major shift (大きな変化)

2730
maintenance
名 維持
類 care, preservation
反 negligence

The **maintenance** of historic buildings is a complex, expensive and perpetual task.
歴史的建造物の維持は複雑でお金がかかる永久的な課題である。

2738

0 500 1000 1500 2000 2500 3000 3500 4000 GOAL

2731

establishment
名 施設
類 organization, institution

Not all educational **establishments** called 'schools' provide formal primary or secondary education.

schoolと呼ばれているすべての教育施設が初等・中等教育を施すわけではない。

2732

determine
動 決定する
類 decide, control
反 mismanage

People should be allowed to **determine** their own future.

人は、自分の将来を自分で決定できるべきだ。

● be determined by ～ to some extent（ある程度～によって決まる）

2733

theme
名 主題
類 idea, motif

The school has to decide on a **theme** for their prom that is age-appropriate.

学校は、子どもに適したプロム（卒業パーティー）のテーマを決定しなければならない。

2734

treat
動 扱う
類 deal with, handle

A society is judged on how it **treats** its most vulnerable members.

社会は、もっとも弱い構成員をどのように扱うかによって判断される。

● treat differently（異なる扱いをする）
● treat equally（平等に扱う）

2735

competitive
形 競争力がある
類 aggressive, ruthless
反 friendly

Smart phone manufacturers such as Apple and Samsung are very **competitive** in their market strategies.

アップル社やサムスン社などのスマートフォン製造業者は、その市場戦略においてとても競争力がある。

● a competitive market（競争力がある市場）
● competitive pressure（競争による圧力）

2736

competitive
形 安い
類 reasonable, economical
反 unreasonable

Charges for internet connection are much more **competitive** than they were 20 years ago, making the world wide web much more accessible.

インターネット接続料金は、20年前と比べてかなり安くなり、ワールド・ワイド・ウェブにより接続しやすくなっている。

2737

panel
名 委員会
類 committee

A **panel** of local parents and guardians should participate in school decisions.

地元の保護者会は学校の決定に参加しなければならない。

2738

resolution
名 解決
類 solution, settlement
反 indecision

We are the generation that must find a **resolution** to the energy crisis, which previous generations have postponed dealing with.

私たちはエネルギー危機の解決策を見つけなければいけない世代だ。今までの世代はそれに対処することを先延ばしにしてきた。

2739 **notion** 名 観念 類 belief, idea 反 concrete	The **notion** of a deity , or a 'god', is accepted by the majority of people on the planet. 神の観念は地球上の大多数の人によって受け入れられている。
2740 **comprehensible** 形 理解できる 類 understandable, intelligible 反 incomprehensible	For some people, having a faith is totally **comprehensible** and atheism is incomprehensible. 一部の人々にとっては、信仰を持つことは完全に理解できることだが、無神論は理解しがたいことである。
2741 **comprehensive** 形 総合的な、包括的な 類 thorough 反 incomplete	**Comprehensive** medical checks are necessary to pick up any potential future health risks. 総合的な健康診断は、潜在的な将来の健康リスクを見つけるために必要である。 ● a comprehensive approach (総合的な取り組み) ● a comprehensive review (総合的な再検討)
2742 **convention** 名 習慣、慣例 類 custom, tradition	In many countries, it is the **convention** to wear black at funerals. 多くの国で葬儀には黒を着ることが慣例である。
2743 **scope** 名 領域、範囲 類 extent, range	The **scope** of aid needed after the famine is immense. 飢饉後に必要とされる援助の領域は計り知れないほど広い。 ● broaden the scope of ～ (～の範囲を広げる) ● beyond the scope of ～ (～の範囲を越えている)
2744 **core** 名 核心 類 centre, basis 反 periphery	The lack of government funding is at the **core** of the problem. 政府の財源不足が問題の核心である。
2745 **guidance** 名 指導 類 advice, counselling	Young children need proper **guidance** by family members or other guardians to grow up morally correct. 幼児が道徳的に正しく成長するためには、家族や他の保護者からの適切な指導が必要である。
2746 **prospect** 名 見通し 類 outlook, anticipation 反 retrospect	There is a growing concern about the **prospect** of global warming caused by the accumulation of greenhouse gases in the atmosphere. 大気中に温室効果ガスが蓄積することによって引き起こされる地球温暖化の見通しに関する懸念が高まっている。

2747
breach
名 違反
類 violation
反 agreement

It is a **breach** of confidentiality for doctors to discuss patients' medical history with non-professionals.
医者が素人と患者の病歴について議論することは、守秘義務違反である。

2748
primarily
副 主として
類 mainly, chiefly
反 secondarily

Childcare should be **primarily** provided by a parent, not a nursery.
育児は、主として親が提供するものであって、保育園ではない。
● be primarily concerned with ～（主として～に関係している）
● be primarily responsible for ～（主として～に対する責任がある）

2749
assumption
名 推測
類 guess, belief
反 fact

Many people make **assumptions** about people based on how they look.
多くの人々は、外見に基づいて人についてあれこれ推測する。

2750
dominant
形 主要な
類 main, principal
反 secondary

The high unemployment rate will be a **dominant** issue at the next election.
高い失業率は次の選挙で主要な問題になるだろう。

2751
characteristic
形 特有の
類 typical, distinctive
反 uncharacteristic

Traffic jams, pollution and stress are all **characteristic** features of overpopulation.
渋滞、公害、ストレスはすべて、人口過剰に関する特有の特徴である。
● be characteristic of ～（～に特有である）

2752
characterise
動 見なす
類 describe, depict

Certain crimes are **characterised** as mild and have very light sentences or even just warnings.
特定の犯罪は軽度と見なされ、非常に軽い刑または警告だけで済む。

2753
theoretical
形 理論的な
類 hypothetical, abstract
反 concrete

Sometimes the **theoretical** value of research is more important than its current practical applications.
研究の理論的価値が、現在の実用的応用法よりも重要である場合もある。

2754
tendency
名 傾向
類 inclination, disposition

People have a natural **tendency** to stick with people who are similar to them, even if they don't mean to.
人には、そのつもりがなくても、自分と似たような人にくっついて離れないという生まれつきの傾向がある。

2755 **mechanism** 名 仕組み 類 procedure, process	The precise **mechanism** of the origin of life on earth remains unknown. 地球上の生命の起源の正確な仕組みは不明のままである。 ● exact mechanism（正確な仕組み）
2756 **pitch** 動 売り込む 類 try to sell	Many people have great ideas but would struggle to **pitch** that idea to a person who could help them. 多くの人々は素晴らしいアイディアを持っているが、そのアイディアを支援してくれそうな人に売り込むのに苦心するだろう。
2757 **evaluation** 名 査定 類 assessment, appraisal	Before filing for bankruptcy, it is advisable to get an **evaluation** done by an insolvency advisor. 破産申告をする前に、破産弁護士によって行われた査定を入手することが望ましい。
2758 **overcome** 動 克服する 類 conquer, get over 反 yield to	Some people have to **overcome** more obstacles than others. That is simply the way life is. 他の人々よりも多くの障害を克服しなければならない人々もいる。それがまさに人生というものだ。
2759 **appreciate** 動 正しく理解する 類 understand, recognise 反 misunderstand	I believe that many people do not **appreciate** the seriousness of climate change. 私は、多くの人々は気候変動の深刻さを正しく理解していないと思う。
2760 **glance** 名 一見 類 glimpse, look 反 stare	Most political issues cannot be understood with a mere **glance** but must be studied deeply to gain a true understanding. ほとんどの政治問題は一見では理解できず、真に理解するためには深く学ばなければならない。
2761 **evident** 形 明らかな 類 obvious, clear 反 unclear	It is **evident** from the graph that the human population is increasing rapidly. グラフから明らかなことは、人口は急速に増えている。
2762 **retain** 動 保持する 類 keep, maintain 反 forget	Some students are naturally more capable of **retaining** information; thus they have an easier time with exams. 一部の生徒は、生まれつき情報を保持する能力がより高く、それ故に試験ではより楽である。

274

2770

0　500　1000　1500　2000　2500　3000　3500　4000 GOAL

2763 **layer** 名 層 類 tier, stratum	Knowing the type of soil that comprises the top **layer** is important for knowing what can grow in it. 表層を構成する土壌の種類を知ることは、そこで何が育つかを知る上で大切なことである。
2764 **adopt** 動 採択する 類 embrace, take on 反 abandon	Most nations around the world have **adopted** anti public smoking laws but Japan has been slow to change. 世界の大部分の国々が公共禁煙法を採択しているが、日本の変化は遅い。 ● be widely adopted（広く採用されている） ● adopt X from ～（Xを～から採用する）
2765 **evolution** 名 進化 類 development, progress 反 throwback	Some people object to the theory of **evolution** being taught in schools. 一部の人々は、学校で教えられている進化論に異議を唱えている。
2766 **integral** 形 不可欠の 類 necessary, basic 反 nonessential	Loyalty is considered an **integral** part of marriage, and marriages can be dissolved based on cheating by one party or the other. 忠誠は結婚の不可欠な部分であると考えられるため、結婚は浮気を根拠に解消することができる。 ● an integral part（不可欠な部分）
2767 **integration** 名 統合 類 unification 反 disunion	Some people believe that **integration** is very important for immigrants, so that they don't come into conflict with their new culture. 移民が新しい文化と衝突しないためにも、統合は移民にとって非常に重要であると考える人もいる。
2768 **sole** 形 唯一の 類 only, singular 反 multiple	Are parents the **sole** providers of discipline to children? Or should teachers also be responsible? 両親が子どもにしつけをする唯一の人間だろうか？　それとも、教師にも責任があるのだろうか？
2769 **solely** 副 専ら 類 exclusively, entirely 反 partially	Some believe that parents are **solely** responsible for raising their children, while others believe extended family, teachers, and the wider community play a part. 両親が専ら子どもの養育に責任があると考える人もいれば、その一方で、親戚、教師、広範囲の地域社会が役割を果たすと考える人もいる。
2770 **notably** 副 特に 類 especially 反 unremarkably	The numbers of women in certain subjects are far smaller than those of men, most **notably** in subjects related to science. 特定の科目の女性の数は男性よりかなり少ない。特に科学関連科目での数が少ない。

2771 □□□ **destruction** 名 破壊 類 demolition, devastation 反 creation	Many people are very concerned about the **destruction** of the rainforests. 多くの人々は、熱帯雨林の破壊をとても憂慮している。
2772 □□□ **experimental** 形 実験の 類 trial, exploratory 反 proven	Trying a drug during the **experimental** stage is dangerous. 実験段階中の薬を試すのは危険だ。 ● experimental animals (実験動物)
2773 □□□ **ethnic** 形 民族の 類 racial, ethnological	Conflicts between the different **ethnic** groups in a country often lead to civil war. 国内の異なる民族集団間の争いが内乱を引き起こすことが多くある。 ● ethnic minorities (少数民族)
2774 □□□ **prominence** 名 有名 類 eminence 反 unimportance	It can be said that the classical era of music ended when jazz came into **prominence** in the 1920s. ジャズが有名になった1920年代に音楽の古典的時代が終わったということができる。
2775 □□□ **prominent** 形 有名な 類 important, famous 反 common	**Prominent** celebrities must always be aware that young people are imitating their behaviour and act accordingly. 有名な人々は、若者たちが自分の振る舞いを真似、それに基づいて行動することを常に自覚していなければならない。 ● become increasingly prominent (ますます顕著になる) ● play a prominent role in ～ (～において重要な役割を果たす)
2776 □□□ **exposure** 名 露出 類 laying open, disclosure 反 protection	You should always limit your **exposure** to the sun. 常に太陽への露出を制限しなければならない。 ● minimise one's exposure to pollen (花粉にさらされることを最小限にとどめる)
2777 □□□ **accordingly** 副 それに基づいて 類 appropriately, correspondingly 反 inappropriately	We must see things as they are, and act **accordingly**. 私たちは物事をありのままに見て、それに応じて行動しなければならない。
2778 □□□ **acute** 形 鋭い 類 perceptive, keen 反 vague	Effective businesspeople can earn huge salaries based on their **acute** sense of what will sell and what won't. 有能な実業家は、何が売れて、何が売れないかという鋭い感覚に基づいて、巨額の給料を稼げている。

2786

0　　500　　1000　　1500　　2000　　2500　　3000　　3500　　4000　GOAL

2779
format
名 形式
類 layout, plan, composition
反 disorganisation

Many students now study scientific journals in a digital **format** to save on time and cost.
現在、多くの学生たちは、時間と費用を節約するためにデジタル形式の科学学術誌を読んで研究する。

2780
wholly
副 完全に
類 completely, altogether
反 partially

Are people **wholly** responsible for their own actions, or does their environment influence them?
人間は自分の行為に完全に責任を負うべきだろうか、あるいは、環境が人間に影響を与えるのだろうか？

2781
liable
形 責任がある
類 responsible
反 unaccountable

Businesses are **liable** for the injuries employees sustain while on the premises.
企業は、従業員がその施設内で受けた負傷に対して責任がある。

2782
trace
名 少量
類 bit, fragment
反 lot

It takes only a **trace** of blood or bodily fluid to obtain a DNA sample.
DNAサンプルを採取するためには少量の血液または体液しか必要としない。

2783
namely
副 すなわち
類 specifically, that is

The significance of the greatest invention of our age, **namely** the internet, cannot be overestimated.
私たちの時代の最大の発明品、すなわちインターネットの重要性はどんなに評価してもしすぎることはない。

2784
yield
名 収穫高、産出力
類 harvest, output

Modern strains of rice and grain have much greater **yields** than those of the past.
現代の米や穀物の品種は以前のものよりもはるかに収穫高が大きい。

2785
ideology
名 観念
類 beliefs, philosophy

The **ideology** of reincarnation is a big part of Hinduism, one of the oldest religions in the world.
生まれ変わりの観念は、世界最古の宗教の一つであるヒンズー教の教義の中で重要な位置を占める。

2786
effectiveness
名 効果
類 success, productiveness
反 ineffectiveness

The **effectiveness** of most ads lies in their simplicity.
ほとんどの広告の効果はそのシンプルさにある。
● improve the effectiveness of 〜（〜の効果を高める）

2787	
discriminate	In most countries, it is illegal to **discriminate** against people based on their age, gender identity, sexual orientation or race.
動 差別する	ほとんどの国々では、年齢、性同一性、性的指向、人種に基づいて人を差別することは違法である。
類 treat differently	
反 treat equally	

2788	
discrimination	There should be no **discrimination** on the grounds of skin colour.
名 差別	肌の色を理由した差別はあってはならない。
類 prejudice, bias	
反 impartiality	

2789	
straightforward	The most **straightforward** way to advertise a product is simply to describe its benefits, instead of making exaggerated claims.
形 素直な、簡単な	製品を宣伝するもっとも素直な方法は、誇張表現を用いるのではなく、単にその利点を説明することだ。
類 honest, candid	
反 complicated	

2790	
whereby	Language is the principal means **whereby** we conduct our social lives.
副 それによって	言語は、それによって私たちが社会生活を行う主要な手段である。
類 by which	

2791	
restoration	Art **restoration** is a profession that requires a high level of skill.
名 修復	芸術作品の修復は高度な技術を必要とする専門職業だ。
類 renewal, renovation	● undergo restoration (修復される)
反 destruction	● the restoration of order (秩序の回復)

2792	
controversy	There was a big **controversy** over the use of drugs in athletics.
名 論争	陸上競技での薬物使用をめぐって大論争が起こった。
類 debate, dispute	
反 agreement	

2793	
explicit	No one will act without **explicit** instructions.
形 明確な	明確な指示がなければ、誰も行動しないだろう。
類 specific, unambiguous	● be quite explicit about ～ (～についてきわめて明確)
反 ambiguous	

2794	
explicitly	In your personal statement, state **explicitly** why you are pursuing a particular degree.
副 明確に	志望動機書ではなぜある特定の学位を取りたいのかを明確に述べなさい。
類 expressly, clearly	
反 ambiguously	

2795
successive
形 連続の
類 following
反 previous

The Tokugawa shogunate lasted for 265 years, with 15 **successive** shoguns at the helm.
徳川幕府は265年間続き、15代連続した将軍が指揮していた。

2796
successor
名 後継者
類 heir

Company presidents should not be allowed to appoint their unqualified children as a **successor** to their business.
会社社長が、その事業の後継者として不適任な自分の子どもを指名することは許されるべきではない。

2797
refusal
名 拒否
類 withholding
反 granting

America's **refusal** to ratify the Paris Agreement surprised many world leaders.
パリ協定を批准することへのアメリカの拒否は、多くの世界の指導者を驚かせた。

2798
duration
名 継続（時間）
類 time span, period
反 end

A flight of over eight hours' **duration** can be extremely tiring.
8時間以上の継続飛行は、かなりきついものになる可能性がある。

2799
essence
名 核心
類 core, crux

The **essence** of his argument was that education should continue throughout life.
彼の主張の核心は、教育は生涯にわたって継続すべきだということだった。

2800
preliminary
形 予備の
類 introductory, initial
反 final

A **preliminary** hearing is used in law to decide if there is enough evidence for a trial.
法曹界において予備審問は、裁判を行うのに必要十分な証拠が存在するか否かを決定するために、行われる。

2801
servant
名 使用人
類 attendant, helper
反 boss

To help recover from the recession many public **servants** were forced to take pay cuts.
不況からの回復を助けるために、多くの公務員は給与カットを強いられた。

2802
progression
名 進歩
類 advancement
反 regression

The **progression** of humanity is undeniably linked to farming and eating meat.
人類の進歩は間違いなく農耕と食肉に関連づけられる。

279

2803
progressive
形 進歩的な
類 liberal, growing
反 regressive

The gap between the conservative right and the **progressive** left has become a political cleavage in America.
アメリカにおいて、保守的右派と進歩的左派の間のギャップは政治的な裂け目になっている。

2804
undertake
動 引き受ける
類 assume, engage in
反 ignore

Should it be compulsory to **undertake** military service?
兵役に服することは義務であるべきか?
- undertake the responsibility of V ing (V する責任を引き受ける)
- undertake the leadership of O (O のリーダー役を引き受ける)
- undertake a big task (大仕事を引き受ける)

2805
complexity
名 複雑さ
類 complication, difficulty
反 simplicity

The **complexity** involved in learning a new language to fluency is too much trouble for most people.
新しい言語を学び流暢に話せるまでに伴う複雑さは、大部分の人にとってはかなり苦痛である。

2806
excessive
形 過度の
類 immoderate, overdone
反 moderate

Excessive exercise can sometimes cause health problems.
過度の運動は時に健康上の問題を引き起こす可能性がある。
- an excessive amount of ~ (過度な量の~)
- excessive gambling (過度なギャンブル)

2807
employ
動 使用する、採用する
類 use, utilize
反 ignore

Sophisticated statistical analysis was **employed** to obtain these results.
複雑な統計分析がこれらの結果を得るために採用された。
- employ a method (手法を使用する)
- employ appropriate measures to V (V するための適切な措置を取る)

2808
incidence
名 発生
類 occurrence

The **incidence** of violent crime has been on the rise in inner-city areas.
暴力犯罪の発生が都心部で増加している。

2809
doctrine
名 教理、基本原則
類 belief, creed
反 disbelief

The **doctrine** of continuous quality improvement is being implemented in the health-care industry worldwide.
継続的な品質改善と基本原則は、世界中のヘルスケア業界で実施されている。

2810
systematic
形 組織的な、体系的な
類 orderly
反 disorganised

The **systematic** oppression of certain indigenous groups continues throughout the globe and must be tackled.
特定の先住民集団への組織的な迫害は、世界中で続いており、対処されるべきだ。
- a systematic analysis (組織的な分析)
- a systematic approach to ~ ing (~するための体系)

2818

0　　500　　1000　　1500　　2000　　2500　　3000　　3500　　4000 GOAL

2811
hierarchy
名 階層
類 order, ranking
反 disarrangement

Some cultures have a strict family **hierarchy** in which the oldest male member is the decision-maker.
一部の文化では、最年長の男性が意思決定者であるという厳しい家族階層が存在する。

2812
socialism
名 社会主義

Socialism is a political system that is often popular with young people.
社会主義は、しばしば若者の間で人気のある政治体制だ。

2813
domain
名 領域
類 realm, sphere

Some reports should never be released into the public **domain**.
一部のレポートは決して共有領域に公開すべきではない。

2814
equilibrium
名 均衡
類 balance
反 unbalance

There was originally an **equilibrium** between humans and nature, but that balance has been destroyed.
元来は人類と自然の間には均衡が存在したが、そのバランスが崩れてきている。

2815
classification
名 分類
類 grouping, categorisation

Unable to take people of mixed ethnicities into account, race **classification** is often overly simplified.
混血を考慮に入れることができないため、人種の分類はしばしば単純化され過ぎている。

2816
hypothesis
名 仮説
類 theory
反 conclusion

Anyone can propose a **hypothesis**, but a theory must be supported by evidence and shown to be valid.
誰でも仮説を立てることはできるが、理論は証拠によって立証され、妥当であることが示されなければならない。

2817
accessible
形 利用しやすい
類 reachable, attainable
反 inaccessible

The internet has made learning opportunities more **accessible** to working adults.
インターネットが、社会人に対して学習の機会をさらに利用しやすいものにしている。

2818
constitute
動 構成する
類 comprise, form
反 be composed of

Educational funding **constitutes** less than 5% of the budget.
教育財源は予算の5%未満を構成している。
● constitute the majority of ～（～の過半数を占める）
● constitute a large proportion of ～（～の大部分を占める）

2819 **dimension** 名 次元、寸法 類 aspect, element	The movement to combat climate change has taken on political **dimensions**. 気候変動との戦いは政治的側面を帯びてきた。
2820 **forthcoming** 形 来たる（べき）、今度の 類 expected, imminent 反 recent	The **forthcoming** general election will shape the future of the country. 来たる総選挙が国の将来の形を決める。
2821 **legitimate** 形 嫡出の 類 valid, lawful 反 illegitimate	In the past, **legitimate** children, that is, children born in wedlock, were treated better than illegitimate children. 昔は、嫡出子、すなわち婚姻関係にある男女の間に生まれた子どもは、非嫡出子よりも有利な扱いを受けていた。
2822 **implement** 動 実施する 類 execute, carry out 反 cease, suspend	The Australian government has **implemented** a number of steps to address a variety of cyber threats. オーストラリア政府は種々のサイバー攻撃に対処するための数多くの措置を実施してきた。
2823 **empirical** 形 実証的な、実験的な 類 experiential, observational 反 anecdotal	**Empirical** studies show that some forms of alternative medicine are extremely effective. 実証的な研究は、ある種の代替医療が非常に有効であることを示している。 ● empirical evidence（実証的な証拠） ● empirical research（実証的な調査）
2824 **integrity** 名 誠実さ 類 honour, principle 反 dishonesty	**Integrity** is a valuable trait, especially in work environments that often force people to be cutthroat. しばしば人に冷酷であることを強いられるような職場環境では特に、誠実さは貴重な特性である。
2825 **acknowledge** 動 認める 類 admit, accept 反 deny	People who suffer from addiction must first **acknowledge** that they have a problem. 中毒に苦しむ人々は、まず自分が問題を抱えていることを認めなければならない。
2826 **imply** 動 ほのめかす、示唆する 類 suggest, hint 反 explain	The increase in both unemployment and drug use **implies** that the two are connected. 失業と薬物使用がともに増加していることは、この二つが関連していることを示唆している。

0　500　1000　1500　2000　2500　3000　3500　4000 GOAL

2827 exclusion
名 除外
類 expulsion, omission
反 inclusion

Her **exclusion** from the invitation list was a mistake.
招待リストから彼女が除外されていたのは間違いだった。
● the exclusion of women from ～（～から女性を除外すること）
● to the exclusion of ～（～を除外するほどに）

2828 margin
名 差、余白、余地
類 edge, limit
反 centre

In 2016, Britain voted to leave the European Union by a narrow **margin**.
2016年にイギリスは僅差の投票でEU離脱を決めた。

2829 profound
形 深い、根本的な
類 intellectual, thoughtful
反 shallow

People's health can only be improved with a **profound** change in the work life balance.
人の健康は仕事と生活の調和における根本的な変化を伴うことでのみ改善できる。
● a profound effect（深い影響）
● a profound impact（深い衝撃）

2830 supplement
名 サプリメント
類 add to, complement

Medical opinion is divided on whether a vitamin **supplement** should be taken regularly or whether a balanced diet alone is enough.
定期的にビタミンサプリメントを摂取すべきか、バランスのとれた食生活だけで十分か、医学的見解は分かれている。

2831 sensation
名 大評判、大騒ぎ
類 feeling

The iPhone caused a **sensation** when it was introduced, and people lined up for days for a chance to buy one.
iPhoneは発売時に大評判となり、人々は購入のために何日も行列をなした。

2832 bias
名 先入観
類 prejudice, leaning

Some workers have a **bias** against working for a female boss.
一部の労働者は、女性上司のために働くことに対して先入観を持っている。

2833 proposition
名 提案
類 suggestion, scheme

Businesses can reject any **proposition** they don't agree with, even if it is from the government.
企業は、たとえ政府からのものでも、同意できない提案は拒否することができる。

2834 diversity
名 多様性
類 variety, difference
反 homogeneity

Teachers should teach students to have respect for different races and to appreciate the **diversity** of other cultures.
教師は、生徒に異なる人種を尊重し、他文化の多様性を正しく理解することを教えなければならない。

283

2835 accommodate	In just 10 days, the Chinese government built hospitals that can **accommodate** 1,000 patients.
動 収容する 類 hold, house 反 reject	中国政府はわずか10日で1,000人の患者を収容することができる病院を建設した。

2836 interval	Infants are weighed at regular **intervals** to determine normal growth patterns.
名 間隔、休憩 類 break, pause 反 continuation	乳児が通常の成長パターンをたどっているか判断するために通常、体重が定期的に測定される。

2837 validity	The **validity** of data should always be questioned, even if it seems fine at first glance.
名 有効性 類 genuineness, effectiveness 反 uselessness	データの有効性は、たとえ一見いいように見えても、常に疑問視されるべきである。

2838 hostility	Recent immigrants often face **hostility** in their new country.
名 敵意 類 antagonism, aggression 反 friendliness	最近の移民は新しい国で敵意に直面することが多い。 ● open hostility toward outsiders（外部の者に対するあからさまな敵意） ● deep-rooted hostility（根強い敵対心）

2839 implication	The **implication** of the tenancy agreement is that the renter must stay for at least one year, and the conditions can be very unfair.
名 含意 類 suggestion, connotation 反 explicitness, statement	借用契約に、賃借人は少なくとも1年間は住まなければならないことが含意される場合、その条件はとても不公正なものとなり得る。

2840 inherent	Is aggressiveness an **inherent** trait of masculinity?
形 生来の、固有の 類 basic, hereditary 反 extrinsic	攻撃性は、男らしさの生来の特性だろうか？ ● an inherent right（生得権） ● be inherent in ～（～に本来備わっている）

2841 abandon	The US government **abandoned** the Paris Agreement.
動 放棄する 類 desert, leave 反 keep	アメリカ政府はパリ協定を放棄した。 ● abandon ～ as unnecessary（～を不必要として捨てる） ● abandon A in favour of B（Aを捨ててBにする）

2842 misleading	Data related to the average wage can be **misleading**, as the country has many millionaires.
形 誤解を招く 類 deceptive, confusing 反 accurate	その国には多くの大富豪が存在することから、平均賃金に関するデータは誤解を招くかもしれない。

2850

| 0 | 500 | 1000 | 1500 | 2000 | 2500 | 3000 | 3500 | 4000 GOAL |

2843

bureaucracy

名 官僚制度、お役所仕事
類 administration, authority

In some countries, **bureaucracy** is complex and incredibly difficult for politicians to navigate.
一部の国々では、官僚制度は複雑で、政治家にとってその舵取りが非常に難しい。

2844

thesis

名 論文
類 paper, dissertation

Writing a **thesis** requires a lot of research.
論文を書くには多くの研究が必要だ。

2845

sustain

動 支える
類 keep up, maintain
反 give up

It's very difficult to **sustain** a home on a single income anymore.
もはや一つの収入源だけで家庭を支えるのはとても難しい。
● sustain economic growth（経済成長を維持する）
● be sustained without 〜ing（〜することなしに維持される）

2846

sphere

名 領域
類 circle, domain

The internet is the first communication tool that allows every user to be a broadcaster in the global **sphere**.
インターネットはすべてのユーザーが世界的な領域で放送者となることを可能にする初めてのコミュニケーションツールである。

2847

compound

動 （事態を）悪化させる
類 make worse, aggravate
反 better

Prisoners' lack of contact with the outside world **compounds** their problems by making it harder for them to ever go back into society.
囚人は塀の外との接触がなく、このことが彼らの社会復帰をより困難にし、問題をより悪化させる。

2848

testament

名 証拠、証
類 attestation

The low English proficiency of the Japanese is not necessarily a **testament** to the failure of our education system.
日本人の英語能力が低いことは必ずしも私たちの教育制度の失敗の証ではない。

2849

associate

動 関連させる
類 link, connect
反 disassociate

The environmental problems **associated** with nuclear waste are often overlooked.
放射性廃棄物と関連する環境問題はよく見落とされがちだ。

2850

neglect

動 無視する
類 forget, overlook
反 care for

One problem with capitalism is that it tends to **neglect** lower income people.
資本主義の問題は低収入の人を無視する傾向があることだ。

285

2851	
exploit 動 活用する 類 utilize, use 反 discard	We need to make sure that we **exploit** our resources as fully as possible. 可能な限り資源を活用する必要がある。

2852	
likelihood 名 可能性 類 possibility, probability 反 unlikelihood	Regular exercise can increase the **likelihood** of a long life. 定期的な運動は長寿の可能性を高めることができる。

2853	
highlight 動 強調する 類 emphasise 反 play down	The government wishes to **highlight** the decrease in violent crime, despite the increase in theft. 政府は、盗難が増加しているにもかかわらず、暴力犯罪の減少を強調することを望む。

2854	
entity 名 存在、法主体 類 body, object	The museums work closely together but are separate legal **entities**. 美術館同士は密に協力し合って仕事をするが、別々の法人（法的主体）である。

2855	
compatible 形 相性がいい 類 suited, well-matched 反 incompatible	Before anyone gets married I think they should spend some time living together first to determine whether they are **compatible** or not. 結婚する前に、まずはしばらく一緒に生活し、お互いの相性の良し悪しを確認すべきだと思う。

2856	
implicit 形 暗黙の 類 implied, indirect 反 explicit	The Japanese tend to prefer **implicit** messages in their communication. 日本人はコミュニケーションにおいて暗黙のメッセージを好む傾向がある。

2857	
offset 動 相殺する 類 counterbalance, compensate 反 intensify	Higher wages paid to workers may be **offset** by increasing product prices. 労働者に支払われるより高い賃金は、製品価格の値上がりによって相殺されてしまうかもしれない。

2858	
preservation 名 保護 類 protection, conservation 反 destruction	Wildlife **preservation** is vital; the world will be a sadder place if we lose more species of animals. 野生生物の保護は極めて重要であり、さらに多くの動物種を失えば、世界はより寂しい場所となるだろう。

2866

| 0 | 500 | 1000 | 1500 | 2000 | 2500 | 3000 | 3500 | 4000 GOAL |

2859
incorporate
動 組み込む
類 include, combine
反 separate

The company has to **incorporate** new guidelines with the change in business law.
企業は商法の改正に伴う新しい指針を組み込まなければならない。

2860
pose
動 もたらす
類 present, cause

Most wild animals **pose** no threat to humans.
ほとんどの野生動物は人間に脅威をもたらすことはない。
- pose a challenge (困難をもたらす)
- pose a problem (問題をもたらす)
- pose a question (疑問をもたらす)

2861
coherent
形 筋の通った
類 logical, reasoned
反 incoherent

Many politicians fail to connect with the public because they cannot create **coherent** messages that everyone can understand.
多くの政治家たちは、誰もが理解できる筋の通ったメッセージを送ることができないため、国民とつながれない。

2862
arbitrary
形 恣意的な、独断的な
類 chance, frivolous
反 definite

Many committees have **arbitrary** rules that no one follows.
多くの委員会には、誰も従わない恣意的な規則がある。
- in arbitrary order (順不同で)
- make an arbitrary decision (恣意的な決定を行う)

2863
practitioner
名 開業医、従事者
類 expert
反 amateur

A general **practitioner** is a doctor who treats all common medical conditions and refers patients to hospitals when needed.
一般開業医は、あらゆる一般的症状を治療し、必要に応じて患者を病院に紹介する医者である。

2864
occurrence
名 出来事
類 happening

Nowadays, violence is an almost everyday **occurrence** in some places.
最近では、暴力は一部の地域ではほぼ日常的な出来事だ。

2865
utility
名 公益事業
類 service

Some people believe that water and power should be provided by a government-owned **utility**.
一部の人々は、水と電力は国有の公益事業によって供給されなければならないと考えている。

2866
reluctance
名 気が進まないこと
類 disclination
反 eagerness

Due to traditional gender roles, there is still a lot of **reluctance** from young men to stay at home and take care of their kids.
伝統的な男女の役割のために、家にいて子どもの世話をすることに対して非常に気が進まない若い男性が依然として多い。

2867	protocol
protocol	During the world pandemic many retailers introduced customer limit **protocols** to prevent running out of stock on certain items.
名 協定	世界のパンデミックの間、多くの小売業者は特定の商品の在庫切れを防ぐために顧客に制限協定を導入した。
類 agreement, treaty	
反 disagreement	

2868	
eventual	It is impossible to predict the **eventual** outcome of negotiations between the United States and China.
形 最終的な	アメリカと中国の交渉の最終結果を予想することは不可能だ。
類 conditional, possible	
反 certain	

2869	
default	Maybe all televisions should come with parental controls by **default**.
名 初期設定	すべてのテレビはペアレンタルコントロールが初期設定になっているべきかもしれない。
類 standard	
反 non-default	

2870	
facilitate	Charity organisations **facilitate** the education of girls in many developing countries.
動 促進する	慈善団体は、多くの開発途上国で女子教育を促進している。
類 ease, expedite	● facilitate the development of ～（～の発展を促進する）
反 hinder, impede	

2871	
enforce	It isn't always easy for the police to **enforce** speed limits.
動 施行する、守らせる	警察が制限速度を守らせるのは必ずしも容易なことではない。
類 impose, apply	● The police enforce laws.（警察は法を施行する）
反 cease	

2872	
infrastructure	The **infrastructure** of rural areas must be invested in to avoid losing important land.
名 基盤、インフラ	農村部のインフラは、重要な土地を損なわないように、投資されるべきだ。
類 foundation, framework	

2873	
assure	In my view, governments need to **assure** the public that they are doing their best to reduce carbon emissions.
動 保証する、約束する	私の考えでは、政府は二酸化炭素排出の削減に尽力していることを、国民に納得させる必要がある。
類 reassure, convince	
反 dissuade	

2874	
overlap	Anthropology **overlaps** extensively with the natural sciences: biology, geology, and physics.
動 重複する、共通する	人類学は生物学、地質学、物理学のような自然科学と重なる部分が大きい。
類 cover	
反 separate	

Level 3   必修 Active words

2875

analogy

名 類似、類推
類 comparison, similarity
反 difference

The teacher may use an **analogy** to explain complex economic concepts.
教師は、複雑な経済概念を説明するために、類似例を用いるかもしれない。

2876

derive

動 抽出する、得る
類 deduce, extract

Some people **derive** great pleasure from helping others in their community.
地域の人たちを助けることから大きな喜びを得る人がいる。

2877

commodity

名 商品
類 item, material

Water is a precious **commodity** that we need to protect as much as possible.
水は、私たちができる限り守らなければならない貴重な商品だ。

2878

reinforce

動 強化する
類 strengthen, augment
反 weaken

The school wants to **reinforce** their students' learning with afterschool activities.
学校は、課外活動を通して生徒の学習を強化したいと考えている。
● reinforce the view（考えを強める）

2879

accompany

動 付き添う
類 go with, travel with
反 abandon

If a child is nervous, a parent can **accompany** them to their first day at school.
子どもが神経質になっている場合は、登校初日に親が付き添っても構わない。

2880

perceive

動 認識する、知覚する
類 notice, see
反 disregard

It's possible that everyone is **perceiving** the same thing in a different way.
全員が同じ物事を異なる方法で認識している可能性がある。

2881

trivial

形 取るに足らない
類 frivolous, insignificant
反 huge

Are issues related to animals and animal rights **trivial** when compared to the many problems humans face?
人類が直面している数多くの問題と比較した場合、動物や動物の権利に関する問題は取るに足らないのだろうか？

2882

levy

名 課税
類 tax, duty

A **levy** on fizzy drinks could improve health in the overall population along with reducing sugar consumption.
炭酸飲料への課税は、砂糖の消費減少とともに、全人口の健康を改善するだろう。

2883 **critique** 名 批評 類 analysis, assessment	All art must be open to **critique**, or it isn't really art. すべての芸術は批評を受け入れるべきであり、そうでなければ真の芸術ではない。 ● provide a critique of O（Oの批評をする）
2884 **trigger** 動 引き起こす 類 prompt, set off 反 stop	Some people believe that genetic engineering could **trigger** mutations in natural plants and animals. 一部の人々は、遺伝子工学が自然界の植物や動物に突然変異を引き起こす可能性があると信じている。
2885 **bleak** 形 （見通しなどが）暗い 類 dismal, harsh 反 encouraging	If we do not change our attitude towards climate change now, the future looks **bleak**. 今、気候変動に対する我々の態度を変えなければ、将来は暗い。 ● bleak outlook（暗い眺め）
2886 **subordinate** 名 部下 類 aide, assistant 反 chief	The best bosses are always polite and reasonable with their **subordinates**. 最良の上司は、常に自分の部下に対して礼儀正しく、理性的である。
2887 **undermine** 動 ～をむしばむ、～を害する 類 weaken 反 encourage	A continuous lack of sleep will **undermine** health and gradually diminish one's efficiency and productivity. 継続的な睡眠不足は健康をむしばみ、効率や生産性を低下させる。
2888 **compensate** 動 補償する 類 reimburse, repay 反 fine	If public transport such as trains are late, the passengers should be **compensated** for part or all of their fare. 列車などの公共交通機関が遅れる場合は、乗客にはその料金の一部または全額が補償されなければならない。
2889 **precede** 動 先立つ 類 go ahead of 反 follow	In Western culture, business meetings and presentations are often **preceded** by a joke or two. 西洋文化においては、商談やプレゼンテーションに先立って1つか2つ冗談を言うことが多い。
2890 **precedent** 名 先例、前例、手本 類 model, example	In Japan, there's not much **precedent** for men taking leave when their baby is born. 日本では赤ちゃんが生まれた時に男性が休暇を取る前例があまりない。 ● a dangerous precedent（危険な前例）

2898

0 500 1000 1500 2000 2500 3000 3500 4000 — GOAL

2891
advocate
名 主唱者、擁護者
類 supporter, proponent
反 opponent

Euthanasia **advocates** believe ill people should be able to choose whether they live or die.
安楽死の主唱者は、病人が生きるか死ぬかの選択をできると信じている。

2892
assert
動 断言する
類 insist, declare
反 conceal

Some may **assert** an accused person's guilt before trial has even commenced.
一部の人々は、裁判の開始前であっても被告の罪を断言するかもしれない。

2893
assertion
名 主張
類 declaration, contention

My boss made the **assertion** that I wasn't doing my job properly, but I disagreed.
私の上司は、私がきちんと仕事をしていないと主張したが、私は異議を唱えた。

2894
humankind
名 人類
類 humanity
反 alien

There is some debate between scientists and some religious groups on how long **humankind** has existed on Earth.
人類は地球上でどのくらいの期間存在しているのかについて、科学者と宗教集団の間で議論が分かれている。

2895
ambiguous
形 曖昧な
類 unclear, obscure
反 clear

The message about how to help protect the environment is often **ambiguous**, resulting in many people doing nothing.
環境保護を支援する方法についてのメッセージはしばしば曖昧で、その結果、多くの人々は何もしないということになる。

2896
exhibit
動 展示する
類 show, display
反 hide

Exhibiting their art works in popular art galleries is a key to success for artists.
人気のアートギャラリーで自分の芸術作品を展示することは、芸術家にとって成功への鍵となる。

2897
contradiction
名 矛盾
類 conflict, denial
反 accord

Many people think that an honest politician is a **contradiction** in terms.
多くの人々は、誠実な政治家は言葉上の矛盾だと思っている。

2898
consequent
形 結果として起こる
類 resulting, resultant
反 causal

Very shy children can find it difficult to communicate their intentions and they may face **consequent** educational difficulties.
非常に内気な子どもは、意思伝達が難しいと感じ、結果として起こる教育上の問題に直面する可能性がある。

2899 **superficial** 形 軽薄な、表面的な 類 fake, shallow 反 deep	Some parents worry that their children are growing up in an increasingly **superficial** society, caring only about their appearance. 一部の親たちは、子どもがますます軽薄になっていく社会の中で育ち、外観だけを気にするようになることを心配する。
2900 **manifesto** 名 宣言 類 proclamation	Political parties outline their plans in their **manifestos**. 政党は、その宣言の中で自分たちの党の計画の概要を説明する。 ● election manifest (選挙公約)
2901 **correspond** 動 一致する、対応する 類 correlate, agree 反 be unrelated	In many cases, a higher level of income **corresponds** to higher education and social prestige. 多くの場合は、より高い収入は、より高い教育程度や社会的地位と対応する。
2902 **faction** 名 派閥 類 group, bloc 反 individual	There will always be at least one **faction** that is unhappy whatever happens. 何が起こっても不満を抱く派閥が必ずひとつは存在するものだ。
2903 **anticipate** 動 予測する 類 expect, predict	I do not think we can **anticipate** whether newspapers will stop being read in the future, but I think it is likely given the popularity of the internet. 私は、将来新聞が読まれなくなるかについて予測できるとは思わないが、インターネットの人気を考えるとその可能性はあると思う。
2904 **attribute** 動 〜を〜のせいだとする 類 ascribe	The declining birthrate can be **attributed** to the decline in the number of marriages. 出生率の低下は婚姻数の低下のせいであるとすることができる。
2905 **notwithstanding** 前 にもかかわらず 類 in spite of, despite	Many people undergo treatments from unlicensed alternative practitioners, **notwithstanding** doctors' advice. 医者の指示にもかかわらず、多くの人々が無免許の代替療法士による治療を受けている。
2906 **subsidy** 名 補助金 類 aid, allowance 反 forfeit	Agricultural **subsidies** have been criticised for distorting agricultural markets. 農業補助金は農業市場を歪めるとして批判されてきた。

2914

| 0 | 500 | 1000 | 1500 | 2000 | 2500 | 3000 | 3500 | 4000 GOAL |

Level 3 必修 Active words

2907 render
動 〜を〜にする
類 make

The tsunami **rendered** hundreds of thousands homeless and destroyed infrastructure.
その津波は何10万人もの人々を宿無しにし、インフラを破壊した。

2908 demise
名 終焉、消滅、死
類 death
反 birth

We are witnessing the **demise** of print media such as newspapers and books.
我々は、新聞や本などの印刷メディアの終焉を目の当たりにしている。

2909 comprise
動 から成る
類 consist of

The IELTS test **comprises** four components: listening, reading, writing and speaking.
IELTSは、リスニング、リーディング、ライティング、スピーキングの四つの要素から成る。

2910 resistant
形 耐久性のある
類 immune, invulnerable
反 susceptible

Over-use of antibiotics has led to diseases becoming **resistant** to medicine.
抗生物質の過剰な使用は、病気が薬剤に対して耐性を持つ原因となる。

2911 ongoing
形 継続中の
類 continuous
反 finished

Ongoing conflict in certain regions means that aid is consistently required to keep things stable.
特定地域での継続中の紛争は、事態の安定を維持するために、支援が一貫して必要とされていることを意味する。
● an ongoing debate（継続中の討論）
● an ongoing process（継続中の過程）

2912 deficiency
名 不足
類 lack
反 abundance

With unbalanced modern diets, many people suffer from a **deficiency** in iron.
バランスを欠いた現代の食生活によって、多くの人々が鉄分不足に苦しんでいる。

2913 probation
名 保護観察

More people should be put on **probation** for committing crimes, rather than put into overcrowded prisons.
罪を犯したことに対して超満員状態の刑務所に送るのではなく、保護観察処分をもっと多くすべきである。

2914 hesitation
名 躊躇（ちゅうちょ）
類 uncertainty, doubt
反 certainty

If there is any **hesitation** before doing anything, maybe that action should be reconsidered.
何かをする前に躊躇するなら、その行為は考え直すべきかもしれない。

2915	
constraint	Financial **constraints** on the company are preventing them from employing new staff.
名 制限	その会社の財政的な制限が、新規社員の雇用を阻んでいる。
類 restriction, limitation	● impose constraint on O（Oに制限を課す）
反 encouragement	

2916	
intrinsic	**Intrinsic** motivation comes from within: you engage in an activity solely because you enjoy it and get personal satisfaction from it.
形 本質的な、内発的な	本質的動機は内から生じる。ある活動を行うのは純粋にそれを楽しみ、そこから個人的満足感を得られるからである。
類 inherent, innate	● intrinsic to human nature（人間性に本来備わっている）
反 extrinsic	

2917	
quarterly	Companies are required by law to report their financial results on a **quarterly** basis.
形 四半期（3カ月）ごとの	企業はその業績を四半期ごとに報告することが法により義務づけられている。
	● quarterly and annually（四半期ごとおよび年ごとに）
	● a quarterly follow-up examination（3カ月ごとの経過観察）

2918	
induce	The new ad campaign should **induce** people to buy that particular brand of shoe.
動 仕向ける	新しい宣伝キャンペーンは、その特定ブランドの靴を買うように人々を仕向けるはずだ。
類 encourage, activate	
反 prevent	

2919	
finite	The funds available for the health service are **finite** and we cannot afford to waste money.
形 限りある	公共医療サービスのための利用可能な財源には限りがあり、我々には無駄遣いする余裕はない。
類 limited, restricted	● the Earth's finite resources（地球の有限の資源）
反 indefinite	

2920	
dedication	One must have complete **dedication** to music from a young age to become a musician.
名 身を捧げること、専念	音楽家になるためには若い頃から音楽に完全に身を捧げなければならない。
類 adherence, allegiance	
反 apathy	

2921	
qualitative	**Qualitative** results are as important as quantitative results.
形 質的な	質的な結果は、量的な結果と同様に重要である。
類 quality-based	● a qualitative analysis（質的な分析）
反 quantitative	● qualitative variables（質的変数）
	● qualitative differences between A and B（AとBの質的相違）

2922	
deterrent	Owning a large dog can be a **deterrent** against people wanting to break into your house.
名 抑止力	大型犬を飼うことは、家に強盗に入りたい者に対する抑止力になりうる。
類 impediment, restraint	
反 encouragement	

2923
circumstance
名 状況
類 situation, condition

Whether you win or lose depends on your mindset, not on your **circumstances**.
あなたが勝つか負けるかは自分の置かれた状況ではなく、物の見方による。

2924
parameter
名 要素、要因、変数
類 variable, factor

Branding is one of the most important **parameters** for the success of any business venture.
ブランド戦略はどんな投機的事業の成功のためにも最も重要な要素の一つである。

2925
govern
動 統治する
類 rule, control
反 neglect

The United Kingdom **governs** Northern Ireland, but the rest of Ireland is an independent nation.
イギリスは北アイルランドを統治しているが、アイルランド島の残りの部分は独立国家である。

2926
rationale
名 理論的根拠
類 logic, excuse

There is no **rationale** that justifies the destruction of fragile ecosystems.
脆弱な生態系の破壊を正当化するような理論的根拠はない。

2927
presume
動 思い込む
類 believe, assume
反 doubt

In Japan, anyone less than 18 is **presumed** to not have the capacity to safely drive a vehicle.
日本では、18歳未満の誰もが安全に車両を運転する能力がないと思い込まれている。

2928
persist
動 続く
類 carry on, continue
反 give up

Discrimination against women has **persisted** throughout society and their inferior social status can often be attributed to tradition, culture and religion.
女性差別は社会全体で続いており、社会的地位の低さは伝統、文化、宗教によるものと考えられることが多い。

2929
paradigm
名 論理的枠組
類 example

A new **paradigm** of education is needed in order to answer the challenges and opportunities of global life.
グローバルライフの試練や機会に応えるために、教育の新たな論理的枠組が必要である。

2930
privy
形 関与した
類 aware

We are not **privy** to the confidential medical information of people we don't know for good reason, as it's not our right to know.
私たちは、正当な理由なく、知らない人の極秘医療情報には関与していない。それは私たちの知る権利ではないからだ。

2931
intricate
形 手の込んだ、複雑な
類 complex, detailed
反 simple

Kaiseki is a traditional Japanese cuisine that features **intricate** seasonal dishes.
会席料理は手の込んだ旬の料理を特色とする伝統的な日本の料理である。

2932
variant
名 変種、変形
類 alternative

There are more **variants** of KITKAT in Japan than anywhere else in the world.
日本には、世界のどこよりも多くのキットカットの亜種がある。

2933
differentiate
動 区別する
類 distinguish
反 mix up

It's critical to **differentiate** between naughty children and children who are emotionally fragile and don't know how to behave.
いたずらっ子と、心が不安定でどのように振る舞ってよいかわからずにいる子どもを区別することは、とても重要なことだ。

2934
discrete
形 個別の
類 separate, distinct
反 connected

The entire process is made up of a number of **discrete** steps that can be grouped into five major phases.
全工程は多くの個別の処置から成り、それは5つの主要な段階に分類される。
● discrete device（個別の装置）

2935
stringent
形 厳しい
類 rigid, demanding
反 lenient

Stringent laws should make sure that alcohol is not sold to minors, and it should only be sold at certain times of the day.
厳しい法律によって、確実にアルコールを未成年に販売しないことを徹底し、1日の中で特定の時間にのみ販売すべきである。

2936
conformity
名 従順、同調（性）
類 compliance, obedience
反 resistance

Young people are often obsessed with **conformity**; they want to fit in with their peers and are sometimes scared to be different.
若者たちは同調性に取りつかれていることが多く、仲間にうまく溶け込みたいと思い、他人と異なっていることを恐れることがある。

2937
inhibit
動 阻害する
類 restrict, constrain
反 assist

Some medications are used to **inhibit** certain sensors in the brain, so as to better control people's emotions when they are unbalanced.
一部の薬剤は、感情が不安定な時に上手く感情をコントロールできるよう、脳内の特定のセンサーを阻害するために使用される。

2938
violate
動 侵害する
類 breach, contravene, defy
反 obey

It is never acceptable to **violate** a person's human rights, even if they have committed a crime.
犯罪を犯していたとしても、人権を侵害することは決して容認されることではない。

2946

| 0 | 500 | 1000 | 1500 | 2000 | 2500 | 3000 | 3500 | 4000 GOAL |

Level 3　必修 Active words

2939
violation
名 違反
類 contravention, infraction
反 observance

It seems that many politicians are going unpunished for their **violations** of the expense protocol, by using taxpayer money to pay for trivial things.
多くの政治家たちは、納税者の金をつまらないことの支払いに使うことによる経費規約違反に対する罰を免れているようだ。

2940
allocate
動 配分する
類 assign, allot
反 withhold

A good business plan will outline where resources are to be **allocated**.
優れた事業計画は、資産がどこに配分されるかについての概要を示すだろう。
● allocate resources（資産を配分する）

2941
cohesion
名 団結、つながり
類 union
反 separation

Some suggest that it could be film and media that bring **cohesion** to a divided society.
分断した社会に団結をもたらすのは、映画やメディアかもしれないと示唆する人もいる。

2942
diminish
動 減少する
類 decline, dwindle
反 increase

With the growth of the internet, readers of traditional print media are **diminishing**.
インターネットの普及に伴って、従来の印刷メディアの読者が減少している。

2943
presumption
名 推定、推測
類 assumption
反 fact

Supplements are taken on the **presumption** that our bodies will be able to absorb 100% of the active ingredient.
サプリメントはその有効成分の100%を私たちの体が吸収できるという推定に基づいて摂取される。

2944
conceive
動 着想する
類 think up, devise
反 disregard

The idea for a smart phone was originally **conceived** in 1992 and created by IBM more than 15 years before Apple released their iPhone.
スマートフォンのアイディアは、アップル社がiPhoneを販売する15年以上前、1992年にIBMによって着想されていた。

2945
credible
形 信用される
類 believable, creditable
反 deceptive

Eyewitness testimony is often not **credible** in a court of law.
目撃証言は法廷では信用されないことが多い。
● a medically-credible explanation（医学的に信用できる説明）
● hardly credible to me（私にはほとんど信じられない）

2946
commence
動 始まる
類 begin, start
反 finish

In some cultures, mealtimes **commence** with a short prayer.
一部の文化では食事は短い祈りで始まる。
● commence an action（活動を始める）

2947 ☐☐☐ **rash** 形 軽率な 類 careless, impulsive 反 careful	The desire for instant gratification might make people behave in a **rash** manner. 即座に得られる喜びへの欲求が、人々に軽率な振る舞いをさせるのかもしれない。
2948 ☐☐☐ **restrain** 動 抑制する 類 confine, constrain 反 free	Researchers have developed an application that helps people **restrain** themselves from using smartphones. 研究者は人々がスマホを使うことを抑制することを助けるアプリを開発した。
2949 ☐☐☐ **meagre** 形 貧弱な、とぼしい 類 minimum, paltry 反 much	Even working full-time, millions of the working poor earn incomes too **meagre** to support a family. 何百万人ものワーキングプアは、フルタイムで働いても家族を養うのには貧弱すぎる収入しか稼ぐことができない。
2950 ☐☐☐ **entail** 動 〜を伴う 類 require, include 反 exclude	Although it **entails** a lot of work, we must do all we can to improve the environment. 多くの作業を伴うことになっても、環境改善のためにできることはすべてすべきだ。
2951 ☐☐☐ **amend** 動 改正する 類 change, revise 反 worsen	The government should **amend** the law so that people cannot smoke anywhere. 政府は、いかなる場所でも喫煙できないように、法律を改正すべきだ。
2952 ☐☐☐ **persecution** 名 迫害 類 abuse 反 protection	The Roma still face **persecution** in many countries in Europe. ロマ民族は依然としてヨーロッパの多くの国々で迫害に直面している。
2953 ☐☐☐ **reconsider** 動 再考する 類 rethink, review	Humans must **reconsider** our belief that there is a division between us and nature if we're to achieve a more sustainable future. より持続可能な未来を達成したいなら、人間と自然の間には区分があるという信念を考え直さなければならない。
2954 ☐☐☐ **verification** 名 証明 類 proof, authentication 反 disproof	Many banks require several items of identity **verification** to prevent fraud. 多くの銀行は、詐欺を予防するために、身元証明を何点か要求する。

2955
accumulate
動 蓄積する
類 gather, collect
反 dissipate

Entrepreneurs need to **accumulate** enough wealth to start their first business.
起業家は、初めて事業を始めるために、十分な富を蓄積する必要がある。

2956
pious
形 信心深い
類 devout
反 impious

Religious figures are meant to always be **pious**.
聖職者は常に信心深くあるべきだ。
● pious believers of Buddhism（敬けんな仏教徒）
● a pious gift to a temple（お布施）

2957
incomprehensible
形 理解しがたい
類 baffling, inconceivable
反 comprehensible

To the same extent that Western culture is **incomprehensible** for a Japanese, Japanese culture is difficult to understand for a Westerner.
西洋の文化が日本人にとって理解するのが難しいのと同程度に、日本の文化は西洋人にとって理解しがたい。

2958
futile
形 無駄な
類 pointless
反 critical

It is **futile** to try and force people to be obedient, as they will always question things around them.
人は常に周囲の物事に疑問を感じるものだから、従順であれと強要しようとしても無駄だ。

2959
defiant
形 反抗的な
類 rebellious
反 obedient

Teenagers will be **defiant** in order to establish their individual identity separate from what Mum and Dad want.
10代の若者は、両親が望んでいるものとは別の自我を確立するために反抗的になるものだ。

2960
revert
動 逆戻りする
類 degenerate, go back
反 advance

More and more adults are **reverting** to child-like behaviour in the face of responsibility they don't want.
自分の望まない責任に直面すると、ますます多くの成人が子どもじみた振る舞いに逆戻りする。

2961
premise
名 前提
類 plot, set-up
反 conclusion

Our justice system operates on the **premise** that a defendant is innocent until proven guilty.
私たちの司法制度は、被告は有罪と証明されるまでは無実であるという前提に基づいて機能している。

2962
precarious
形 不安定な
類 tricky, doubtful
反 safe

Precarious work has been a reality for a growing portion of the labour force since globalisation started around the 1990s.
不安定な雇用は、1990年代にグローバル化が始まって以来、労働人口に占める割合が高まり続けている。

2963	
receptive 形 受け入れようとする 類 open-minded 反 resistant	People are more **receptive** to ideas when they are spoken to as equals, not condescended to. 人々は、見下されることなく同等に話しかけられる場合、より意見を受け入れようとする。
2964 **inaccessible** 形 手の届かない 類 distant, impassable 反 accessible	Higher education should not be **inaccessible** — everyone must be able to attend. 高等教育が手の届かないものであってはならない。誰もが受けることができなければならない。
2965 **coercion** 名 強制 類 pressure, intimidation	Drug dealers use **coercion** to pressure young people into developing drug habits. 麻薬売人は、若者たちに圧力をかけて薬物習慣を身につけるよう強制する。
2966 **classify** 動 分類する 類 allocate, categorise 反 disorganise	We could **classify** genders into five categories: male, female, trans male, trans female, and intersex. 性別は、男性、女性、トランスジェンダーの男性、トランスジェンダーの女性、中間性の5つのカテゴリに分類しうるかもしれない。
2967 **emulate** 動 まねる 類 imitate, copy	Younger siblings tend to **emulate** their older brothers and sisters. 年下のきょうだいは、兄や姉をまねる傾向がある。
2968 **exhaustive** 形 網羅的な、徹底的な 類 comprehensive, 　 thorough 反 basic	Educators need to focus on developing deep-learning skills rather than teaching an **exhaustive** list of facts. 教育者は、網羅的な事実のリストを教えることではなく、深い学習能力を伸ばすことに焦点を合わせる必要がある。
2969 **malice** 名 悪意 類 hate, animosity 反 love	Sometimes, people's constructive criticism is misconstrued as **malice**. 時には、建設的な批判が悪意と誤解されることがある。 ● without malice（悪意はなく）
2970 **encompass** 動 含む、包含する 類 include, contain 反 separate	The liberal arts **encompass** areas of learning that cultivate our broad intellectual abilities rather than technical or professional skills. リベラルアーツは専門的、職業的技能ではなく、幅広い知的能力を養うような学問領域を含む。

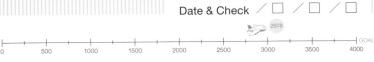

Level 3　必修 Active words

2971
salvage
動 回収する
類 rescue
反 discard

Some people **salvage** scrap metal to make extra money, and the trade is increasing.
一部の人々は、臨時収入にするために金属クズを回収する。このような仕事が増加している。

2972
infer
動 推測する
類 deduce, conjecture

It's possible to **infer** the meaning of a word from the context of a sentence.
文脈から単語の意味を推測することは可能である。

2973
ferocious
形 どう猛な、猛烈な
類 vicious
反 docile

Though we often associate carnivores with large **ferocious** beasts such as lions and tigers, the meat eaters of the mammal world come in all shapes and sizes.
肉食動物というとライオンやトラのような大型でどう猛な獣を思い浮かべがちだが、肉食哺乳類にはあらゆる形やサイズがある。
● a ferocious appetite（猛烈な食欲）

2974
ferocity
名 凶暴性、どう猛さ
類 fierceness
反 calmness

Even now human lives continue to be threatened by the **ferocity** of nature.
今日でも、人間の命は自然の凶暴性によって脅かされ続けている。

2975
complacent
形 自己満足の
類 contented
反 discontented

Many people have become **complacent** in their lives, not willing to try or learn anything new.
多くの人々は自分の生活に自己満足して、新しいことにチャレンジしたり、学ぼうとしたりしなくなっている。

2976
requisite
名 必要品
類 requirement
反 nonessential

Patience should be a **requisite** of being a parent.
忍耐は親には必要不可欠である。
● requisites of modern life（現代の生活における必需品）
● a requisite for any job（どんな職業にも必要なこと）

2977
myriad
名 無数
類 multitude, host
反 handful

There are a **myriad** of reasons for why people form certain beliefs, from what their parents taught them to things they experienced as they grew up.
両親が教えたことから成長の過程で体験したことまで、人が特定の信仰を形成する無数の理由が存在する。

2978
orient
動 慣らす
類 familiarise
反 disarrange

Workers have to **orient** themselves to the rules and regulations of their employer before commencing work, to prevent future issues.
労働者は、将来の諸問題を防ぐためにも、仕事に着手する前に雇用主の規則や規定に慣れておかなければならない。

2979 **trait** 名 特性 類 feature, characteristic	Some believe that selflessness is becoming a more common **trait** of modern society. 一部の人々は、無私無欲は現代社会のより一般的な特性となりつつあると考える。
2980 **inception** 名 開始 類 beginning 反 finish	Since its **inception**, the internet has been about sharing information. インターネットはその開始から、情報共有を目的としてきた。 ● from the inception of O（Oの初めから）
2981 **invoke** 動 引き合いに出す 類 cite, refer to	American politicians routinely **invoke** those called the 'founding fathers' to give legitimacy to their own arguments. アメリカの政治家は自分の主張に正当性を持たせるために、決まって「建国の父」と呼ばれる人たちを引き合いに出す。
2982 **hinder** 動 妨害する 類 prevent, burden 反 support	Corrupt police officers may **hinder** investigations. 汚職警察官が取り調べを妨害するかもしれない。 ● hinder [人] from doing something（[人]が何かをするのを妨げる） ● seriously hinder economic growth（経済成長の深刻な妨げとなる）
2983 **flimsy** 形 薄弱な 類 weak 反 strong	Any **flimsy** argument should be rightly challenged and broken down. 薄弱な議論はどんなものでも正しく異議を唱え、打ち負かさなければばならない。
2984 **habitual** 形 習慣的な 類 usual, established 反 temporary	It used to be **habitual** to go to church every Sunday, but that isn't really true now. かつては毎週日曜日に教会に行く習慣だったが、今ではそれはあまり当てはまらない。
2985 **distort** 動 歪める 類 deform, twist 反 preserve	Many factors can **distort** blood pressure measurements, including anxiety and fear. 不安や恐怖も含めて、多くの要因が血圧測定値を歪める可能性がある。
2986 **patriotism** 名 愛国心 類 nationalism	To what extent is **patriotism** healthy? Is it normal to think one's country is superior to others? どの程度までの愛国心が健全だろうか？ 自国が他国と比べて優れていると考えるのは普通だろうか？

0　500　1000　1500　2000　2500　3000　3500　4000　GOAL

2987
prescribe
動 処方する
類 give

Some doctors **prescribe** more drugs than are necessary.
必要以上に薬を処方する医者がいる。

2988
contradict
動 否定する
類 contravene, deny
反 agree

Recent evidence has **contradicted** established theories on this subject.
最近の証拠が、この問題で確立されていた理論を否定した。

2989
fervour
名 熱気
類 ardour, intensity
反 indifference

The **fervour** of young female fans for male pop stars is huge.
若い女性ファンの男性ポップスターへの熱気は途方もない。

2990
relapse
名 再発
反 recovery

Former addicts need strong support networks to avoid possible **relapse**.
元薬物中毒者は、再発の可能性を避けるためにも、強力な支援ネットワークを必要とする。

2991
illicit
形 違法な
類 forbidden
反 allowed

Illicit fishing hurts the entire industry.
違法な漁業は業界全体を害する。
● illicit copies（違法コピー）
● illicit love（不倫）

2992
counteract
動 対抗する
類 counterbalance
反 aid

Experts say that you need 60 to 75 minutes of moderate-intensity activity per day to **counteract** the effects of sitting too much.
専門家の意見では、座りすぎの影響に対抗するためには、1日あたり60分から75分の中程度の活動が必要である。

2993
outcry
名 抗議
類 outrage
反 peace

The Hong Kong protests were an **outcry** against China's failure to abide by its 'one country, two systems' commitments.
香港の抗議活動は、中国が「一国二制度」という約束を遵守しないことに対する激しい抗議であった。

2994
ethics
名 倫理
類 moral principle, integrity
反 dishonesty

If a company is known for its poor business **ethics**, many people will refuse to buy its products.
会社が企業倫理が低いことで知られているなら、多くの人々はその製品の購入を拒否する。

2995 **bolster** 動 強化する 類 aid, boost 反 hinder	Many politicians use social media to try and **bolster** support for their campaigns, but this often backfires. 多くの政治家は、キャンペーンの支援を強化しようとしてソーシャルメディアを利用するが、それが裏目に出ることも多い。
2996 **runaway** 名 家出人	Most teenage **runaways** are not seeking adventure but are members of dysfunctional families. 10代の家出人のほとんどは、冒険を求めているのではなく、機能不全の家庭の子どもである。
2997 **commemorate** 動 追悼する、記念する 類 remember 反 forget	It is important that we **commemorate** the soldiers who have lost their lives in war every year, to help us remember history. 歴史を忘れないために、毎年戦争で命を落とした兵士たちを追悼するのは大切なことだ。
2998 **equate** 動 同一視する 類 identify, liken 反 differ	He complained that there was a tendency to **equate** right-wing politics with selfishness. 彼は、右翼政治を利己主義と同一視する傾向があると不満を言った。
2999 **ridicule** 名 嘲笑、あざ笑い 類 insult 反 praise	Politicians must always be open to **ridicule** and cannot censor the media. 政治家は、常に嘲笑を受け止めるべきであり、メディアを検閲をすることはできない。
3000 **rampant** 形 まん延した 類 uncontrolled, unrestrained 反 controlled	Youth crime has become **rampant** in areas where social services have been cut and youth centres closed. 若者の犯罪は、社会事業が削減され、青少年センターが閉鎖された地域でまん延してきている。
3001 **impeccable** 形 非の打ちどころがない 類 perfect 反 flawed	A person who looks **impeccable** in a job interview has a better chance than a person who is more intelligent but does not dress appropriately. 就職面接で非の打ちどころのないように見える人は、より賢くても服装がだらしない人よりも、高いチャンスがある。
3002 **exemplary** 形 模範的な 類 ideal, commendable 反 standard	The **exemplary** soldier is disciplined, rational, and always responds to orders. その模範的な兵士は、自制心があり、理性的で、常に指令に応じる。

0　　500　　1000　　1500　　2000　　2500　　3000　　3500　　4000　GOAL

Level 3　必修 Active words

3003

bustle

名 喧騒
類 commotion
反 calmness

Workers are increasingly moving to live in the peaceful countryside, escaping the hustle and **bustle** of big city life.
労働者が大都会の雑踏や喧騒を避けて、静かな田舎で生活するために引っ越すことが多くなってる。

3004

deteriorate

動 悪化する
類 worsen, degrade
反 improve

Conditions in some small Japanese villages continue to **deteriorate** with time.
日本の一部の小さな村の状況は、時とともに悪化し続けている。
● begin to deteriorate（悪化し始める）

3005

entirety

名 全体
類 whole
反 portion

I will be devoted to this cause for the **entirety** of my lifetime.
私は、全生涯に渡ってこの理念に打ち込むだろう。
● in its/their entirety（そっくりそのまま）
● throughout the entirety of the weekend（週末まるまる全部）

3006

rectify

動 修正する
類 correct, put right
反 worsen

Newspapers should be forced to **rectify** any mistakes they make, and should be made to apologise for doing so.
新聞は間違いを修正することを義務づけられ、また、間違いに対して謝罪するべきである。

3007

deduce

動 推定する、演繹する
類 infer, conclude

They **deduced** that the fish died because of water pollution.
水質汚染が原因で魚が死んだと推測した。
● It can be logically deduced that S V（論理的にSがVであることが推定される）
● deduce A from B（BからAを推定する）

3008

mediate

動 仲裁をする
類 arbitrate
反 argue

In divorce cases, solicitors will **mediate** between clients to avoid petty arguments and achieve the best possible solution.
離婚のケースでは、弁護士は、つまらない議論を避け、できる限り最善の解決に達するよう、依頼人の間の仲裁をする。

3009

rife

形 広まって
類 widespread
反 rare

The nation was **rife** with rumours and fear of an economic recession.
国に景気後退のうわさと恐れが広まっている。

3010

frivolous

形 くだらない、取るに足らない
類 trivial, silly
反 important

Serial complainers make **frivolous** complaints to make life difficult for others.
絶えず苦情を言う人は、他人の人生を困難なものにするためにくだらない文句を言う。

3011	
disparity	There is a **disparity** in salaries between men and women in many countries.
名 格差、不均衡	多くの国々では、男女間の給与格差が存在する。
類 difference, discrepancy	● disparity between A and B (AとBの間の格差)
反 similarity	

3012	
grievance	All businesses should have a department that can handle **grievances**.
名 苦情	あらゆる企業は苦情を処理できる部門を有していなければならない。
類 complaint, gripe	
反 compliment	

3013	
resilient	Babies are generally far more **resilient** than new parents realise.
形 立ち直りが早い	赤ちゃんは親が考える以上に立ち直りが早いものだ。
類 flexible, buoyant	
反 inflexible	

3014	
discredit	Reports of UFOs are **discredited** by the scientific community although polls show the 'silent majority' of the earth's population believe in extraterrestrial visits.
動 ～を信用できないものとする	UFOは科学界によって信用できないものとされているが、世論調査によると地球人の「声なき大多数」は宇宙人の訪問を信じている。
類 blame, defame	
反 credit	

3015	
deceit	If the candidate attempts to influence the result of an examination through **deceit**, the examination shall be assessed as 'fail'.
名 詐欺	受験者が詐欺行為によって試験結果に影響を及ぼそうと試みた場合、その試験は「F」と査定される。
類 deception, fraud	
反 honesty	

3016	
designate	Whoever we **designate** as team leader must be both qualified and experienced.
動 指名する	チームのリーダーとして指名する者は誰であれ、資質と経験の両方を備えていなければならない。
類 appoint, nominate	

3017	
legislate	The government intends to **legislate** new laws relating to cybercrime over the next year.
動 法律を制定する	政府は今後の1年間でサイバー犯罪関連の新しい法律を制定するつもりだ。
類 enact, make law	
反 repeal, rescind	

3018	
workmanship	Some believe that cheaply made products from China lack the **workmanship** of local products made in Japan.
名 職人技巧	一部の人々は、安く製造された中国製品には日本で製造された国産品の職人技巧が欠けていると考えている。
類 craftsmanship, artistry	

3019 **culprit** 名 容疑者、犯罪者 類 criminal, felon 反 innocent	CCTV has allowed the police to better catch **culprits**. 防犯カメラによって、警察は容疑者をより逮捕しやすくなった。 ● the real culprit (真犯人) ● the major culprit for ~ (~の主因)
3020 **immaterial** 形 取るに足りない 類 irrelevant, extraneous 反 relevant	In my views, what football players do off the pitch is **immaterial** as long as they perform well on it. 私の考えではサッカー選手はピッチでよいプレーをする限り、ピッチ外で何をするかは取るに足らないことである。
3021 **underlie** 動 根底にある 類 govern, control 反 mismanage	The *sakoku*, or national isolation, mentality still lingers among the Japanese, which **underlies** modern Japanese thoughts and behavior. 日本人の中にはいまだに鎖国の心的傾向が残っており、それが現代の日本人の思考や行動の根底にある。
3022 **ponder** 動 思い巡らす 類 wonder, think 反 say	Try not to **ponder** negative thoughts for too long, as this is detrimental to mental health. 精神衛生に有害なので、あまりにも長い間否定的な考えを思い巡らさないようにしなさい。
3023 **constrain** 動 抑制する 類 restrict, limit 反 allow	The country's progress was **constrained** by a leader who refused to look forward. その国の発展は将来に目を向けない指導者によって抑制されていた。
3024 **populace** 名 大衆 類 population 反 individual	The general **populace** is often in vehement disagreement with its own government. 一般大衆は、自分らの政府と意見が激しく食い違うことが多い。
3025 **displace** 動 取って代わる 類 replace, remove 反 put back	Many people believe that books may eventually be completely **displaced** by the electronic word. 多くの人々は、最終的に本は完全に電子媒体に取って代わられる可能性があると信じている。
3026 **refine** 動 洗練する、磨く 類 improve, polish 反 aggravate	If we can **refine** the recycling process, using less cumbersome bins, we can encourage more people to participate. より扱いやすい容器を用いることで、リサイクル過程を洗練することができれば、より多くの人々に参加を呼びかけることができる。

Level 3　必修 Active words

3027
refute
動 間違いを証明する
類 discredit, contradict
反 agree

The notion that inflation might be good for growth has been **refuted** by empirical evidence.
インフレは経済成長によいかもしれないという考えは、実証的証拠によって間違いを証明されている。

3028
candid
形 率直な
類 honest, blunt
反 dishonest

People often prefer politicians to be **candid**, that is, to talk in a more straightforward and blunt manner.
人々は政治家に率直であって欲しい、つまり、より分かりやすく単刀直入に話をして欲しいと思うことが多い。

3029
delusion
名 妄想、幻想
類 illusion, hallucination
反 reality

Some mental illnesses cause a sense of **delusion**.
一部の精神疾患は妄想感覚を引き起こす。
● harbour a delusion（妄想を抱く）
● a widespread delusion（広く信じられている幻想）

3030
incessant
形 絶え間ない
類 persistent, ceaseless
反 intermittent

We are now expected to be contactable full-time, and this means answering **incessant** work emails.
現在私たちは常時連絡可能であることが期待されており、これは絶え間ない仕事関連のEメールに返信することを意味する。

3031
compliant
形 準拠した
類 obedient
反 disobedient

All companies must be **compliant** with environmental laws and should be fined if they are not.
全企業が環境法に準拠すべきであり、そうでない場合は、罰金が科せられるべきである。

3032
denounce
動 非難する
類 condemn, accuse
反 approve

The UN Security Council **denounced** North Korea's missile test, unanimously demanding that Pyongyang halt its programme.
国連安全保障理事会は、北朝鮮のミサイル実験を非難し、全会一致でピョンヤンに計画中止を要求した。

3033
seclusion
名 隠とん
類 isolation
反 crowd

Religious figures, particularly nuns, often prefer a life of **seclusion**, focusing only on worship.
聖職者、特に尼僧は、しばしば隠とん生活を好み、信仰のみに集中する。

3034
ember
名 燃えさし
類 glowing coal, live coal

It is very romantic to watch the glowing **embers** of a fire.
真っ赤な燃えさしを見るのはとてもロマンチックだ。
● be reduced to embers（燃えかすとなってしまう）
● the embers of an old love（昔の恋愛のくすぶり）

0 　500　1000　1500　2000　2500　3000　3500　4000 GOAL

Level 3　必修 Active words

3035 repel
動 撃退する
類 push away, repulse
反 attract

Most users believe that an antivirus programme **repels** everything, but there are many different types of attacks against computers today besides viruses.
ほとんどのユーザーはウイルス対策ソフトがなんでも撃退してくれると信じているが、今日のコンピューターにはウイルス以外にも多くの種類の攻撃がある。

3036 exacerbate
動 悪化させる
類 worsen, aggravate
反 alleviate

We **exacerbate** crime rates by cutting public spending.
公的支出を削ることによって犯罪率を悪化させている。
● be further exacerbated by ～（～によってさらに悪化させられる）
● would only exacerbate（悪化させるだけであろう）

3037 philanthropic
形 慈善の
類 generous, altruistic
反 misanthropic

All wealthy people should learn to be more **philanthropic**.
すべての裕福な人々はもっと慈善的になることを学ばなければならない。
● philanthropic work（慈善活動）

3038 philanthropist
名 慈善家
類 humanitarian

A good businessperson will later learn to be a **philanthropist** and will donate money that they have earned to good causes.
優秀な実業家は、後に慈善家になることを学び、自分が稼いだお金を寄付するだろう。

3039 proficient
形 堪能な
類 accomplished, skilled
反 incapable

It can take years of study and practice to become **proficient** in a foreign language.
外国語に堪能になるには何年にもわたる勉強と実践が必要だ。

3040 retaliate
動 仕返しをする
類 reciprocate
反 forgive

Children need to be taught not to **retaliate** physically when bullied, as it escalates the situation.
いじめられた場合、子どもには身体的に仕返しをしないよう教える必要がある。なぜなら、状況を悪化させるからだ。

3041 exemplify
動 例示する
類 demonstrate, illustrate

This painting perfectly **exemplifies** the naturalistic style which was so popular at the time.
この絵画は、当時とても人気のあった自然主義的スタイルを例示するのに完璧なものである。

3042 reassess
動 見直す
反 reevaluate

Many people need to **reassess** their priorities in life, focusing less on money and more on caring about their community.
多くの人々は、金銭でなく地域社会にもっと注意を向け、人生における優先事項を見直す必要がある。

309

3043 **concur** 動 賛成する 類 agree 反 disagree	Every member of a group must **concur** before any decisions are made. 決定が下される前に、グループの全メンバーが賛成しなければならない。
3044 **erode** 動 浸食する 類 deteriorate, corrode 反 preserve	Wind and rain have **eroded** the statues into shapeless lumps of stone. 雨風がその像を浸食し、形をとどめない石の塊にしてしまった。 ● eroded remains（浸食された遺跡）
3045 **propel** 動 押し出す、駆り立てる 類 drive, push 反 stall	Social media may **propel** people into the public spotlight in a way that they cannot handle. ソーシャルメディアによって人は、自分の手に負えないような形で世間の注目を浴びる立場へと押し出されるかもしれない。
3046 **defraud** 動 だまし取る 類 cheat, con	Hackers use credit card information to **defraud** their targets out of thousands of dollars. ハッカーは標的から大金をだまし取るために、クレジットカードの情報を利用する。
3047 **divulge** 動 暴露する 類 reveal, expose 反 conceal	Lawyers and law firms must not **divulge** information protected by a duty of confidentiality. 弁護士および法律事務所は、守秘義務によって保護された情報を暴露してはならない。
3048 **negate** 動 否定する 類 contradict 反 allow	Socialists argue that the socialist system does not **negate** many Western concepts related to human rights, such as freedom of speech. 社会主義制度は表現の自由のような人権に関する多くの西洋的概念を否定するわけではないと、社会主義者は主張している。
3049 **approachable** 形 親しみやすい 類 friendly, welcoming 反 unapproachable	Good teachers should always be **approachable** to their students, making themselves comfortable enough to ask anything. よい教師は、生徒が気軽に何でも質問できるように、常に生徒にとって親しみやすい存在でなければならない。
3050 **subside** 動 静まる、弱まる 類 decrease, abate 反 grow	Although the anti-vaccination movement has started to **subside**, it has still made a significant impact on the spread of once rare diseases. ワクチン接種反対運動は静まり始めたが、それでもかつてまれであった病気の広がりに大きな影響があった。

3058

0　　500　　1000　　1500　　2000　　2500　　3000　　3500　　4000　GOAL

3051

expend

動 費やす
類 consume, spend
反 save

Do not **expend** all of your energy on stress and worry; take a break and rest more.

エネルギーすべてをストレスと不安に費やすのではなく、休憩をとってもっと休みなさい。

3052

jeopardise

動 危機にさらす
類 endanger, imperil
反 protect

Some people have **jeopardised** their careers by not paying attention to what they post on social media.

ソーシャルメディアに投稿する内容に注意を払わないことで、そのキャリアを危機にさらしている人々もいる。

3053

frugal

形 倹約的な
類 thrify
反 extravagant

Often, the richest people are also the most **frugal**.

大富豪が最も倹約的であることも多い。

● be frugal with money（金を倹約する）
● be frugal with words（口数が少ない）

3054

elude

動 逃れる
類 avoid, escape
反 be caught

Some criminals continue to **elude** justice because they are wealthy and well-connected.

裕福でよいコネを持っているので、処罰を逃れ続ける犯罪者もいる。

3055

flippant

形 不真面目な
類 irreverent
反 serious

Children in developed countries are **flippant** about their education, as they take it for granted.

先進工業国の子どもたちは、教育を受けることは当然のことと思っているので、教育には不真面目である。

3056

listless

形 無気力な
類 drowsy, dull
反 alert

Some medication can leave people feeling **listless** as a side effect.

一部の薬剤は、副作用で無気力になることがある。

3057

inadvertent

形 軽率な
類 accidental
反 purposeful

One tiny **inadvertent** error can lead to a chain reaction of complex and costly problems.

たった一つの小さい軽率な間違いが、複雑でお金のかかる問題の連鎖反応につながりうる。

3058

pollutant

名 汚染物質
類 contaminant

Japan has been providing technical assistance to reduce air **pollutants** in developing countries in Asia.

日本はアジアの発展途上国における大気汚染物質を減らすために、技術支援を提供している。

Level 3　必修 Active words

3059 **rehabilitate** 動 更生させる 類 renovate	I personally believe that it's better to try and **rehabilitate** criminals rather than putting them in jail for the rest of their lives. 私は個人的には、犯罪者を残りの人生の間、刑務所に入れておくよりも、彼らを更生させるよう努める方がいいと思う。
3060 **felony** 名 重罪 反 crime	People who have been convicted of a **felony** are unlikely to find decent work in the future. 重罪で有罪判決を受けた人々は、将来、まともな仕事を見つける可能性は低い。
3061 **misogyny** 名 女性蔑視 類 sexism 反 misandry	Although it is not as common as it used to be, workplace **misogyny** is still an issue affecting many women. 以前のように一般的ではないものの、職場における女性蔑視は依然として多くの女性に影響を及ぼしている問題である。
3062 **culpable** 形 責められるべき 類 guilty, liable 反 innocent	The company manager was held **culpable** for all the problems that had happened. 経営者は、発生したすべての問題の責任を問われた。
3063 **broach** 動 （話などを）切り出す 類 bring up, hint at 反 close up	As many schools lack sex education, it is important for young people to be able to **broach** the subject with their parents. 多くの学校では性教育が十分でないため、若者は自分の両親にこの話題を切り出せることが大切である。
3064 **dwindle** 動 減少する 類 abate, decline 反 grow	The number of people reading newspapers is inevitably going to **dwindle** in the coming decades. 新聞の購読者数は今後数十年間で必然的に減少するだろう。
3065 **pique** 動 そそる 類 spark, stoke 反 dampen	When a potential hobby **piques** your interest – go for it! 潜在的に、趣味になりそうなものがあなたの興味をそそるなら、やってみるのだ！ ● pique a person's interest（人の興味をそそる） ● pique a person's curiosity（人の好奇心をそそる）
3066 **subliminal** 形 潜在意識に印象づける 類 subconscious 反 conscious	Companies tried to use **subliminal** messages in television shows to sell cigarettes. 企業は、タバコを販売するためにテレビ番組で潜在意識に印象づけるメッセージを使用しようとした。

3067

encroach

動 侵害する
類 impinge, infringe
反 retreat

Housing should not be allowed to **encroach** on land on which endangered wildlife lives.

住宅を建てることで、絶滅寸前の野生生物が生息する土地を侵害してはならない。

3068

condense

動 要約する
類 compress
反 extend

When making a business presentation, it is critical to **condense** information, not talk for hours.

ビジネスプレゼンテーションをする時は、情報を要約し、長時間にわたって話さないことが肝要だ。

3069

profuse

形 大量の
類 abundant, excessive
反 sparse

If someone breaks out into a **profuse** sweat and also has chest pains, particularly if they are elderly, call an ambulance immediately.

もし急に大量の汗をかいて、胸の痛みも感じている人がいたら、特にそれが高齢者である場合、すぐに救急車を呼びなさい。

3070

bombard

動 爆撃する、攻め立てる、質問を浴びせる
類 barrage, besiege

Young girls are **bombarded** with images of attractive, thin celebrities, which affects their self-image.

若い少女たちは、魅力的で、細身の有名人のイメージに衝撃を受け、彼女らのセルフイメージに影響を与えている。

3071

implicate

動 関係があるとする
類 imply, involve
反 exonerate

The prime minister has been **implicated** in a number of scandals over the last few years.

首相は過去数年間にわたって数多くのスキャンダルに関係があるとされてきた。

3072

recuperate

動 （元気などを）取り戻す
類 get better, recover
反 sicken

People with busy lives should take the time to go and **recuperate** in a more peaceful place, to improve their mental health.

慌ただしい生活を送っている人々は、精神衛生を改善するために、もっと落ち着いた場所に行って、そこで元気を取り戻すことに時間を割くべきだ。

3073

deplete

動 枯渇させる
類 consume, exhaust
反 increase

Many corporations simply don't seem to care if we **deplete** our natural resources.

多くの企業は、天然資源を枯渇させているかなど全く気にしていないようだ。

3074

incite

動 煽る
類 provoke, instigate
反 suppress

There is a fine line between free speech and hate speech; free speech encourages debate whereas hate speech **incites** violence.

表現の自由とヘイトスピーチの間には微妙な境界線がある。表現の自由は議論を促すのに対して、ヘイトスピーチは暴力を煽る。

3075	
unapproachable	Politicians should not be **unapproachable**; they must be accountable and available to questioning by the public.
形 近寄りがたい	政治家は近寄りがたい存在であってはならない。彼らには説明責任
類 unfriendly	があり、かつ、国民からの質問に答えなければならない。
反 approachable	

3076	
infuse	In primary school it is important for teachers to **infuse** children with the love of learning.
動 注ぎ込む	小学校においては、教師が子どもに学ぶことへの愛情を注ぎ込む
類 imbue, impart	ことが重要である。

3077	
readjust	We need to **readjust** our way of life so we can create a future that does not depend on the exploitation of our resources and nature.
動 見直す、再調整する	資源や自然の搾取に依存しない未来を作るために私たちの生き方
類 rearrange	を見直す必要がある。

3078	
gratify	Some people prefer to **gratify** themselves immediately with simple pleasures rather than waiting for something better.
動 満足させる	一部の人々は、もっとよいことを待つよりも、ささやかな喜びで即
類 satisfy, delight	座に自分を満足させる方を好む。
反 annoy	

3079	
tarnish	Politicians often **tarnish** their reputations by taking bribes or getting involved in financial scandals.
動 傷つける	政治家は、賄賂の受け取りや金融不祥事に関与することによって、
類 defame, damage	その評判を傷つけることが多い。
反 fix	

3080	
zeitgeist	Hippie culture is the **zeitgeist** of the 1970s.
名 時代精神	ヒッピー文化は1970年代の時代精神だ。
類 spirit, trend	● the zeitgeist of our time（私たちの時代の精神）
	● symbolise the zeitgeist of an era（ある時代の精神を象徴する）

3081	
insinuate	Politicians always seem to **insinuate** that their opponents are dishonest.
動 遠回しに言う	政治家は、彼らの政敵が不誠実であると遠回しに言うのが常であ
類 suggest	る。
反 state	

3082	
preoccupy	With more technology, fewer and fewer people read books, instead becoming **preoccupied** with playing games on their mobile phones.
動 夢中にさせる	技術が普及するにつれて、人々は次第に読書をすることが減り、代
類 engross	わりに、携帯電話でゲームをすることに夢中になっている。
反 bore	

3090

0 … 500 … 1000 … 1500 … 2000 … 2500 … 3000 … 3500 … 4000 — GOAL

3083

suggestible

形 暗示にかかりやすい
類 naive
反 smart

Children are highly **suggestible**; it is therefore vital that advertising aimed at children is carefully regulated.
子どもはとても暗示にかかりやすく、それ故に、子ども向けの広告を注意深く規制することが肝要だ。

3084

impulsion

名 衝動
類 impulse, desire

Attitudes to minorities have changed under the **impulsion** of humanitarian considerations.
人道的配慮の衝動の下、少数派に対する態度は変化した。

3085

rigour

名 厳格さ
類 strictness
反 softness

The military has very high standards of **rigour**, which many people can't handle.
軍隊には多くの人が対応できないほどのきわめて高い水準の厳格さが存在する。

3086

impel

動 駆り立てる
類 compel, induce
反 hinder

Is it possible that violent video games **impel** people to commit violent acts in real life?
暴力的なビデオゲームが、現実の生活でも人々を暴力行為に駆り立てる可能性はあるだろうか？

3087

defame

動 中傷する
類 slander, libel
反 praise

Businesses cannot **defame** their competitors just to improve their own sales.
企業は、自社の売上高を向上させるためだけに、競争相手を中傷することはできない。

3088

cognizant

形 知っている
類 aware, conscious
反 unaware

Parents must always be **cognizant** of what their children are studying at school to be sure they are not facing any learning difficulties.
親たちは、子どもたちが学習につまずいていないことを確認するためにも、学校で学んでいることについて常に知っていなければならない。

3089

idealise

動 理想化する
類 romanticise, glorify
反 demean

Many young people **idealise** celebrities who are not setting them a good example.
多くの若者は、自分たちにとってはよい手本とならない有名人を理想化する。

3090

inundate

動 殺到する
類 overwhelm, deluge
反 underwhelm

Celebrities are often **inundated** with fan mail.
有名人たちの所にはしばしばファンからのメールが殺到する。
● be inundated with tourists（観光客が殺到する）
● be inundated with orders（注文が殺到する）

3091	
invigorate	Some people can only **invigorate** themselves through stimulants like caffeine.
動 元気づける	一部の人々は、カフェインのような刺激物によってのみ自分を元気
類 stimulate, energise	づけることができる。
反 bore	

3092	
lawmaker	**Lawmakers** are members of the legislative branch of government, which is responsible for making new laws and changing existing ones.
名 立法者	立法者は新法を制定し、既存の法律を改正する責任を負う立法府
類 policymaker	の構成員である。

3093	
ostracise	Some cultures will **ostracise** a person just for being too different.
動 排斥する	一部の文化は、あまりも違いすぎるという理由だけで人を排斥する。
類 banish, expel	
反 accept	

3094	
procrastinate	It is difficult for self-employed people not to **procrastinate**, and the best option might be for them to create their own timetable and stick to it.
動 先延ばしにする	自営業者にとって先延ばしにしないことは難しく、最善の選択肢は、
類 put off	自分のために独自の予定表を作成し、それを忠実に実行することだ
反 do	ろう。

3095	
antsy	School can make young children **antsy**, as they are not always used to sitting for hours at a time.
形 落ち着かない、いらいらした	子どもは何時間も座っていることに慣れているわけではないので、
	学校ではそわそわすることがある。

Level 3 必修 Passive words

3096		
deforestation 名 森林伐採（破壊）	**Deforestation** may accelerate global warming even more. 森林伐採が地球温暖化をさらに加速するかもしれない。
3097	
avalanche 名 なだれ、殺到	My inbox is receiving an **avalanche** of email. 私の受信トレイにはEメールが殺到している。
3098	
perpetuate 動 永続させる	in order to **perpetuate** your growth and peace of mind あなたの成長と心の平穏を永続させるために
3099	
incense 名 香（こう）、芳香	Buddhists use **incense** sticks in their temples. 仏教徒は寺院において線香を使う。
3100	
proactive 形 先取りする、事前対策となる	It's better to be **proactive** rather than reactive. 事後対応的よりも事前対策的である方がよい。
3101	
acupuncture 名 鍼療法	**Acupuncture** is becoming increasingly popular. 鍼療法の人気が高まっている。
3102	
marketable 形 売り物になる、需要のある	To earn money, you need to have a **marketable** skill. お金を稼ぐには売り物になるスキルが必要だ。
3103	
congest 動 詰め込む、混雑させる	The most **congested** road in the US is in New Jersey. アメリカで最も混雑した道路はニュージャージー州にある。
3104	
gritty 形 生々しい、リアルな	The **gritty** realities of war are left out of the history books. 歴史の本は戦争の生々しい現実が抜け落ちている。
3105	
tortoise 名 陸生ガメ	Modern **tortoises** have evolved from aquatic turtles. 現代の陸生ガメは水生ガメから進化した。
3106	
silt 名 沈泥	**Silt** is found at the bottom of bodies of water. 沈泥は水底に見られる。
3107	
mindful 形 注意して、心を配って	Be **mindful** of the current affairs of the country you are visiting. あなたが行く国の時事問題に注意していなさい。
3108	
primate 名 霊長類の動物	Humans are the only **primates** that always walk upright. 人間は常に直立で歩く唯一の霊長類である。
3109	
necessitate 動 必要とする、要する	Language learning **necessitates** making mistakes. 言語の学習は間違いを犯すことを必要とする。
3110	
diversify 動 多様化する、多角的に行う	Businesses should **diversify** their workforce. 企業は従業員を多様化すべきである。
3111	
cedar 名 ヒマラヤスギ	**Cedar** pollen causes seasonal allergies. スギ花粉は季節性のアレルギーを引き起こす。

317

3112 **pea** 名 エンドウ豆	Identical twins are like two **peas** in a pod. 一卵性双生児はさやの中のエンドウ豆のように似ている。
3113 **perish** 動 死ぬ、枯れる、消滅する	'Publish or **perish**' is a reality in the academic world. 学問の世界では「出版するか死すか」は現実である。
3114 **inexorable** 形 止めようのない、変えられない	The progress of technology is **inexorable**. 技術の進歩は止めようがない。
3115 **vagaries** 名 突飛な行為（考え）、気まぐれ	the **vagaries** of the US President's tweets アメリカ大統領のツイートの気まぐれ
3116 **craze** 名 熱狂、大流行	Jazz was the hottest musical **craze** of the 1920s. 1920年代にはジャズが最もホットな大流行であった。
3117 **undercut** 動 より安く売る、値段を下げる	Developing countries can **undercut** developed countries. 発展途上国は先進国よりも安くものを売ることができる。
3118 **cavern** 名 大洞窟	There are several famous **caverns** worth visiting in New Zealand. ニュージーランドには訪れる価値のある有名ないくつかの洞窟がある。
3119 **financier** 名 資本家、投資家	That **financier** was the father of Japanese capitalism. その資本家は日本の資本主義の父であった。
3120 **authorship** 名 著作者であること、著述	'Beowulf' is of unknown **authorship**. 「ベオウルフ」は誰が著作者であるか不明である。
3121 **prodigious** 形 驚嘆すべき、巨大な	The Angels knew Ohtani had a **prodigious** talent. エンゼルスは大谷選手の驚嘆すべき才能を知っていた。
3122 **streamline** 動 合理化する、流線型にする	Enterprises make efforts to **streamline** operations. 企業は事業を合理化する努力をする。
3123 **prescriptive** 形 命令する、規定する	A more **prescriptive** control may be needed. より命令的な統制が必要かもしれない。
3124 **graze** 動 牧草を食う、放牧する	In New Zealand, 32 million sheep **graze** on open pasture. ニュージーランドでは32,000,000頭の羊が放牧地で草を食む。
3125 **funnel** 名 じょうご、漏斗	A **funnel** is used to guide liquid into a small opening in a container. じょうごは液体を容器の小さな口の中に導くのに使われる。
3126 **avid** 形 熱心な、貪欲な	Successful entrepreneurs are **avid** readers. 成功した実業家は貪欲な読書家である。
3127 **twig** 名 小枝	Many fashion models are as thin as **twigs**. 多くのファッションモデルは小枝のように細い。
3128 **adversity** 名 逆境、困窮	Let us have fortitude in **adversity**. 逆境において不屈の精神を持ちましょう。
3129 **neuron** 名 神経単位、ニューロン	New **neurons** can be generated even in elderly people. 高齢者でさえも新しい神経単位を作り出すことができる。

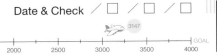

3147

0   500   1000   1500   2000   2500   3000   3500   4000 GOAL

Level 3 必修 Passive words

3130 **sanitation** 名 公衆衛生	**Sanitation** in developing countries is a pressing issue. 発展途上国における公衆衛生は急を要する問題である。
3131 **mitigate** 動 緩和する、軽減する	We need to **mitigate** the impact of climate change. 私たちは気候変動の影響を軽減する必要がある。
3132 **halo** 名 光輪、円光	Buddha is often depicted with a **halo** around his head. 仏陀は頭の周りに光輪を伴って描かれることが多い。
3133 **renounce** 動 放棄する、棄権する	forever **renounce** war as a sovereign right of the nation 国権の発動たる戦争を永久に放棄する
3134 **overwhelm** 動 圧倒する、苦しめる	I am **overwhelmed** by the amount of work. 私は仕事量に圧倒されている。
3135 **torrential** 形 滝のような、土砂降りの	**Torrential** rain is becoming more common in Japan. 日本では滝のような雨がより一般的になってきている。
3136 **fireworks** 名 花火	Nagaoka is famous for its summer **fireworks** festival. 長岡は夏の花火祭りで有名である。
3137 **photosynthesis** 名 光合成	Plants generate oxygen through **photosynthesis**. 植物は光合成を通じて酸素を生み出す。
3138 **dormitory** 名 寄宿舎、寮	In the UK, a **dormitory** is called a hall of residence. イギリスでは寮はhall of residenceと呼ばれる。
3139 **exquisitely** 副 優美に、凝って、非常に	Unlike most temples, Toshogu is **exquisitely** ornate. ほとんどの寺院と異なり東照宮は凝った装飾が施されている。
3140 **solace** 名 慰め、慰安	Some CEOs find **solace** in religion. 宗教に慰めを見い出すCEOもいる。
3141 **transcend** 動 越える、超越する	The internet **transcends** international borders. インターネットは国境を超越する。
3142 **validate** 動 認証する、有効にする	Click on 'Activate' to **validate** the access code. アクセスコードを有効にするために「Activate」をクリック。
3143 **entitle** 動 資格・権利を与える	Users are not **entitled** to copy the program. ユーザーはプログラム複製の権利を与えられていない。
3144 **replicate** 動 再現する、模写する	Others failed to **replicate** the STAP experiment. 他の人たちはSTAP実験を再現することができなかった。
3145 **mariner** 名 海員、水夫	Ancient Polynesian **mariners** sailed across the Pacific. 古代ポリネシアの水夫は太平洋を横断していた。
3146 **mogul** 名 重要人物、権力者	Media **moguls** 'make politics', not just profits. メディアの権力者は利益だけでなく、「政治を作る」。
3147 **dab** 動 軽くたたく、軽く塗る	**Dab** some pink blusher on the cheek. 頬にピンク色を軽く塗りましょう。

319

3148 **detach** 動引き離す、取りはずす	I can **detach** the screen and use it as a tablet. ディスプレイを取り外してタブレットとして使うことができる。
3149 **desertion** 名遺棄、放棄	the Mayan's **desertion** of their cities around 900 BCE 紀元前900年頃に起きたマヤ族の都市の放棄
3150 **dilapidated** 形荒れ果てた、老朽化した	There are many **dilapidated** hot spring hotels. 荒れ果てた温泉宿がたくさんある。
3151 **halve** 動半分になる、半分にする	India's chicken sales **halved** due to virus rumours. ウイルスの噂のせいでインドの鶏肉の売上が半分になった。
3152 **detain** 動留置する、抑留する	600,000 Japanese were **detained** in Siberia after WWII. 60万人の日本人が第二次世界大戦後シベリアに抑留された。
3153 **photon** 名光子、光量子	**Photons** pass through matter all the time. 光子は常に物質の中を通り過ぎている。
3154 **infallible** 形全く誤りのない、絶対確実な	No one is **infallible**. 全く誤りのない人間はいない。
3155 **grimace** 形顔をゆがめること、しかめつら	A **grimace** is a strong sign of disapproval. しかめつらは不同意を強く示すものである。
3156 **damning** 形非常に批判的な	The Daily Mail carried a very **damning** article about Meghan. デイリーメイル紙はメーガンに非常に批判的な記事を掲載した。
3157 **trustworthy** 形信頼できる、あてになる	Taxi drivers in Japan are very **trustworthy**. 日本のタクシー運転手は非常に信頼できる。
3158 **primeval** 形原始時代の、太古からある	New Zealand was covered with **primeval** forests. ニュージーランドは原始の森に覆われていた。
3159 **homogeneity** 名同種、同質性	Despite Japan's relative **homogeneity**, minorities do exist. 日本の相対的同質性にもかかわらず、少数民族は存在する。
3160 **threefold** 形3つの部分からなる	The reasons for this are **threefold**. この理由は3つの部分からなる。
3161 **astrology** 名占星術	**Astrology** has been around since time immemorial. 占星術は大昔から存在してきた。
3162 **well-being** 名幸福、健康、安泰	Climate change is threatening the **well-being** of the planet. 気候変動が地球の安泰を脅かしている。
3163 **suffix** 名接尾辞	A **suffix** is added at the end of a word. 接尾辞は語末に付け足される。
3164 **impair** 動減ずる、害する、損なう	Light, particularly blue light, **impairs** the quality of sleep. 光、特に青い光は睡眠の質を損なう。
3165 **seduce** 動そそのかす、誘惑する	Eve **seduced** Adam into eating from the forbidden tree. イブはアダムが禁断の木から食べるようそそのかした。

3183

0   500   1000   1500   2000   2500   3000   3500   4000 GOAL

3166 **cv** 名 履歴書	**CV** stands for curriculum vitae or 'course of life'. CV (履歴書) は「curriculum vitae (人生行路)」を表す。
3167 **nectar** 名 花の蜜、果汁	When bees collect **nectar**, they use their long tongues. ハチが花の蜜を集める時には長い舌を用いる。
3168 **archipelago** 名 群島、列島	The Japanese **archipelago** consists of 4 main islands. 日本列島は4つの主要な島からなる。
3169 **obnoxious** 形 気に障る、不快な、いやな	Some people find the smell of natto **obnoxious**. 納豆のにおいを不快に感じる人もいる。
3170 **cram** 動 詰め込み勉強をする	Japanese students **cram** for entrance examinations. 日本の学生は入試のために詰め込み勉強をする。
3171 **institutionalised** 形 制度化された	It seems as though bribery is **institutionalised** in FIFA. FIFAでは賄賂が制度化されているように見える。
3172 **sprout** 名 もやし、新芽、芽キャベツ	*Moyashi*, or bean **sprouts**, are high in fibre. 豆の芽であるもやしは繊維が豊富である。
3173 **diligent** 形 勤勉な、仕事熱心な	The Japanese are generally regarded as a **diligent** people. 日本人は一般に勤勉な民族と見なされている。
3174 **atypical** 形 典型的でない、非定型の	Extreme fear may overwhelm a person to the point of making **atypical** behavior. 極端な恐怖は非定型の行動をとるくらい人を圧倒する可能性がある。
3175 **clutches** 名 手中、支配	Developing countries fell into the **clutches** of the IMF. 開発途上国はIMFの手中に陥った。
3176 **watertight** 形 防水の、耐水の	It goes without saying that all ships must be **watertight**. すべての船が防水でなければならないのは言うまでもない。
3177 **gills** 名 魚のえら	All fish breathe through skin openings called **gills**. すべての魚はえらと呼ばれる皮膚開口部を通して呼吸する。
3178 **evaporate** 動 蒸発する	More water **evaporates** near the equator. 赤道付近ではより多くの水が蒸発する。
3179 **aristocrat** 名 貴族	Japanese **aristocrats** lived in Kyoto. 日本の貴族は京都に住んでいた。
3180 **prune** 動 剪定する、取り除く	The IOC needs to 'prune' the Olympic Games tree. IOCは(種目が増えすぎた)オリンピックの木を「剪定する」必要がある。
3181 **ping** 名 ピューン、ピシッ	The word 'ping' is an example of onomatopoeia. 「ピューン」という言葉は擬音語の例である。
3182 **impede** 動 妨げる、じゃまする	A shortage of skilled labour **impedes** economic growth. 熟練労働者の不足は経済成長を妨げる。
3183 **naysayer** 名 否定する人、反対する人	**Naysayers** are unavoidable when launching your business. 起業の際には反対する人の存在は不可避である。

3184 **encyclopaedia** 名 百科事典	Wikipedia is a free **encyclopaedia** on the internet. ウィキペディアはインターネット上の無料百科事典だ。
3185 **perseverance** 名 根気強さ、粘り強さ	**Perseverance** is the most important quality in life. 根気強さが人生において最も重要な資質である。
3186 **derision** 名 あざけり、嘲笑	In the 1950s, 'Made in Japan' was an object of **derison**. 1950年代には「日本製」はあざけりの対象であった。
3187 **antiseptic** 形 消毒用の、無菌の	I like **antiseptic** alcohol sprays because they are convenient. 消毒用アルコールスプレーは便利なので好きだ。
3188 **fable** 名 寓話	Aesop's **Fables** were written around 600 BCE. イソップ寓話は紀元前600年頃に書かれた。
3189 **cognition** 名 認識、認知、知識	Not all aspects of our **cognition** deteriorate as we age. 加齢で認知の全ての側面が低下するわけではない。
3190 **subsidise** 動 助成金を支給する	Agriculture is heavily **subsidised** around the world. 世界中で農業には多大な補助金が支給されている。
3191 **sawdust** 名 おがくず	**Sawdust** can be recycled and used in many ways. おがくずは再生されて多くの方法で利用可能である。
3192 **obstruct** 動 ふさぐ、遮断する、妨げる	Earthquake-induced landslides **obstructed** some roads. 地震によって誘発された地滑りが一部の道路をふさいだ。
3193 **turnaround** 名 転換、好転、転向	Microsoft has accomplished a very impressive **turnaround**. マイクロソフトはめざましい業績の好転を遂げた。
3194 **forceps** 名 鉗子、ピンセット	Dentists use **forceps** to remove a tooth. 歯科医は歯を抜くために鉗子を使う。
3195 **sledge** 名 そり	The Inuit use **sledges** pulled by dogs. イヌイットは犬の引くそりを用いる。
3196 **transitory** 形 移ろいやすい、はかない	Buddhists believe that everything is **transitory**. 仏教徒は諸行無常と信じている。
3197 **taxonomy** 名 分類学、分類法	**Taxonomy** is the oldest branch of biology. 分類学は生物学で最古の分野である。
3198 **virtuoso** 名 名人、巨匠、名演奏家	Oscar Peterson was a jazz piano **virtuoso**. オスカー・ピーターソンはジャズピアノの巨匠であった。
3199 **bonding** 名 絆、結合、接合	Breastfeeding promotes mother-child **bonding**. 授乳は母子の絆を深める。
3200 **waterlogged** 形 水浸しの、浸水した	Many roads were **waterlogged** after the downpour. 土砂降りの後、多くの道路が冠水していた。
3201 **brainchild** 名 頭脳の産物、独創的な考え	Windows 1.0 was the **brainchild** of Bill Gates. ウィンドウズ1.0はビル・ゲイツの頭脳の産物であった。

0　500　1000　1500　2000　2500　3000　3500　4000 GOAL

3219

3202
paintwork
名 塗装部分、塗装面

Exterior **paintwork** must be repainted every five years.
外装塗装面は5年ごとに塗り直されなければならない。

3203
tadpole
名 オタマジャクシ

Tadpoles are the larvae of frogs and toads.
オタマジャクシはカエルやヒキガエルの幼生である。

3204
lethargy
名 倦怠、無気力、嗜眠

Lethargy is a symptom of a wide range of illnesses.
倦怠感は広範な病気の症状である。

3205
sceptic
名 懐疑論者、疑い深い人

a debate between advocates and **sceptics** of globalisation
グローバル化の支持者と懐疑論者の間の論争

3206
swarm
名 大群、群れ

The singer was welcomed by a **swarm** of fans.
その歌手はファンの大群に迎えられた。

3207
larva
名 幼生、幼虫

Four stages of metamorphosis: egg, **larva**, pupa and adult
変態の4段階：卵、幼虫、さなぎ、成虫

3208
unveil
動 発表する、除幕式を行う

Apple **unveiled** the first iMac in May 1998.
アップルは1998年5月に最初のiMacを発表した。

3209
thwart
動 挫折させる、邪魔する

The virus **thwarted** travel plans for many people.
そのウイルスは多くの人々の旅行の計画を挫折させた。

3210
clog
動 詰まらせる

Pipes can be **clogged** for a variety of reasons.
パイプはさまざまな理由で詰まってしまう。

3211
hoist
動 高く揚げる、上げる

The sumo wrestler **hoisted** his trophy.
その力士はトロフィーを高く掲げた。

3212
fully-fledged
形 一人前の、羽毛のそろった

18-year-olds are **fully-fledged** members of society.
18歳は一人前の社会の構成員である。

3213
outreach
名 奉仕活動、福祉活動

I have been involved in **outreach** activities.
私は奉仕活動にかかわっている。

3214
fortuitous
形 思いがけない、偶然の、幸運な

It was one of those **fortuitous** moments in life.
それは人生における幸運な瞬間の一つであった。

3215
disseminate
動 広める、普及させる

Incorrect information is **disseminated** through social media.
誤った情報がソーシャルメディアを通じて広められる。

3216
scorpion
名 サソリ

The **scorpion** is an arthropod with eight legs.
サソリは八足の節足動物である。

3217
blockbuster
名 大ヒット作

Star Wars is one of the biggest **blockbusters** ever.
「スターウォーズ」は過去最大のヒット作の一つである。

3218
snowball
動 雪だるま式に増える

Our national debt has been **snowballing**.
私たちの国の債務は雪だるま式に増えている。

3219
churn
動 かき回す、撹拌する

Food is **churned** in the stomach for three hours.
食べ物は胃の中で3時間撹拌される。

Level 3　必修 Passive words

323

3220	The ashes of the deceased are put into an **urn**.
urn 名 壺、かめ	故人の灰は骨壺の中に入れられる。

3221	**Reptiles** evolved from primitive amphibians.
reptile 名 爬虫類	爬虫類は原始的な両生類から進化した。

3222	**Conifers** produce cones to protect their seeds.
conifer 名 針葉樹	針葉樹は種子を守るために球果をつける。

3223	**sift** high-quality information out of the internet's muddy world
sift 動 ふるいにかける、えり分ける	ネットのドロドロの世界から質の高い情報をえり分ける

3224	The **innermost** part of the earth is the core.
innermost 形 最も内側の、心の奥の	地球の最も内側の部分は核である。

3225	The **shrinkage** of Japan's population is accelerating.
shrinkage 名 縮小、縮み、減少	日本の人口の縮小が加速している。

3226	A robot can mimic the **dexterity** of human fingers.
dexterity 名 器用さ、手際のよさ	ロボットが人間の手の器用さをまねることができる。

3227	Cinema **acoustics** have an important part to play.
acoustics 名 音響学、音響効果	映画館の音響効果は重要な役割を果たす。

3228	CO_2 is **alleged** to have changed the global climate.
allege 動 主張する、言う	CO_2は地球の気候を変えたと言われている。

3229	The world has become increasingly **materialistic**.
materialistic 形 物質主義的な、即物的な	世界はますます物質主義的になっている。

3230	Fijian and Tongan canoes **plied** from island to island.
ply 動 定期運航する、往復する	フィジーやトンガのカヌーが島から島へ往復した。

3231	The **Prairie** Indians were nomadic hunters.
prairie 名 大草原	大草原に住むインディアンは遊牧の狩猟採集民であった。

3232	The virus is far more **tenacious** than previously thought.
tenacious 形 頑強な、不屈の、執拗な	そのウイルスは従来考えられていたよりもはるかに執拗である。

3233	Low productivity is an **impediment** to sustained growth.
impediment 名 障害、妨害（物）	生産性の低さが持続的成長の障害になっている。

3234	China's online **censors** are tolerant of nationalist sites.
censor 名 検閲官	中国のネット検閲官は国粋主義的サイトには寛容である。

3235	Shredders **shred** documents into narrow strips.
shred 動 細かく切る、ずたずたに裂く	シュレッダーは書類を裂いて細長い切れにする。

3236	The president gave a **rundown** of the airstrike.
rundown 名 報告、要約、概要	大統領は空爆に関する報告を行った。

3237	**Serpentine** rivers were snaked through the flats.
serpentine 形 曲がりくねった、ヘビのような	曲がりくねった川が平原をうねりながら流れていた。

| | 0 | 500 | 1000 | 1500 | 2000 | 2500 | 3000 | 3500 | 4000 GOAL |

3238
baffling
形 当惑させる、不可解な
Mobile network operators offer a **baffling** array of choices.
通信事業者は当惑するほど数多くの選択肢を提供する。

3239
blissfully
副 幸いにも、おめでたいことに
Many people are **blissfully** unaware of their own ignorance.
おめでたいことに多くの人は自分の無知に気がついていない。

3240
pronouncement
名 公告、宣言、発表
The IOC made an official **pronouncement**.
IOCは公式発表を行った。

3241
menial
形 雑用の、熟練のいらない
Menial jobs will be replaced by AI in the future.
熟練のいらない仕事は将来AIに取って代わられるであろう。

3242
reticence
名 無口なこと、沈黙、遠慮
Reticence was considered a virtue in Japan.
日本では無口であることが美徳と見なされていた。

3243
thermodynamics
名 熱力学、熱力学現象
Thermodynamics is the study of heat transfer.
熱力学は熱転移の研究である。

3244
minuscule
形 非常に小さい
Even a **minuscule** amount of asbestos is dangerous.
微量のアスベストでさえも危険である。

3245
takeaway
形 持ち帰り用の
'**Takeaway**' is British English and 'takeout' is American.
「Takeaway(持ち帰りの)」はイギリス英語で「takeout」は米語だ。

3246
vertebrate
名 脊椎動物
Vertebrates are animals that have a backbone.
脊椎動物は背骨のある動物である。

3247
metamorphosis
名 変態、変形、変貌
Metamorphosis is a change into something new.
変貌とは何か新しいものに変わることである。

3248
succinct
形 簡潔な、簡明な
Being **succinct** is better than being loquacious.
簡潔である方が冗漫であるよりもいい。

3249
devour
動 貪り食う、がつがつ食う
Swarms of locusts **devour** crops in seconds.
バッタの大群は数秒のうちに作物をむさぼり食う。

3250
seep
動 しみ込む、しみ出る
In cities, very little rainwater **seeps** into the ground.
都会では地面にしみ込む雨はごくわずかである。

3251
insulate
動 絶縁(断熱・遮音・防音)する
Modern houses are well **insulated**.
現代の住宅はよく断熱されている。

3252
connotation
名 言外の意味、含意
'Naïve' is a word with negative **connotations**.
「世間知らずの」は否定的な含意の語である。

3253
acreage
名 エーカー数、面積
Crop **acreage** is the determining factor in crop production.
作付面積は作物生産の決定的要素である。

3254
amplify
動 増幅する、増大させる
Amplifiers are designed to **amplify** weak signals.
アンプは微弱な信号を増幅するように設計されている。

3255
prodigy
名 神童、天才児、驚異
Wolfgang Amadeus Mozart was a child **prodigy**.
ヴォルフガング・アマデウス・モーツァルトは神童であった。

3256 **ointment** 名 軟膏	an **ointment** that treats itchiness and dryness かゆみや乾燥を治す軟膏
3257 **dedicate** 動 捧げる、専念する	Hideyo Noguchi **dedicated** his life to medicine. 野口英世は医学に自らの人生を捧げた。
3258 **ruse** 名 策略、計略、たくらみ	Christmas is just a **ruse** to make people spend money. クリスマスは人にお金を使わせるための策略である。
3259 **phobia** 名 病的恐怖、恐怖（症）	Japanese have long had a **phobia** about the outside world. 日本人は長い間外の世界に対する恐怖症を抱いてきた。
3260 **mishap** 名 軽い災難、不幸なできごと	**Mishaps** in life are inevitable. 人生におけるちょっとした災難は不可避である。
3261 **midge** 名 小昆虫（蚊など）	**Midges** are present on all continents except Antarctica. 小昆虫は南極大陸を除くすべての大陸に存在する。
3262 **bygone** 名 過去のこと	Let **bygones** be bygones. 過去のことは水に流せ。
3263 **sprawl** 名 不規則に延び広がること	Urban **sprawl** is basically another word for urbanisation. 都市のスプロール現象は要するに都会化の別名である。
3264 **coincidental** 形 偶然で	It was purely **coincidental** that I decided to take IELTS. 私がIELTSを受けることにしたのは全くの偶然であった。
3265 **overbearing** 形 横柄な、高圧的な	Trump is 'an **overbearing** man,' one woman said. ある女性はトランプは「横柄な男だ」と言った。
3266 **rendition** 名 解釈、演奏、翻訳	a contemporary **rendition** of *The Tale of Genji* 源氏物語の現代語訳
3267 **opportunism** 名 日和見主義、ご都合主義	**Opportunism** is not an attractive quality in a leader. リーダーのご都合主義は魅力的な資質ではない。
3268 **inhabitant** 名 住人、住民	180,000 **inhabitants** evacuated because of the wildfire. 山火事のせいで18万人の住民が避難した。
3269 **osteoporosis** 名 骨粗しょう症	**Osteoporosis** is a condition where bones become weak. 骨粗しょう症は骨が弱くなってしまう状態である。
3270 **astronaut** 名 宇宙飛行士	Armstrong was the first **astronaut** to step on the moon. アームストロングは月に降り立った最初の宇宙飛行士だった。
3271 **proliferate** 動 繁殖する、激増する	Living things **proliferate** as much as they can. 生き物はできる限り繁殖する。
3272 **polemic** 名 論争、反論、論客	A **polemic** is a strong argument against something. Polemic（論争）は何かに反対する強い主張である。
3273 **aquifer** 名 帯水層	An **aquifer** is an underground area that stores water. 帯水層は水を蓄える地下の部分である。

3291

0　　500　　1000　　1500　　2000　　2500　　3000　　3500　　4000 ─GOAL

Level 3　必修 Passive words

3274 **artistry** 名 芸術的手腕	Leonardo da Vinci's **artistry** truly had no limits. レオナルド・ダ・ヴィンチの芸術的手腕はまさに無限であった。
3275 **ooze** 動 にじみ出る、漏れ出る	For aeons, oil **oozed** out of the ground in Iran and Iraq. 非常に長い間、イランやイラクでは石油が地面からにじみ出ていた。
3276 **workout** 名 運動、練習	Walking is a good **workout** and will help burn calories. ウォーキングはよい運動であり、カロリーを燃やすのを助ける。
3277 **duplex** 名 二世帯用住宅、重層型アパート	A **duplex** is actually a semi-detached house. Duplexとは二世帯用住宅のことである。
3278 **engender** 動 生ずる、発生させる	Physical isolation **engenders** isolationist mindsets. 物理的に離れていることが孤立主義的な物の見方を生む。
3279 **diffraction** 名 （電波などの）回折	**Diffraction** is the process of light waves being divided. 回折とは光波が分けられる過程のことである。
3280 **adorn** 動 飾る、装飾する	More and more people **adorn** themselves with tattoos. ますます多くの人が入れ墨で自分を飾るようになっている。
3281 **infertile** 形 不毛の、不妊の	Most Native American reservations were **infertile**. インディアン居留地のほとんどは不毛の地であった。
3282 **nourish** 動 栄養を与える	**Nourish** your body and mind with good food and books. あなたの体と心にいい食べ物と本で栄養を与えなさい。
3283 **tint** 名 ほのかな色、色合い	black and white photos with a sepia **tint** セピア色がかった白黒写真
3284 **commute** 動 通勤する、通学する	Millions of people **commute** to Tokyo every day. 毎日、何百万人もの人々が東京に通勤する。
3285 **drape** 動 ゆったり垂らして掛ける	a dining table **draped** with a white lace tablecloth 白いレースのテーブルクロスを掛けた食卓
3286 **downside** 名 マイナス面、欠点	examine not only the upside but also the **downside** 利点だけでなく欠点も検証する
3287 **renown** 名 名声、有名	**Renown** follows good qualities like a shadow. 名声は影のようにして高徳についてくるものだ。
3288 **purify** 動 精製する、浄化する	Crude oil must be **purified** before it can be used. 原油は使用される前に精製されなければならない。
3289 **shun** 動 避ける、遠ざける	Bashful people **shun** meeting others. 恥ずかしがり屋の人は他人に会うのを避ける。
3290 **optimise** 動 最も効果的にする、最適化する	**Optimise** your lifestyle to maximise your energy. 活力を最大化するために生活様式を最適化せよ。
3291 **emanate** 動 発散する、放射する	Energy healers **emanate** streamers of qi. 気功師は射光のような「気」を発散する。

3292 **simile** 名 直喩、明喩	'She smiles like the sun,' is a **simile**. 「彼女は太陽のように微笑む」は直喩である。
3293 **sparing** 形 控えめな、少しだけの	arguments in support of a **sparing** use of fossil fuels 化石燃料の控えめな使用を支持する主張
3294 **scuttle** 動 あわてて走る、急いで行く	**scuttle** over to a drugstore to buy toilet paper トイレットペーパーを買いにドラッグストアに急いで行く
3295 **recede** 動 退く、後退する	When the economy **recedes** for six months, it is considered a recession. 景気が6カ月後退すると、それは景気後退とみなされる。
3296 **bask** 動 暖まる、日向ぼっこする	Many lizards **bask** in the sun to get warm. 多くのトカゲは暖まるためにひなたぼっこをする。
3297 **neutralise** 動 無効化する、制圧する	The immune system **neutralises** viral infections. 免疫系がウイルス感染を制圧する。
3298 **introverted** 形 内向性の強い、内向的な	**Introverted** people are more comfortable being alone. 内向的な人は1人でいる方が心地よい。
3299 **giveaway** 名 景品、おまけ	Free **giveaways** are used to attract new subscribers. 新規契約者を引きつけるために無料の景品が使われる。
3300 **cliché** 名 陳腐な決まり文句、常套句	A **cliché** is a common phrase that has been overused. 常套句は過度に使われている一般的表現である。
3301 **habitable** 形 住める、住むに適した	Mars is not **habitable** without terraforming. 火星は地球化しなければ住むのに適していない。
3302 **alchemy** 名 錬金術	The internet has created a new digital **alchemy**. インターネットは新たなデジタル錬金術を作り出した。
3303 **promontory** 名 岬、低地を見下ろす崖	A **promontory** is a high cliff jutting into a body of water. 岬は水域に突き出た高い崖である。
3304 **stun** 動 唖然とさせる	Trump **stunned** the world by beating Hillary Clinton. トランプはヒラリー・クリントンを破って世界を唖然とさせた。
3305 **insuperable** 形 克服できない	a great, if not **insuperable**, difficulty 克服できない程ではないにしても大きな困難
3306 **insecticide** 名 殺虫剤、殺虫	**Insecticides** are harmful to the environment. 殺虫剤は環境に有害である。
3307 **revamp** 動 改革する、刷新する、改造する	the efforts to **revamp** the Japanese economy 日本経済を改革しようとする努力
3308 **tenet** 名 主義、教義、信条	空(kuu) is the core **tenet** of Buddhism. 「空」は仏教の中核的教義である。
3309 **onlooker** 名 傍観者、見物人	We should not be silent **onlookers**. 私たちは物言わぬ傍観者であってはならない。

3310 **aeronautical** 形航空（術）の、航空学の	Aeronautical engineering is a broad discipline. 航空工学は幅広い学問分野である。
3311 **aeronautics** 名航空学	Aeronautics is the science of flight. 航空学は飛行の科学である。
3312 **taster** 名味見をする人、味利き	A sommelier is a wine taster. ソムリエはワインの味見をする人である。
3313 **secrete** 動分泌する	Sweat glands secrete perspiration. 汗腺は汗を分泌する。
3314 **creepy** 形不気味な、身の毛もよだつ	the creepy atmosphere of a haunted house おばけやしきの不気味な雰囲気
3315 **olfaction** 名嗅覚	Toothed whales have completely lost olfaction. 歯クジラは臭覚を完全に失った。
3316 **olfactory** 形嗅覚の	Olfactory nerves are absent in toothed whales. 歯クジラには臭覚神経がない。
3317 **epithet** 名形容語句、異名	Jordan earned the epithet 'Air Jordan'. ジョーダンは「エア・ジョーダン」という異名を得た。
3318 **surpass** 動勝る、しのぐ、凌駕する	Global wind power surpasses nuclear energy. 全世界の風力発電は原子力をしのぐ。
3319 **highbrow** 形知的な、教養のある	NHK broadcasts more highbrow programmes. NHKは知的な番組をより多く放送する。
3320 **inhale** 動吸入する	Nonsmokers inhale secondhand smoke. 非喫煙者は副流煙を吸い込む。
3321 **befall** 動に起こる、生じる、降りかかる	A global pandemic befell the world. 地球的な規模のパンデミックが世界に降りかかった。
3322 **uncharted** 形海図にない、未知の	We are in completely uncharted territory. 私たちは全く未知の領域にいる。
3323 **degrade** 動悪化させる、おとしめる	A poor vocabulary degrades intelligence. 貧困な語彙は知性をおとしめる。
3324 **adherent** 名支持者、信奉者	Adherents of Buddhism believe in rebirth. 仏教の信奉者は生まれ変わりを信じる。
3325 **proponent** 形擁護者、支持者	Proponents of renewable energy are anti-nuclear. 再生エネルギーの支持者は反原子力である。
3326 **denigrate** 動けなす、侮辱する	Politicians denigrate their colleagues. 政治家は彼らの同僚をけなす。
3327 **supersede** 動とって代わる、すたれさせる	Digital downloads have superseded CDs. デジタルダウンロードがCDにとって代わった。

3328 **climes** 名 気候、風土、国	To avoid the cold winter many Canadians holiday in warmer **climes**. 寒い冬を避けるために多くのカナダ人は暖かい国で休暇を取る。
3329 **chlorophyll** 名 クロロフィル、葉緑素	**Chlorophyll** is the green pigment found in plants. 葉緑素は植物に見られる緑の色素である。
3330 **carnivorous** 形 肉食性の	**Carnivorous** animals prey on other animals. 肉食動物は他の動物を捕食する。
3331 **meteorology** 名 気象学、気象	**Meteorology** is the study of the atmosphere. 気象学は大気の研究である。
3332 **poach** 動 密猟する	Criminal groups **poach** elephants for ivory. 犯罪集団が象牙のためにゾウを密猟する。
3333 **invert** 動 反対にする、倒置する	In an **inverted** sentence, the verb precedes the subject. 倒置の文では動詞が主語に先行する。
3334 **conservationist** 名 保護論者	**Conservationists** want to conserve our environment. 環境保護論者は私たちの環境を守りたいと思っている。
3335 **autistic** 形 自閉的な、自閉児の	Some **autistic** people are gifted with unique skills. 自閉症の人の中には独特の技能に恵まれている人もいる。
3336 **collate** 動 順序正しくまとめる	The government collects and **collates** more information. 政府はより多くの情報を収集し、まとめている。
3337 **blemish** 名 きず、欠点、汚点	No one is without a **blemish** or two. 1つか2つ、欠点のない人はいない。
3338 **invective** 名 悪口、毒舌、非難	Biden accused Trump of racist **invective**. バイデンはトランプの人種差別的毒舌を非難した。
3339 **fatality** 名 死亡者（数）	The 2011 tsunami caused about 20,000 **fatalities**. 2011年の津波は約2万人の死者をもたらした。
3340 **plummet** 動 急落する	Stock prices **plummeted** after the bubble burst. バブルがはじけた後、株価が急落した。
3341 **unblemished** 形 傷のない、汚れのない	No country has an **unblemished** history. 全く汚れのない歴史を持つ国はない。
3342 **refurbish** 動 改装する、改造する	The flat has been fully **refurbished**. そのアパートは全面改装された。
3343 **ailment** 名 （慢性的な軽い）病気	A minor **ailment** can lead to complications. 軽い病気が合併症につながる可能性もある。
3344 **revolutionise** 動 革命を起こす	The advent of the internet **revolutionised** the world. インターネットの到来が世界に革命をもたらした。
3345 **probity** 名 高潔、誠実、正直	**Probity** is the most important quality in governance. 誠実さは統治における最も重要な資質である。

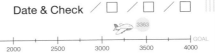

3363

| | 0 | 500 | 1000 | 1500 | 2000 | 2500 | 3000 | 3500 | 4000 GOAL |

3346
eureka
間 わかった、やった

Eureka! I got it.
やった！わかったぞ。

3347
dysfunctional
形 正常に機能していない

The public pension system is **dysfunctional**.
公的年金制度は正常に機能していない。

3348
prowl
動 獲物をねらってうろつく

Drug dealers **prowl** our city.
麻薬取引人が都会をうろついている。

3349
pitfall
名 落とし穴、思いがけない危険

One of the **pitfalls** of studying abroad is the high cost.
留学の落とし穴の一つは費用が高いことだ。

3350
veracity
名 真実性、正確性、誠実

Trump's aversion to **veracity** is legendary.
トランプの真実性に対する嫌悪は伝説的である。

3351
conspire
動 共謀する、陰謀を企てる

Bureaucrats **conspired** to hide the truth.
官僚が真実を隠すために共謀した。

3352
mangle
動 ずたずたに切る、ぶち壊す

The virus **mangled** the global supply chain.
そのウイルスが世界的供給連鎖をぶち壊した。

3353
perforation
名 穴を開けること、ミシン目

Perforations are used to allow easy separation.
ミシン目は分離を容易にするために用いられる。

3354
socialise
動 社会化する、社会に適応させる

Children need to be **socialised** into their culture.
子どもは自分の文化に社会適応される必要がある。

3355
excavate
動 発掘する、掘る

Most fossils are **excavated** from sedimentary rock.
ほとんどの化石は堆積岩から発掘される。

3356
preschool
形 就学前の

Preschool education is compulsory in Latvia.
ラトビアでは就学前教育が義務になっている。

3357
savory
形 味のよい、風味のある

Miso has a **savory** umami flavour.
味噌は風味のあるうまみがある。

3358
imprison
動 刑務所に入れる、収監する

Nelson Mandela was **imprisoned** for 27 years.
ネルソン・マンデラは27年間収監された。

3359
renovate
動 改装する、リフォームする

The White House has been **renovated** several times.
ホワイトハウスは数回改装されてきた。

3360
fulfill
動 果たす、遂げる

To gain our rights, we must **fulfill** our duties.
権利を得るためには任務を果たさなければならない。

3361
fascinate
動 魅了する、関心をひきつける

Japanese anime has long **fascinated** the world.
日本のアニメは長い間世界を魅了してきた。

3362
amphibian
名 両生類

Amphibians are the most endangered species group.
両生類は絶滅の危険が最も高いグループである。

3363
inflate
動 ふくらませる、膨張させる

The UK has been **inflating** its money supply.
イギリスは通貨供給量を膨張させ続けている。

331

3364 bookkeeping 名 帳簿	**Bookkeeping** is the recording of financial transactions. 簿記は金融取引の記録である。
3365 nifty 形 巧みな、気の利いた、便利な	a **nifty** app that can troubleshoot your smartphone スマホのトラブルシューティングをする気の利いたアプリ
3366 archetype 名 原型、典型	Toyota has been an **archetype** of 'corporate Japan'. トヨタは「日本株式会社」の典型であり続けてきた。
3367 straddle 動 またがる	Turkey **straddles** Asia and Europe. トルコはアジアとヨーロッパにまたがっている。
3368 afflict 動 悩ます、苦しめる	Japan has often been **afflicted** by natural disasters. 日本は自然災害にたびたび悩まされてきた。
3369 overshoot 名 爆発的患者急増、超過	an **overshoot** of patients relative to resources リソースと比較して考えた場合の爆発的患者急増
3370 scorch 動 焦がす	People use parasols to protect themselves from the **scorching** heat. 焦げ付くような暑さを避けるために日傘を使う。
3371 divest 動 資産を売却する、剥奪する	SoftBamk **divested** part of its stake in Alibaba. ソフトバンクはアリババ株の一部を売却した。
3372 reverberation 名 反響、波紋	The **reverberations** of the virus were unprecedented. そのウイルスの波紋は前例のないものであった。
3373 tinder 名 火口、火のつきやすいもの	Flint stone and **tinder** were used to make fire. 火をおこすのに火打ち石と火口が用いられた。
3374 scarecrow 名 かかし、こけおどし	**Scarecrows** were used to scare away birds. かかしは鳥を脅して寄せ付けないために用いられた。
3375 purportedly 副 噂によれば	North Korea has **purportedly** been hacking overseas companies. 噂によれば北朝鮮は海外の会社をハッキングしている。
3376 verdant 形 青々とした、草木で覆われた	New Zealand is a **verdant** island nation. ニュージーランドは青々とした島国である。
3377 affix 動 添付する、切手などを貼る	**Affix** a stamp to the top right-hand corner. 右上隅に切手を貼りなさい。
3378 nonchalance 名 無頓着、平気、のんき	exhibit **nonchalance** in the face of the pandemic パンデミックに直面しても無頓着を示す
3379 quench 動 渇きをいやす、火を消す	Water will **quench** your thirst on a hot day. 暑い日に水があなたの渇きをいやす。
3380 surmount 動 乗り越える、打破する	Japan has **surmounted** many difficulties. 日本は多くの困難を乗り越えてきた。
3381 outstrip 動 上回る、を凌駕する	E-commerce sales have **outstripped** in-store purchases. 電子商取引額が店舗での購買を上回った。

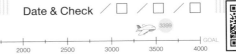

0 500 1000 1500 2000 2500 3000 3500 4000 GOAL

3382
neurology
名 神経学

Neurology deals with disorders of the nervous system.
神経学は神経系の異常を取り扱う。

3383
thoroughgoing
形 徹底的な、完全な

A **thoroughgoing** investigation should be conducted.
徹底的な調査が行われるべきである。

3384
appendage
名 付属物、随伴者

Children were considered **appendages** of their parents.
子どもは親の付属物と見なされていた。

3385
throwback
名 後戻り、先祖返り

It seems like a **throwback** to the old caste system.
それは古い階級制度への先祖返りのように見える。

3386
annihilate
動 全滅させる、壊滅させる

Atomic bombs **annihilated** two Japanese cities.
原子爆弾が日本の二都市を壊滅させた。

3387
distrustful
形 信用しない、疑い深い

People have become more **distrustful** of politicians in general.
人々は政治家全般をより信用しなくなっている。

3388
embed
動 埋め込む、刻み込む

Racism is deeply **embedded** in Japanese culture.
人種差別が日本の文化の奥深くに埋め込まれている。

3389
herbicide
名 除草剤

The US military sprayed **herbicides** over Vietnam.
アメリカ軍がベトナムに枯葉剤をまいた。

3390
glutinous
名 にかわ質の、粘着性の

Mochi is a **glutinous** rice cake.
餅は粘り気のある米の固まりである。

3391
skyscraper
名 摩天楼、超高層ビル

The first **skyscraper** was built in 1885 in Chicago.
最初の超高層ビルは1885年にシカゴに建てられた。

3392
prioritise
動 優先順位をつける

You need to **prioritise** your tasks in order of urgency.
急を要する順に仕事に優先順位をつける必要がある。

3393
phenomenally
副 驚くほど、著しく、素晴らしく

E-commerce has transformed business **phenomenally**.
電子商取引が商売を驚くほど変えた。

3394
on-board
形 搭載された、機内 (車内) での

upgrade the **on-board** memory for faster processing
より速い処理のために搭載メモリをアップグレードする

3395
run-off
名 地中に吸収されずに流れる雨水

65 per cent of rainwater **run-off** ends up in the sea.
吸収されずに流れる雨水の65%は海に行く。

3396
boffin
名 科学者、研究者、賢い人

Q was the legendary **boffin** in James Bond films.
Qはジェームズ・ボンド映画の伝説的研究者であった。

3397
cartography
名 地図作成 (法)

Cartography developed during the Age of Exploration.
地図作成法は大航海時代に発達した。

3398
delude
動 欺く、惑わす

a disinformation campaign to **delude** the public
一般大衆を欺くための偽情報運動

3399
marsupial
名 有袋類

Most **marsupials** live in Australia or on its nearby islands.
ほとんどの有袋類は豪州やその近くの島に住んでいる。

Level 3　必修 Passive words

333

3400 **trapeze** 名 空中サーカス用ぶらんこ	Trapeze originated in the mid-1800s in France. 空中ぶらんこは1800年代半ばにフランスで始まった。
3401 **devastate** 動 荒廃させる、大打撃を与える	In 1918, an influenza virus infection **devastated** the world. 1918年にインフルエンザウイルス感染が世界に大打撃を与えた。
3402 **embellish** 動 装飾する、粉飾する	Politicians **embellish** and bend the truth. 政治家は真実を粉飾し、ねじ曲げる。
3403 **seamanship** 名 操縦技術	The early Polynesians had great **seamanship**. 昔のポリネシア人は見事な操縦技術を持っていた。
3404 **crumple** 動 しわくちゃにする	**Crumpled** paper is used for packing fragile products. 壊れやすい物を荷造りするのにしわくちゃにした紙が使われる。
3405 **bungle** 動 しくじる、へまをする	The police **bungled** the investigation in many ways. 警察は多くの点で捜査をしくじった。
3406 **periodicity** 名 周期性、定期性	It is difficult to speculate on the **periodicity** of pandemics. パンデミックの周期性を推測することは困難である。
3407 **seedling** 名 苗、苗木	In the past, farmers planted rice **seedlings** by hand. 昔の農家は稲の苗を手で植えた。
3408 **parallax** 名 視差	**Parallax** is used to compute the distance to heavenly bodies. 視差は天体までの距離を計算するために使われる。
3409 **unearth** 動 発掘する、明らかにする	Some 18,000 dogu figurines have been **unearthed** to date. 今まで約1万8千の土偶が発掘されている。
3410 **fabricate** 動 作り上げる、でっち上げる	The politicians and bureaucrats **fabricated** the 'truth'. 政治家と官僚が「真実」をでっち上げた。
3411 **frostbite** 名 凍傷	**Frostbite** is an injury caused by the freezing of the skin. 凍傷は皮膚が凍ることによって起こる怪我である。
3412 **gnat** 名 刺して血を吸う小さな羽虫	**Gnats** transmit diseases to humans and animals. 羽虫は人間や動物に病気を運ぶ。
3413 **seafaring** 形 航海の、船旅の	the extraordinary **seafaring** skills 並外れた航海技術
3414 **moisten** 動 湿らせる、潤す、ぬらす	Drink plenty of fluids to **moisten** your throat. 喉を潤すためにたくさん水分をとってください。
3415 **equable** 形 変化のない、安定した	Hawaii has an **equable** climate. ハワイは安定した気候を持つ。
3416 **waggle** 動 振る、ゆする	Dogs **waggle** their tails when they are excited and happy. 犬は興奮している時やうれしい時に尻尾を振る。
3417 **figurine** 名 人形、小立像	There is a powerful aesthetic in *dogu* **figurines**. 土偶人形には強力な美的特徴がある。

3435

0 500 1000 1500 2000 2500 3000 3500 4000 GOAL

Level 3　必修 Passive words

3418 □□□ **homogenise** 動 均質化する	Television has helped to **homogenise** American accents. テレビはアメリカ人の発音を均質化するのを助けた。
3419 □□□ **termite** 名 シロアリ	**Termites** are serious pests in buildings. シロアリは建物にとって深刻な害虫である。
3420 □□□ **refrigerate** 動 冷却する、冷蔵する	A huge amount of energy is used to **refrigerate** our food. 食品を冷蔵するのに膨大なエネルギーが消費されている。
3421 □□□ **outperform** 動 よりパフォーマンスがよい	Data-driven companies **outperform** their competitors. データに基づいて経営する企業は競合他社よりもパフォーマンスがよい。
3422 □□□ **middleman** 名 仲介者、中間業者	Wholesalers are **middlemen** who purchase only to resell. 卸売業者は卸売りするだけのために購入する中間業者である。
3423 □□□ **iconoclastic** 形 偶像破壊の、因襲打破の	Punk rock was associated with an **iconoclastic** culture. パンクロックは偶像破壊的文化と結びついていた。
3424 □□□ **quasi-** 副 半…、準…、ある意味…	China actually has a **quasi**-capitalist economy. 中国は実際には準資本主義的経済を持つ。
3425 □□□ **millennium** 名 1000年間	'Millennia' is the plural form of '**millennium**'. 「Millennia」は「millennium（千年）」の複数形である。
3426 □□□ **synchronise** 動 一致させる、同時に起こる	Dancers need to **synchronise** every movement. ダンサーたちはすべての動きを一致させる必要がある。
3427 □□□ **incubate** 動 卵を抱く、病気が潜伏する	The virus **incubates** for approximately 2 weeks. そのウイルスは約2週間潜伏する。
3428 □□□ **lateralisation** 名 脳の左右の機能分化	Left handers generally show less cerebral **lateralisation**. 左利きの人は一般的に脳の左右の機能分化の程度が低い。
3429 □□□ **paediatrics** 名 小児科学	**Paediatrics** focuses on the care of infants and children. 小児科学は乳幼児と子どもの治療に焦点を当てる。
3430 □□□ **oligopoly** 名 寡占（市場）	In an **oligopoly**, a few large firms dominate the market. 寡占市場においては少数の大企業が市場を支配する。
3431 □□□ **solidify** 動 凝固させる、強固にする	China has been **solidifying** its control over some areas. 中国は一部地域の支配力を強固にしている。
3432 □□□ **crustacean** 名 甲殻類	Insects and **crustaceans** evolved from a common ancestor. 昆虫と甲殻類は共通の祖先から進化した。
3433 □□□ **microbe** 名 微生物、細菌	**Microbes** are the first link in the food chain. 微生物は食物連鎖の最初の輪である。
3434 □□□ **equinox** 名 春分、秋分	'**Equinox**' literally means 'equal night'. Equinox（春分・秋分）は文字通りには「（長さが昼と）等しい夜」の意味である。
3435 □□□ **codify** 動 成文化する、体系化する	The UK does not have a **codified** constitution. イギリスは成文化された憲法を持っていない。

3436 **weakling** 名 軟弱な人、弱虫	Life was challenging and **weaklings** could not survive. 生活は困難で軟弱な者は生き残れなかった。
3437 **autism** 名 自閉性	**Autism** is becoming more and more common. 自閉症がどんどん一般的になりつつある。
3438 **iconoclasm** 名 偶像破壊、因習打破	The essence of post-modernism is **iconoclasm**. ポストモダニズムの本質は偶像破壊である。
3439 **attenuate** 動 減ずる、弱める	Earplugs **attenuate** sound more than earmuffs. 耳栓は耳当てよりも音を減衰する。
3440 **destabilisation** 名 不安定、弱体化	Populism will cause further **destabilisation** in Europe. ポピュリズムは欧州の一層の不安定化を招くであろう。
3441 **untangle** 動 解く、ほどく、解決する	leaders who can **untangle** the global challenges 世界的な困難を解決することができる指導者
3442 **calibrate** 動 微調整する、測定する	Athletes must carefully **calibrate** their calorie intake. 選手はカロリー摂取を注意深く微調整しなければならない。
3443 **serendipity** 名 思わぬ発見、幸運	Discoveries are sometimes made by pure **serendipity**. 全くの幸運によって発見がなされることがある。
3444 **daunt** 動 おじけづかせる	Students are **daunted** by the cost of attending university. 学生は大学に行くことの費用におじけづく。
3445 **astonish** 動 ひどく驚かせる、びっくりさせる	Trump's victory in 2016 **astonished** many observers. 2016年のトランプの勝利は多くの評論家を驚かせた。
3446 **stakeholder** 名 利害関係者、出資者	Many **stakeholders** are involved in the Olympics. オリンピックには多くの利害関係者がかかわっている。
3447 **herbivore** 名 草食動物	**Herbivores** are more numerous than carnivores. 草食動物は肉食動物よりも数が多い。
3448 **teleworking** 名 在宅勤務	**Teleworking** has become an accepted practice. 在宅勤務が容認された慣行になってきた。
3449 **poultice** 名 パップ剤、湿布	**Poultices** are used to cure inflammation. 湿布は炎症を治すのに使われる。
3450 **hibernate** 動 冬眠する、冬ごもりする	Bears **hibernate** during the winter months. クマは冬の間冬眠する。
3451 **anthrax** 名 炭疽病	**Anthrax** is an infectious disease caused by bacteria. 炭疽病は細菌によって引き起こされる感染症である。
3452 **interlink** 動 連結する、結びつける	Social media **interlinks** people around the world. ソーシャルメディアは世界中の人を結びつける。
3453 **decentralise** 動 地方分権化する、分散する	The US is more **decentralised** than many other nations. アメリカは他の多くの国々よりも地方分権化されている。

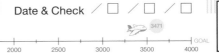

3454 **exoskeleton** 名 外骨格	Like other arthropods, crustaceans have an **exoskeleton**. 他の節足動物と同様に、甲殻類は外骨格を持つ。
3455 **centipede** 名 ムカデ	The word '**centipede**' literally means '100 legs'. ムカデという言葉は文字通りには「百本の足」を意味する。
3456 **ravage** 動 荒廃させる、損なう	New York City was **ravaged** by the coronavirus. ニューヨーク市はコロナウイルスによって荒廃した。
3457 **besiege** 動 取り囲む、押しかける、包囲する	Aizu Castle was **besieged** by the government troops. 会津城は官軍に包囲された。
3458 **boreal** 形 北の、北風の、亜寒帯の	**Boreal** forests are critical for carbon storage. 亜寒帯の森林は炭素貯蔵に決定的に重要である。
3459 **byproduct** 名 副産物	Confidence is a **byproduct** of preparation. 自信は準備の副産物である。
3460 **inscribe** 動 刻む、刻み込む	Stone tablets are **inscribed** with warnings about tsunamis. 石碑に津波に対する警告が刻まれている。
3461 **beget** 動 生む、原因となる	Hatred **begets** hatred and violence begets violence. 憎しみは憎しみを生み、暴力は暴力を生む。
3462 **synchrony** 名 同時発生、同時性	Greater globalisation should bring greater **synchrony**. 一層のグローバル化がさらなる同時性をもたらすはずだ。
3463 **iconoclast** 名 偶像破壊（因習打破）主義者	Miles Davis was an **iconoclast** who became an icon. マイルス・デイビスは偶像破壊主義者が偶像になってしまった人だった。
3464 **polymath** 名 博識家	A leader should be a **polymath**. 指導者は博識家であるべきだ。
3465 **veterinarian** 名 獣医	**Veterinarians** are often simply called 'vets'. 獣医はしばしば単に「vets」と呼ばれる。
3466 **intertwine** 動 関連させる	Language is closely **intertwined** with culture. 言語は文化と密接に関連している。
3467 **rove** 動 うろつく、歩き回る	Hyenas **rove** around sub-Saharan Africa in packs. ハイエナの群れはサハラ砂漠以南のアフリカをうろつく。
3468 **propound** 動 提出する、提議する	Dr. Yamanaka **propounded** strong measures to combat the virus. 山中博士はウイルスと戦うための強力な措置を提議した。
3469 **cellphone** 名 携帯電話	'**Cellphone**' is a shortened form of 'cellular phone'. Cellphone（携帯電話）はcellular phoneの短縮形である。
3470 **in-house** 形 組織内の、社内の	an **in-house** investigation conducted by the Ministry of Finance 財務省によって行われた内部調査
3471 **promulgate** 動 広める、公布（公表）する	The department **promulgated** a national handwashing initiative. その省庁は全国的な手洗い構想を公表した。

3472 **onsite** 形 現場での、現地での	Onsite repair is time-effective but not cost-effective. 現地修理は時間効率はいいが、費用対効果はよくない。
3473 **egghead** 名 知識人、インテリ	An egghead is an intellectual who knows little about real life. egghead（知識人）は実生活に疎い知識人のことである。
3474 **perplex** 動 当惑させる、悩ます、困らせる	Athletes were perplexed by the postponement of the Olympics. アスリートはオリンピックの延期に当惑した。
3475 **underrate** 動 過小評価する	Teaching is the most underrated profession. 教職は最も過小評価されている専門職である。
3476 **underbrush** 名 森林の下生え、やぶ	A cactus wouldn't survive in the underbrush of a rainforest. サボテンは熱帯雨林の下生えでは生存できないであろう。
3477 **seesaw** 動 変動する、一進一退を繰り返す	Stock prices seesawed wildly amid concerns about the virus. ウイルスに関する懸念のただ中で株価は激しく変動した。
3478 **palaeontology** 名 古生物学	'Palaeo' in palaeontology is the Latin word for 'old'. 古生物学のpalaeoの部分はラテン語で「古い」の意である。
3479 **metamorphose** 動 変態（変形、変質）する	When insects metamorphose, their body tissues are reorganised. 昆虫が変態する際には、体の組織が再編成される。
3480 **dextrous / dexterous** 形 器用な、巧みな、機敏な	Robots are dexterous enough to thread a needle. ロボットは針に糸を通すことができるくらいに器用だ。
3481 **seafarer** 名 船乗り、海の旅人	Polynesians were the greatest seafarers ever. ポリネシア人は史上最高の船乗りであった。
3482 **saturate** 動 浸す、満たす、飽和させる	Saturated fat contributes to higher levels of cholesterol. 飽和脂肪は高コレステロール値の一因となる。
3483 **infest** 動 はびこる、横行する、寄生する	The neighbourhood is infested with gangsters. その地区には暴力団員がはびこっている。
3484 **engrave** 動 彫刻を施す、刻み込む	I had my ring engraved with my husband's name. 私は指輪に夫の名前を刻印してもらった。
3485 **entangle** 動 もつれさせる、混乱させる	Cables get entangled because they are longer than needed. ケーブルがもつれるのは必要以上に長いからだ。
3486 **headwind** 名 向かい風、逆風	A headwind is favourable in takeoffs and landings. 向かい風は離陸や着陸には好都合である。
3487 **drench** 動 水に浸す、びしょぬれにする	I was caught in a shower and got drenched to the skin. 私はにわか雨にあって、ずぶ濡れになった。
3488 **enunciate** 動 明確に発音する（述べる）	Learn how to enunciate properly, fluently and clearly. 正しく、なめらかに、明確に発音する方法を学びなさい。
3489 **inveigle** 動 誘い込む、つり込む	Adverts inveigle people into spending more than they can. 広告は、人々が可能である以上を費やすように誘い込む。

3490
unicellular
形 単細胞の

Unicellular organisms are made up of only a single cell.
単細胞生物は単一の細胞のみでできている。

3491
marginalise
動 主流から外す、遠ざける

Women still tend to be **marginalised** as decision-makers.
女性はまだ意思決定の主流から外される傾向がある。

3492
outlier
名 主要部分離れているもの

Trump really was an **outlier** — and not in a good way.
トランプはまさに異端者であった。よい意味ではなく。

3493
fossilise
動 化石化する、固定化する

Prevent your English from becoming **fossilised**.
あなたの英語が「化石化する」のを防ぎなさい。

3494
encase
動 入れる、すっぽり包む、覆う

Tutankhamun's mummy was **encased** in a stone coffin.
ツタンカーメンのミイラは石棺の中に入れられていた。

3495
millipede
名 ヤスデ

The 'milli' in **millipede** means 'thousand'.
ヤスデの「milli」という部分は「千」の意味である。

3496
high-rise
形 高層の、高層建築の

There are many **high-rise** buildings on the waterfront.
臨海地区に多くの高層ビルがある。

3497
disenfranchise
動 公民権（選挙権）をはく奪する

Criminals are **disenfranchised** during their sentense.
犯罪者は刑期中、選挙権をはく奪される。

3498
uncouple
動 切り離す、分離する

Narita Express trains are **uncoupled** at Tokyo Station.
成田エクスプレスは東京駅で切り離される。

3499
gastronomy
名 美食（法）、美食学、料理法

Gastronomy is the art or science of good eating.
Gastronomy（美食法）は美食の技術や科学である。

3500
all-important
形 最も重要な、必須の

Vocabulary is **all-important**; all other skills are built on it.
語彙は最重要である。他のすべてのスキルはその上に成り立つ。

3501
biofuel
名 バイオ燃料

A **biofuel** is a fuel produced from organic materials.
バイオ燃料とは有機物質から作られた燃料のことである。

3502
bread-and-butter
形 生計（生活）のための

Bread-and-butter issues are what matter most to voters.
生計の問題が投票者にとって最も重要なことである。

3503
caregiver
名 世話をする人、介護者

Caregivers are in short supply and high demand.
介護者の数は足りないのに、需要は大きい。

3504
cavitation
名 空洞現象

Cavitation is a common problem in pumps and control valves.
空洞現象はポンプや制御弁の一般的な問題である。

3505
counterintuitive
形 直観に反した、反直観的な

seem **counterintuitive** to learn Latin to improve your English
英語を磨くためにラテン語を学ぶのは直観に反するように見える

3506
counter-productive
形 逆効果の

It is **counter-productive** to stay up late.
夜遅くまで起きているのは逆効果である。

3507
cross-check
動 照合確認する

Cross-check your answers at the end of the test.
テストの最後に答えを照合確認しなさい。

Level 3 必修 Passive words

3508	
cure-all 名 万能薬、万病薬	Money is not a **cure-all**, but it does matter. お金は万能薬ではないが、重要である。
3509 **cutting-edge** 形 最先端の	**Cutting-edge** technology is available to everyone via smartphones. 最先端の技術がスマホを通して万人のものとなる。
3510 **despoil** 動 荒らす、略奪する	Humans have **despoiled** the delicately balanced ecosystem. 人間は微妙にバランスの取れた生態系を荒らしてきた。
3511 **dispirit** 動 気力（意欲）を奪う	Young people are **dispirited** by poor economic prospects. 若者は経済的展望の暗さで気力をくじかれる。
3512 **down-to-earth** 形 現実的な、地味な、気取らない	Jimmy Carter was the most **down-to-earth** US President. ジミー・カーターは最も地味なアメリカ大統領であった。
3513 **enmesh** 動 網にかける、巻き込む	Sea turtles get **enmeshed** in fishing nets. ウミガメが漁業用の網にかかってしまう。
3514 **envision** 動 心に描く、夢見る	**Envisioning** your future will move you toward your goals. 将来を思い描くことがあなたを目標に向かわせるでしょう。
3515 **extroverted** 形 外向性の、社交的な	**Extroverted** people are more talkative than introverted people. 外向的な人の方が内向的な人よりも話好きである。
3516 **forefather** 名 先祖、祖先	The **forefathers** of the modern Japanese were the Yayoi. 現代の日本人の先祖は弥生人であった。
3517 **gesticulate** 動 身振りをする	mimic Trump's unique manner of **gesticulating** when he speaks トランプが話す時の独特の身振りの物まねをする
3518 **gustatory** 形 味覚の	Smoking reduces the **gustatory** buds' sensitivity to taste. 喫煙は味蕾の味に対する感度を低下させる。
3519 **hardwired** 形 組み込まれている	The ability to learn language is **hardwired** into the brain. 言語を学ぶ能力が脳に組み込まれている。
3520 **homeopath** 名 ホメオパシー医	A **homeopath** is an alternative health practitioner. ホメオパシー医は代替医療医である。
3521 **hydropower** 名 水力電力	**Hydropower** accounts for 8% of Japan's electricity. 水力発電は日本の電力の8％を占める。
3522 **interiorise** 動 内面化する	'Kata' is used to **interiorise** a sequence of movements. 「型」は一連の動きを内面化するために用いられる。
3523 **low-rise** 形 低層の	**Low-rise** buildings are buildings with 4 floors or under. 低層の建物とは4階建て以下の建物である。
3524 **mass-produced** 形 大量生産（量産）された	**Mass-produced** products are cheaper than custom-made ones. 大量生産品の方がオーダーメイドのものよりも安い。
3525 **mentee** 名 弟子、メンティー	Mentors guide their **mentees** towards confidence and well-being. 助言者はメンティーを自信と安泰に向かって導いていく。

3543

| | 0 | 500 | 1000 | 1500 | 2000 | 2500 | 3000 | 3500 | 4000 GOAL |

Level 3 必修 Passive words

3526
monetary
形 通貨の、金銭的な、金融の

Gold was the basis of the US **monetary** system until 1934.
1934 年までは金がアメリカの通貨制度の土台であった。

3527
old-timer
名 古株、古参、老練な人

The **old-timers** continue to dominate the tennis landscape.
古株選手がテニス界を支配し続けている。

3528
one-off
形 1回（個）限りの

Woodstock was a **one-off** event of extraordinary significance.
ウッドストックは並外れた意義を持つ1回限りのイベントだった。

3529
optimist
名 楽天家、楽観論者

Be an **optimist** without being a fool.
愚者にはならずに楽天家であれ。

3530
outcompete
動 競技で勝つ、〜を破る

China may **outcompete** nations that cling to liberal values.
中国が自由主義的価値観堅持の国との競争に勝つかもしれない。

3531
parch
動 〜をからからに乾かす

Australia is **parched** and turning into a desert.
オーストラリアはからからに乾いており、砂漠になりつつある。

3532
prescriptivism
名 規範主義

Prescriptivism was a stage in the standardisation of English.
規範主義は英語の標準化における一段階であった。

3533
refract
動 屈折させる

In general, violet light is **refracted** more than red light.
一般的に紫の光は赤い光よりも屈折する。

3534
run-down
形 荒廃した、業績不振の

a **run-down** street with shuttered-up shops
荒廃してシャッターを下ろした店が並ぶ通り

3535
self-reliance
名 独立独歩、自立

Trump prompted Japan's cautious shift to **self-reliance**.
トランプは日本が自立に向かって慎重に移行することを促した。

3536
side-effect
名 副作用、思わぬ結果

For the vast majority of people most vaccines have no **side-effects**.
大多数の人々にとって、ほとんどのワクチンには副作用がない。

3537
single-handedly
副 一人で、独力で

China has almost **single-handedly** saved the luxury goods market.
中国はほとんど独力で高級品市場を支えてきた。

3538
spoon-feed
動 流動食を与える、甘やかす

Today's youth are **spoon-fed** the lowest form of information.
今日の若者は最も低次元の情報を流動食のように与えられている。

3539
state-of-the-art
形 最新技術の、最先端の

Today's **state-of-the-art** technology is obsolete tomorrow.
今日の最先端技術は明日には廃れている。

3540
superpluous
形 余分の、余計な、不必要な

Superfluous words make your writing less succinct.
余計な言葉によって文章が簡明でなくなってしまう。

3541
switchover
名 突然の変更、転換

The **switchover** to working from home is impossible without the internet.
在宅勤務への転換はインターネットがなければ不可能である。

3542
trade-off
名 兼ね合い、妥協、取引

The question boils down to the **trade-off** between time and money.
問題は結局時間と金の兼ね合いということになる。

3543
tug-of-war
名 綱引き、主導権争い

Turkey is at the centre of a **tug-of-war** between the US and Russia.
トルコはアメリカとロシアの主導権争いの中心にいる。

3544 **up-to-date** 形 最新（式）の、現代的な	Access to **up-to-date** information is critical. 最新の情報に対するアクセスが決定的に重要である。
3545 **vitalise** 動 活気づける	Something must be done to **vitalise** the economy. 経済を活性化させるために何かがなされなければならない。
3546 **virtue** 名 美徳	Silence was once considered to be a **virtue** associated with wise men. 沈黙はかつて賢明な男性と結びつけて考えられる美徳であった。
3547 **surrender** 動 降伏する	Japan **surrendered** to the Allies in August 1945. 日本は1945年8月に連合国に対して降伏した。
3548 **pension** 名 年金	Will we be able to receive a **pension** in the future? 私たちは将来年金を受け取ることができるだろうか？
3549 **personnel** 名 職員	Most of the company's **personnel** work from home. その会社の職員のほとんどは在宅勤務している。
3550 **variable** 名 変数、（不確定）要素	A number of **variables** influence the effectiveness of communication. 数多くの不確定要素がコミュニケーションの有効性に影響する。
3551 **prospective** 形 予想される	Many **prospective** students cancelled their plans to study in the UK. 多くの入学予定者がイギリスで学ぶ計画をキャンセルした。
3552 **ample** 形 十二分の	You have **ample** time to prepare for IELTS. あなたにはIELTSの準備をする時間がたっぷりある。
3553 **condemn** 動 非難する	The UN **condemned** North Korea's missile launch. 国連は北朝鮮のミサイル発射を非難した。
3554 **aisle** 名 座席間の通路	I prefer an **aisle** seat to a window seat. 私は窓側の席よりも通路側の席の方が好きだ。
3555 **plentiful** 形 豊富な	Japan had a **plentiful** supply of human resources. 日本は人的資源が豊富であった。
3556 **compel** 動 強いる	Universities are **compelled** to operate like businesses. 大学が企業のように活動することを強いられている。
3557 **despise** 動 軽蔑する	I **despise** anonymous internet bullying. 私は匿名のネットいじめを軽蔑する。
3558 **sovereign** 形 主権を有する	From 1945 to 1952, Japan was not a **sovereign** nation. 1945年から1952年まで日本は主権国家ではなかった。
3559 **formidable** 形 恐るべき	The coronavirus is a **formidable** enemy. コロナウイルスは恐るべき敵である。
3560 **weird** 形 奇妙な	The President's **weird** hairstyle is his trademark. 大統領の奇妙なヘアスタイルは彼のトレードマークである。
3561 **quota** 名 割り当て	Should there be a **quota** for female candidates in politics? 政治において女性候補者の割り当てがあるべきであろうか？

3562
suffice
動 十分である

Suffice to say that the US President is not a role model.
そのアメリカ大統領はロール・モデルではないと言えば十分であろう。

3563
endorse
動 是認する

Wikipedia doesn't **endorse** copy-and-paste style writing.
ウィキペディアはコピー＆ペーストの書き物を是認しない。

3564
adolescence
名 青春期

Adolescence is a period of transition.
青春期は移行期である。

3565
dictate
動 決定する、影響する

Your future is **dictated** by your daily routine.
あなたの将来は日常生活によって決まる。

3566
ingenious
形 工夫に富む、巧妙な

The most **ingenious** invention of this century is the smartphone.
今世紀の最も巧妙な発明はスマホである。

3567
barren
形 不毛の

The vast interior of Australia is **barren**.
オーストラリアの広大な内陸は不毛である。

3568
durable
形 耐久性のある

Glass bottles are more **durable** than plastic ones.
ガラスの瓶の方がプラスチックのものよりも耐久性がある。

3569
linger
動 居残る

The coronavirus **lingers** in the air in crowded spaces.
コロナウイルスは混雑した場所の空気中に残る。

3570
nurture
動 養育する、育む

Habits form our character, so **nurture** good habits.
習慣は人格を作るので、よい習慣を育みなさい。

3571
thereby
副 それによって

Expand your expertise, **thereby** broadening your future career options.
専門知識を増やし、それによって将来のキャリアの選択肢の幅を広げなさい。

3572
chronic
形 慢性的な

Obesity can lead to **chronic** diseases such as diabetes.
肥満は糖尿病のような慢性的な病気につながる。

3573
pronounced
形 著しい

There has been a **pronounced** increase in the number of patients.
患者数の著しい増加が見られた。

3574
adjacent
形 隣接した

North Korea is **adjacent** to China.
北朝鮮は中国と隣接している。

3575
momentum
名 勢い、はずみ

The Chinese economy lost **momentum** in 2018.
中国経済は2018年に勢いが衰えた。

3576
peripheral
形 周辺的な、重要でない

Emotions are not **peripheral** but are central to being human.
感情は周辺的なものではなく、人間であることの本質である。

3577
premature
形 時期尚早の

It is **premature** for me to take IELTS again.
私がまたIELTSを受験するのは時期尚早である。

3578
imminent
形 差し迫った

We must address the **imminent** threat of climate change.
私たちは気候変動の差し迫った脅威に対処しなければならない。

3579
surge
動 急上昇する

The number of measles cases has **surged** globally.
はしかの患者数が世界的に急上昇している。

3580 **cumulative** 形 累積的な	Life is **cumulative**. No experience is without value. 人生は累積的であり、価値のない経験はない。
3581 **paramount** 形 最高の、主要な	Effective communication is of **paramount** importance in all aspects of life. 効果的なコミュニケーションは人生のあらゆる側面において最高の重要性を持つ。
3582 **analogous** 形 類似した	Service dogs are **analogous** to medical equipment. 介助犬は医療器具に類似している。
3583 **brittle** 形 もろい	Glass is **brittle** and can break fairly easily. ガラスはもろく、かなり容易に壊れる。
3584 **sporadic** 形 散発的な	**Sporadic** cases of re-emerging coronavirus infections were reported. コロナウイルス再発の散発的事例が報告された。
3585 **diffuse** 動 分散する、拡散する	Don't **diffuse** your energy by creating multiple goals. 多くの目標を作ることによってエネルギーを分散するな。
3586 **nomadic** 形 遊牧の、流浪の	**Nomadic** workers can decide where to do their work. 「ノマド」労働者はどこで仕事をするか決めることができる。
3587 **stagnate** 動 停滞する、よどむ	The Japanese economy has **stagnated** since 1990. 日本経済は1990年以降停滞している。
3588 **foresight** 名 先見の明	**Foresight** is more important than ever now. 今日では先見の明がかつてないほどに重要である。
3589 **longevity** 名 長寿	**Longevity** is a 'risk' you have to plan for. 長寿はそのために計画を立てなければいけない「リスク」である。
3590 **assimilate** 動 吸収する、融合する	a programme to **assimilate** immigrants into American society 移民をアメリカ社会に融合させるためのプログラム
3591 **sibling** 名 兄弟姉妹	**Siblings** can help each other build strong interpersonal skills. 兄弟姉妹はお互いが強い対人スキルを築くのを助けることができる。
3592 **resourceful** 形 問題解決能力のある	We need to be **resourceful** when we don't have what is optimal. 最適のものがない時には問題解決能力が必要である。
3593 **alienate** 動 疎外する	Technology **alienates** people from reality. テクノロジーによって人々は現実から疎外される。
3594 **aggravate** 動 悪化させる	**aggravate** the financial situation of people already struggling 既に苦しんでいる人々の財政状況を悪化させる
3595 **scrutinise** 動 吟味する、精査する	**Scrutinise** the pros and cons of your scheme before implementation. 計画を実行に移す前に、長所と短所を吟味しなさい。
3596 **retard** 動 遅らせる、妨げる	Tax increases **retarded** the recovery of our economy. 増税が経済の回復を遅らせた。
3597 **irrigate** 動 灌漑（かんがい）する	Humans have been **irrigating** their farmland for thousands of years. 人間は何千年にもわたって農地を灌漑してきた。

Level 3　必修 Passive words

3598 **workforce** 名 労働人口、従業員数	Japan's **workforce** has been shrinking since the late 1990s. 日本の労働人口は1990年代後半から縮小し続けている。
3599 **canteen** 名 食堂	'Canteen' is British English for cafeteria. 「Canteen（食堂）」はカフェテリアのイギリス英語である。
3600 **undue** 形 過度の	Don't pay **undue** attention to unimportant details. 重要でない細部に過度な注意を払うべきではない。
3601 **homogeneous** 形 同質の、均質な	The Japanese are more **homogeneous** than Americans. 日本人はアメリカ人よりも同質的である。
3602 **consequential** 形 重大な	The government launched **consequential** reforms. 政府は重大な改革を始めた。
3603 **forerunner** 名 先駆者	Sony used to be a **forerunner** in the field of AI. ソニーはかつてはAIの分野における先駆者であった。
3604 **puberty** 名 思春期	**Puberty** is a period during which dramatic hormonal changes occur. 思春期はホルモンの劇的な変化が起きる時期である。
3605 **inconvenience** 動 不便をかける	You'll be **inconvenienced** if your internet connection fails. もしインターネット接続が切れたら不便を被るであろう。
3606 **gullible** 形 だまされやすい	Criminals take advantage of **gullible** people. 犯罪者はだまされやすい人につけ込む。
3607 **propagate** 動 増殖する、繁殖する	Mushrooms **propagate** by spreading spores. キノコは胞子を広めることによって増殖する。
3608 **unwind** 動 くつろぐ	Soaking in the bath helps me relax and **unwind**. お風呂につかることが、リラックスしてくつろぐことを助けてくれる。
3609 **loath** 形 嫌で、嫌って	Some French people are **loath** to speak English. フランス人の中には英語を話すことを嫌悪する人もいる。
3610 **extrinsic** 形 外部からの、外的な	Intrinsic motivation is more effective than **extrinsic** motivation. 内発的動機の方が外発的動機よりも効果的である。
3611 **permeate** 動 浸透する	Fear of communism **permeated** American life in the 1950s. 1950年代のアメリカ人の生活には共産主義に対する恐れが浸透していた。
3612 **muggy** 形 蒸し暑い	It is **muggy** in Japan in summer. 日本では夏は蒸し暑い。
3613 **burgeon** 動 急に成長する	ride the wave of a **burgeoning** e-commerce economy 急成長する電子商取引経済の波に乗る
3614 **lingua franca** 名 共通語	English as an international **lingua franca** is a hot topic in applied linguistics. 国際共通語としての英語は応用言語学における議論の的になっている。
3615 **vice versa** 副 逆もまた同様	Academic confidence encourages academic effort, and **vice versa**. 学業的自信が努力を促し、逆もまた同様である。

345

3616 **wipe out** 動 一掃する	It will be nearly impossible to **wipe out** the coronavirus. コロナウイルスを一掃することはほとんど不可能であろう。
3617 **wear and tear** 名 摩滅、消耗、損耗	A used car will always have some **wear and tear**. 中古車には多少の損耗が必ずあるものだ。
3618 **wrestle with** 動 取り組む、〜に全力を尽くす	a highly cost-effective way to **wrestle with** global warming 地球温暖化に取り組むための費用対効果の高い方法
3619 **circumstantial evidence** 名 情況証拠、間接証拠	**Circumstantial evidence** is just as good as direct evidence. 間接証拠は直接証拠と同じくらいに有効である。
3620 **confide in** 動 秘密を打ち明けて相談する	It is easier for women to **confide in** other women. 女性にとっては他の女性の方が（男性よりも）相談しやすい。
3621 **forage for** 動 捜し回る、あさる	Bats **forage for** airborne nocturnal insects. コウモリは飛んでいる夜行性の昆虫をあさる。
3622 **wax and wane** 動 月が満ち欠けする、盛衰する	Our subconscious energy **waxes and wanes** like the moon. 私たちの無意識のエネルギーは月が満ち欠けするように変動するものだ。
3623 **revel in** 動 ふける、おおいに楽しむ	Some famous people **revel in** their fame, while others do not. 有名人の中には名声を楽しむ者もいれば、そうでない者もいる。
3624 **culminate in** 動 頂点に達する	a career that **culminated in** the Nobel Prize ノーベル賞の受賞で頂点に達したキャリア
3625 **with X at one's fingertips** 名 Xがすぐに利用できる状態で	grow up **with** the internet **at our fingertips** インターネットがすぐに利用できる状態で育つ
3626 **in the offing** 名 差し迫って、目前に近づいて	Vast changes are **in the offing** for higher education. 高等教育に大きな変化が差し迫っている。
3627 **tamper with** 動 改ざんする、いじる	Bureaucrats **tampered with** official documents. 官僚が公文書を改ざんした。
3628 **the tropics** 名 熱帯	**The tropics** are the region surrounding the Equator. 熱帯は赤道を囲む地域である。
3629 **in sync with** 名 〜と調和（一致）して	Your goals should be **in sync with** your core values. 目標は自分の中核的価値観と一致したものであるべきだ。
3630 **out of sync with** 名 〜と調和（一致）しないで	Trump was **out of sync with** the rest of the world. トランプは世界のその他の国々と調和していなかった。
3631 **a handful of** 形 少数の、わずかの	Only **a handful of** universities offer courses in AI. AIのコースを提供する大学はごく少数である。
3632 **a host of** 形 大勢の、多数の	People learn foreign languages for **a host of** reasons. 人は多くの理由で外国語を学ぶ。
3633 **a wealth of** 形 豊富な、多量の	There is **a wealth of** information (and disinformation). 情報（および偽情報）が豊富にある。

3634 **above all** 名 何よりも、何物にも増して	**Above all**, honesty is essential to win the trust of others. とりわけ、正直さが他人の信用を得るために必須である。
3635 **adjunct professor** 名 非常勤講師、特任教授	An **adjunct professor** is a part-time instructor. 非常勤講師はパートタイムの講師である。
3636 **against the backdrop of** 副 〜を背景として	a shift to teleworking **against the backdrop of** a pandemic パンデミックを背景とした在宅勤務への移行
3637 **alight on** 動 留まる、舞い降りる	When bees **alight on** a flower, pollen sticks to their legs. ハチが花にとまると、花粉が足につく。
3638 **amount to** 動 実質上〜に等しい	an ultimatum which **amounted to** a declaration of war 実質上宣戦布告に等しかった最後通牒
3639 **an array of** 形 〜の勢ぞろい、ずらりと並んだ	I can choose from **an array of** wines from around the world. 世界中のワインがずらりと並んだ中から選ぶことができる。
3640 **anything but** 副 〜とはほど遠い	He was **anything but** 'a very stable genius'. 彼は「非常に安定した天才」からはほど遠かった。
3641 **apart from** 副 〜を除けば、〜に加えて	**Apart from** my classmates, I had few friends. 級友を除けば、ほとんど友達はいなかった。
3642 **as a last resort** 副 最後の手段として	A total lockdown should only be considered **as a last resort**. 都市封鎖は最後の手段としてのみ検討されるべきである。
3643 **at best** 副 いくらよく見ても、せいぜい	As a presidential candidate, he was **at best** a bandaid. 大統領候補として彼はせいぜい一時しのぎであった。
3644 **at close quarters** 副 接近して、間近に	Ecotourism enables people to see whales **at close quarters**. エコツーリズムのおかげでクジラを間近に見ることができる。
3645 **at ease** 名 気楽に、くつろいで	I don't feel **at ease** while waiting for the speaking test. スピーキングテストを待つ間、気楽な気分ではない。
3646 **at first** 副 最初は、初めは	**At first**, the number of patients was relatively small. 最初、患者数は比較的少なかった。
3647 **at the present time** 副 現時点では	**At the present time**, renewable energy sources are unstable. 現時点では再生エネルギー源は不安定である。
3648 **attend to** 動 世話をする、応対する	During a pandemic all medical staff are required to **attend to** the sick. パンデミックの間、すべての医療スタッフは病気に対応する必要がある。
3649 **bargaining position** 名 交渉での立場	Each side attempted to gain a superior **bargaining position**. 双方が有利な交渉の立場を得ようとした。
3650 **be all the rage** 形 大流行している	Pokemon GO **was all the rage** in 2016. ポケモンGOは2016年に大流行した。
3651 **be contingent on** 動 〜次第の、〜を条件としての	Our future **is contingent on** what we do today. 私たちの将来は私たちが今日何をするか次第である。

347

3652 **be in use** 動 用いられている	Smartphones have **been in use** since January 2007. スマホは2007年1月以来用いられている。
3653 **be in vogue** 動 大いに流行っている	The iPod **was in vogue** in the 2000s. iPodは2000年代に大いに流行した。
3654 **be out to V** 動 しきりに～したがる	She **was out to** destroy the old world order. 彼女はしきりに古い世界の秩序を壊そうとした。
3655 **be renowned for** 動 有名な、名声のある	Kyoto **is renowned for** its abundance of delicious foods. 京都は豊富な美食で有名である。
3656 **be set in stone** 動 変えられない	The future **is not set in stone**; we have the free will to change it. 未来は変えられないわけではない。自由意志で変えられる。
3657 **be subject to** 動 ～に左右される	We **are subject to** the whims of fate. 私たちは運命の気まぐれに左右される。
3658 **be susceptible to** 動 ～の影響を受けやすい	The Japanese **are susceptible to** foreign influences. 日本人は外国の影響を受けやすい。
3659 **be to blame for** 動 ～の責めを負うべきである	We **are** all **to blame for** doing nothing and letting it happen. 何もせずに放置していることに我々全員が責めを負う。
3660 **be tolerant of** 動 ～に寛大な、寛容な	The Japanese **are tolerant of** people getting drunk. 日本人は酔っ払う人に寛大である。
3661 **bear ~ in mind** 動 心に留める、憶えている	**Bear** it **in mind** that IELTS is not easy. IELTSはやさしくはないということを心に留めておきなさい。
3662 **bear witness to** 動 ～の証人となる	The whole world **bore witness to** the ugly truth of war. 世界中が戦争の醜い真実の証人となった。
3663 **beg to differ** 動 同意しかねる	I'm sorry, but I **beg to differ** with you. 失礼ですが、同意しかねます。
3664 **bird of prey** 名 猛禽	**Birds of prey** are large, predatory birds. 猛禽は大型の捕食性の鳥である。
3665 **bring ~ under control** 動 ～を制御する	Contaminated water was **brought 'under control'**. 汚染水は「制御」された。
3666 **by degrees** 副 次第に、だんだんに	As a child, you learned your culture **by degrees**. あなたは子どもの時に自国の文化を次第に学んだ。
3667 **call it quits** 動 （続けてきたことを）やめる	Ichiro decided to **call it quits** in 2019. イチローは2019年に引退を決意した。
3668 **come to light** 動 明るみに出る、暴露する	A suicide note by a Finance Ministry official **came to light**. 財務省職員の遺書が明るみに出た。
3669 **come to mind** 動 急に思い浮かぶ	An episode from my childhood **came to mind**. 子どもの頃のエピソードが頭に浮かんだ。

3687
GOAL

0　　500　　1000　　1500　　2000　　2500　　3000　　3500　　4000

3670
complete with
形 〜を完備した

All our classrooms are **complete with** the latest technology.
私たちの教室はすべて最新技術を完備している。

3671
corporal punishment
名 体罰

Corporal punishment is illegal in all settings in New Zealand.
ニュージーランドでは体罰はいかなる環境においても違法である。

3672
count on
動 〜をあてにする

We should not **count on** any miraculous solutions.
私たちは何か奇跡のような解決策をあてにするべきではない。

3673
crack a code
動 暗号を解読する

There are several methods hackers can use to **crack a code**.
ハッカーが暗号を解読するために使える方法がいくつかある。

3674
crop up
動 もち上がる、急に起こる

New problems **cropped up** after the Games were postponed.
オリンピックが延期された後で新たな問題が持ち上がった。

3675
cutoff point
名 足きり点、締め切り日

The **cutoff point** for sending in applications is 1 November.
申込提出の締め切り日は11月1日である。

3676
date from / date back to
動 〜に始まった、さかのぼる

Rice cultivation in Japan **dates back to** the Yayoi period.
日本の稲作は弥生時代に始まった。

3677
dig around in
動 捜しまわる、くまなく捜す

I **dug around in** my bag for my passport.
私はパスポートを見つけようとしてバッグの中を捜した。

3678
dozens of
形 数十の、多数の

I have **dozens of** mobile apps on my smartphone.
私は自分のスマホに何十というアプリが入っている。

3679
draw (a) blank
名 空くじを引く、見つけられない

The search for the missing child **drew a blank**.
行方不明の子どもの捜索は空振りに終わった。

3680
economies of scale
名 規模の経済、規模の利益

Economies of scale work because of fixed setup costs.
規模の経済が機能するのは、初期コストが変わらないからだ。

3681
educated guess
名 知識（経験）に基づいた推測

Make an **educated guess** when you do not know the answer.
答えがわからない時には知識に基づいた推測をしなさい。

3682
end up -ing
動 結局〜することになる

I **ended up taking** IELTS again.
結局また IELTS を受けることになった。

3683
fall into disuse
動 すたれる、使われなくなる

Pay phones have **fallen into disuse**.
公衆電話はすたれた。

3684
far removed from
形 〜とはかけ離れている

Politicians are **far removed from** most of us.
政治家は私たちのほとんどからはかけ離れている。

3685
far-flung corners
名 遠く離れた場所

The internet connects people in **far-flung corners** of the world.
インターネットは世界の遠く離れた所の人々を結びつける。

3686
fire engine
名 消防車、消防ポンプ

A **fire engine** is equipped with an engine to pump water.
消防車は水をくみ上げる装置を装備している。

3687
for all
副 〜にもかかわらず

For all their concerns, people do little to combat climate change.
心配にもかかわらず、人は気候変動と戦うためにほとんど何もしない。

3688 **forge ahead** 動 どんどん進む、努力して進む	China has **forged ahead** with its militarisation of the sea. 中国は海洋の軍事化を押し進めてきた。
3689 **from afar** 副 遠くから	Many people come to Peru **from afar** to see Machu Picchu. 多くの人がマチュピチュを見るために遠くからペルーにやってくる。
3690 **from nowhere** 形 どこからともなく	Ghosts appear **from nowhere** and disappear into nothingness. 幽霊はどこからともなく現れて、虚空に消えていく。
3691 **get in the way of** 動 ~の邪魔になる、邪魔をする	Don't let pride **get in the way of** your progress. プライドが進歩の邪魔をするようなことがあってはならない。
3692 **give birth to** 動 ~を生む、~の原因となる	The frontier **gave birth to** America's national spirit. フロンティアがアメリカの国民精神を生んだ。
3693 **give off** 動 発する、放つ	Stars **give off** ligh, but planets do not. 恒星は光を放つが、惑星はそうではない。
3694 **give way to** 動 ~に取って代わられる	The CD has **given way to** digital audio formats such as MP3. CDはMP3のようなデジタルオーディオに取って代わられた。
3695 **go to the trouble of -ing** 動 わざわざ~する	Don't **go to the trouble of coming** to our office. わざわざ弊社にお越しいただくにはおよびません。
3696 **ground rules** 名 基本原則、行動原理	accept the **ground rules** of international agreements 国際的合意の基本原則を受け入れる
3697 **half measures** 名 中途半端な措置（対策）	**Half measures** will not even produce half successes. 中途半端な措置では半分の成功さえも生み出さないであろう。
3698 **hardly ever** 副 めったに~ない	The Japanese **hardly ever** shake hands. 日本人はめったに握手しない。
3699 **have a positive/negative effect on** 動 ~によい/悪い影響がある	IT **has** both **positive and negative effects on** education. 情報技術は教育に対してよい影響と悪い影響がある。
3700 **hit the wall** 動 壁にぶち当たる、伸び悩む	Abenomics **hit the wall** in 2014. アベノミクスは2014年には壁にぶち当たった。
3701 **hold true for** 動 当てはまる、有効である	This **holds true for** other Asian countries as well. このことは他のアジアの国々にも当てはまる。
3702 **in accordance with** 副 ~と一致して、~に従って	People should act **in accordance with** moral laws. 人は道徳律に従って行動すべきである。
3703 **in charge of** 形 ~を管理して、担当して	The Ministry of Finance is **in charge of** the national budget. 財務省は国家予算を担当している。
3704 **in conjunction with** 副 ~と共に、連絡（協力）して	Acupuncture can be used **in conjunction with** Western medicine. 鍼療法は西洋医学と共に用いられる場合がある。
3705 **in earnest** 副 本気で、真剣に、本格的に	Teleworking was not introduced **in earnest** until 2020. 2020年まで在宅勤務は本格的には導入されなかった。

3706
in essence
副 本質的に（は）、本当は
Language learning is, **in essence**, a process of habit formation.
言語学習は本質的には習慣形成の過程である。

3707
in excess of
形 より多く、〜を超過して
Some Americans have student loans **in excess of** $100,000.
一部のアメリカ人は10万ドル以上の学生ローンを抱えている。

3708
in harness
副 平常の仕事に従事して
I have to go back **in harness** when my vacation is over.
休暇が終わったら平常の仕事に就かなければならない。

3709
in lieu of
副 〜の代わりに
Most American universities accept IELTS **in lieu of** TOEFL.
ほとんどのアメリカの大学はTOEFLの代わりにIELTSを受け入れている。

3710
in operation
形 動作（運転・操業）中の
The train is not **in operation**.
その列車は運転中ではない（回送列車である）。

3711
in person
副 じかに、本人が直接
You don't have to meet people **in person** to do business.
仕事をするのに人とじかに会う必要はない。

3712
in the face of
副 〜に直面して、〜をものともせず
display impressive resilience **in the face of** adversity
逆境をものともせず見事な回復力を示す

3713
in the first place
副 そもそも、まず第一に
Two masks per household was not enough **in the first place**.
一世帯に2枚のマスクはそもそも不十分であった。

3714
inch one's way
動 少しずつ（慎重に）進む
The police **inched** their **way** to the truth.
警察は真実に向かって少しずつ慎重に進んだ。

3715
It is worth -ing
前 形 〜する価値がある
It is worth learning a foreign language.
外国語を学ぶことにはそれをするだけの価値がある。

3716
keep ~ in check
動 食い止める、抑える
in an effort to **keep** the spread of the virus **in check**
そのウイルスの広がりを食い止めようと努力して

3717
keep in touch with
動 〜と連絡を保つ
Members can **keep in touch with** one another online.
会員はオンラインで連絡を取り合うことができる。

3718
labour-intensive
形 労働集約型の
Agriculture used to be **labour-intensive** and time-consuming.
農業は労働集約的で時間を要するものであった。

3719
learn ~ by heart
動 暗記する
Learn these words and phrases **by heart**.
これらの単語や語句を暗記しなさい。

3720
let off steam
動 鬱憤を晴らす、ストレス解消する
'Salarymen' used to **let off steam** by drinking with their colleagues.
「サラリーマン」は同僚と酒を飲んで鬱憤を晴らしたものだった。

3721
light years ahead
名 非常な隔たり、格段の差
Tesla is **light years ahead** of other car manufacturers in autonomous driving.
テスラは自動運転において他の自動車メーカーよりも非常に進んでいる。

3722
live up to
動 〜の期待に十分応える
The Democrats did not **live up to** people's expectations.
民主党は人々の期待に十分応えなかった。

3723
lose no time in -ing
動 直ちに〜する
Trump **lost no time in responding** via his usual medium.
トランプは彼の通常のメディア（Twitter）で直ちに反応した。

3724 **make do with** 動 ～で間に合わせる、済ます	I had to **make do with** a washed mask. 私は洗ったマスクで間に合わせなければいけなかった。
3725 **no more than** 副 ～にすぎない、わずか	English was **no more than** a Germanic dialect. 英語はゲルマン人の方言にすぎなかった。
3726 **not to be outdone** 副 負けじとばかりに	**Not to be outdone** by Apple, Microsoft launched Cortana. アップルに負けじとばかりに、マイクロソフトはコルタナを発表した。
3727 **on average** 副 平均で、平均すると	**On average**, American women are more educated than the men. 平均するとアメリカ人女性は男性よりも教育程度が高い。
3728 **on the grounds that** 副 ～という根拠（理由）で	reject Huawei **on the grounds that** it is controlled by the Chinese Communist Party 中国共産党に支配されているという根拠でHuaweiを拒否する
3729 **on the understanding that** 名 ～という条件（了解の下）で	**on the understanding that** they would remain anonymous 匿名のままであるという条件で
3730 **opt out of** 動 ～から身を引く、脱退する	The United Kingdom **opted out of** the EU. イギリスはEUから脱退した。
3731 **out of control** 形 制御不能で	The increase in contaminated water is **out of control**. 汚染水の増加は制御不能である。
3732 **out of date** 形 時代遅れの、廃れて	The public views print media as **out of date**. 一般大衆は活字媒体を時代遅れと見なしている。
3733 **pack up** 動 荷造りする、仕事をやめる	instruct the fired employees to **pack up** their things and leave 解雇された従業員に荷造りして去るように指示する
3734 **pave the way for** 動 ～への道を整える	Agriculture **paved the way for** economic stratification. 農業が経済的階層化への道を整えた。
3735 **peer at** 動 じっと見つめる	**Peering at** a digital screen can overwork your eyes. デジタル機器の画面をじっと見つめると目を酷使する。
3736 **pin down** 動 ～を（～だと）突き止める	The WHO **pinned down** the source of the virus. WHOはウイルスの源を突き止めた。
3737 **pitch and roll** 動 動揺する、前後左右に揺れる	Small ships tend to **pitch and roll** at the best of times. 小型船は最高の条件でも前後左右に揺れる傾向がある。
3738 **play it safe** 動 危険を冒さない	**Play it safe** and don't enter any personal information. 危険を冒さず、個人情報は入力しないでください。
3739 **power plant** 名 発電所	**Power plants** are a significant capital investment. 発電所は重大な資本投資である。
3740 **press ~ into service** 動 ～を臨時に使う	Italy **pressed** about 10,000 student doctors **into service**. イタリアは約1万人の学生実習医を臨時に使った。

Level 3 必修 Passive words

3741 put X into effect
動 実行に移す
Do not be afraid to try to **put** your ideas **into effect**.
アイディアを実行に移そうとすることを恐れてはいけない。

3742 put X to use
動 〜を使う、利用する
You can **put** your old smartphone **to use** as a security camera.
古いスマホをセキュリティ用カメラとして利用することができる。

3743 rather than
副 〜よりはむしろ、かえって
Rather than rejecting globalisation, we need to reform it.
グローバル化を拒否するのではなく、改革する必要がある。

3744 reflect on
動 熟考する、顧みる
Reflect on how much progress you have made so far.
今までどれほどの進歩をしてきたか顧みてみなさい。

3745 scores of
形 数十の、多数の
Scores of people were waiting before the shop opened.
店が開く前に数十人の人が待っていた。

3746 show a person round/around
動 人を案内して回る
Old students **show** prospective students **round** the campus.
年配の学生たちが入学希望者をキャンパス案内して回る。

3747 significant other
名 重要な他者（配偶者、婚約者）
'Significant other' refers to a person with whom one is in an intimate relationship.
「重要な他者」はある人にとって深い仲にある人を指す。

3748 speak up for
動 〜を求めて声を上げる
Health care workers **spoke up for** workplace and patient safety.
医療従事者が職場と患者の安全を求めて声を上げた。

3749 stand out
動 目立つ、際立つ
In the 19th century, Japan **stood out** from the rest of Asia.
19世紀には日本はアジアの他の国々からは際立っていた。

3750 steer clear of
動 〜を避けてかじを取る
Steer clear of toxic people in your life.
毒を持った人を避けて人生のかじを取っていきなさい。

3751 stock raising
名 牧畜
Humans have practiced **stock raising** for thousands of years.
人間は何千年もの間牧畜を行ってきた。

3752 strike up
動 始める、始まる
I rarely **strike up** a conversation with a stranger.
私は見知らぬ人と会話を始めることはめったにない。

3753 submit to
動 服従する、従う、屈する
North Korea did not **submit to** the pressure to abandon nuclear weapons.
北朝鮮は核兵器放棄の圧力に屈しなかった。

3754 succumb to
動 負ける、屈する、服従する
Do not **succumb to** the temptations of giving up.
諦めたいという誘惑に屈してはいけない。

3755 take ~ for granted
動 当然のことと思う
Today, most people **take** the internet **for granted**.
今日ではほとんどの人がインターネットを当然のことと思っている。

3756 take a gamble
動 一か八かの冒険をする
The IOC **took a gamble** when it gave China the Games.
IOCが中国にオリンピック（開催）を与えた時には冒険であった。

3757 take account of
動 考慮に入れる、重視する
We need to **take account of** the possibility of a crisis.
私たちは危機の可能性を考慮に入れる必要がある。

3758 □□□ **take root** 動 根付く、定着する	Teleworking has **taken root** across companies of all sizes. 在宅勤務はあらゆる規模の会社に根付いた。
3759 □□□ **take up the baton** 動 バトン（責務）を引き継ぐ	Millennials will **take up the** spending **baton** from baby boomers. ミレニアム世代が団塊の世代から消費のバトンを引き継ぐだろう。
3760 □□□ **talk X over with a person** 動 〜について人に相談する	I'm seeing my counsellor shortly. I'll **talk** it **over with** her. もうすぐカウンセラーと会うから、それについて相談してみるね。
3761 □□□ **tap into** 動 利用する、活用する	**tap into** women's tremendous potential as economic forces 女性が経済的活力となる潜在能力の大きさを活用する
3762 □□□ **that said** 副 そうは言ったものの	The film is very good. **That said**, I'll never watch it again. その映画はとてもいい。とは言うものの、また見ることはないだろう。
3763 □□□ **the elements** 名 天候、悪天候	Outdoor kennels have to be able to endure **the elements**. 屋外の犬小屋は悪天候に耐えることができなければならない。
3764 □□□ **the four corners** 名 全領域	The virus spread to **the four corners** of the world. そのウイルスは全世界に広がった。
3765 □□□ **the lion's share** 名 一番いい部分、うまい汁	The rich get **the lion's share** of the tax breaks. その減税策の一番おいしいところをいただくのは富裕層だ。
3766 □□□ **the present day** 名 現代	Humans of **the present day** are bigger than humans of the past. 現代の人類は過去の人類よりも大きい。
3767 □□□ **turn X into** 動 〜に変える	Toshimaen has been **turned into** a Harry Potter theme park. 豊島園はハリーポッターテーマパークに変えられた。
3768 □□□ **turn one's back on** 動 〜に背を向ける	People have **turned** their **backs on** newspapers. 人々は新聞に背を向けてしまった。
3769 □□□ **vantage point** 名 有利（好都合）な位置、立場	I'll have a **vantage point** of seeing Japan from afar. 私は遠くから日本を見る有利な立場を得るだろう。

機能別単語

Linking structures and cohesive devices / Hedging vocabulary

つなぎ言葉

因果関係を示すつなぎ言葉

3770 □□□ **because** 〜なので	More people are working from home nowadays **because** the internet connections are widespread. インターネット接続が普及しているため、最近では、多くの人々が自宅で仕事をしている。
3771 □□□ **because of this** このため	Women are focusing on their careers. **Because of this**, they are having children later. 女性たちは自分のキャリアに関心が向いている。このため彼女たちは子どもを持つのが遅くなる。
3772 □□□ **another important factor (in~)/ reason (for~)** 別の重要な要因／原因	One reason for obesity is children staying indoors to play video games. **Another important reason** is poor diet. 肥満の原因のひとつは家にこもってテレビゲームをする子どもたちだ。もうひとつ重要な原因は貧しい食事だ。
3773 □□□ **since** 〜以来、〜から	The minimum wage was first established years ago. **Since** then, there has been less poverty. 最低賃金が数年前に初めて定められた。それ以来、貧困が減少している。
3774 □□□ **as** 〜する時、〜につれて	Appearance becomes very important to people **as** they go through their teenage years. 10代を過ごす時、外見はとても大事なものになる。
3775 □□□ **for** 〜のために	Children in developing countries must often walk a long way **for** clean drinking water. 発展途上国の子どもたちは清潔な飲み水を得るために長距離を歩かなければならないことがよくある。
3776 □□□ **in that** 〜という点において	Some people are born into privilege, **in that** they are born with money and more resources. 生まれながらに特権を持っている人もいる。お金とより多くの資産を持って生まれるという点において。
3777 □□□ **owing to** 〜のおかげで、〜のために	People are more aware of the world now, **owing to** the internet and 24-hour news. 人々は今日、世界情勢をより詳しく把握している。インターネットと24時間ニュースのおかげだ。
3778 □□□ **due to** 〜のせいで	Weather patterns are becoming wilder and more erratic. This is **due to** climate change. 天候のパターンは、より荒々しく、不規則なものになっている。これは気候変動のせいだ。
3779 □□□ **for the reason that** that 以下の理由で	Boys and girls are aware of their appearance at a younger age, **for the reason that** social media is so pervasive. 少年少女たちは幼い頃から外見を意識する。ソーシャルメディアが非常に普及しているからだ。

0   500   1000   1500   2000   2500   3000   3500   4000   GOAL

3791

3780
in view of
〜を考慮して、〜を鑑みて

We need a major overhaul of the political system, **in view of** people's distrust of it.
政治制度を徹底的に見直す必要がある。国民の政治不信を考慮に入れると。

3781
as a result
結果として

It is possible that human life expectancy will decrease because of obesity. **As a result**, people must learn to eat a more healthy diet.
人間の平均余命は肥満のせいで短くなるかもしれない。結果としてより健康的な食事をすることを学ばなければならなくなる。

3782
as a consequence
その結果として

More people are becoming self-employed. **As a consequence**, traditional job roles are changing.
自営業の人が増えている。その結果として従来の仕事の役割が変化している。

3783
accordingly
したがって

Disaster can strike at any time. **Accordingly**, people should be well prepared.
災害はいつでも起こりうる。したがって十分に備えておくべきだ。

3784
therefore
したがって

The politician stole thousands in public money. **Therefore**, he was sentenced to ten years in prison.
その政治家は莫大な公金を横領した。したがって彼は懲役10年の判決を受けた。

3785
so
だから

Girls are now more likely to go to university than boys, **so**, some say boys need more support in school.
今、女子は男子より大学に進む傾向がある。だから学校でもっと男子を支援する必要があるという人もいる。

3786
and so
だから

People prefer to watch films with simple themes, **and so**, Hollywood continues to produce the same thing.
人は単純なテーマの映画を見たがる。だからハリウッドは同じものを作り続けるのだ。

3787
consequently
その結果として

More households now have both parents working outside of the home. **Consequently**, children feel lonelier.
今や多くの家庭が外で共稼ぎをしている。その結果として、子どもたちはより寂しさを感じている。

3788
thus
したがって

Drug laws have been tightened recently. **Thus**, more people are going to prison.
最近、麻薬法が強化されている。したがってより多くの人が刑務所行きになっている。

3789
hence
これゆえ、したがって

The schools in the area are underfunded. **Hence**, some parents are deciding to homeschool instead.
その地域の学校は資金不足におちいっている。それゆえ、学校に行かせる代わりに家で教育する親たちもいる。

3790
so that
〜ように

It's better that children have siblings, **so that** they can learn social skills at home.
家庭で社会的スキルを学べるように、子どもにはきょうだいがいた方がいい。

3791
inevitably
必然的に、否応なく

Teenagers will make some mistakes. **Inevitably**, they will sometimes get into trouble because of this.
10代の若者は間違いを犯すものだ。そのせいでたびたび問題に巻き込まれてしまうことになる。

357

対立関係を示すつなぎ言葉

3792 **although** 〜だけれども	**Although** life seems easier for most people in the developed world, nowadays more people than ever are feeling depressed. 先進国ではほとんどの人が快適に暮らしているように見えるけれども、最近では気分的に落ち込む人が増えている。
3793 **conversely** 逆に、反対に	It is possible for good people to be bad sometimes. **Conversely**, bad people to be good sometimes. よい人が時々悪いことをすることはある。反対に、悪い人が時としてよいことをすることもある。
3794 **unlike** 〜のようではなく、 〜とは違って	Children are gullible and easily tricked by things they see on television, **unlike** adults. 子どもはだまされやすく、テレビで見るものに簡単にひっかかる。大人とは違って。
3795 **as opposed to** 〜とは対照的に	Teenagers are usually only focused on having fun, **as opposed to** their parents who want them to study. 10代は、親が勉強してほしいと思っているのとは対照的に、遊びにしか関心がないのが普通だ。
3796 **as opposed to this** これ（それ）とは対照的に	Fewer people nowadays are smoking cigarettes, **as opposed to this**, more people are vaping. 最近、タバコを吸う人が減っている。それとは対照的に電子タバコを吸う人が増えている。
3797 **in contrast** 〜とは対照的に	Almost every household now owns a car, **in contrast** to several decades ago. 今は、ほとんどどの家にも車が一台ある。数十年前とは対照的に。
3798 **contrary to** 〜に反して	**Contrary to** popular belief, violent crime is actually decreasing, although the media says otherwise. メディアは逆のことを伝えているが、暴力的な犯罪は実際には減少している。一般的に信じられていることに反して。
3799 **whereas** 〜であるのに、 〜である一方で	Some women are very career-oriented, **whereas**, others would prefer to stay at home after they get married. 強いキャリア志向を持つ女性もいる。一方で、結婚したら家庭に収まることを好む女性もいる。
3800 **while** 〜の一方で、の間に	Is it a moral decision for people to continue having children **while** the world is getting worse? 世界情勢が悪化している間に、子どもを生み続けることは道徳的な決断だろうか？
3801 **on the other hand** 他方では	On the one hand, designer clothes are expensive. **On the other hand**, they are of better quality. 一方では、デザイナーの洋服は高価である。他方では、それはより質がいい。
3802 **alternatively** その代わりに、 別の方法として	Students can continue to university. **Alternatively**, they can leave education and join the job market. 学生は大学へと進学できる。または、卒業して就職することもできる。

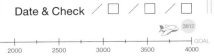

| 0 | 500 | 1000 | 1500 | 2000 | 2500 | 3000 | 3500 | 4000 |

GOAL

機能別 つなぎ言葉

3803

otherwise

さもなくば、
もしそうでなければ

It's important that people study hard at school. **Otherwise**, they may struggle to find a good job.

学校で一生懸命勉強することは重要だ。さもなくば、よい職に就くために悪戦苦闘するかもしれない。

3804

even if

たとえ〜としても

Individuals need to take steps to be environmentally aware, **even if** big businesses are reluctant to change.

環境に配慮した対策を講じる必要がある。たとえ大企業が変革をためらったとしても。

3805

yet

それにもかかわらず

We know smoking is bad for our health. **Yet** many teenagers still continue to try it.

喫煙は健康に悪いとわかっている。それにもかかわらず、多くの10代はまだそれを試し続ける。

3806

still

それにもかかわらず、いまだ

Alcohol has very high taxes levied on it. **Still**, people drink too much.

アルコールには非常に高額の税金が課されている。それにもかかわらず、人は飲み過ぎる。

3807

though

〜にもかかわらず

Some teenagers still choose to leave school at 16, **though** the job opportunities at that age are low.

仕事を得る機会がまだ少ない年齢にもかかわらず、16歳で学校をやめてしまう10代がいる。

3808

nevertheless

それにもかかわらず

Paying taxes can be complicated and irritating. **Nevertheless**, people are legally obliged to do it.

税金の支払いは複雑でイライラするものだ。それにもかかわらず、法的には義務がある。

3809

nonetheless

それにもかかわらず

People may not recycle. **Nonetheless**, they are still concerned about the environment.

人はリサイクルしないかもしれない。それにもかかわらず環境について心配している。

3810

despite

〜にもかかわらず

Extreme sports are still very popular among many people **despite** the danger.

エクストリームスポーツ（過激なスポーツ）はやはり多くの人にとても人気だ。危険にもかかわらず。

3811

in spite of

〜にもかかわらず

Some families still manage to raise multiple children, **in spite of** poverty levels.

複数の子どもを何とか育てている家庭もまだある。貧困状態で暮らしているにもかかわらず。

3812

even though

〜であるのに

It can be difficult for many people to find the time to read, **even though** they generally love to do so.

多くの人にとって読書の時間を見つけることは難しいかもしれない。人は概してそれが好きではあるが。

類似、相似、または同等を示すつなぎ言葉

3813 **similarly** 同様に	People in Spain eat a lot of seafood. **Similarly**, people in Asian coastal regions also have seafood-heavy diets. スペイン人はたくさん魚介類を食べる。同様に、アジアの沿岸地域に住む人も魚介類を中心にした食事をしている。
3814 **likewise** 同様に	She was named Sydney, and each of her siblings was **likewise** named after the region in which they were born. 彼女はシドニーと名付けられた。そして彼女のきょうだいたちも同様に、生まれた地域にちなんで名付けられた。
3815 **in the same way** 同じ方法で、同じように	Some eat chocolate to feel better. **In the same way**, others actually prefer healthy food and exercise to make themselves feel better. 気分をよくするためにチョコレートを食べる人もいれば同じ理由で、健康的な食事や運動の方を好む人もいる。
3816 **equally important** 等しく重要な	Salary and stability are **equally important** in career happiness for many people. 多くの人にとって、給料と安定は幸せなキャリアにおいては等しく重要である。
3817 **similarly important** 同じくらい重要な	Love and discipline are both **similarly important** when it comes to raising children. 子育てには、愛情としつけの両方とも同じくらい重要である。
3818 **in comparison with** 〜と比べると、〜と比較すると	More women now work outside of the home, **in comparison with** the 1950s. 今はより多くの女性が働きに出ている。1950年代と比べて。
3819 **when compared with** 〜と比べると、〜と比較すると	**When compared with** teenagers in the past, modern teenagers spend far more time indoors. 現代の10代は屋内で過ごす時間がかなり多い。過去の10代と比べて。
3820 **by doing so** そうすることで	All children should learn to cook in school. **By doing so**, they will learn healthy habits for their future. すべての子どもは学校で料理を学ぶべきだ。そうすることで、彼らは将来のための健康的な習慣を身につけるだろう。
3821 **not only... but (also)...** …だけでなく…もまた	**Not only** are people eating more food, **but also** the food they eat is of worse quality. 食事の量が増えているだけでなく、食べている食事の質も悪化している。

0	500 1000 1500 2000 2500 3000 3500 4000 GOAL 3831

徐々に展開する関係を示すつなぎ言葉

3822 furthermore
なお、そのうえ、さらに
The royal family has very little political power. **Furthermore**, they are seen as just a tourist attraction.
ロイヤルファミリーには政治的権力はほとんどない。さらに、彼らはただ観光客をひきつける存在にすぎない。

3823 moreover
そのうえ、さらに
Science is a male-dominated field. **Moreover**, women do not seem interested in it.
科学は男性が支配する分野だ。そのうえ、女性はそれに興味がないように思われる。

3824 in this way
このようにして、こうすると
People can buy their clothes from charity shops. **In this way**, they can help the environment and save money.
人はチャリティーショップ（慈善団体経営の店）で洋服を買うことができる。このようにして環境に役立ち、お金を節約することができる。

3825 in addition
加えて、さらに、そのうえ
In addition to financial support and free tuition, students should receive free accommodation when they study at university.
財政支援と学費の免除に加えて、大学で勉強する学生には無料の宿泊施設が与えられるべきだ。

3826 additionally
加えて、さらに、そのうえ
Children should spend less time on the internet, and **additionally**, their internet use should be monitored.
子どもはインターネットに費やす時間を減らすべきだ。そのうえ、彼らのインターネットの使用は監視されるべきだ。

3827 what is more interesting is
さらに興味深い（面白い）ことには
Some animals live underwater. **What is more interesting is** that some animals can live both on land and in water.
水中に住む動物もいる。さらに興味深いことには、水陸両方に住むことができる動物もいる。

3828 more specifically
より具体的には
Children are good at learning languages. **More specifically**, their brains are better able to absorb language.
子どもは言語の習得が得意だ。より具体的に言うと、彼らの脳は言語を吸収することに秀でている。

3829 besides
そのうえ、さらに、それに
Not everyone has the grades to go to university. **Besides**, if everyone goes, degrees will be devalued.
誰もが大学に入れる成績だとは限らない。それに、全員が行くと学位は特別なものではなくなるだろう。

3830 as far as...is concerned
～に関する限り、～においては
As far as the government **is concerned**, cuts need to be made to public services.
政府においては、公益事業を削減する必要がある。

3831 on the one hand
一方では
On the one hand, people generally drink less alcohol over time. On the other hand, they may drink more in each session.
一方では徐々に人々の飲酒量は減っている。他方では、一度に飲む量は増えているかもしれない。

3832 ☐☐☐ **even** 〜でさえ	Some criminals, **even** the worst ones, have the potential to be rehabilitated and reintroduced into society. 犯罪者の中には更生して社会復帰する可能性のある者もいる。最悪の者でさえ。
3833 ☐☐☐ **in order to do it/ this** それ／これをするために	People must understand finances better. **In order to do this**, they should receive classes in finance at school. 人はもっと財政を理解しなければならない。そうするためには学校で財政の授業を受けるべきだ。
3834 ☐☐☐ **at the same time** 同時に	Children should have independence. **At the same time**, they need some form of structure. 子どもは自立すべきだ。同時に何らかの形の枠組みが必要だ。
3835 ☐☐☐ **accordingly** それで、その結果、結果的に、そのため	The police force is critical for maintaining order. **Accordingly**, the government is investing more money into it. 警察権力は秩序維持に欠かせない。そのため、政府はさらに多くの資金をそれに注ぎ込んでいる。
3836 ☐☐☐ **in the first place** まず第一に、そもそも	**In the first place**, children should not be using computers so often, as that is why they have patience issues. 第一に、子どもはそんなに頻繁にコンピューターを使うべきではない。そのせいで忍耐強さに問題が起こっているからだ。
3837 ☐☐☐ **in the second place** 第二に、次に	**In the second place**, children should spend more time outdoors in general, breathing fresh air. 第二に、子どもは概して、もっと屋外で新鮮な空気を吸って過ごすべきだ。
3838 ☐☐☐ **also** そして、そのうえ	Many people don't like the idea of laser eye surgery. **Also**, we don't know the long-term effects. 多くの人が目のレーザー手術という考えを好まない。そのうえ、長期的な効果もわからない。
3839 ☐☐☐ **and** と、そして	Both men and women primarily have the goal of buying a home **and** raising a family in life. 男性も女性も、基本的には、家を買い、そして家族を持つという人生の目的を持っている。
3840 ☐☐☐ **to add** 〜に加えて	We will look in the following literary review for evidence **to add** to the previous evidence. 私たちは、前の証拠に加えて、以下の文芸批評の中で証拠を探してみよう。
3841 ☐☐☐ **what is more** さらに、そのうえ	Elizabeth II is the queen of the United Kingdom. **What is more**, she's very popular there. エリザベス2世は女王だ。そのうえ、イギリスでとても人気がある。
3842 ☐☐☐ **as well as** 〜と同様に、〜だけでなく	Most young people want to have a high-paying career **as well as** to own their own home. ほとんどの若者はマイホームを持つだけでなく給料の高い仕事につきたがってもいる。

| 0 | 500 | 1000 | 1500 | 2000 | 2500 | 3000 | 3500 | 4000 |

GOAL 3851

逆接関係を示すつなぎ言葉

3843 **but** しかし	Prison sentences are important, **but** we should also focus on trying to rehabilitate criminals. 実刑は重要だ。しかし、犯罪者を社会復帰させる努力にも注力すべきだ。
3844 **even so** たとえそうであっても	Many people believe they are helping the environment by recycling. **Even so**, they can always do more. 多くの人はリサイクルをすることで環境を救っていると信じている。たとえそうであっても、もっとできることはいつでもあるはずだ。
3845 **however** しかしながら	Many people would love to live abroad. **However**, the logistics are very challenging. 多くの人が海外に住んでみたいと思っている。しかし、ロジスティクスが大きな課題だ。
3846 **despite that** それにもかかわらず	The weather has been terrible recently. **Despite that**, there are still plenty of people on the streets. 最近、悪天候が続いている。それにもかかわらず、街にはやはり多くの人出がある。
3847 **in spite of that** それにもかかわらず	Cinema tickets have become more expensive. **In spite of that**, people still continue to go fairly regularly. 映画のチケットは高くなっている。それにもかかわらず、人はまだかなり定期的に通っている。
3848 **regardless of** ～にかかわらず	Everyone should be treated equally in society, **regardless of** what people believe. 信条が何かにかかわらず、社会の中では全員が平等に扱われるべきだ。
3849 **yet** しかし、でも、やはり	Taking illegal drugs may lead to lengthy prison sentences, **yet** people still take them. Why is that? ある種の麻薬を使用すると長期間の実刑につながるかもしれない。しかし人はそれを使用する。それはなぜだろうか?
3850 **and yet** それなのに、とはいうものの	Music festivals can be crowded, noisy and dirty, **and yet**, people love going to them. 音楽フェスティバルは混雑していて、うるさく、汚いことがある。それなのに人はそこに行くのが大好きだ。
3851 **unless** ～しない限り	**Unless** we act now, hundreds more species of animals and even more plants and insects will become extinct. 今、私たちが行動しない限り、さらに何百種もの動物や、それより多い数の植物や昆虫が絶滅するだろう。

機能別

つなぎ言葉

説明のためのつなぎ言葉

3852 **for example** 例えば	Some countries, such as the United Kingdom, **for example**, offer parental leave for both mother and father. 例えばイギリスのようないくつかの国では母親と父親の両方に育児休暇を提供している。
3853 **for instance** 例えば	People have various reasons for ending a relationship. **For instance**, if a partner has cheated. 人が関係を終わらせる理由はさまざまだ。例えば伴侶が浮気した場合だ。
3854 **namely** すなわち	There is new legislation in the UK to deal with slavery, **namely**, the Modern Slavery Act 2015. イギリスには奴隷制度を扱う新法がある。すなわち、2015年英国現代奴隷法である。
3855 **such as** 〜のような、例えば、など	There are many new means for single people looking for dating options, **such as** mobile dating apps. デートの選択肢を探している独身者のために、新しい手段がたくさんある。例えば携帯のデートアプリだ。
3856 **a case in point is...** 好例は…である	Some countries have long hot dry summers. **A case in point is** southern Spain. 夏が長くて暑く乾燥した国もある。好例はスペイン南部である。
3857 **in particular** 特に	People, **in particular** teenagers, can be obsessed with the way they look. 特に10代の人々は見かけにとらわれることがある。
3858 **including...** 〜を含んで、例えば〜	There are several reasons why people choose to find work in the city where they live, **including** being close to family. 人が自分の住んでいる街で仕事を探す選択をするのには、いくつか理由がある。例えば家族のそばにいるためである。
3859 **for one thing...** 一つには〜だ	**For one thing**, people are getting married later in life and... 一つには、人が晩婚になっていることがある。そして〜
3860 **for another...** もう一つには〜だ	**For another**, people are also having children later. もう一つには、子どもを持つ時期も遅くなっている。
3861 **to put it simply** 簡単に言うと、要するに	The reasons behind crime are complex. **To put it simply**, it is a mix of nature and nurture. 犯罪の裏にある理由は複雑だ。簡単に言うと、生まれと育ちの組み合わせだ。
3862 **as an illustration** 実例として	Japan is a nation that often faces natural disasters. **As an illustration**, consider The Great East Japan Earthquake and Tsunami of 2011. 日本は自然災害が多い国だ。 例として、2011年の東日本大震災と津波を考えてみよう。

| | 0 | 500 | 1000 | 1500 | 2000 | 2500 | 3000 | 3500 | 4000 |

GOAL

3863
a good example of...
～の好例

Not running the tap while you're brushing your teeth is **a good example of** being environmentally conscious.
歯磨きをしている間、水を流したままにしないことは、環境への配慮の好例だ。

3864
as proof
その証拠（証明）として

I believe the government is incompetent. **As proof**, consider the misuse of millions of public funds.
私は政府が無能だと思う。その証拠として、何百万（ドル）の公的資金の悪用を考えてみてください。

3865
take the case of
～の例を取ると

When considering successful female writers of the past, **take the case of** Mary Shelley, the author of Frankenstein.
過去に成功した女性作家を考えるときには、フランケンシュタインの作家、メアリー・シェリーを例に取ってみよう。

3866
take as an example
例を挙げると

Some people achieve success later in life. **Take** the actor Alan Rickman **as an example**.
人生の後半になってから成功をおさめる人もいる。例を挙げると俳優のアラン・リックマンである。

3867
as for
～に関するかぎり

Pets are great companions. **As for** dogs, they are the most loyal animal of them all.
ペットは素晴らしい仲間だ。犬に関するかぎり、動物の中でもっとも忠実だ。

3868
as regards
～に関しては

As regards pollution, old diesel-engined vehicles are the worst offenders.
汚染に関しては、古いディーゼルエンジン車が最悪の犯人だ。

3869
according to
～によれば、～に基づくと

According to tradition, turkey is eaten during both the Thanksgiving and Christmas holidays.
伝統に基づくと、七面鳥は感謝祭とクリスマス休暇の両方で食べられている。

3870
particularly
特に

People can feel lonely during the holidays, **particularly** as so many others are with their own families.
人は休暇中に孤独を感じることがある。特に他の多くの人が家族と一緒にいるときはそうだ。

3871
to illustrate
例を挙げるなら

There has been a dramatic change in people's eating habits. **To illustrate**, look at the decrease in sales of sweet drinks.
人々の食習慣に劇的な変化が生じました。例として、甘い飲み物の売り上げ減を見てください。

3872
a good case in point
適切なよい例

A country like Sweden is **a good case in point** for higher taxation.
スウェーデンのような国は税金が高い国のよい例だ。

3873
especially
特に

People are very conscious about their physical appearance, **especially** the younger generation.
人は肉体的外見に非常に意識的だ。特に若い世代は。

機能別

つなぎ言葉

例証のためのつなぎ言葉

3874 **in fact** 事実、実際	The temperature has been increasing. **In fact**, it is the hottest it has been for 200 years. 気温が上昇し続けている。事実、過去200年で最も暑い。
3875 **naturally** 当然のことながら	Babies are unable to communicate easily. **Naturally**, mothers are the best people to understand their babies. 赤ちゃんは簡単に意思疎通ができない。当然のことながら、母親が赤ちゃんを理解するのに最適の人である。
3876 **what is more important** さらに重要なことには	It may seem vital to save money now, but **what is more important** is enjoying life. 今は貯金することがきわめて重要かもしれない。しかしさらに大切なことは、人生を楽しむことだ。
3877 **in reality** 実は、実際には	Young people want to be rich and famous, but **in reality**, 99% of people cannot achieve this. 若者は裕福で有名になりたいと思っている。現実には99%の人がこれを達成できない。
3878 **certainly** 確かに、必ず	Judges and jurors can sometimes make incorrect decisions. **Certainly**, this has happened several times. 裁判官と陪審員は時として正しくない決定を行うことがある。確かにこれは何度か起こった。
3879 **of course** もちろん	When people do nice things for others, **of course**, they can expect good things to happen to them. 人は他の人にいいことをする時、もちろん自分たちにもいいことが起こってほしいと期待することがある。
3880 **indeed** 確かに、実際、実に	More students are studying foreign languages. **Indeed**, Spanish is incredibly popular. より多くの学生が外国語を学んでいる。確かにスペイン語はすごく人気だ。
3881 **not to mention** 〜は言うまでもなく	Some people do not have the money to cook healthy food every day, **not to mention** the time required. 毎日、健康的な食事を作るお金がない人もいる。それに必要な時間は言うまでもなく。
3882 **undeniably** 否定のしようがないほど、まぎれもなく	Modern medicine is a miracle. **Undeniably**, it has helped humans live decades longer than they naturally would without it. 現代医療は奇跡だ。それはまぎれもなく、人間がそれ無しで自然に生きた場合よりも数十年長く生きることを助けている。
3883 **undoubtedly** 疑いようもなく、疑う余地なく、確実に	Dogs love humans more than anything. **Undoubtedly**, they prefer to be with humans rather than other dogs. 犬は何よりも人間が大好きだ。疑いようもなく、犬は他の犬と一緒にいるよりも人間といる方を好む。

3893
GOAL

0　500　1000　1500　2000　2500　3000　3500　4000

3884
without a doubt
疑いようもなく、疑う余地なく、確実に

Social media has a huge impact on young people's self-esteem. **Without a doubt**, this is a massive problem.
ソーシャルメディアは若者の自尊心に多大な影響を与えている。疑いようもなく、これは大きな問題だ。

3885
in truth
実のところ、実際には

Many young people nowadays are struggling to get on the property ladder. **In truth**, houses are too expensive.
最近、多くの若者がよりよい住宅に移り住むために悪戦苦闘している。実のところ、一戸建ては高過ぎる。

3886
in any event
とにかく、いずれにせよ

The company canceled its plans for a merger. **In any event**, they were in financial difficulty.
その会社は合併計画を破棄した。いずれにせよ、彼らは財政難に陥っていた。

3887
without reservation
遠慮なく、率直に、ためらうことなく、無条件に

People should always be willing to go out and help others. **Without reservation**, everyone should do this.
人は、いつも自ら進んで外に出て他人を助けるべきだ。ためらうことなく、みんながそうすべきだ。

3888
obviously
明らかに

People need breaks from work. **Obviously**, a weekend isn't enough anymore.
人には仕事休みが必要だ。明らかに、もう週末だけでは十分ではない。

3889
unquestionably
疑いの余地なく、確かに

The project eventually failed. **Unquestionably**, it was a bad idea in the first place.
その企画は最終的に失敗に終わった。疑いの余地なく、そもそもそれは悪い案であった。

3890
indisputably
明白に、議論の余地なく

The role of women in society has changed radically over the last few decades. **Indisputably**, it will change in the future too.
ここ数十年で社会における女性の役割は根本的に変わった。議論の余地なく、それは将来においても変わるだろう。

3891
irrefutably
反駁できないほど

Vaccinations are the norm in many countries. **Irrefutably**, this has helped eradicate several diseases.
ワクチンの使用は多くの国で標準的になっている。このことは、反駁できないほど、いくつかの病気の根絶に役立っている。

3892
plainly
明白に、はっきりと、率直に言って

Cats are very independent animals. **Plainly**, they don't need humans to live.
猫はとても自立した動物だ。率直に言って、彼らは生きるために人間を必要とはしない。

3893
clearly
明らかに

You have exhausted all your resources trying to help her. **Clearly**, you should contact someone who can provide assistance.
あなたは彼女を助けようとしてすべての方策を使い果たした。明らかに、援助を提供できる人に連絡するべきだ。

機能別

つなぎ言葉

条件を表現するつなぎ言葉

3894 **if** もし〜ならば	A plant will grow well **if** it has enough sunlight and water. 植物は、もし十分な太陽光と水があれば、よく育つものだ。
3895 **unless** 〜しない限り	A person should never kill another person, **unless** it is in self-defence. 人間は決して別の人間を殺すべきではない。それが自己防衛のためでない限りは。
3896 **provided that** 〜という条件で、 ただし〜ならば	Children do not need expensive toys and gifts, **provided** that their home is stable and happy. 子どもには高価なおもちゃやプレゼントは必要ない。ただし安定した幸せな家庭があれば、だが。
3897 **if it is the case** もし〜であれば	The government must take action **if it is the case** that families are getting poorer. もし家庭が貧しくなっているのであれば、政府は行動を起こさなければならない。
3898 **in that sense** この意味において、 こういう意味で	The movie is mostly a horror, but it has many funny scenes. **In that sense** it could be considered a 'horror-comedy'. その映画はほぼホラーだが、面白いシーンがたくさんある。「ホラーコメディ」と見なすことができるという意味で。
3899 **once...** いったん〜すれば	It is incredibly difficult for a person to stop smoking **once** they have started. いったん吸い始めれば、禁煙するのはすごく難しい。
3900 **if possible** 可能なら	Everyone should eat five portions of fruit and vegetables per day. **If possible**, they should eat even more. みんな毎日、果物と野菜を1日に5回分の分量、食べるべきだ。可能ならもっと食べるべきだ。
3901 **if so** もしそうなら	Your teenager may be rebellious. **If so**, you should talk to them about why they are acting up. あなたの10代の子どもは反抗的かもしれない。もしそうなら、なぜ彼らが態度に出しているのかについて彼らと話をすべきだ。
3902 **if anything** どちらかというと、 むしろ	We had a lovely holiday: **if anything**, it was even better than I expected. 私たちは素晴らしい休暇を過ごした。どちらかといえば、予想よりもよかった。

一般化のためのつなぎ言葉

3903 **on the whole** 全体として、概して	**On the whole**, it's better to travel early in life and save money later, not vice versa. 概して、人生の若い頃に旅行して、後で貯金した方がいい。その逆ではなく。

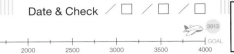

3913 GOAL

0	500	1000	1500	2000	2500	3000	3500	4000

機能別 つなぎ言葉

3904
in sum
要するに

In sum, building a nuclear power plant is a waste of money and dangerous to the environment.
原子力発電所の建設は、要するに金の無駄で、環境にも危険である。

3905
in short
手短に言えば、要するに

We have discussed personal grooming versus fashion. **In short**, personal grooming is more important than expensive clothing.
私たちは身だしなみとおしゃれについて話し合った。手短に言えば、身だしなみを整えることは高価な洋服よりも大事だ。

3906
in brief
手短に言えば、要するに

The article will explain the benefits of downsizing the home. **In brief**, it will outline three benefits.
その記事は狭い家に引っ越すことの利点について説明している。要約すると3つの利点の概略を述べている。

3907
to sum up
要約すれば、要するに

To sum up, more funding is required in local schools so that children have the best opportunities.
要するに、子どもが最善の機会を持てるように、地域の学校にはもっと資金が必要だ。

3908
in conclusion
結論として、要するに

In conclusion, developed countries should do all they can to financially assist developing countries.
結論として、先進国は発展途上国を財政的に援助するため、できることはすべてするべきだ。

3909
in summary
要約すると、手短に言えば、要するに

In summary, the reason teenagers start smoking is mostly due to peer pressure.
要するに、10代がタバコを吸い始める理由は、ほとんどが仲間からの圧力によるものだ。

3910
to conclude
結論として、終わりに

To conclude, the statistics show that drunk driving is more of an issue around Christmas.
結論として、統計は、飲酒運転はどちらかというとクリスマス時期の問題だということを示している。

3911
the conclusion can be drawn that
～という結果を導くことができる

The conclusion can be drawn that young people don't consider drugs 'cool' anymore, as rates of use have decreased.
麻薬の使用率が減っているため、若者は、もう麻薬を「かっこいい」とみなしてはいないという結論を導くことができる。

3912
for this reason
このため、この理由のために

People are more environmentally-conscious. **For this reason**, they are using more alternative forms of energy.
人はより環境に配慮するようになっている。このため、代替エネルギーを使うようになっている。

3913
generally
一般的に、概して、通常、ほとんどの場合

People don't like to work for minimum wage. **Generally**, they only do so when there are no other options.
人は最低賃金では働きたくないものだ。概して、他に選択肢がない場合にのみそうする。

目的を表現するつなぎ言葉

3914 **with this objective** この目的で	They wanted to raise money. **With this objective**, they started a charity drive. 彼らは資金を集めたかった。この目的で慈善募金活動を始めた。
3915 **for this purpose** この目的のために	Many people want to save money. **For this purpose,** they buy clothes from second-hand shops. 多くの人がお金を節約したいと思っている。この目的のために、彼らは古着店で服を買う。
3916 **since** ～のために	**Since** the controversial programme was broadcast, the TV Station has been inundated with complaints. 物議を醸す番組が放送されたために、そのテレビ局には苦情が殺到している。
3917 **so that** ～するために	With unstable jobs, people must save money constantly, **so that** they are prepared for unemployment. 不安定な職では、人は絶えずお金を節約しないといけない。失業に備えるためだ。
3918 **in case** 万一のために、念のため	Hallways should be kept clear to provide an easy escape route **in case** of fire or any other emergency. 廊下は容易に避難できるように物を片づけておくべきだ。万一の火事やその他の緊急事態に備えて。
3919 **with a view to** ～する目的で、～を視野に入れて	Companies are building more electric cars **with a view to** cutting carbon emissions. 企業は、炭素排出量を減らす目的でさらに電気自動車を製造している。

言い直し・再編成のためのつなぎ言葉

3920 **that is to say** すなわち、換言すると、つまり	People should be more frugal with their money. **That is to say**, they should spend sensibly. 人はもっとお金を節約するべきだ。すなわち、賢くお金を使うべきだ。
3921 **in other words** 言い換えれば、つまり	Reading is important for children. **In other words**, parents should read to their children regularly. 読書は子どもにとって重要だ。言い換えると、親は定期的に子どもに本を読んでやるべきだ。
3922 **as I have said** すでに述べたように	We must support all our arguments with facts and evidence, not anecdotes, **as I have said** previously. すでに述べたように、私たちは逸話ではなく、事実と証拠に基づいてすべての主張をするべきだ。

370

3933
GOAL

0　　500　　1000　　1500　　2000　　2500　　3000　　3500　　4000

時間を示すつなぎ言葉

3923 **firstly** 第一に、まず	Before having children, **firstly**, couples should be in a position of financial stability. 子どもを持つ前に、まず夫婦は財政的に安定した立場になければならない。
3924 **secondly** 第二に、次に	**Secondly**, they should have enough space to raise a child, whether that be in a flat or a house. 次に、アパートであれ一戸建てであれ、子育てに十分な場所を持っているべきだ。
3925 **thirdly** 第三に	And **thirdly**, they should really want to have a child, and not just because everyone else is having one. 三番目に、心から子どもが欲しいと思うべきだ。単に他のみんなに子どもがいるからという理由ではなくて。
3926 **at this time** 現時点では	People from the United Kingdom do not need visas to live in countries in the European Union. **At this time**, there are no travel restrictions. イギリス人はEU諸国に住むためのビザは必要ない。現時点で旅行の制限はない。
3927 **at present** 現在、今は	Marijuana is slowly being legalised. **At present**, though, it is only legal for medicinal purposes. マリファナは徐々に合法化されてきている。しかし、現在のところは医療目的のみで合法である。
3928 **before this** これ（このこと）の前には	The development of antibiotics has saved countless lives. **Before this**, people frequently died from preventable diseases. 抗生物質は無数の命を救っている。それ以前は、人は予防可能な病気でよく亡くなっていた。
3929 **previously** 以前	Children's roles have changed a lot. **Previously**, they were supposed to be seen and not heard. 子どもの役割は大きく変わった。以前は子どもは大人のいる場所ではおとなしく行儀よくしておくものだとされていた。
3930 **some time ago** さきほど、少し前は	People now marry at around 30 years of age. **Some time ago**, this was around 20. 人は今、30歳前後で結婚する。少し前はこれは20歳前後だった。
3931 **formerly** 以前は、昔は	Spain has several official languages. **Formerly**, Spanish was the one and only official language. スペインにはいくつかの公用語がある。以前は一つのみだった。
3932 **to begin with** まず始めに、そもそも	Babies need constant care and attention. **To begin with**, they cannot speak or ask for help. 赤ちゃんは絶えず世話と注意を必要とする。そもそも、彼らは話すことも助けを求めることもできない。
3933 **initially** 最初は、初めのうちは	Cars were invented later. **Initially**, people used horses and carriages. 自動車は後になって発明された。最初は、人は馬と馬車を使っていた。

機能別

つなぎ言葉

3934 **afterwards** その後、後に	The children should be given a bath. **Afterwards**, they should be put to bed. 子どもたちは風呂に入れるべきだ。その後で寝かしつけられるべきだ。
3935 **subsequently** その結果、後に	The economy has slowed down recently, and **subsequently** pension funds are paying less out to pension fund owners. 最近では経済も減退し、その結果、年金基金は受給者への支払いを減らしている。
3936 **lastly** 最後に	Children should be given acting classes and practice to develop their skill. **Lastly**, they should be given the opportunity to showcase their talents. 子どもたちは演技のクラスを与えられ、技術を伸ばすための練習をするべきだ。最後に、彼らは彼らの才能を紹介する機会を与えられるべきだ。
3937 **in the end** 結局、最後には、ついに	They won most games and only lost one. **In the end**, their team won the tournament. 彼らはほとんどのゲームに勝利し、1つだけを失った。結局、彼らのチームはトーナメントに勝った。
3938 **finally** 最終的に、ようやく	People used to be segregated for many reasons. **Finally**, we have equality under the law. 人は多くの理由で分離政策を受けていた。ようやく、私たちは法のもとでの平等を手にした。
3939 **since then** それ以来、その時以来	Marijuana became legal in the Netherlands years ago. **Since then**, marijuana use has decreased. マリファナはオランダで何年も前に合法化された。それ以来、マリファナの使用が減っている。
3940 **when** 〜する時	They are saving on calories and money **when** they cook healthy food at home. 家で健康的な食事を作る時、カロリーを抑えられるしお金も節約できる。
3941 **whenever** 〜する時はいつでも、いつであろうとも	**Whenever** children are bullied, they experience high levels of stress. 子どもはいじめられるたびに、高いレベルのストレスを経験する。
3942 **in the meantime** その間に	It takes a long time to cook dinner. So, **in the meantime**, the children are watching TV. 夕食を作るのには長時間かかる。だからその間に子どもたちはテレビを見ている。
3943 **meanwhile** その間に	One person cleans the house. **Meanwhile**, the other cooks the lunch. 一人が家の掃除をする。その間にもう一人は昼食を作る。
3944 **simultaneously** 同時に	People may want to cure their phobia but **simultaneously**, be afraid of confronting it. 人は自分の恐怖症を治したいと思っているが、同時にそれに直面することを恐れてもいる。

気持ちや態度、頻度や程度を表す語句

● 気持ちや態度を表す助動詞

may（かもしれない）　**might**（かもしれない）　**can**（でありうる）
could（でありうる）　**would**（であろう）　**should**（はずだ）　**must**（に違いない）

● 気持ちや態度を表す動詞類

seem（思える）　**appear**（見える）　**believe**（信じる）
assume（思い込む）　**suggest**（示唆する）　**estimate**（見積もる）
tend（傾向がある）　**think**（思う）　**argue**（主張する）　**indicate**（示す）
propose（提案する）　**speculate**（推定する）　**look like**（のように見える）
doubt（疑う）　**appear to be**（であるように思われる）
look probable（ありそうに見える）
seem reasonable（理にかなっているように思われる）　**be sure**（確かである）

● 気持ちや態度を表す副詞

certainly（確かに）　**definitely**（絶対に）　**clearly**（明らかに）
probably（おそらく）　**possibly**（あるいは）　**perhaps**（ことによると）
conceivably（考えられるところでは）　**practically**（実際には）
presumably（思うに）　**virtually**（事実上）　**apparently**（見たところでは）

● 気持ちや態度を表す形容詞

certain（確かな）　**definite**（確定的な）　**clear**（明らかな）
probable（ありそうな）　**possible**（可能な）

● 気持ちや態度を示す表現

to our knowledge（私たちの知っている限りでは～）
it is our view that（私たちの見解では～）
we feel that（私たちの感じることは～）
if true（もし本当なら）　**if anything**（どちらかと言えば）
It could be the case that...（～がありうるかもしれない）
It might be suggested that...（～が示唆されうる）
There is every hope that...（～である可能性が高い）
It may be possible to obtain...（～を獲得することは可能かもしれない）
It is important to develop...（～を開発することは重要だ）
It is useful to study...（～を勉強することは役に立つ）

● 可能性を表す副詞・形容詞（高い順に）

certainly（確かに）	**definitely**（絶対に）
undoubtedly（疑いもなく）	**clearly**（明らかに）
presumably（思うに）	**likely**（ありそうな）
probable（ありそうな）	**probably**（おそらく）
conceivably（考えられるところでは）	**possibly**（あるいは）
possible（可能な）	**maybe**（ひょっとすると）
perhaps（ことによると）	**unlikely**（ありそうにない）
uncertain（不確かな）	

● 可能性を表す動詞（高い順に）

is / are（である）	**may**（かもしれない）
must / have to（に違いない）	**might**（かもしれない）
will（だろう）	**could**（でありうる）
would（であろう）	**cannot**（のはずがない）
ought to（はずだ）	**could not**（のはずがない）
should（はずだ）	**is not / are not**（でない）
can（でありうる）	

● 数量を表す形容詞（多い順に）

all（すべての）/**every**（すべての）/**each**（それぞれ〈の〉）	
most（ほとんどの）	
a majority（大多数〈の〉）/**minority (of)**（小多数〈の〉）	
many（多くの〈数〉）/**much**（多くの〈量〉）	
enough/sufficient（十分な）	**a number of**（数多くの）
some（いくつか〈の〉）	**several**（数個〈の〉）
a few（少しの〈数〉）/**a bit of**（少しの〈量〉 少し〈程度〉）	
few（ほとんどない〈数〉）/**little**（ほとんどない〈量〉）	
no（全く～ない）/**not any**（全く～ない）	

● 頻度を表す副詞（高い順に）

always（いつも）	**regularly**（定期的に）
usually（通常）	**sometimes**（時々）
generally（一般に）	**occasionally**（時折）
on the whole（概して）	**seldom**（めったに～ない）
frequently（頻繁に）	**rarely**（めったに～ない）
often（しばしば）	**never**（全く～ない）

索 引

Index F ∫ G

●著者

Kevin Dunn(ケビン・ダン)

ニュージーランド出身。2014年9月まで、日本で15年以上英語の指導に携わる。国際的に通用する英語教授資格であるCELTA保持者。IELTS講師歴は15年以上。日本英語検定協会でBULATS試験官。BEO、外務省でIELTS講師・アカデミック英語講師。ブリティッシュカウンシルでIELTS講師・ビジネス英語講師を務め、現在はウェリントンのビクトリア大学でIELTS、アカデミック英語の講師。また、Cafetalk.comオンラインでIELTSを教える。日本人が苦手とする問題点を熟知し、確実なスコアアップを約束するIELTSテスト対策のエキスパート。

オンラインレッスンは、Cafetalk.comから「Kevin Dunn」と検索。

直接のレッスンは、kevinieltsteacher@gmail.comから相談。

Facebook: https://www.facebook.com/IELTS.Kevin

●執筆協力　内宮　慶一
●英文校正　Ailsa Wylie、Keith Buxton、Gareth Griffiths
●本文デザイン　skam（鈴木章）
●ナレーター　Nadia McKechnie
●音声ファイル制作　一般財団法人英語教育協議会 (ELEC)
●編集協力　株式会社エディポック（古川陽子）、冨田ひろみ
●編集担当　原智宏（ナツメ出版企画）

ナツメ社Webサイト
http://www.natsume.co.jp
書籍の最新情報（正誤情報を含む）は
ナツメ社Webサイトをご覧ください。

スコアに直結！IELTS徹底対策単語集3900

2020年8月1日　初版発行

著　者	ケビン・ダン	©Kevin Dunn, 2020
発行者	田村正隆	

発行所　株式会社ナツメ社
　　　　東京都千代田区神田神保町1-52 ナツメ社ビル1F（〒101-0051）
　　　　電話　03(3291) 1257(代表)　　FAX　03(3291) 5761
　　　　振替　00130-1-58661

制　作　ナツメ出版企画株式会社
　　　　東京都千代田区神田神保町1-52 ナツメ社ビル3F（〒101-0051）
　　　　電話　03(3295) 3921(代表)

印刷所　ラン印刷社

ISBN978-4-8163-6874-5　　　　　　　　　　　　　　　Printed in Japan